La doctrine chrétienne dans un monde multiculturel

La doctrine chrétienne dans un monde multiculturel

Introduction à la tâche théologique

Benno van den Toren

© Dr Benno van den Toren, 2014

Publié 2014 par Langham Global Library,
une marque de Langham Creative Projects

Langham Partnership
PO Box 296, Carlisle, Cumbria, CA3 9WZ, UK
www.langham.org

ISBNs :
978-1-90771-368-2 print
978-1-90771-366-8 Mobi
978-1-90771-367-5 ePub

Tous droits réservés. La reproduction, la transmission ou la saisie informatique du présent ouvrage, en totalité ou en partie, sous quelque forme ou par quelque procédé que ce soit, électronique, mécanique, photographique est interdite sans l'autorisation préalable de l'éditeur ou de la Copyright Licensing Agency.

British Library Cataloguing in Publication Data

Toren, Bernard van den, 1966- author.
  La doctrine chretienne dans un monde multiculturel.
  1. Theology, Doctrinal--History--21st century. 2. Dogma,
  Development of. 3. Multiculturalism--Religious aspects--
  Christianity. 4. Christianity and other religions.
  5. Church and the world.
  I. Title
  230'.0905-dc23

ISBN-13: 9781907713682

Table des matières

Avant-propos ... vii

Introduction ... 1

1 La dogmatique entre vérité et vie ... 7
    1.1. Chacun a sa théologie ... 7
    1.2. La pertinence de la doctrine ... 10
    1.3. Définitions principales ... 19
    1.4. Nature scientifique de la théologie et de la dogmatique ... 32
    1.5. Quelques caractéristiques de la théologie évangélique ... 41

2 Pourquoi la dogmatique ? ... 47
    2.1. La doctrine comme enseignement ... 48
    2.2. La tâche apologétique de la dogmatique ... 58
    2.3. Le dogme comme démarcation entre orthodoxie et hérésie ... 67
    2.4. La théologie comme la recherche de la vérité et de Dieu ... 82
    2.5. La doctrine comme guide dans l'interprétation des Écritures ... 92
    2.6. La dogmatique comme contextualisation ... 100
    2.7. Quelques conclusions ... 120

3 La révélation : possibilité de la connaissance de dieu ... 123
    3.1. La possibilité de connaître Dieu ... 123
    3.2. Révélation générale ... 131
    3.3. Révélation spéciale ... 143
    3.4. Révélation et religions non chrétiennes ... 157

4 Les écritures, source principale de la doctrine chrétienne ... 167
    4.1. La Bible dans la spiritualité chrétienne ... 167
    4.2. Comment formuler une doctrine de la Bible ? ... 171
    4.3. La Bible comme la Parole inspirée de Dieu ... 176
    4.4. La Bible comme témoignage de l'histoire du salut ... 186
    4.5. La Bible comme révélation ... 189
    4.6. La Bible comme canon des textes avec l'autorité suprême pour l'Église ... 195
    4.7. La Bible comme réflexion sur l'expérience à la lumière de la révélation ... 209

| 5 | Méthode et sources de la dogmatique | 223 |

    5.1. Les Écritures Saintes comme norme principale de la dogmatique ... 225
    5.2. Dogmatique et tradition de l'Église ... 235
    5.3. Dogmatique et raison humaine ... 246
    5.4. Dogmatique, expérience et contexte culturel ... 257
    5.5. Structure de la dogmatique ... 266
    5.6. Différentes approches de recherche dogmatique ... 271
    5.7. Conclusion : Christ le Seigneur de la vérité ... 280

Bibliographie ... 283
    Façon de référer aux livres ... 283
    Abréviations et références bibliques ... 283
    Bibliographie ... 284

Index des références bibliques ... 301

Index des noms ... 307

Index des sujets ... 313

Avant-propos

L'ouvrage du professeur Benno van den Toren que j'ai l'honneur de préfacer vient à point nommé pour permettre un retour à une affirmation consciente et pratique de la Vérité dans un siècle caractérisé par l'absence de vérité. Face à cela, lorsque Jésus affirme qu'il « est le chemin, la vérité, et la vie », ceci ressemble à un cri dans le désert de ce siècle multiculturel et postmoderne.

L'ouvrage propose un certain nombre de nouvelles approches théologiques pertinentes pour parler de Dieu dans ce siècle. Le professeur Van den Toren s'est efforcé de dépasser les anciennes pratiques de la théologie évangélique dont l'identité était souvent déterminée en comparaison avec la théologie catholique ou libérale. Il met plutôt l'accent sur la formulation d'une théologie chrétienne qui affirme la vérité de Dieu dans un monde pluraliste avec ses différentes options religieuses et une science séculière souvent antireligieuse. La lutte au dehors est telle qu'il faut dépasser les querelles internes des traditions chrétiennes pour se concentrer sur l'essentiel de ce qui fait la force évangélique.

Le professeur Van den Toren nous sensibilise à la contextualisation qui n'est plus l'apanage de la pratique théologique réservée au contexte des pays de mission ou des zones géographiques situées hors de l'Occident. Dans n'importe quel endroit de ce « village planétaire », nous sommes aujourd'hui face à un défi qui nous oblige à formuler une théologie qui prenne en compte les cultures qui sont à nos portes, pour pouvoir transmettre de façon pertinente l'unique Évangile du salut en Jésus-Christ. La vraie catholicité se mesure par la fidélité à la Bonne Nouvelle d'un Dieu qui renouvelle les hommes en Christ dans leur diversité religieuse et culturelle.

Une autre particularité de cet ouvrage est de permettre l'établissement d'un dialogue entre théologiens qui ont des convictions différentes et parfois opposées, et qui vivent dans des contextes géographiques et culturels différents. Qui aurait cru, il y a quelques années, que de nouvelles réflexions théologiques puissent venir des pays dits du Tiers-monde ? L'intégration des approches théologiques de multiples horizons sert au mieux la formulation de la doctrine chrétienne dans un contexte multiculturel.

C'est l'expérience, à la fois académique et missionnaire, du professeur van den Toren en Afrique francophone qui lui a permis d'écrire cet ouvrage d'une importance capitale. J'ai eu le privilège de travailler avec lui pendant plusieurs années à la Faculté de théologie évangélique de Bangui, en République Centrafricaine. Dans cette institution académique qui regroupe près d'une vingtaine de nationalités et de nombreuses cultures, les échanges théologiques ont été animés et enrichissants. Plus encore, son activité missionnaire auprès des Peuls et des Pygmées de la savane et des forêts de l'Afrique centrale, et l'engagement dans les Églises locales des villes d'Afrique l'ont aidé à consolider la relation inhérente qui existe entre la doctrine et la vie chrétienne, relation injustement interrompue par la philosophie des Lumières qui a développé une conception de la raison « séparée de la réalité, de la vie, de l'action, de la sagesse et du savoir-vivre ».

Je recommande fortement la lecture de cet ouvrage et son utilisation comme manuel d'enseignement dans les institutions universitaires. Les multiples exemples de réflexion théologiques sur les problèmes de la vie chrétienne montrent comment cette œuvre est valable pour tout chrétien qui aimerait sérieusement réfléchir sur les questions de savoir comment parler de Jésus-Christ et comment vivre la vie chrétienne dans notre village planétaire.

Que Dieu bénisse ces efforts pour présenter de façon intelligente et courageuse la doctrine chrétienne dans notre contexte multiculturel.

Abel Ndjerareou
Ancien doyen de la Faculté de théologie évangélique de Bangui

Introduction

Jésus nous dit que c'est la vérité qui nous donne la vraie liberté (Jn 8.32). Le terme n'est pas à prendre ici au sens de vérité abstraite, mais dans l'optique d'une vérité rencontrée en Jésus Lui-même (Jn 14.6), d'une vérité qui nécessite de la part de chacun un véritable engagement. Cette vérité, nous ne pouvons la connaître qu'en obéissant à Jésus-Christ (Jn 8.31). Mais si cette vérité nous apparaît sous la forme d'une personne, et si elle nécessite un engagement personnel, elle n'en demeure pas moins la vérité selon laquelle : en Christ nous rencontrons la réalité la plus profonde de l'existence et, que l'on en soit conscient ou non, cette réalité est la vérité de chacun. La découverte de cette vérité, à savoir : ce que Dieu est pour nous en Christ, nous libère et peut révolutionner notre vie !

La théologie est la science par laquelle il nous est possible d'entrer en contact avec cette réalité de Dieu, ce qui la rend capitale à nos yeux. Le but de la théologie est de nous permettre d'appréhender un aspect fondamental de la réalité qui est que, dans ce monde, nous ne sommes en aucun cas livrés à nous-mêmes car il y a un Dieu qui s'intéresse à nous. La théologie doit nous aider à compter avec Dieu et sur Dieu, et à nous accepter nous-mêmes tels que nous sommes réellement. C'est précisément parce qu'il est difficile d'appréhender cette réalité que la théologie doit nous aider, nous, l'Église et le monde à porter un regard neuf et à transformer nos pensées pour ne plus vivre comme si Dieu n'existait pas, comme si Christ n'était pas le centre de notre réalité (cf. Rm 12.2). La théologie est d'une importance capitale pour l'organisation de notre vie car elle nous aide à ne plus vivre dans un univers fantasmatique, mais dans la réalité. Dépourvue de cette capacité à nous mettre en contact avec cette réalité, la théologie ne serait que vaines spéculations.

Au vu de l'importance de la vérité, force est de constater, à regret, que la communauté chrétienne, en ce début du XXIe siècle, a tendance à négliger sa tâche théologique, ainsi que sa responsabilité de penser et de parler de Dieu avec droiture. L'Église reflète la culture environnante que nous appelons *postmoderne*. Cette culture est axée sur la façon dont un message va nous aider de façon pragmatique, et sur l'impact émotionnel ou esthétique qu'il va avoir sur nous. Elle ne pose pas la question de savoir si le message transmis est vrai ou non. Dans ce contexte postmoderne, rien d'étonnant à ce que les cours de communication, de management et d'accompagnement psychologique prennent l'ascendant sur les cours de doctrine et de théologie. Loin de dénigrer ces disciplines, nous reconnaissons que leur développement, au cours des dernières décennies, a beaucoup aidé l'Église dans sa vie et dans son ministère. Cependant, dans la culture postmoderne, nous supposons trop facilement avoir bien compris la vérité concernant Christ et concernant nous-mêmes. Nous supposons qu'il ne nous reste que la communication de ce message au monde, la gestion de nos communautés et celle de notre vie intérieure. Cette superficialité nous éloigne de nos vrais problèmes. Elle passe à côté de la vérité profonde de notre vie, et ne nous permet pas de vivre selon la réalité de la Bonne Nouvelle qu'est l'Évangile. Or, si nous ne vivons pas selon cet Évangile, nous développons, consciemment ou inconsciemment, d'autres théologies qui nous sont propres. Notre attitude face à la vie est en effet toujours le reflet de certaines convictions de base ou d'une vision du monde. Nous devons donc examiner attentivement notre propre comportement afin de comprendre s'il est bien le reflet de la réalité de l'Évangile.

Le monde dans lequel nous vivons n'a pas l'air de se sentir concerné par la question de la vérité, ni par celle de la vérité de l'Évangile. Or, si nous négligeons la question de la vérité, nous n'avons plus d'Évangile à offrir au monde. L'Église doit trouver le moyen de s'adresser à cette culture relativiste et pluraliste dans laquelle on considère la théologie comme une spéculation vaine et non scientifique. Elle doit parvenir à montrer la pertinence de la théologie face aux défis pressants de notre époque.

Trop souvent, la théologie n'a plus d'impact significatif sur le public, y compris sur le public chrétien. Elle est devenue une spéculation religieuse qui varie en fonction des modes philosophiques du moment et qui n'a plus de lien véritable avec la révélation biblique. La théologie, par le biais des théologiens, ne parvient plus à diriger correctement les croyants dans leur lecture de la Bible ni dans leur vie avec Dieu. Voulant rester fidèle à la foi historique, la théologie s'est trop souvent contentée de répéter les formulations doctrinales de jadis. Elle a négligé d'en montrer la pertinence pour les différents contextes des Églises, en Europe, en Afrique ou ailleurs, et c'est tout ceci qui a contribué à donner l'impression que la théologie était d'une importance mineure pour la vie chrétienne.

Ce livre a pour but de présenter une introduction à la théologie. Plus précisément, il sera question dans cet ouvrage de la dogmatique, c'est-à-dire de la discipline théologique qui réfléchit sur la doctrine ou sur l'enseignement de l'Église. Dans le contexte culturel relativiste et pluraliste que nous venons d'exposer, il est difficile de prétendre à priori que cette activité ait un bien-fondé. Nous devrons donc consacrer une partie à la démonstration du bien-fondé de la théologie en tant que voie permettant de connaître la réalité de Dieu. Nous devrons également établir la légitimité de l'utilisation des ressources de la théologie, notamment la Bible. De plus, l'accent sera largement mis sur la nécessité et la pertinence de la théologie pour une vie chrétienne saine et solide. Bien entendu, beaucoup de formulations théologiques peuvent ne pas être saines ni solides. Nous devrons donc également nous interroger sur la bonne façon de comprendre la réflexion théologique. Comment la théologie est-elle en mesure de nous libérer de ce que nous projetons sur Dieu pour nous mettre en contact avec le Dieu vrai et vivant ? Et comment la théologie peut-elle redevenir pertinente et bienfaisante pour l'Église dans le contexte particulier dans lequel nous évoluons ?

Bien entendu, cette étude n'est pas la première introduction à la théologie. Elle présente néanmoins certaines caractéristiques spécifiques qui donnent à son auteur l'espoir qu'il apportera une contribution particulière et urgente dans ce domaine.

La formulation d'une théologie dans un monde multiculturel et multi-religieux est un des nouveaux défis à relever. La plupart des introductions à la théologie qui se veulent évangéliques mettent plutôt l'accent sur la spécificité de la théologie évangélique par rapport à la théologie catholique romaine, et par rapport aux courants de la théologie libérale. Certes, ces différences méritent qu'on leur accorde une attention particulière, mais elles ne constituent qu'une partie d'un questionnement plus large. En effet, aujourd'hui, pour la plupart des chrétiens, la première question n'est pas de savoir comment développer une bonne théologie évangélique face aux théologies catholiques et libérales. Il s'agit plutôt de savoir comment nous rattacher à une théologie chrétienne dans le monde pluraliste dans lequel nous nous trouvons, monde qui offre de nombreuses options religieuses et une science séculière souvent antireligieuse. Dans un tel contexte, comment envisager la nature scientifique de la théologie ? La théologie parle-t-elle d'une telle réalité universelle ? Ou, par contre, reflète-t-elle simplement notre goût personnel ou notre positionnement culturel et historique dans le monde ?

Cette introduction à la théologie pose le postulat suivant : la théologie universelle doit s'enraciner dans des cultures spécifiques en fonction de contextes particuliers. La plupart des chrétiens vivent aujourd'hui dans les pays que nous appelions autrefois pays « du Tiersmonde ». Pour la chrétienté évangélique francophone le changement est encore plus radical car la grande majorité des chrétiens évangéliques francophones vit aujourd'hui au sud du

Sahara. La théologie chrétienne doit donc aujourd'hui s'adapter à ces contextes différents pour révéler et proclamer l'Évangile de manière pertinente.

La plus grande partie de mon expérience en tant qu'enseignant de théologie s'est effectuée en Afrique comme en témoigne cette introduction. J'ai cependant vécu en Amérique du Nord et j'enseigne maintenant en Europe, et j'ai acquis la conviction que la théologie doit être contextuelle sur tous les continents. Dans un Occident devenu multiculturel et multireligieux, la théologie doit pouvoir s'adresser à la culture bien particulière et parfois étrange qu'est la culture occidentale, mais elle doit aussi aider les chrétiens du Sud et de l'Est qui se sont établis dans les pays occidentaux. D'autre part, elle doit aider à proclamer l'Évangile face aux musulmans et aux bouddhistes qui habitent aujourd'hui en Occident. Par le biais des médias modernes, et particulièrement par la télévision et l'Internet, nous avons pris conscience du fait que nous vivons dans un « village planétaire ». Notre sort et notre identité sont liés aux autres, à ceux qui vivent dans des cultures et des pays très différents des nôtres. La théologie dans ce village planétaire doit donc chercher de quelle façon l'Évangile de Jésus-Christ peut s'adresser à l'humanité tout entière, à l'humanité dans sa grande diversité.

Nous le voyons, ces défis posés par notre monde multireligieux et multiculturel offrent de nouvelles perspectives et de nouvelles pistes à explorer. Il peut donc paraître étonnant que, dans cette introduction en théologie, les thèmes habituellement traités dans une introduction à la théologie soient repris dans leurs grandes lignes, à savoir : la nature de la théologie, son but, la révélation, les sources de la théologie et l'Écriture sainte. Mais un point m'a frappé lorsqu'il s'est agi de réfléchir sur ces questions avec mes étudiants : la richesse des ressources qu'offre la tradition chrétienne. Puisant dans l'Écriture et dans la tradition de l'Église, nous nous sommes rendus compte que ces sources ont la capacité de faire face à ces nouveaux défis, et ceci nous paraît être un signe non seulement de la pertinence de ces ressources classiques, mais aussi de leur vérité.

Cette introduction se veut évangélique, même si elle n'entend pas aller dans le sens partisan d'une tradition chrétienne particulière. Elle se veut « évangélique », parce qu'elle entend prendre l'Évangile, la réalité de la Bonne Nouvelle révélée en Christ et dans la Bible, comme référence principale. Une conception de la théologie et une méthode théologique n'ont de la valeur que si elles nous aident à mieux percevoir la réalité de l'Évangile. Cette introduction se veut donc également « catholique », puisqu'elle se réfère à la réalité normative qui est fondamentale pour l'Église universelle. Elle envisage

– pour autant qu'un jeune théologien en soit capable – un dialogue avec cette Église universelle à travers le temps et à travers l'histoire. Cette introduction se veut donc enfin « œcuménique » puisqu'elle reconnaît la nécessité d'apprendre au contact de nos frères et de nos sœurs issus de différentes traditions chrétiennes, afin de comprendre ensemble « la largeur, la longueur, la hauteur et la profondeur de l'amour du Christ » (Ep 4.18). Le vrai évangélisme, la vraie catholicité et le vrai œcuménisme se mesurent dans leur fidélité à cette réalité : la Bonne Nouvelle de Dieu qui vient à notre rencontre en Christ.

Ce livre est conçu comme un manuel d'étude destiné à des cours d'introduction en théologie. Il s'agit peut-être du premier manuel francophone qui s'intéresse de cette façon aux questions de la contextualité de la théologie, et qui appréhende la situation des Églises en dehors de l'Occident. Cependant, nous voulons souligner qu'il n'est pas seulement écrit pour l'Afrique puisque, nous le disions précédemment, la vie chrétienne dans un monde multiculturel est également le défi que la théologie doit relever en Occident. Notre espoir est donc de voir ce livre enrichir tous ceux qui désirent mener une réflexion sur Dieu, ceux qui souhaitent parler de Lui d'une façon responsable et pertinente par rapport aux cultures dans lesquelles ils vivent.

Enfin, le fait même du caractère propre à une introduction implique que chaque terme technique dont il sera question sera expliqué systématiquement dès son apparition dans le corpus du texte.

Dans le corps du livre, nous distinguerons deux types de caractères d'imprimerie. Les idées principales seront développées en caractères standards. Les arguments supplémentaires, les références par rapport aux positions et aux débats historiques ou contemporains ainsi que les développements plus détaillés apparaîtront en caractères plus petits à l'intérieur du texte, et non pas en note de bas de page. Leur lecture n'est pas nécessaire pour comprendre les thèses principales, mais cela peut permettre une utilisation de ce manuel à différents niveaux de formation.

La réflexion théologique n'est pas une affaire individuelle. Elle est la tâche de la communauté chrétienne. Un individu seul ne sera jamais en mesure de comprendre les défis théologiques de plusieurs contextes s'il n'a pas recours à un dialogue avec des frères et des sœurs des différentes communautés chrétiennes. Je me dois ici de remercier tout particulièrement mes collègues et étudiants de la Faculté de théologie évangélique de Bangui (en République centrafricaine). C'est à leur contact qu'il m'a été donné de comprendre l'importance profonde de la notion de multiculturalité en matière de théologie. En remerciement de leur hospitalité et de leur longue collaboration dans l'œuvre du Seigneur, je leur dédie ce livre. Je remercie de tout cœur la FATEB et la Mission réformée chrétienne aux Pays-Bas de m'avoir accordé une année sabbatique dont une partie a pu être consacrée à l'écriture de quelques chapitres de ce livre. Durant cette année, le Regent College (Vancouver) nous a chaleureusement accueillis en tant que famille. Nous remercions la communauté du Regent College pour l'expérience d'une année qui nous marquera pour le reste de notre vie.

Écrire un livre dans une langue qui n'est pas la mienne est un autre défi particulier et dans ce périple j'ai été particulièrement aidé par MM. Olympe Bikouta et Kuzundelu-Gbaelemo Ngao du Congo, Abel Ngarsoulede du Tchad et Richard Hougmeni du Cameroun et par Mme Isabelle Cervellin-Chevalier de France. Sans leur collaboration, le travail n'aurait jamais pu être réalisé. Le remerciement final et le plus important va à Berdine, mon épouse. Elle a été à mes côtés sur les trois continents qui ont bercé ce livre. Elle m'a toujours encouragé à ne jamais présumer trop rapidement avoir compris d'autres cultures, et m'a donné en même temps la confiance nécessaire pour me remettre constamment en question dans ces divers univers culturels dans lesquels nous vivions.

1

La dogmatique entre vérité et vie

1.1. Chacun a sa théologie

Indications bibliographiques
B. Walsh & R. Middleton, *La vision chrétienne du monde*, trad. J. Buchhold, Méry-sur-Oise, Sator, 1988, p. 3-40.
Stanley J. Grenz & Roger E. Olson, *Who Needs Theology ? An Invitation to the Study of God*, Downers Grove, IVP, 1996.

Chacun a une vision fondamentale de la réalité qui détermine sa façon d'appréhender la réalité et l'organisation de sa vie. Pour indiquer cette vision fondamentale, nous utilisons le plus souvent le terme « vision du monde ». Dans cette optique, il peut y avoir de nombreuses visions du monde, une vision chrétienne, une vision séculière, une vision africaine traditionnelle, une vision islamique, etc. (cf. Walsh & Middleton, 1988 ; Naugle, 2002).

Chaque vision du monde englobe certaines convictions théologiques, si nous comprenons la théologie au sens large comme toute opinion que l'on peut avoir sur Dieu et sur ses relations avec le monde et l'humanité. Dans ce sens chacun a une théologie. Même si nous croyons qu'il n'y a pas de Dieu, nous avons une opinion sur Dieu, et cette opinion influence profondément notre attitude par rapport à la vie. Celui qui pense que l'homme est lui-même l'autorité la plus haute dans la vie, organise sa vie différemment de celui qui pense qu'un Dieu est son Créateur et qu'Il le jugera à la fin des temps. Penser que l'homme choisit de façon autonome le sens qu'il donne à sa vie, ou penser que vivre en communion avec Dieu est le but de la vie parce qu'Il nous y invite, ont des implications différentes. Même les agnostiques ont des opinions théologiques. Ils savent, ou au moins, ils pensent qu'on ne peut pas connaître Dieu, ni savoir si un tel être existe. Le plus souvent, les agnostiques se comportent comme s'il était inutile de faire un effort soutenu pour chercher Dieu ou pour savoir s'Il s'est fait connaître quelque part de quelque façon que ce soit. Mais croire qu'on ne peut pas connaître Dieu, ou qu'il n'est pas important de le connaître est aussi une conviction. De plus, c'est une conviction qui suppose à priori une certaine interprétation de ce que Dieu peut et ne peut pas être, ou de ce qu'Il peut ou ne peut pas faire.

Il est possible aussi que nous ne soyons même pas conscients de notre vision du monde et de nos convictions théologiques. Mais, que nous le voulions ou non, nos attitudes fondamentales envers la vie et nos actes reflètent toujours une vision du monde. Est-ce que je vis comme si tous les hommes, quels que soient leur statut social et leur comportement, méritent que je leur témoigne du respect ou non ? Est-ce que je vis comme si la vie s'arrêtait avec la mort physique ou comme si j'espérais une vie dans l'au-delà ? Est-ce que je vis comme si la création était à protéger ou au contraire comme si elle était là pour être exploitée ? Est-ce que je vis comme si Mahomet était l'envoyé final de Dieu ou comme si c'était Jésus-Christ ? Quelle est mon attitude face aux forces spirituelles autour de moi ? Déterminent-elles ma vie ? Est-ce que je crois qu'elles sont vaincues par Christ ? Est-ce que la fidélité est pour moi un ingrédient essentiel des relations humaines, ou alors vais-je considérer toutes mes relations comme des contrats que je peux rompre quand ils ne me sont plus d'aucun profit ? Est-ce que je vis comme si mon corps était plutôt destiné à la décomposition ou à la résurrection ? Est-ce que je vis comme si l'amour du couple nous renvoyait à l'amour de Dieu pour nous ou comme s'il nous liait aux animaux avec lesquels nous partageons cette pulsion ? Face à toutes ces questions, nous sommes bien forcés de reconnaître que chacun a une vision du monde, implicite ou explicite, et que chaque vision du monde implique certaines convictions que nous pouvons appeler « convictions religieuses » ou « théologiques » (Grenz & Olson, 1996, p. 12-21).

Les chrétiens eux-mêmes ne sont pas forcément conscients de leur théologie. Naturellement, les chrétiens savent qu'ils ont leurs convictions par rapport à Dieu, mais il n'est pas rare d'entendre des remarques comme : « Moi, je n'ai pas d'autre doctrine que la Bible », ou bien : « Moi, je n'ai pas besoin de la théologie ; elle ne peut que m'éloigner de la Bible où je trouve tout ce qu'il me faut ». Ces remarques peuvent être une réaction contre une théologie trop abstraite qui constitue un écran entre nous et la Bible, brouillant notre compréhension de la Bible plus qu'elle ne devrait l'éclaircir. Cependant, chaque chrétien a sa théologie à travers laquelle il interprète la Bible, fait la distinction entre les passages qu'il juge plus ou moins importants, et intègre ce qu'il y rencontre (cf. Tiénou, 1980, p. 9s.). Pourquoi ce que me dit Jean 3.16, sur l'amour de Dieu que nous rencontrons en Christ, est plus important pour ma compréhension de Dieu que l'histoire d'Akân, lapidé avec toute sa famille pour avoir commis un vol à Jéricho (Jos 7) ? Comment comprendre la relation entre l'amour et la colère de Dieu qui sont deux des réalités présentes dans la Bible ? Comment établir le lien entre la libération du peuple d'Israël de l'esclavage en Égypte et la libération du péché par Jésus-Christ ? Tout lecteur un peu expérimenté de la Bible utilise un certain cadre d'interprétation qui l'aide à répondre à ces questions. Ce cadre n'est pas forcément un obstacle pour une bonne compréhension de la Bible. Il est même nécessaire pour une compréhension approfondie et équilibrée de la Bible. Si ce cadre lui-même reflète la vérité biblique et s'il est constamment en accord avec cette vérité, il fonctionne comme une lunette indispensable à une bonne compréhension. Ce cadre est la doctrine.

Si chacun a sa théologie et si chaque chrétien a sa doctrine, reste à savoir comment jeter un regard critique sur ces convictions. La multitude des visions du monde et des positions théologiques rend le choix difficile entre les différentes options possibles. Comme « chacun a sa théologie » il serait facile de renoncer à une réflexion critique et d'opter pour une solution simple et relativiste : « à chacun sa théologie ». C'est d'ailleurs ce que pense un bon nombre de nos contemporains chrétiens et non-chrétiens. Chacun a sa conviction et sa préférence personnelle, sans plus. Cette attitude est expressément, pour moi, une tentation. L'enjeu est tel, que nous ne devons pas trop facilement abandonner l'espoir de trouver une direction claire pour notre vie. En outre, la foi chrétienne suppose que nous sommes en possession d'une clé qui permet d'ouvrir la voie aux mystères de notre existence, au sens de notre vie et à Dieu : la révélation de Dieu Lui-même en Christ dans la Bible. La théologie chrétienne commence avec la prise de conscience du fait que c'est Dieu en Christ qui nous a montré ce que nous n'aurions jamais pu découvrir nous-mêmes : ce qu'Il est et ce qu'Il est pour nous. La place centrale qu'occupe la doctrine dans la foi et dans la religion chrétienne n'est rien d'autre que le reflet de cette conviction.

1.2. La pertinence de la doctrine

Foi chrétienne et vérité

Dire que notre monde est pluraliste signifie que c'est un monde dans lequel sont présentes une multitude de religions et de visions du monde. Dans ce monde, grande est la tentation d'accorder à toutes ces options la même valeur, comme si le choix de l'une d'entre elles n'était pas une question de vérité, mais une simple question de préférence personnelle. De plus, la vérité religieuse semble tellement difficile à découvrir qu'il est facile de la considérer, à tort, comme une vérité autocréée par nous-mêmes. À la lumière de cette approche de plus en plus à la mode, chaque religion est vraie de la même façon pour ses propres adhérents. Ceux qui organisent leur vie selon cette réalité organisent et construisent le monde en fonction de leur religion et de leur vision du monde, ce qui fait que la religion devient vraie du moment que l'on y croit.

Un exemple d'une telle compréhension de la religion se trouve chez le théologien anglais Don Cupitt (1984 ; pour une discussion critique, voyez Williams, 1995, p. 113-142). Peu de théologiens sont aussi radicaux et explicites, mais beaucoup tendent vers cette option.

Cette façon de vivre la religion, toute attirante soit-elle, ne nous aide pas à comprendre la foi chrétienne. Elle lui ôte au contraire son sens, sa force et son identité. La foi chrétienne est basée sur la découverte du fait que c'est Christ qui nous montre véritablement Dieu, et que sa parole est la vérité (Jn 1.17-18 ; 17.7). Cette vérité est beaucoup plus riche que l'existence d'une simple « correspondance » entre les paroles bibliques et la réalité à laquelle elles font référence. La notion biblique de la vérité de Dieu sous-entend également l'idée de Son engagement envers nous, la conviction que nous pouvons placer notre confiance en Lui et qu'Il est le Dieu vivant (Jr 10.10 ; 1 Th 1.9). Cependant, cette fidélité de Dieu implique qu'Il soit réellement là et qu'Il soit réellement ce qu'Il dit être pour nous. La vérité de cette foi est essentielle, c'est-à-dire la connexion entre ce que nous croyons et une réalité indépendante et antérieure à cette foi. La foi se réfère à une réalité qui existe en dehors de nous.

Cette référence à une réalité qui nous est extérieure est essentielle parce qu'elle est en accord avec la manière dont le message biblique se présente et se considère. La Bible parle de Dieu et de ses actes. Elle a un sens existentiel et psychologique, mais pas seulement. Elle ne parle pas simplement de l'existence humaine ou de la foi d'une certaine communauté. La Bible nous parle d'un Dieu qui, en tant que Créateur, est à la base de notre existence même, d'un Créateur qui agit dans l'histoire. C'est un Dieu qui vient nous sauver de sa propre initiative et d'une manière qui dépasse nos capacités propres. C'est un Dieu qui est là avant toute chose, et indépendamment de tout ce que nous pourrions mettre en œuvre pour Le trouver. Il jugera le monde entier, ceux qui ont confiance en Lui, mais aussi ceux qui L'ont rejeté, tout comme ceux qui n'ont jamais entendu parler de Lui.

Cette référence à un réel existant est aussi essentielle parce que le bien fondé du message et la doctrine bibliques reposent sur la réalité de Dieu et de ses actes. La foi est inconsistante et mensongère si elle ne reflète pas une réalité objective indépendante de nos expériences et de notre manière d'organiser notre monde. Pourquoi aurions-nous confiance en notre Dieu créateur, s'Il est seulement le produit de notre imagination ? Comment un Dieu peut-Il réellement nous sauver de la mort, s'Il n'a pas réellement vaincu la mort au jour de Pâques ? Sans référence à un Seigneur vivant, et si notre croyance dans le retour de Christ est simplement une idée de notre communauté pour nous aider à affronter psychologiquement l'insécurité de l'avenir, comment pouvons-nous avoir de l'espoir ?

Une foi chrétienne sans vérité objective pose donc au moins deux problèmes : une contradiction de la foi avec les points centraux de la révélation biblique, et une impossibilité à apporter le salut qu'elle promet (cf. 1 Co 15.14). La foi tire sa force de la vérité et du Dieu véritable auquel elle doit son existence. Comme le théologien Irénée de Lyon (vers 140-vers 190) l'affirmait déjà au IIe siècle :

> Quant à la foi, c'est la vérité qui fait naître la foi, car la foi s'établit de façon ferme dans le réel véritablement existant, de telle sorte que nous croyions à ce qui est, tel qu'il est, et que, croyant à ce qui est, tel qu'il est, nous gardions toujours inébranlablement notre conviction à son égard (Irénée de Lyon, *Démonstration*, Préface, § 3).

Cette relation avec la vérité, et avec une réalité objective et indépendante de la foi est alors capitale pour la foi chrétienne. Cette relation avec la vérité est aussi cruciale pour la doctrine et pour la théologie chrétienne, et ce, pour les mêmes raisons. La doctrine – ce que l'Église nous enseigne sur Dieu et sur ses actions envers nous – est trompeuse, si elle nous dresse le tableau d'une réalité dont elle ne peut pas parler en toute confiance. La théologie en tant que science de Dieu doit parler du Dieu qui existe avant nous, parce que c'est en Lui que nous puisons notre existence, et de Lui que nous recevons le salut. Si elle ne parle que des dieux que nous créons, elle parle aussi d'une certaine réalité, mais d'une réalité qui est une création humaine. En effet, en tant qu'humains nous créons parfois nos propres dieux selon nos désirs et nos besoins, des dieux qui reflètent nos propres désirs et notre propre image. Mais une telle théologie ne parle que des idoles et non du Dieu vivant de la Bible. Elle ne peut en aucun cas être une théologie chrétienne (cf. Barth, *Dogmatique* I/2**, p. 92ss ; cf. § 3.4).

Vérité et doctrine dans d'autres religions et d'autres visions du monde

C'est précisément parce que la vérité a une importance capitale dans la foi et dans la vie chrétiennes, que la tradition de l'Église accorde une attention toute particulière à ce qu'elle considère comme la bonne et vraie doctrine. Or, ceci n'est pas systématique dans toutes les religions, et nous le remarquons en comparant la place qu'occupent la vérité et la doctrine dans la foi chrétienne et celle qu'elles occupent dans d'autres religions ou d'autres visions du monde. C'est d'ailleurs en faisant cette comparaison que nous comprenons mieux en quoi la vérité et la doctrine nous concernent. Elles nous concernent en effet, parce que notre foi est basée sur un Dieu qui prend Lui-même l'initiative de se faire connaître, et de nous sauver, parce que nous ne pouvons pas nous sauver nous-mêmes.

La foi d'Israël se distinguait déjà des religions des autres peuples de son temps, parce que le Dieu d'Israël était le Dieu vivant dont la fidélité n'était pas ébranlée par l'infidélité de son peuple. C'est Lui seul qui avait pris l'initiative d'appeler Abraham, de libérer le peuple d'Israël d'Égypte et de faire alliance avec lui. Son existence, sa fidélité aux hommes et sa vérité ne dépendaient pas de la croyance que son peuple lui accordait. Si son peuple L'oubliait, Il redonnait Lui-même vie à la relation qu'Il entretenait avec lui. C'est cette référence à un Dieu vrai et vivant qui distinguait la religion prophétique d'Israël du paganisme des peuples alentour. Pour ces peuples païens, la religion n'était pas liée à une révélation objective de Dieu dans l'histoire. Elle était l'expression des expériences religieuses du surnaturel dans les forces naturelles. Ces religions ne parlaient ni d'une vérité, ni d'une morale objective (Wells, 1993, p. 264-270).

Le Nouveau Testament insiste fortement sur la fiabilité du témoignage relatif aux événements de la croix et de la résurrection de Christ (Lc 1.1-4 ; 1 Co 15.1-8), et sur la proclamation et la confession de cette vérité (Rm 10.9). Nous remarquons aussi, dans le Nouveau Testament, que la vraie et saine doctrine (1 Tm 6.3 ; Tt 1.9) fait l'objet d'une attention toute particulière. C'est en ceci que la foi de l'Église primitive se distinguait des religions du monde hellénistique. Ces religions ne jugeaient pas d'une importance capitale la question de la confession personnelle. Il était plus important de participer aux rites publics et privés dans le respect des règles établies. Pour le reste, les individus pouvaient croire en ce qu'ils voulaient (Jeffers, 1999, p. 90).

Cette indifférence par rapport à la vérité se retrouve aussi dans les religions traditionnelles africaines. Ce n'est pas la vérité qui détermine en tout premier lieu l'acceptation des pratiques et des idées religieuses. La valeur des pratiques religieuses est de contribuer à maintenir l'harmonie de la communauté, la communauté des vivants avec celle des morts (Penoukou, 1984, p. 110). Étant donnée l'importance de l'harmonie dans la communauté, il est plus acceptable de dire « je n'y crois plus » que de refuser de participer à la vie communautaire. Nous retrouvons ici le même intérêt pour la cohésion sociale que celui que nous remarquions dans les religions du monde environnant Israël. Cet intérêt social se double d'un intérêt pragmatique : les pratiques religieuses sont bonnes si elles répondent de façon efficace à toutes les puissances mystiques (Messi Metogo, 1997, p. 47-65).

Il est impossible de séparer radicalement les questions de la vérité et de la cohésion de la communauté. D'un côté, les religions traditionnelles sous-entendent une certaine compréhension de la réalité. De l'autre, la foi chrétienne a, elle aussi, des implications sociales, même si elle met plus particulièrement l'accent sur la doctrine et sur la vérité. En effet, être chrétien va aussi de pair avec l'appartenance à une communauté particulière. Cependant, dans la foi chrétienne, les implications sociales découlent de la reconnaissance de la vérité révélée en Christ. C'est à partir de la reconnaissance de Jésus comme unique chemin menant à Dieu, que l'Église se distingue des autres communautés humaines (cf. § 2.3). Dans les religions africaines – et dans les religions tribales ou ethniques en général – l'harmonie et le bien-être de la communauté priment sur la vérité. Contrairement à la foi chrétienne, et du fait de la priorité de la cohésion sociale, ces religions n'ont pas de prétentions à l'universalité. Généralement, ces religions peuvent être adaptées ou jugées indispensables à une ethnie ou une tribu particulière, à une région ou une nation, mais sans pour autant revendiquer l'adhésion des personnes au delà de ces communautés limitées.

Les grandes religions orientales comme l'hindouisme et le bouddhisme, accordent elles aussi moins d'intérêt à la doctrine et à la vérité que la foi chrétienne. Ces religions font néanmoins appel à l'universalité, comme en témoignent les activités missionnaires du bouddhisme hors de l'Asie Orientale, et particulièrement en Occident. Leur attitude négative envers des formulations religieuses doctrinales est plutôt liée au fait qu'elles rejettent l'idée d'une révélation historique. C'est en cela qu'hindous et bouddhistes diffèrent des chrétiens qui croient à une révélation spéciale : Dieu s'est fait connaître par ses actes et par ses paroles, dans des lieux et à des moments particuliers. Cette révélation spéciale donne à ceux qui la reçoivent un accès particulier à la vérité divine (cf. § 3.3).

L'absence de la notion de révélation spéciale a des conséquences fondamentales sur la compréhension de l'identité propre des religions concernées. Sans révélation, ce que nous pouvons deviner concernant la réalité divine à partir de la nature, de la profondeur de l'âme et des expériences mystiques, reste diffus et difficile à articuler. De nombreux initiés de ces religions sont donc convaincus que la connaissance de la réalité divine est en dehors de ce que nous pouvons exprimer en paroles humaines et dans des doctrines. La divinité dépasse nos catégories humaines. Il serait ensuite prétentieux de supposer qu'une connaissance de la réalité absolue est plus profonde que celle des autres si cette connaissance religieuse a pour base uniquement une expérience religieuse personnelle. Une telle compréhension de la connaissance religieuse aboutirait aisément à un type de tolérance religieuse selon laquelle nous n'avons pas le droit de juger que notre compréhension de la vérité est meilleure que celle des autres.

Pour un chrétien, c'est Dieu qui s'est Lui-même fait connaître en Christ et dans la Bible. C'est donc Dieu qui a montré qu'Il n'était pas entièrement étranger à ce que nous pouvons connaître, et c'est d'ailleurs pour que nous Le connaissions qu'Il nous a créés. C'est sur la base de cette révélation, et sur le fait que nous avons été créés à l'image de Dieu, que nous avons la possibilité d'exprimer des vérités sur Lui, y compris sous forme de doctrines. Il n'y a aucun orgueil à vouloir proclamer ouvertement cette foi, étant donné que cette volonté n'est pas mue par une idée fausse selon laquelle nous serions mieux disposés à connaître Dieu que ceux qui nous entourent. Les chrétiens reconnaissent ne pas être meilleurs que quiconque. Dieu a simplement choisi son peuple Israël et la communauté chrétienne par sa grâce incompréhensible afin qu'ils partagent ce qu'ils ont avec les autres, car les autres en ont autant besoin qu'eux.

La conception de la vérité religieuse de l'islam est plus proche de la foi chrétienne que les religions orientales ou les religions tribales. L'islam croit en une révélation spéciale de Dieu par la voix de ses prophètes, et surtout à travers Mahomet. Nous verrons plus loin que la nature de cette révélation est bien différente de la révélation en Christ dans la Bible (§ 3.3). Néanmoins, le fait que Dieu ait envoyé ses prophètes pour apporter son message aux hommes confère aux musulmans la responsabilité de proclamer avec vigueur leur religion à travers le monde. Cette religion est considérée comme révélée et universelle. Cependant, dans l'islam, les débats ne sont pas axés principalement sur les doctrines, mais plutôt sur l'interprétation de la loi divine. L'islam ne connaît pas de théologiens au sens chrétien du terme, des spécialistes qui s'interrogeraient sur des questions comme : « Qui est Dieu ? » et « Qu'a-t-il fait pour nous ? ». Les grands sages de l'islam sont plutôt les chercheurs et les interprètes de la « *Sharia* » : la loi. La confession de la foi islamique se limite à la reconnaissance de l'unicité d'Allah en tant que Dieu, et à l'idée de la supériorité de Mahomet, son prophète. Il existe aussi quelques doctrines secondaires, mais elles sont peu sujettes à débat.

Cette différence entre l'islam et la foi chrétienne met en lumière deux aspects plus profonds encore de l'importance de la doctrine pour la foi chrétienne.

Tout d'abord, selon l'islam, Allah n'a pas révélé sa nature, ni son cœur à l'homme. Il n'a révélé que sa *volonté* envers l'homme, la loi à laquelle il voulait que l'homme obéisse (Chapman, 1995, p. 220). En effet, l'islam considère que l'homme est l'esclave de Dieu. La soumission, qui est le sens premier du mot « *islam* », est la vocation principale de l'homme. Un esclave n'a pas besoin de connaître le plan ou le cœur de son maître, il ne doit connaître que sa volonté, pour pouvoir lui obéir. Au contraire, le Dieu de la Bible veut être notre Père, notre ami, voire même notre époux (Mt 6.9 ; Jn 15.14 ; Ap 22.17). C'est précisément parce que nous pouvons être des amis de Dieu, que nous pouvons connaître son plan, sa nature et son cœur (cf. Jn 15.15). Dans une relation de cette sorte, la connaissance du cœur, du caractère et du plan de Dieu prime sur la connaissance de sa volonté. Notre désir de vivre selon sa volonté se fonde sur la connaissance que nous avons de ce qu'Il est, de son plan et de ce qu'il désire pour nous. C'est cette réalité que la doctrine cherche à exprimer dans la foi chrétienne. C'est la reconnaissance, dans la joie, du fait que Dieu nous a fait connaître son caractère et les plans qu'Il a pour nous, qui donne toute son importance à la doctrine.

Deuxièmement, pour l'islam, l'homme doit se préparer au jour du jugement dernier en obéissant à la loi de Dieu, espérant qu'Allah l'acquittera de tout. Selon la foi chrétienne, le salut dépend entièrement de ce que Dieu a fait pour la rédemption de l'homme à travers l'œuvre de Christ. La doctrine du salut est plus importante ici, plus importante que notre connaissance de l'éthique chrétienne, car notre salut dépend de ce que Dieu a fait pour nous, et non de ce que nous pouvons faire en lui obéissant (cf. § 2.1).

Puisque nous analysons les relations entre différentes religions, il est important de noter ici le cas tout à fait particulier que représente la relation entre le christianisme et le judaïsme. Les chrétiens reconnaissent, tout comme les Juifs, que Dieu s'est révélé à Moïse et aux prophètes d'Israël. Juifs et chrétiens reconnaissent aussi que l'alliance de Dieu avec Israël est une alliance éternelle, et qu'elle ne peut pas être rompue, pas même par le rejet du Messie (Rm 9.4-5 ; 11.28-29). Cependant, force est de reconnaître que le judaïsme contemporain n'est plus tout à fait la même religion que celle du peuple de l'alliance au temps de ce que nous appelons l'Ancien Testament. De nos jours, comme l'islam, le judaïsme met plus particulièrement l'accent sur la loi. La loi est considérée comme le don de Dieu le plus important. C'est elle qui permet, par la voie de l'obéissance aux préceptes de Dieu, de jouir d'une bonne vie et c'est dans cette voie qu'on obtient le salut. Ceci est d'ailleurs encore plus vrai pour le judaïsme libéral qui nie la résurrection eschatologique, que pour le judaïsme orthodoxe. Pour le judaïsme libéral, la bonne vie est la vie qui se vit aujourd'hui dans ce monde dans le respect des commandements de Dieu. Nous constatons ici un déplacement d'accent par rapport à l'Ancien Testament. Là, la loi avait été donnée aux Israélites par Dieu dans le contexte d'un rappel de libération d'Israël. Dieu les avait libérés de l'esclavage en Égypte (Ex 20.2), en complément du système sacrificiel et dans l'attente de la nouvelle alliance à venir (Jr 31.31).

Terminons ce survol des religions et des visions du monde par un bref aperçu de l'importance de la vérité dans la culture occidentale moderne qui influence maintenant tous les continents. La culture moderne, aussi appelée la « modernité », est la culture qui a comme point de départ le Siècle des lumières. Au début de l'ère moderne, l'homme a accordé une grande valeur à la vérité. On a beaucoup investi dans sa recherche y compris dans la recherche de la vérité religieuse. Cependant, la culture occidentale contemporaine se caractérise plutôt comme « modernité tardive » ou comme « postmodernité ». Ici, certaines valeurs centrales de la modernité ont été abandonnées. Parfois même, on leur a préféré les valeurs inverses. La culture s'est de plus en plus éloignée de l'idée d'une vérité objective et universelle, pour privilégier une idée pragmatique de la vérité : ce qui est vrai est ce qui marche. Les grands modèles de cette culture sont le « manager » et le « thérapeute » (MacIntyre, 1985, p. 25ss) ? Tous deux sont jugés selon leur capacité à gérer, de manière efficace, la vie extérieure ou la vie intérieure. Les questions de valeur ultime ou de vérité objective et universelle restent en dehors de leur domaine de compétence et ne retiennent aucunement leur intérêt. Tout est basé sur la réussite, l'efficacité selon des critères économiques, technologiques et psychologiques, sans chercher à savoir à quoi tout cela servira en fin de compte. Cette culture a abandonné la possibilité de trouver la vérité en matière religieuse, mais souvent aussi dans les autres domaines. La religion est considérée comme une question de conviction personnelle, une question d'expérience religieuse individuelle, une question de préférence religieuse ou une question à laquelle il faut répondre de manière pragmatique : quelles conceptions religieuses m'aident à m'épanouir et apportent quelque chose dans ma vie ?

Le monde évangélique occidental s'est adapté à cet aspect de la modernité tardive de façon alarmante. Le mouvement évangélique lutte contre la modernité, mais, se limiter à critiquer la négation moderne des miracles et l'action de Dieu dans l'histoire n'est pas suffisant. D'une manière moins consciente, le mouvement évangélique a succombé à la modernité en acceptant des critères pragmatiques pour régir son fonctionnement. Le mouvement continue à accepter et à défendre la confession des vérités centrales de la foi, mais, trop souvent, cette vérité n'est plus au centre de la vie spirituelle individuelle ou communautaire. Plutôt qu'un enseignant de la vérité divine, le pasteur devient de plus en plus un manager de la vie de l'Église, et un thérapeute de la vie spirituelle chargé de bâtir une Église et une vie intérieure réussies, sans trop approfondir ce qu'est la vraie réussite au sens chrétien. Dans les facultés de théologie, l'éducation théologique est devenue, au fil du temps, une acquisition des compétences nécessaires pour exercer le ministère. Finalement, ni Dieu ni la vérité ne sont plus au centre des préoccupations, parce qu'ils ne sont là que pour servir un intérêt personnel centré sur la recherche de la paix et du succès. Pourtant, la théologie doit être avant tout une connaissance de Dieu et de ses actions. C'est de cette connaissance que doit découler l'exercice du ministère (cf. Wells, 1993, p. 97ss). En Afrique, le mouvement évangélique est fortement marqué par cet aspect de la modernité tardive, du fait de l'influence très forte de l'Occident, mais aussi parce qu'il s'est implanté dans un terreau religieux qui possède un pragmatisme qui lui est propre (cf. p. 22).

Ce désintérêt pour la vérité est inquiétant parce qu'il s'oppose aux thèmes centraux de l'Évangile. Le salut chrétien est essentiellement lié au fait que l'action de Dieu est bien antérieure à notre quête pour trouver Dieu. Cette recherche de Dieu suppose donc, au préalable, une vérité indépendante de notre attitude (Thiemann, 1985, p. 92-111). L'Évangile présuppose que la croix et la résurrection sont des événements objectifs dans l'histoire, et sans lesquelles notre foi serait vaine (1 Co 15.14).

> ### *Cinq raisons de l'importance de la vérité et de la doctrine pour la foi chrétienne*
>
> En somme, si nous comparons la foi chrétienne et les religions ou les visions du monde alternatives, nous comprenons plus clairement pourquoi les questions de vérité et de doctrine sont si importantes pour les chrétiens :
>
> 1. Pour les chrétiens, l'appartenance religieuse n'est pas liée à une ethnie ou une nation. La vérité de Dieu est universelle et notre fidélité envers Dieu doit dominer notre loyauté envers notre famille, notre ethnie ou notre nation (Gn 12.1 ; Mc 3.31-35 ; voir encore § 2.3).
> 2. Nos convictions religieuses ne sont pas des convictions personnelles que nous aurions formulées sur la base d'expériences mystiques indicibles. Si tel était le cas, nous ne pourrions jamais, ni les formuler, ni les considérer comme étant plus vraies que celles des autres. Les convictions religieuses chrétiennes se fondent sur la révélation de Dieu, qui s'est fait connaître Lui-même par l'intermédiaire de ses prophètes, et de manière décisive en Christ (voir encore § 3.3).
> 3. Dieu ne veut pas seulement que nous Lui obéissions, mais que nous Le connaissions et L'aimions (Jn 17.3).
> 4. La vie religieuse ne se définit pas essentiellement par ce que nous faisons pour Dieu, mais par ce que Dieu fait pour nous. C'est grâce à l'œuvre du salut de Dieu pour nous en Christ que nous vivons. Ce que nous faisons pour Dieu est la conséquence de la reconnaissance de ce que Dieu a fait pour nous, par grâce et malgré ce que nous sommes.
> 5. La vie chrétienne ne se fonde pas sur notre choix personnel d'organiser notre vie de façon religieuse, mais sur la reconnaissance de la vérité de Dieu par rapport à notre vie, vérité sans laquelle nous ne pouvons pas vivre.

1.3. Définitions principales

Jusqu'ici nous avons utilisé les termes « doctrine » et « théologie » sans préciser leur sens. Les définir plus précisément nous permettra de donner une direction claire à nos investigations. Ce faisant, nous devrons analyser les différences qui existent entre nos définitions et les définitions alternatives. Nous ajouterons aussi les définitions des termes « dogmatique » et « prolégomènes » qui sont également essentielles pour notre thématique.

Doctrine

Doctrine vient du latin *doctrina* du verbe *docere*, qui ont le sens d'« enseignement » et « enseigner ». Dans le Nouveau Testament, ces termes sont employés fréquemment. Jésus et les apôtres sont présentés en train d'« enseigner » (Mt 7.28-29 ; Ac 4.2 ; voir § 2.1) et les premiers chrétiens sont appelés de rester fidèles à l'enseignement ou à la doctrine (la *didachè*) des apôtres (Rm 16.17 ; Ac 2.42). Nous pouvons donc donner la définition suivante :

> **Définition 1.1** : La doctrine chrétienne est le contenu de l'enseignement de l'Église à propos de Dieu et de ce qu'il a fait.

La doctrine est un discours sur Dieu et sur ses actions, mais c'est un discours d'un genre spécifique. Différents genres littéraires existent dans la Bible comme dans la vie courante : des narrations, des prières, des proverbes, des lois, des lettres, etc. La doctrine est un genre spécifique qui a un but particulier : l'enseignement. Sa forme témoigne de ce but puisque la doctrine est le plus souvent formulée de façon systématique pour faciliter l'enseignement.

Les sections spécifiquement doctrinales sont rares dans la Bible. Elles se trouvent surtout dans les épîtres. Néanmoins, les autres genres, comme les narrations et les prières, contiennent aussi des enseignements. Nous pouvons toutefois tirer des enseignements des prières de la Bible, comme nous pouvons également transposer ses enseignements en prières pour qu'ils alimentent nos louanges et nos requêtes.

Pour les besoins de l'enseignement, la doctrine chrétienne est articulée autour de deux pôles. Elle se réfère d'une part à la réalité objective et universelle de ce que Dieu est, et ce qu'il a fait dans l'histoire du salut et en Christ. D'autre part elle est formulée par rapport à la réalité particulière dans laquelle se trouve son auditoire. Elle peut ainsi être bien comprise et aider à vivre la vie chrétienne, la vie d'abondance et de liberté que l'Évangile nous offre dans un contexte particulier. La doctrine chrétienne est donc à la fois objective et contextuelle. Elle a un pôle universel et un pôle contextuel. Elle fait le lien entre la vérité et la vie.

Théologie

> *Indications bibliographiques*
> Wolfhart Pannenberg, *Systematic Theology* I, Grand Rapids, Eerdmans, 1991, p. 1-62.

Le terme « théologie » est composé de deux mots grecs, *Theos* et *logos*. Son sens littéral est donc « discours sur Dieu » ou « science de Dieu ».

> **Définition 1.2** : La théologie est la science de Dieu et de ses relations avec la création.

Comme de nombreuses sciences, la théologie s'intéresse à la recherche d'un certain aspect de la réalité. Comme la physique s'intéresse à l'aspect physique de la réalité, et la sociologie à l'aspect social de la même réalité, la théologie dirige son attention vers Dieu et vers tout l'univers comme existant en relation avec Dieu. La théologie s'intéresse spécialement à la Bible, parce que c'est dans la Bible que nous croyons pouvoir connaître Dieu le plus clairement possible. Néanmoins, le Dieu que nous rencontrons dans la Bible est le Dieu de toute la réalité. Toute la réalité doit donc être comprise en relation avec Dieu comme étant sa création et l'objet de son amour rédempteur. Je peux donc parler de l'homme de manière théologique : comment l'homme doit-il être compris par rapport à Dieu ? L'idée que nous pouvons répondre à de telles questions et parler de Dieu de manière scientifique est fortement contestée. Cette contestation nous semble suffisamment importante pour nécessiter que nous y consacrions une section à part (§ 1.4).

La théologie en tant que science de Dieu et de ses actions ne se limite donc pas à l'analyse et à la systématisation du message biblique (*contra* Nicole, 1983, p. 12 ; Erickson, 1983-1985, p. 66ss ; Thiessen, 1987, p. 5s. ; cf. Grenz, 1994, p. 6s.). Le texte biblique est le point de départ de toutes ces recherches. Mais, à travers ce texte, la théologie envisage de connaître la réalité de Dieu et ses actions. Il ne s'agit pas d'une dépréciation du texte biblique comme celle que l'on trouve chez ceux qui prétendent que la Bible n'est pas une révélation mais plutôt un témoignage à la révélation. La conception de la théologie proposée ici prend le texte biblique tout à fait au sérieux, précisément en tant que révélation. La Bible en tant que message nous révèle l'être de Dieu et les actes de Dieu sans qu'ils ne s'épuisent dans les paroles bibliques. La Bible nous révèle le Dieu créateur et rédempteur et, sur cette base, la théologie ne parle pas que de la Bible, mais de la réalité de ce Dieu (Torrance, 1999, p. 53ss ; Childs, 1992, p. 80ss). Par exemple, la théologie ne se limite pas à ordonner les différentes expressions de la Bible sur l'amour d'un côté et la justice de Dieu de l'autre. La théologie essaie de comprendre les relations qu'il y a entre ces différentes expressions, parce que nous croyons qu'elles sont des expressions d'une seule réalité cohérente qu'elles révèlent. La théologie peut donc proposer des formulations qui vont au delà de celles de la Bible, au delà même de ce que les auteurs bibliques avaient compris, par exemple en ce qui concerne la doctrine de la Trinité et des deux natures de Christ. De même, le théologien peut parler de manière théologique des réalités que nous ne rencontrons pas explicitement dans la Bible, comme par exemple les questions de la guerre nucléaire ou de la quête d'identité.

Contextualité de la théologie

Pour un théologien chrétien, l'expression « théologie chrétienne » est une tautologie. Il n'y a en effet qu'un seul Dieu, et la façon dont Il est devenu notre Sauveur en Christ est la même pour tous. Il n'y a qu'une seule théologie. La théologie chrétienne est la seule qui puisse nous donner une connaissance bien-fondée de Dieu et de ses actions. Les autres théologies (p. ex. la théologie islamique) peuvent contenir certaines vérités par rapport à Dieu, mais leurs fondements ne sont pas solides. Elles ne peuvent donc être appelées « théologie », ou « science de Dieu » que par analogie, et ne sont que des subterfuges de la vraie connaissance de Dieu.

Il peut y avoir plusieurs théologies, si le terme « théologie » est compris de façon différente. Il y a une théologie qui concerne Dieu, une théologie de la création, une théologie de Christ, une théologie du salut etc. Il s'agit plutôt des différents domaines de la théologie, de la même façon que nous pouvons parler de la biologie cellulaire, de la biologie humaine ou moléculaire, etc.

La situation devient plus complexe lorsqu'il s'agit de la théologie de saint Augustin, de la théologie médiévale, de la théologie de Karl Barth ou de John Mbiti, etc. Ces notions sont tout d'abord utilisées pour décrire la position théologique de certaines personnes ou de certains groupes. Chaque période et chaque théologien aborde la Bible et la réalité de Dieu de façon différente, en fonction de différentes manières de réfléchir et avec, comme point de départ, certaines convictions déterminées par une culture et un lieu historique spécifique. Ces points de départ limitent ce que l'on peut percevoir et comprendre de Dieu. Toutefois, ces points de départs permettent parfois de percevoir plus clairement certains aspects de Dieu qui auraient échappé aux chrétiens d'autres contextes. Certaines théologies particulières peuvent présenter des parties vraies et d'autres mal conçues. Quoi qu'il en soit, elles doivent toutes être analysées de manière critique par rapport à la seule réalité de Dieu que la théologie cherche à connaître en tant que science. La diversité des convictions théologiques peut donc, en fait, aider le théologien à mieux cerner la seule réalité de Dieu.

Il serait néanmoins réducteur de ne considérer chaque variante théologique que comme un indicateur du fait que nous n'avons pas encore bien cerné la réalité de Dieu. Comme la doctrine, la théologie a également un aspect contextuel. Elle doit s'efforcer de discerner ce que Dieu fait dans une situation spécifique, et ce qu'Il attend de nous dans cette situation. La théologie doit également chercher à comprendre de quelle façon la vérité de Dieu doit être appréhendée par rapport aux conceptions culturelles environnantes, concernant le monde spirituel ou la condition humaine, par exemple. Elle doit réfléchir sur la façon dont doit être enseigné et expliqué ce qu'est Dieu, et ce qu'Il fait, en des termes et des images compréhensibles dans ce contexte culturel. À ce sujet, nous pouvons parler d'une théologie africaine, d'une théologie chinoise, d'une théologie française, d'une théologie des pauvres, etc., toutes, également nécessaires et légitimes malgré leurs différences.

La théologie est donc contextuelle à deux niveaux. En premier lieu, elle est contextuelle parce que chacun, chaque période et chaque culture aborde la Bible et la réalité selon son propre point de vue. Ce simple constat ne nie pas la possibilité de rencontrer la vérité dans la Bible. Il faut simplement veiller à maintenir un effort conscient et soutenu pour que les conceptions que nous avions à priori et nos préjugés soient jugés et modifiés par la réalité de Dieu que nous rencontrons dans la Bible. En second lieu, la théologie est contextuelle parce qu'elle doit, pour être porteuse, trouver la façon de s'adresser à des contextes différents, afin que la réalité de Dieu soit bien comprise par tous, et pour que chacun puisse découvrir les implications de ce message dans son contexte spécifique. La contextualité de la théologie dans ce cas n'est pas un constat, mais plutôt un idéal : pour que Jésus-Christ soit réellement connu comme Seigneur et Sauveur, il faut comprendre ce que sa seigneurie et son salut impliquent pour notre existence concrète. L'expression « théologie africaine » peut donc être utilisée au sens descriptif comme au sens normatif. Au sens descriptif elle désigne la théologie développée en Afrique, une théologie toujours colorée par ce contexte africain. Au sens normatif, l'expression « théologie africaine » désigne le projet de développer une théologie qui s'adresse de manière adéquate aux réalités africaines et aux peuples africains. De même, les théologies européennes existantes doivent être évaluées à partir de deux critères. D'une part, nous devons nous demander si ces théologies nous mettent véritablement en contact avec la réalité de Dieu. D'autre part, nous devons nous assurer que ces théologies examinent les réalités européennes à la lumière de cette réalité de Dieu (voir encore § 2.6).

Unité des différentes disciplines de la théologie

Indications bibliographiques
Edward Farley, *Theologia. The Fragmentation and Unity of Theological Education*, Philadelphie, Fortress Press, 1983.

Depuis le Siècle des lumières, la théologie se divise en plusieurs disciplines distinctes. Les divisions sont d'ordre différent (cf. p. ex. Erickson, 1983-1985, p. 22ss). La division la plus courante fait la distinction entre 1° études bibliques, 2° études historiques, 3° études systématiques et 4° études pratiques. Les études systématiques ou la théologie systématique peuvent être à leur tour divisées en dogmatique, éthique, apologétique et philosophie de la religion. La dogmatique se divise en prolégomènes, la théologie au sens le plus strict (l'étude sur Dieu), la doctrine de la création, l'anthropologie, la christologie, la sotériologie, la pneumatologie, l'ecclésiologie et l'eschatologie. À celles-ci peuvent s'ajouter aussi parfois d'autres sujets comme l'angélologie et la théologie des religions (voir figure 1.1)

Dans le flot de toutes ces disciplines, il est devenu difficile de cerner l'unité de la théologie. Ces disciplines ont bien souvent leurs intérêts propres et elles ont chacune leurs méthodes. Une des origines de la difficulté réside dans le fait qu'une faculté de théologie n'est pas seulement un centre de recherche scientifique axé sur Dieu, mais qu'elle est également en pratique un centre de formation professionnelle tourné vers la formation des pasteurs et d'autres professionnels des ministères ecclésiastiques et para-ecclésiastiques. On peut y retrouver d'autres disciplines comme la sociologie et la communication simplement parce que les professionnels des ministères ecclésiastiques en ont besoin.

Mais la difficulté à percevoir l'unité de la théologie dans toutes ces disciplines est exacerbée par le fait que, bien souvent, Dieu finit par être perdu de vue. Dans les facultés de théologie en milieu libéral ou laïque, souvent l'objet d'étude de la théologie ne s'étend pas au-delà de la religion en tant que

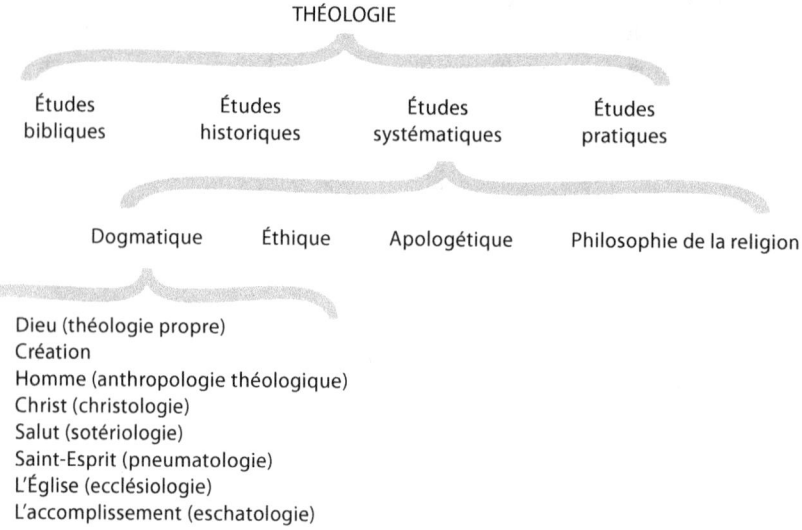

Figure 1.1 : Les disciplines de la théologie

phénomène de la vie humaine. Par conviction ou par peur que les méthodes scientifiques modernes ne puissent rien affirmer concernant Dieu, on se contente de mener des recherches sur des phénomènes religieux, chrétiens ou autres, à partir de méthodes très variées : littéraires, psychologiques, sociologiques, historiques, anthropologiques, philosophiques, etc. Mais quelle est la garantie que toutes ces méthodes abordent une même réalité ? Qu'est ce qui peut donner un sens clair et une unité à toutes les œuvres religieuses dans les sociétés au sein desquelles ces institutions délivrent leur formation ?

Toutes les disciplines théologiques ne peuvent trouver leur unité que dans la réalité de Dieu. Leur unité n'est effective que si elles contribuent à la connaissance de Dieu et si elles nous guident dans notre vie spirituelle, pour que nous apprenions à vivre en tant que peuple de Dieu (Pannenberg, 1991, p. 7s. ; Farley, 1983).

Dans les facultés évangéliques, les théologiens parlent plus librement de Dieu, mais la difficulté de l'hétérogénéité demeure. Dans ces facultés, on prête souvent peu d'attention à la dogmatique. Ce manque d'attention a des conséquences désastreuses pour la perception de l'unité des disciplines, car la dogmatique est la discipline qui réfléchit le plus directement sur Dieu et, en cela, c'est à elle que revient la tâche de l'intégration des différentes disciplines (Wells, 1993, p. 109).

Il est clair que l'insertion des *études bibliques* dans le programme d'une faculté de théologie ne peut être justifiée que par une approche théologique de la matière. Une étude simplement littéraire et historique ne justifie pas la place des textes bibliques dans le cursus d'une faculté de théologie. Les études exclusivement littéraires et historiques de la Bible et de l'histoire de l'Église sont plutôt du ressort des facultés d'histoires et de lettres. Dans une faculté de théologie, les textes bibliques sont étudiés en tant que Parole de Dieu. Ils doivent nous permettre de pénétrer dans ce qu'ils nous révèlent de Dieu et de sa relation avec le monde. Certes, pour y parvenir des études littéraires et historiques sont utiles, mais uniquement dans le cadre bien spécifique de l'étude théologique qui cherche à comprendre comment Dieu s'y fait connaître (cf. Childs, 1992, p. 80-89).

L'étude de l'*histoire de l'Église* trouve tout son sens dans une faculté de théologie quand elle nous aide à mieux comprendre la Bible de manière théologique, en prenant en compte la façon dont la communauté chrétienne a vécu avec cette parole à travers les âges. Cette étude peut aussi nous aider à entrevoir la main de Dieu dans l'histoire, et elle nous indique de quelle façon nous pouvons Le servir fidèlement et efficacement dans le monde contemporain.

En *théologie systématique*, l'adjectif systématique ne se rapporte pas à la façon de mener une étude. Dans toute discipline scientifique, y compris toute discipline théologique, les recherches doivent être accomplies de façon systématique. Ce qui est propre à la théologie systématique, quant à elle, envisage la systématisation de toute notre connaissance de Dieu et de sa relation avec le monde. Elle a pour tâche de parvenir à une compréhension cohérente et à une formulation systématisée de cette connaissance. Elle s'attache à comprendre la structure interne de la nature de Dieu et de ses relations avec le monde. En cherchant les relations qui existent entre les différents éléments de notre connaissance de Dieu, elle ne concourt pas seulement à avoir une idée globale, mais elle permet de mieux comprendre chaque détail, chaque partie de la globalité.

La théologie systématique peut être divisée de différentes manières. Elle peut, par exemple, englober la philosophie de la religion (l'analyse des conceptions religieuses et chrétiennes avec des outils philosophiques), la dogmatique (l'étude critique de la doctrine chrétienne), l'éthique (l'étude de la bonne morale chrétienne) et l'apologétique (l'étude de la justification intellectuelle de la foi chrétienne). Ces divisions ne sont pas strictes, étant donné que ces différents domaines d'études et les questions qu'ils soulèvent ont des relations profondes les uns avec les autres. Par exemple, des études solides en philosophie de la religion, en éthique et en apologétique, passent obligatoirement par une bonne connaissance de la dogmatique. Ces subdivisions n'existent que pour des raisons pratiques, simplement parce qu'on ne peut pas aborder toutes les questions en même temps.

La *théologie pratique* s'intéresse à l'étude des pratiques de la vie chrétienne et de la vie de l'Église. La théologie pratique se distingue de la psychothérapie et des autres sciences humaines parce qu'elle considère la vie personnelle et communautaire par rapport à Dieu, à la lumière de l'Évangile de Christ.

Les philosophes contemporains ont montré que personne ne peut s'engager dans une démarche scientifique de manière neutre et désengagée. La recherche scientifique implique un investissement personnel par rapport à l'objet de la recherche (Polanyi, 1962). Ceci est particulièrement vrai pour la théologie. Nous ne pouvons pas appréhender l'objet de la théologie, Dieu, sans une certaine forme de révérence, sans être prêts à apprendre et à nous engager dans ce que nous découvrons. Nous devons être prêts à réorienter notre vie, si ce que Dieu nous révèle l'exige (cf. Jn 7.17). Toute bonne théologie aboutit donc à l'engagement dans la vie chrétienne.

Si Dieu est au centre de tout notre engagement théologique, nous pourrons lutter contre la fragmentation de la théologie en sous-disciplines (Chan, 1999, p. 16s.). Pour donner le change à cette fragmentation, il faut en même temps recourir à une théologie objective et réaliste (qui s'oriente vers Dieu Lui-même comme son objet) et à une théologie engagée, une théologie spirituelle. La théologie pratique n'est pas la seule discipline à avoir des implications pratiques et à chercher à aider les chrétiens et l'Église à vivre en tant que peuple de Dieu et disciples de Christ. Les théologies bibliques, historiques et systématiques vont aussi dans ce sens : nous approchons Dieu dans toutes ces disciplines avec le désir de mieux Le connaître, de mieux vivre avec Lui, de mieux Le servir, de mieux Le glorifier et de mieux partager ce trésor. Cette orientation pratique de la vie avec Dieu est néanmoins la vocation principale de la théologie pratique.

Dogmatique

La notion de « dogmatique » peut être appréhendée, soit à partir de la doctrine, soit à partir de la théologie. Nous commençons avec une réflexion sur la relation entre la doctrine et la dogmatique.

La dogmatique est la discipline qui réfléchit de manière critique sur les « dogmes » de l'Église. « Dogme » vient du grec *dogma*, qui signifie « règle » ou « décret ». Le terme de « dogme » désigne généralement un champ d'idées plus restreint que celui de « doctrine ». Les dogmes sont les doctrines qui sont considérées essentielles pour la communauté chrétienne et qui permettent de faire la distinction entre la foi orthodoxe et les conceptions hérétiques (cf. § 2.3). Le plus souvent, le terme « dogmatique » est utilisé dans un sens plus large pour qualifier la réflexion critique sur *toute* la doctrine chrétienne, sur tout ce que l'Église enseigne concernant Dieu et son plan de salut. La dogmatique réfléchit de manière critique sur tout l'enseignement de l'Église, soit sur l'enseignement explicite que l'on trouve dans la prédication, soit sur l'enseignement implicite de la liturgie, dans les œuvres sociales, etc.

Comme la doctrine, la dogmatique est donc un discours sur Dieu et sur ses actions, mais, contrairement à la doctrine, elle n'est qu'un discours de *deuxième* ordre. La doctrine parle directement de Dieu tandis que la dogmatique réfléchit sur le discours de la doctrine. Si elle réfléchit aussi sur Dieu Lui-même et sur ses actions, la dogmatique aide à mieux formuler la doctrine.

Dans cette définition le terme « dogmatique » est donc utilisé comme référence à une discipline académique (parallèle à l'homilétique, la missiologie, etc.). Le terme est dans la pratique également utilisé pour qualifier les résultats, comme dans les titres de certains livres qui donnent un aperçu de la doctrine et qui s'appellent « dogmatique ». Il serait plus approprié de désigner ce résultat par le terme « doctrine » (cf. le titre de Nicole, 1983).

Dans cette tentative de réflexion critique, nous distinguerons quatre éléments.

Premièrement, la dogmatique envisage de mieux *comprendre* la doctrine : quel est le sens précis de la doctrine chrétienne telle que nous la transmet notre communauté et l'Église mondiale ? Quelles en sont les implications pour la vie – la vie de l'Église, la vie personnelle, la vie du monde ?

Deuxièmement, la dogmatique cherche à *établir le bien-fondé* de la doctrine chrétienne. Nous devons donc nous interroger sur ce bien-fondé, ce qui nous oblige à retourner constamment aux sources de notre connaissance de Dieu. Nous ne devons jamais perdre de vue la révélation de Dieu dans les Écritures canoniques, c'est-à-dire dans les Écritures que l'Église accepte comme faisant autorité. Pour montrer le bien-fondé des doctrines, la dogmatique doit même aller plus loin et s'interroger sur sa légitimité d'utiliser ces Écritures : pourquoi l'Église croit-elle que nous devons accorder du crédit aux Écritures et pourquoi précisément à cette collection de textes-là ? Comment devons-nous les interpréter en corrélation avec leur contenu et avec la nature de la réalité dont elles parlent pour que ce qui est enseigné soit vraiment bien-fondé (cf. Pannenberg, 1991, p. 8-17) ?

Troisièmement, la dogmatique ne peut pas fonctionner si nous supposons que toute la doctrine que nous avons reçue de nos enseignants, de notre communauté ou de l'Église en tant que communauté mondiale est bonne. Toute la doctrine reçue ne peut pas être bien-fondée à priori. En outre, toute la doctrine reçue n'est pas adaptée aux défis des contextes particuliers dans lesquels nous devons enseigner l'Église. La dogmatique a donc aussi pour tâche de rechercher, si nécessaire, à *corriger* la façon dont l'Église comprend la doctrine.

Le quatrième élément de la réflexion dogmatique critique est plus *constructif* : il nous faut développer une réflexion dogmatique par rapport aux nouvelles questions et aux nouvelles réalités sur lesquelles l'Église n'a pas encore formulé d'enseignements. L'Église a toujours été confrontée à des situations nouvelles dans l'histoire, et à de nouvelles questions. La reconnaissance de l'Église par l'empereur romain, la montée de l'islam comme religion postchrétienne, la souffrance du peuple juif et le rétablissement de l'État d'Israël, la sécularisation, la nouvelle conscience de la nature globale et multiculturelle de l'Église, autant de situations qui, en leur temps, ont requis de nouveaux enseignements théologiques.

Définition 1.3 : La dogmatique est l'étude systématique et critique de la doctrine chrétienne. Elle envisag 1° de comprendre cet enseignement et ses implications, 2° de rechercher et d'établir son bien-fondé par rapport aux sources de notre connaissance de Dieu, 3° si nécessaire de critiquer et de corriger la compréhension de la doctrine de la communauté chrétienne et 4° de formuler des réponses aux nouvelles questions.

Jusqu'ici nous avons essayé de comprendre la dogmatique à partir de la doctrine sur laquelle elle mène une réflexion critique. Du point de vue de la théologie, la dogmatique est tout simplement une de ses disciplines. Si la théologie est la science qui parle de Dieu et de ses relations avec le monde, c'est la dogmatique qui va rendre cohérente toute l'entreprise de la théologie, car c'est dans la dogmatique que l'on parle le plus directement de Dieu (Pannenberg, 1991, p. 8). C'est dans la dogmatique que tous nos efforts se concentrent sur la formulation d'une image cohérente de ce que nous pouvons connaître concernant Dieu. C'est parce que la dogmatique occupe une place centrale dans tout projet théologique qui veut réellement parler de Dieu, que « théologie » et « dogmatique » peuvent parfois être utilisées de manière interchangeable. Une des raisons de l'utilisation floue du terme « théologie » vient précisément de l'habitude d'utiliser le terme pour désigner 1º la théologie de façon générale, 2º la théologie systématique, 3º la dogmatique et 4º l'étude dogmatique de Dieu.

C'est parce que la dogmatique occupe cette place centrale dans la théologie que la modernité a tant de mal à considérer la théologie comme une science. Comment la théologie peut-elle être une science si son point de départ se trouve dans la doctrine chrétienne et dans la Bible à laquelle cette doctrine se réfère ? Est-ce qu'une attitude réellement scientifique ne requiert pas une certaine neutralité pour son objet de recherche ? Toutes les traditions religieuses ne devraient-elles pas être considérées de la même façon ? La quête moderne d'une nouvelle compréhension de la théologie et de la dogmatique est mue par le désir de répondre à ces questions, à moins qu'elle ne cherche plutôt à les éviter. Les théologiens modernes réduisent par exemple la théologie et la dogmatique à une description ou une analyse des pratiques et des croyances religieuses, oubliant de parler de la réalité de Dieu. Ces théologiens peuvent aussi parfois se limiter à une analyse littéraire et historique des sources et des traditions chrétiennes. Ils n'envisagent pas la question de la vérité de leur message. Enfin, il peut leur arriver aussi de transposer le contenu de ces sources en termes psychologiques ou politiques, évitant ainsi la question difficile qui concerne la réalité du Dieu vivant. La compréhension biblique de la psychologie humaine et de la politique tire néanmoins sa force et son originalité de sa conception de Dieu et de sa relation avec le monde.

La foi chrétienne est fondée précisément sur le fait que Dieu s'est révélé de manière unique et décisive dans l'histoire d'Israël, en Christ et dans la Bible qui relate cette histoire du salut. Une connaissance bien-fondée de Dieu n'est donc possible que si elle s'ancre dans cette révélation et dans la tradition chrétienne qui en découle. La foi chrétienne implique qu'une théologie ne peut pas espérer toucher la réalité de Dieu si elle méprise cette révélation et si elle reste en dehors de cette tradition. La théologie ne peut donc être scientifique que si elle se positionne clairement dans la tradition chrétienne et si elle met la Bible au centre de son projet. Reste à savoir si une telle compréhension de la théologie n'élargit pas la conception de la science au point de la rendre incompréhensible ? Cette question qui est à l'origine d'un débat très pointu retiendra notre attention dans la prochaine section de ce chapitre (§ 1.4).

Si la révélation de Dieu dans l'ancienne Alliance et en Christ est au centre des projets de la dogmatique et de la théologie, la communauté chrétienne l'est tout autant. C'est l'Église qui garde et transmet « le bon dépôt » confié à la communauté (1 Tm 1.14). Cette base est la raison d'être de l'Église. C'est l'Église qui s'engage dans la réflexion dogmatique sur sa doctrine. C'est en tant que membre de cette communauté placé dans cette tradition que le dogmaticien et le théologien chrétien accomplissent leur tâche. Faire de la dogmatique et de la théologie est une affaire et une responsabilité communautaires (Grenz, 1994, p. 10ss ; Torrance, 1985, p. 117ss). Dans ce sens, la théologie ne se différencie pas des autres sciences. Toute réflexion scientifique se fait dans le cadre des communautés et des traditions de recherche (Murphy, 1990). Le théologien chrétien mène ses recherches en tant que membre de la communauté et de la tradition chrétienne, mû par la conviction que Dieu s'y est fait connaître de manière particulière. Il ne mène pas ses recherches en restant en dehors du monde ou du reste de la communauté scientifique. Il reste dans un dialogue continu avec la communauté scientifique et avec d'autres traditions religieuses et philosophiques, en cherchant à montrer que c'est en Christ que Dieu s'est fait connaître.

Définitions alternatives

La théologie et la dogmatique telles que nous venons de les définir se distinguent des grands courants de la théologie libérale selon lesquelles on ne peut pas parler de manière valable de Dieu Lui-même et de ses actions et pour lesquelles on doit interpréter la théologie de manière *existentialiste*. Dans une telle conception, comme nous le voyons chez Rudolf Bultmann (Bultmann, 1955 ; 1968 ; Gibellini, 1994, p. 33-48) la théologie se réfère à certaines expériences existentielles, et veut nous guider dans notre vie ou notre « existence » dans ce monde. Cette approche existentialiste n'est qu'un exemple d'une tendance plus générale à interpréter le message, non pas en termes théologiques comme la Bible nous les propose, mais en termes non théologiques, existentialistes, psychologiques ou politiques (cf. Lindbeck, 2002, p. 171s.). Il est vrai que le message biblique a des implications existentielles, psychologiques et politiques importantes, mais ces implications découlent d'une réalité plus fondamentale encore, celle de notre relation avec Dieu.

Nos définitions ne vont pas non plus dans le sens d'une théologie et d'une dogmatique qui ne parlent que *de la foi de la communauté chrétienne* (comme la conception post-libérale ou postmoderne de p. ex. Lindbeck, 2002 ; § 2.3) et non de Dieu et de ses actions. Dans ce cas, la théologie et la dogmatique ne font que *décrire* ce que les chrétiens croient, sans en rechercher le bien-fondé par rapport à la réalité et la révélation de Dieu.

Prolégomènes

L'introduction à la dogmatique est souvent appelée « prolégomènes ». Ce terme est la transcription française de l'expression grecque *pros-legomena*, qui veut dire : « ce qui doit être dit en premier ». Il s'agit donc des questions qu'il faut traiter avant d'entrer dans la dogmatique.

De l'ère patristique jusqu'à la Réforme, la valeur et la méthode de la dogmatique n'ont généralement pas été remises en question. Les théologiens ont donc pu commencer leur exposition de la doctrine ou leurs réflexions dogmatiques sans introduction. Ils débutaient simplement avec la doctrine de Dieu. Après la Réforme, une introduction est devenue nécessaire pour discuter sur la question qui opposait les protestants et les catholiques concernant la méthode de la dogmatique : comment utiliser les Écritures et la tradition de l'Église dans la formulation de la dogmatique (Pannenberg, 1991, p. 26ss) ? À partir du Siècle des lumières, étant donné la forte contestation qui existait autour de la valeur de la dogmatique et de la théologie les théologiens ont été forcés de justifier leur projet de réflexion dogmatique avant d'en venir au développement. La dogmatique a donc été, petit à petit, précédée par des prolégomènes de plus en plus élaborés où devaient être traitées des questions introductives concernant la nature, le bien-fondé, les sources et la méthode de la dogmatique.

> **Définition 1.4** : Les prolégomènes de la dogmatique traitent des questions préliminaires comme le sens, les buts, la possibilité, les sources et la méthode de la dogmatique et la relation entre la connaissance dogmatique et les autres domaines de la connaissance et de la vie humaine.

Du point de vue technique, le présent ouvrage est donc un manuel des prolégomènes de la dogmatique. Ce premier chapitre traite de la nature de la dogmatique. Dans le deuxième chapitre nous essayerons de savoir pourquoi nous nous engageons dans ce projet : pourquoi l'Église, le chrétien individuel et le monde ont-ils besoin de la doctrine et de la dogmatique ? Dans le troisième chapitre, nous envisagerons les possibilités de la dogmatique : comment est-il possible de parler de manière critique et valable de Dieu ? C'est la révélation de Dieu qui nous en donnera la possibilité. En effet, c'est parce que Dieu se révèle dans la création et dans la Bible, que nous pouvons parler de Lui. Dans le quatrième chapitre nous traiterons de la source principale de la dogmatique : la Bible. C'est dans la Bible que nous pouvons rencontrer de la façon la plus claire la révélation de Dieu, et c'est dans la Bible que nous rencontrons Dieu en Christ. Dans le cinquième et dernier chapitre, nous discuterons de la méthode utilisée pour mener une réflexion dogmatique. Chemin faisant, nous analyserons également la valeur des sources secondaires que nous utilisons en plus de la Bible pour parvenir à des formulations doctrinales valables et pertinentes. Il s'agit en particulier de la tradition de l'Église, de la raison, de l'expérience et de la culture. Ces sources secondaires ne peuvent en aucun cas supplanter la Bible, mais elles sont indispensables pour parvenir à formuler un enseignement de l'Église qui s'oriente le plus fidèlement possible vers la révélation de Dieu, et qui s'adresse de manière pertinente aux défis que nous rencontrons dans notre contexte particulier.

1.4. Nature scientifique de la théologie et de la dogmatique

Indications bibliographiques
Thomas F. Torrance, *Science théologique*, Paris, PUF, 1990.
Thomas F. Torrance, *Reality and Scientific Theology*, Édimbourg, Scottish Academic Press, 1985, surtout p. 64-97.
Michael Polanyi, *Personal Knowledge. Towards a Post-Critical Philosophy*, Chicago, University of Chicago Press, 1962.
John Polkinhorne, *One World. The Interaction of Science and Theology*, Londres, SPCK, 1986.
John Polkinhorne, *Reason and Reality. The Relationship between Science and Theology*, Londres, SPCK 1991.
Del Ratzsch, *Science and its Limits. The Natural Sciences in Christian Perspective*, Downers Grove, IVP, 2000.
Alister E. McGrath, *The Foundations of Dialogue in Science and Christianity*, Oxford, Blackwell, 1998.

Le débat sur la science

La question de la nature scientifique de la théologie est un véritable sujet de polémique au sein des cercles théologiques. Dans le monde contemporain, il semble évident pour un grand nombre de scientifiques que la théologie n'est pas une science et que la dogmatique ne saurait être abordée de manière scientifique. Les dogmaticiens chrétiens ne se basent-ils pas sur la Bible ? Le monde du surnaturel ne dépasse-t-il pas, en principe, ce dont la science peut parler ? Les préjugées contre l'aspect scientifique de la théologie et de la dogmatique sont multiples. Le français n'est pas la seule langue européenne dans laquelle les expressions « dogmatique » ou « doctrinal » ont une connotation négative. Parler de quelqu'un qui tient à ses opinions de façon « dogmatique » ou « doctrinaire », signifie qu'il n'a pas bien réfléchi à la question, et qu'il n'est pas ouvert à la critique de ses idées. Son attitude est considérée comme non scientifique. Heureusement, l'évolution de la philosophie de la science, au cours de la seconde moitié du XXe siècle, nous donne des arguments pour répondre à ces questionnements et pour affirmer le statut scientifique de la théologie.

L'idée que la théologie ne peut pas être une science est particulièrement forte en France et dans les pays qui ont été largement influencés par les traditions philosophiques et scientifiques, notamment dans ses anciennes colonies. La modernité française s'est révélée plus antichrétienne que celle des pays environnants. Elle a préféré mettre l'accent sur la laïcité de la science et de la vie publique, laïcité qui a, de la sorte, été comprise de manière athée. En France, et dans beaucoup de pays francophones, il est par exemple pratiquement inconcevable qu'un diplôme de théologie puisse être reconnu par l'État. Si la Faculté de Théologie de l'Université de Strasbourg est une exception, elle l'est à cause de l'histoire particulière de l'Alsace. Dans le monde francophone, ce sentiment est tellement profond que même les chrétiens considèrent souvent leur foi chrétienne comme une simple affaire d'opinion personnelle ou de foi, et non de raison. Mais, reconnaissons que ce problème est moins épineux ailleurs que dans le monde francophone, et nous tiendrons déjà un début de solution.

Considérons un moment la philosophie de la science, surtout celle des sciences naturelles qui domina dès le XVIIe siècle, et jusqu'au milieu du XXe. Nous pouvons la qualifier de philosophie moderne de la science, et c'est cette idée de la science qui a encore cours dans la compréhension populaire. Selon cette conception, la recherche scientifique doit être *objective* et elle doit adopter, autant que faire se peut, une attitude dégagée face à l'objet de la recherche. Pour se faire, elle doit se débarrasser de toute supposition préalable et surtout de toute supposition d'ordre métaphysique et religieux. Cette compréhension de l'objectivité va de pair avec une conception de la *rationalité* préconçue et restrictive. Toute réalité, qui ne répond pas à cette rationalité, est exclue ou doit radicalement être transformée pour entrer dans le champ de la science. De plus, la science est appréhendée comme une entreprise *empirique*, comprise dans le sens qu'elle doit se baser sur des observations empiriques directes. Dans le positivisme logique – aboutissement principal de cette philosophie moderne de la science – la conviction selon laquelle la science ne peut jamais se prononcer sur des questions métaphysiques est devenue un axiome, et les propositions métaphysiques sont même considérées comme des propositions sans signification (Ratzsch, 2000, p. 17-37).

Il est clair qu'une telle compréhension de la science exclut la possibilité de considérer la théologie chrétienne comme une science, lorsqu'elle est comprise comme une réflexion scientifique sur Dieu et sa relation avec le monde. Une telle théologie est exclue d'avance, parce qu'elle veut parler de manière scientifique de Dieu et parce qu'elle est engagée dans une tradition et dans une communauté particulières, celles qui transmettent le témoignage de ce que Dieu a révélé par Christ. Dans ce contexte moderne, la théologie doit donc, soit affronter le mépris de la communauté scientifique, soit revoir de manière radicale sa compréhension d'elle-même et adapter l'objet de sa recherche.

Au milieu du XXe siècle, un certain nombre de modifications dans la philosophie de la science ont permis de dépasser les limites de la conception moderne. Ces analyses constituent le point de départ d'un nouveau plaidoyer en faveur du caractère scientifique de la théologie.

Premièrement, l'histoire de l'évolution des sciences a montré que toute recherche et toute réflexion scientifique se fait dans une certaine tradition de recherche. La communauté des chercheurs partage une certaine approche, et les chercheurs sont personnellement engagés dans ce projet de recherche et dans cette tradition (Polanyi, 1962 ; Kuhn, 1970 ; Newbigin, 1989, p. 14-65 ; Jaeger, 1999). L'*objectivité* de la science ne réside ni dans une neutralité envers l'objet, ni dans un rejet de toute présupposition, ni dans une attitude détachée. Elle réside plutôt dans un désir profond de soumettre ses pensées à la structure interne de la réalité recherchée. Elle est disposée à modifier ses préjugés si la réalité l'y invite (Torrance, 1990, p. 13ss, *passim*).

Deuxièmement, la philosophie de la science a tiré la conclusion suivante : il est impossible d'exclure toute conviction métaphysique du débat scientifique. Le projet de la science moderne repose sur un nombre de convictions métaphysiques, comme celles de l'uniformité de la nature et de la capacité de la raison humaine à pénétrer ces structures. En fait, ces convictions métaphysiques sont d'origine chrétienne, c'est pourquoi la science moderne s'est développée dans le contexte de la culture chrétienne occidentale (Allen, 1989, p. 23-27 ; Kaiser, 1991 ; Torrance, 2001, p. 44-74). Le caractère *empirique* de la science n'implique donc pas qu'il faille exclure toute conviction métaphysique ou toute explication théorique qui dépasse ce qui est directement observable. La science doit être empirique au sens qu'elle doit toujours utiliser des observations de différents types pour s'assurer que les théories scientifiques correspondent à la réalité telle qu'elle se présente à nous.

Troisièmement, les découvertes scientifiques du XXe siècle ont montré que la rationalité de la science ne peut pas être préconçue, et qu'elle ne peut pas déterminer à priori ce qui est rationnel et ce qui ne l'est pas. La théorie de la relativité en un exemple d'une découverte scientifique qui a plutôt changé les aprioris avec lesquels la science newtonienne appréhendait la réalité. La rationalité de la science réside plutôt dans son désir d'adapter sa logique et ses méthodes de recherche à la rationalité de la réalité que nous percevons (Torrance, 1985, p. 64ss ; Polkinhorne, 1991, p. 4-19).

La théologie en tant que science

Les modifications de la philosophie de la science légitiment donc notre questionnement sur l'aspect scientifique de la théologie. Or, à peine la question est-elle posée, que nous devons prendre nos précautions. Le théologien doit éviter de vouloir, à tout prix, être pris au sérieux par la communauté scientifique environnante. Ce désir a poussé de nombreux théologiens de l'époque moderne à adapter leur conception de la théologie et le contenu de leur théologie à ce que le monde environnant jugeait acceptable. Ceci a eu pour conséquence une véritable dépréciation du message chrétien. En tant que chrétiens nous sommes appelés à être, en premier lieu, fidèles à Dieu et à l'Évangile. En tant que théologiens chrétiens, c'est l'objet de notre étude qui doit déterminer nos réflexions théologiques, et non ce que le monde pense être acceptable ou non. Nous ne devons pas nous mettre en conformité avec les structures de pensées de ce monde, mais plutôt renouveler notre intelligence selon l'Évangile (Rm 12.2). Si ceci implique un rejet par le monde de la science, acceptons ce rejet avec courage, sachant que notre identité dépend de Dieu et non du monde.

Pourtant, les chrétiens sont appelés à justifier et à défendre leur foi face à ceux qui ne croient pas en Christ (1 P 3.15 ; voir § 2.2). Ce désir apologétique nous amène à penser que la conception de la science contemporaine nous fournit l'occasion de montrer la valeur de la recherche théologique. Est-ce que la science contemporaine nous aide à montrer pourquoi la théologie est un domaine de recherche digne d'intérêt ? Si cela s'avère possible, il est donc utile de défendre la nature scientifique de la théologie, en particulier dans un monde qui considère l'investigation scientifique comme seule manière de parvenir à une connaissance objective. Nous pouvons défendre le caractère scientifique de la théologie sur la base des qualités suivantes :

- la théologie fait la recherche d'un aspect de la réalité bien défini ;
- ses réflexions sur la nature et les actions de Dieu ne sont pas des spéculations vides de sens, mais elles sont basées sur le fait que Dieu s'est fait connaître dans le monde empirique, dans sa création, dans l'histoire générale, dans l'histoire d'Israël, en son Fils incarné, dans la Bible, et dans l'Église (voir chap. 3) ;
- la théologie recherche l'objectivité, parce que c'est le caractère de son objet spécifique – Dieu – qui doit pouvoir déterminer ses méthodes de recherches ;
- elle est rationnelle puisque sa recherche s'effectue sur la base de méthodes rigoureuses, justifiables et publiques ; elle ne veut pas être limitée par des conceptions rigides et préconçues et elle reste ouverte à son objet.

Si la théologie est différente des autres sciences, elle ne l'est pas par manque d'objectivité, mais en raison de la nature particulière de son objet. Considérons trois différences principales (cf. Torrance, 1990, p. 55-59, 322-339) :

- Dieu, dans sa relation avec nous, ne peut pas être manipulé, comme d'autres aspects de la réalité peuvent l'être dans un laboratoire ;
- Dieu a choisi de se révéler d'une manière particulière dans l'histoire d'Israël et en Jésus de Nazareth ; ces événements ne peuvent pas se répéter de la même manière que ceux qui démontrent les lois physiques, sociologiques, etc. (Polkinhorne, 1996, p. 17s.) ; par cette caractéristique la dogmatique s'approche de la science historique ;
- la réalité recherchée par la dogmatique dépasse la réalité de la création et elle parle de Dieu qui ne peut jamais être objectivé et quantifié comme des objets créés.

Si la théologie est donc différente des autres sciences, il ne s'agit pas d'une opposition entre foi et raison. Ce qui compte, c'est que la dogmatique ait une base objective et qu'elle approche cette base de manière rationnelle, mais avec une rationalité qui respecte la nature de cette base. Dans cette approche rationnelle, nous devons inclure la foi comme révérence devant l'objet non manipulable de l'étude. Nous devons aussi avoir foi et confiance dans les témoins qui nous parlent de la révélation de Dieu en Israël et en Christ. Il en va de même pour ceux qui travaillent dans d'autres domaines. En effet, les chercheurs n'y peuvent pas travailler non plus sans foi ni confiance. Ils ont besoin de confiance en leurs maîtres, en ceux qui leur communiquent les résultats de leurs recherches, dans la réalité, dans leur perception et dans leur intelligence ; ils ont besoin d'avoir confiance dans le fait que les autres chercheurs, leurs facultés intellectuelles et leur perception de la réalité ne les trompent pas (Polanyi, 1962 ; Jaeger, 1999, p. 13-59).

Malgré l'objectivité du champ de recherche de la science théologique, les résultats de la recherche théologique peuvent être influencés par l'attitude personnelle du chercheur, la droiture de son cœur, et son ouverture à entendre la révélation divine en Christ, et ce, plus que dans d'autres sciences. Mais l'attitude du chercheur a aussi des implications dans les sciences non théologiques. Bien entendu dans une analyse mathématique, l'attitude du chercheur n'est que de moindre importance. Par contre, si un chercheur aisé fait une analyse sociologique des causes de la pauvreté dans son pays, sa position sociale peut influer sur son étude. En effet, il peut avoir des réticences à découvrir que la richesse de sa communauté contribue à la pauvreté des autres. En théologie, ces partis pris sont exacerbés. Nous ne pouvons jamais appréhender Dieu de manière détachée, parce que s'Il est réellement ce que l'Église croit de Lui sa seigneurie interpelle notre vie de façon radicale. Il est donc logique que tout le monde ne soit pas disposé à Le connaître. Il est de même tout à fait normal que l'homme ne soit pas disposé à admettre que cette seigneurie soit une réalité objective, indépendamment de notre attitude envers elle.

Il y a, dans la culture moderne une opposition particulièrement forte à l'encontre de l'idée que la Seigneurie de Christ et la réalité de Dieu peuvent être des vérités objectives. Dans ces conditions, la fondation d'écoles bibliques libres et de facultés libres de théologie peut s'avérer nécessaire. Il ne s'agit pas d'une concession à l'idée que la théologie ne serait pas une science objective. Simplement, si la majorité des personnes qui compose la société veut imposer à la théologie un cadre qui ne s'accorde pas avec son propre objet, notre responsabilité chrétienne est de rester tout de même fidèle à cet objet. Parfois, il peut s'avérer inévitable pour nous d'accepter que la théologie ne soit pas une discipline scientifique selon les critères acceptés par la science séculière. Néanmoins, les chrétiens ont leurs propres raisons de refuser la légitimité de ces critères séculiers et de les considérer comme des barrières à une compréhension de la réalité de Dieu.

L'intérêt premier de cette défense de la nature scientifique de la théologie et de la dogmatique est de souligner le fait qu'elles ne parlent pas seulement d'opinions personnelles, mais d'une réalité objective qui concerne le monde entier. Cependant, la reconnaissance de l'aspect scientifique de la théologie ne résout pas entièrement le problème. En philosophie de la science, il existe un débat important entre ceux qui comprennent la science de manière réaliste et ceux qui la comprennent de manière non réaliste (McGrath, 1998, p. 140-164 ; Ratzsch, 2000, p. 78-91). Selon la conception non réaliste, la science a une valeur pratique, mais elle ne peut pas parler de la réalité. Même si la théologie est considérée comme une science, on peut donc toujours la considérer comme incapable de parler de la réalité de Dieu, soit parce qu'aucune science ne peut parler de la réalité, soit parce que la théologie appartient à une catégorie de sciences qui ne peuvent pas en parler.

Plusieurs raisons importantes nous permettent d'envisager la science de manière réaliste. S'il n'en était pas ainsi, comment pourrions-nous comprendre que la science découvre une réalité souvent surprenante qui s'avère différente de ce que nous avions cru ? Il s'agit de la même chose par rapport à notre relation avec la réalité dont parle la théologie. Ceux qui ont rencontré Christ étaient constamment surpris, parce qu'Il n'entrait pas dans les cadres préconçus avec lesquels ils allaient vers Lui : Jésus n'était pas comme les rabbins, ni comme les prophètes, encore moins comme le Messie qu'ils attendaient. Dans l'histoire de la théologie, la réalité théologique résiste de la même façon face aux idées préconçues avec lesquelles les théologiens l'abordent. La réalité de Dieu s'impose à la théologie jusqu'à ce que les conceptions théologiques puissent s'adapter pour parvenir à la décrire plus justement. C'est ce que nous observons dans les débats autour de la nature de Christ et de la Trinité. La christologie d'Arius condamnée au concile de Nicée (325) correspondait aux structures de pensée hellénistiques de son temps. Néanmoins, la réalité de Dieu et de Christ ne pouvait se couler dans ce moule et forçait l'Église à imaginer d'autres structures conceptuelles propres à la réalité de Dieu qui s'imposait.

Méthode des prolégomènes

Indications bibliographiques
Karl Barth, *Dogmatique* I/1[*], Genève, Labor et Fides, 1953, p. 23-42.
Karl Barth, *Dogmatique* II/1[*], Genève, Labor et Fides, 1956, p. 1-179.
Hendrikus Berkhof, *Christian Faith. An Introduction to the Study of the Faith*, Grand Rapids, Eerdmans, 1990[rév.], p. 1-6, 43-47.
Friedrich Schleiermacher, *The Christian Faith*, Édimbourg, T&T Clark, 1989 [1830], p. 1-128.

Pour qu'une science soit vraiment objective, c'est la nature de son objet de recherche qui doit déterminer ses méthodes de recherche. Ceci a des implications importantes dans l'approche des questions des prolégomènes de la dogmatique. Comment devons nous juger les différentes méthodes proposées dans la recherche dogmatique ? Quelle est la méthode des investigations méthodologiques ?

Nous avons déjà démontré que les questions de prolégomènes sont arrivées au premier plan de la théologie dès le début de l'époque moderne. Comme la légitimité de la théologie était contestée, les théologiens ont voulu préfacer leurs dogmatiques en justifiant leur projet dogmatique. Dans cette tentative de justification face au monde moderne, les théologiens ont souvent utilisé la conception moderne de la science pour démontrer que la théologie pouvait être incluse dans le cadre général de la science. Cette approche est caractéristique de la théologie libérale, mue par un désir apologétique de formuler la théologie chrétienne de manière acceptable pour les hommes modernes (voir § 2.2). Un exemple frappant est celui de la théologie de l'un des plus grands théologiens libéraux : Friedrich Schleiermacher. Il introduit sa dogmatique en montrant précisément comment la dogmatique chrétienne pouvait être comprise dans le cadre d'une conception plus générale de la science. Pour lui, il fallait concevoir la théologie comme une science parlant de l'expérience religieuse (Schleiermacher, 1989, p. 1ss ; Barth, *Dogmatique* I/1*, p. 34-37). Cette approche de la théologie implique que l'on considère les prolégomènes comme *externes* à la dogmatique. Ils sont une introduction nécessaire sur la base d'une théorie générale de la science. Les prolégomènes ne font pas partie de la dogmatique et ils n'ont aucun préjugé quant à la vérité chrétienne. Leur finalité est plutôt d'inscrire la vérité chrétienne dans le cadre général et neutre de la science.

Le théologien suisse Karl Barth a fortement critiqué cette conception libérale des prolégomènes. Selon lui, on ne peut pas déterminer à l'avance s'il est possible de connaître Dieu sur la base d'une compréhension générale de la science. Le problème est qu'on ne peut pas déterminer à l'avance comment connaître Dieu. Si Dieu est souverain et libre, c'est Lui qui détermine sa volonté de se faire connaître, et de quelle façon. De plus, la réalité du péché implique également qu'on ne peut pas décider de la possibilité de connaître Dieu selon les principes d'un monde qui vit sans Dieu et en opposition avec Lui. Nous ne pouvons savoir comment nous connaissons Dieu que si, dans sa grâce, Il a déjà établi une relation avec nous, s'Il nous a réconciliés avec Lui, s'Il s'est déjà fait connaître et si nous le connaissons déjà. La question de la *possibilité* et de la nature de notre connaissance de Dieu doit donc s'ancrer dans la *réalité* de la révélation de Dieu en Christ. Voilà pourquoi les prolégomènes doivent être *internes* à la dogmatique. Ils posent comme point de départ la connaissance de Dieu en Christ et à travers la Bible dont la dogmatique parle. Pouvons-nous connaître Dieu, et comment ? La réponse chrétienne est : oui, parce que Dieu nous parle de Lui-même en Christ et dans la Bible. Ceci ne peut en aucune façon être affirmé sur une base externe à la dogmatique. La grâce et le libre choix de Dieu sont la seule base de la dogmatique (Barth, *Dogmatique* II/1*, p. 62ss) (voir figure 1.2).

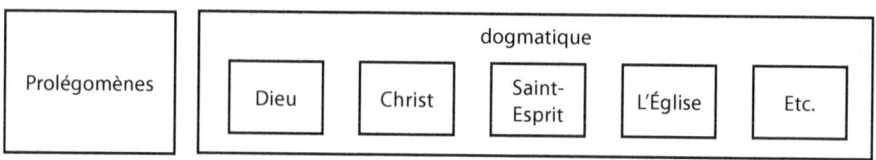

Les prolégomènes comme externes à la dogmatique chrétienne

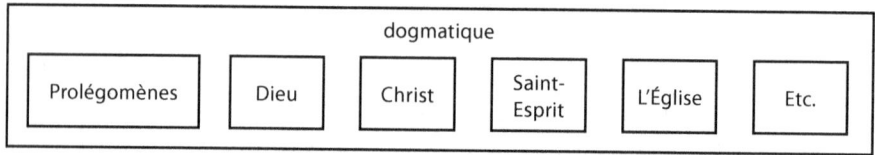

Les prolégomènes comme internes à la dogmatique chrétienne

Figure 1.2 : La différence entre les prolégomènes externes et internes

Barth a donc argumenté de façon *théologique* pour des prolégomènes internes, et pour la nécessité de développer la méthode de la dogmatique sur la base du contenu de la foi chrétienne. Les prolégomènes sont internes à la dogmatique, parce qu'ils s'appuient sur la vérité de la dogmatique. Dans les années trente du XXe siècle, ceci a rendu très difficile le dialogue entre la théologie et le monde scientifique en dehors de la théologie. Sur la base des nouvelles découvertes dans la philosophie de la science, un disciple de Barth, le théologien écossais Thomas F. Torrance, a montré qu'il fallait suivre le même ordre dans les autres sciences (Torrance, 1990). Les « prolégomènes » de toutes les sciences doivent donc, en fait, être des prolégomènes internes. Il montre aussi que le fait qu'il s'agisse des prolégomènes internes n'implique pas que la dogmatique devienne une simple réflexion sur une opinion personnelle ou communautaire sans base objective, comme ce n'est également pas le cas avec les autres sciences. Comme dans les autres sciences, la théologie et la dogmatique doivent constamment s'interroger sur la légitimité de ce qu'elles disent de Dieu. Elles doivent analyser si nous touchons une réalité qui existe en dehors et indépendamment de nous, ou si nous regardons simplement à travers le prisme de nos propres illusions. Le choix de prolégomènes internes se fonde sur le simple constat que des réflexions générales sur la nature de la science ne nous permettent pas de déterminer s'il s'agit, dans la foi chrétienne et dans la dogmatique, d'une réalité ou d'un fantasme. Nous ne pouvons répondre à cette question que sur la base d'une confrontation avec la réalité par laquelle, selon le témoignage de l'Église, nous rencontrons Dieu.

Les réflexions menées tout au long de ce livre sur la nature de la théologie, sur la valeur de ses conclusions, sur ses sources et ses méthodes font donc constamment référence au contenu spécifique de l'Évangile que l'Église proclame. Pour ce qui est de cette réalité, nous nous demandons : comment la connaître ? Comment développer des méthodes adéquates pour pénétrer toujours plus profondément dans cette réalité ? À la lumière de la conception de la science qui a dominé jusqu'aux années cinquante du XXe siècle, le développement présent des prolégomènes pourrait être qualifié de préjugé chrétien. La méthode proposée ici est néanmoins parallèle à toute réflexion méthodologique scientifique et même toute réflexion méthodologique en dehors de la science. Comment pouvons-nous établir la meilleure méthode pour avancer dans la recherche de la physique nucléaire si nous ne savons pas ce que cette avancée pourra nous révéler ? Comment puis-je élaborer la meilleure méthode pour explorer la ville de Prague, si je n'ai pas la présomption que cette ville existe et si je n'ai aucune connaissance de cette ville ou d'une ville similaire ? Comment pourrais-je proposer aux non-Africains la meilleure méthode de faire connaissance avec un groupe d'Africains si je n'ai pas, au préalable, une idée de la façon dont ces Africains eux-mêmes ont l'habitude de se faire connaître ? Si nous voulons connaître efficacement, ou approcher une certaine réalité ou une certaine personne, nous ne pouvons pas rester enfermés dans des aprioris arbitraires. Il nous faut nous engager de façon concrète dans des rencontres avec ces réalités, et mener a posteriori une réflexion sur les découvertes que ces rencontres auront permis de réaliser.

1.5. Quelques caractéristiques de la théologie évangélique

Indications bibliographiques

Klauspeter Blaser, *La théologie au vingtième siècle. Histoire – Défis – Enjeux*, Lausanne, L'Âge d'Homme, 1995, p. 393-433.

Daniel Bourdanné, *Ces évangéliques d'Afrique, qui sont-ils ?*, Abidjan, Presses Bibliques Africaines, 1998.

W. Harold Fuller, *People of the Mandate. The Story of the World Evangelical Fellowship*, Grand Rapids, Baker, 1996.

Stanley J. Grenz, *Revisioning Evangelical Theology. A Fresh Agenda for the 21st Century*, Downers Grove, IVP, 1993.

Alfred Kuen, *Qui sont les évangéliques ? Identité, unité et diversité du mouvement*, Saint-Légier, Emmaüs, 1998.

Alister E. McGrath, *La Vérité pour passion. Cohérence et force de la pensée évangélique*, Charols, Excelsis, 2008.

Alister McGrath, *Evangelicalism and the Future of Christianity*, Londres, Hodder & Stoughton, 1994 (1994a).

Comme le titre l'indique, cette introduction à la théologie se veut plus spécifiquement une introduction à la théologie évangélique. L'adjectif évangélique n'est approprié que si la compréhension de la nature de la théologie et de la dogmatique est en accord avec « l'Évangile ». Ce terme est utilisé dans la Bible et dans la tradition chrétienne pour indiquer l'intégralité et l'essence du message de Christ transmis par l'Église (Mt 4.23 ; Mc 1.1 ; 14.9 ; Ac 15.7 ; Rm 1.16 ; Irénée, *Contre les hérésies*, III,1,1). Dans ce sens, l'expression « théologie évangélique » est synonyme de « théologie chrétienne ».

Dans le langage courant, néanmoins, le terme « évangélique » est utilisé dans un champ plus restreint pour désigner un certain mouvement ou un groupe de mouvements dans le paysage chrétien. Le sens du terme peut varier d'un contexte à l'autre. Au temps de la Réforme, l'adjectif « évangélique » qualifiait le courant qui réclamait, comme réforme de l'Église, un retour à l'Évangile et donc une séparation avec l'Église de Rome. C'est dans cette optique-là que l'Église luthérienne en Allemagne s'est toujours appelée « l'Église évangélique ». Dans le monde anglophone du XIXe siècle, « évangélique » qualifiait ceux qui s'opposaient au mouvement libéral et à sa théologie. Au milieu du XXe siècle « évangélique » a été utilisé pour désigner ceux qui voulaient rester fidèles au message évangélique, mais qui voulaient se distancer du « fondamentalisme ». Aujourd'hui, en Europe continentale, « évangélique » peut être plutôt utilisé pour désigner un groupe de chrétiens protestants qui ne sont ni des protestants traditionnels ni des chrétiens charismatiques. Dans la seconde moitié du XXe siècle, « évangélique » est aussi devenu le qualificatif d'un mouvement mondial parallèle et opposé au mouvement œcuménique, mais sans que l'opposition avec le fondamentalisme, le pentecôtisme ou la tradition réformée soit très prononcée. En Afrique, c'est cette dernière utilisation qui est la plus répandue, entre autre à cause de l'influence de l'Association des évangéliques en Afrique et de ses institutions. Dans ce manuel, le mot « évangélique » sera utilisé au sens large du terme, englobant ainsi ces différents courants théologiques et les différents mouvements chrétiens.

Les divisions traditionnelles, notamment entre les chrétiens évangéliques et les chrétiens œcuméniques, ne sont plus véritablement claires de nos jours. Dans le mouvement évangélique, certains théologiens remettent en question des doctrines que l'on croyait traditionnellement évangéliques (Erickson, 1998). Dans des écoles reconnues comme libérales, le constat des limitations importantes de la théologie libérale a donné naissance à une théologie dite post-libérale. Ces théologies post-libérales ont des points communs avec les positions évangéliques (Phillips & Ockholm, 1996). De la même façon, les dernières années ont vu l'émergence d'un dialogue surprenant et prometteur entre les évangéliques et les catholiques (Rausch, 2000). En outre, les appellations « évangélique » et « œcuménique » ont toujours été plus applicables dans les pays occidentaux qu'ailleurs dans le monde, parce que la théologie libérale n'a jamais pris la même envergure ailleurs qu'en Occident. Il est donc utile de redéfinir le paysage théologique, en Afrique et ailleurs (cf. Andria, 1998, p. 54s.). D'un certain côté, il faut rester vigilant pour ne pas perdre l'essentiel de l'Évangile dans la fluidité de tout ce mouvement. Mais en même temps, ces changements peuvent être bénéfiques si nous nous en servons pour mieux nous orienter sur l'Évangile, et si nous ne restons pas fixés sur les caractéristiques et les intérêts de nos mouvements et de nos dénominations.

Avant d'être l'indication d'une théologie, le terme « évangélique », pour qualifier un mouvement mondial, renvoie tout d'abord à une spiritualité ou à une manière de vivre la vie chrétienne (cf. Grenz, 1993, p. 37ss). En tant que spiritualité, ce mouvement met l'accent sur l'unicité, la nécessité et la suffisance de Christ. Ce mouvement s'intéresse aussi à la vie vécue sous l'autorité de la Parole de Dieu, avec la Bible comme guide pour la vie chrétienne. Il considère comme essentielle la nécessité de la conversion personnelle, de la relation personnelle avec Christ et de la sanctification de la vie. Il souligne enfin l'urgence d'une mission tournée vers tous les hommes et tous les peuples. En tant que mouvement théologique, il se caractérise de la façon suivante :

- par la soumission à l'Écriture comme autorité suprême,
- par une christologie qui respecte la pleine divinité de Jésus-Christ,
- par une sotériologie qui donne une place primordiale à l'œuvre substitutrice de Jésus à la croix et à la nouvelle naissance par le Saint-Esprit.

La théologie évangélique se caractérise aussi par une distinction consciente entre, d'une part, ce qui est essentiel et qui unit ce mouvement et, d'autre part, ce qui est plutôt secondaire, c'est-à-dire, ce sur quoi les chrétiens peuvent avoir des pratiques et des opinions différentes. Dans le mouvement évangélique, des chrétiens des différentes appartenances ou dénominations collaborent en dépit de vues divergentes concernant, par exemple, le baptême des enfants, l'organisation de l'Église et du culte, le millénium ou la nature du baptême du SaintEsprit. Cette collaboration est mue par la conviction que ce qui nous unit en Christ est plus important que les différences. Nous ne pouvons pas accepter que ces différences nous empêchent de nous engager dans la tâche urgente de la mission, afin d'atteindre le monde entier avec l'Évangile de Christ.

Il faut que la compréhension et la méthode d'une théologie proprement évangélique soient en accord avec ces caractéristiques principales de la tradition évangélique. Néanmoins, ce n'est pas principalement la nécessité d'être en accord avec les caractéristiques du mouvement qui nous pousse à chercher une méthode évangélique en théologie. Nous acceptons une compréhension évangélique de la théologie et de la dogmatique parce que nous la croyons bien-fondée. Ce bien-fondé s'appuie sur la Bible, sur la révélation divine que nous y trouvons et sur la réalité divine que nous y percevons. Nous ne soutenons pas cette théologie évangélique parce qu'elle est la position du groupe auquel nous appartenons. Nous faisons plutôt partie de ce mouvement parce que nous partageons les mêmes convictions.

L'appellation « évangélique » exige un retour constant aux sources de notre connaissance de l'Évangile. Les points fondamentaux de la spiritualité biblique et évangélique qui rendent indispensable cette référence constante aux sources, et ce regard critique sur nos propres croyances sont les suivants :

- la prise de conscience du fait que nous vivons seulement par la grâce, par la foi et par l'autorévélation de Dieu ;

- la reconnaissance de l'autorité suprême de l'Écriture Sainte audessus de toute tradition humaine ;
- l'humilité par rapport à notre connaissance de Dieu ;
- la nécessité d'une repentance journalière.

Adhérer à la théologie évangélique ne nous dispense donc en aucune façon de l'impératif d'apprendre d'autres traditions chrétiennes comme les courants catholique et œcuménique. Il y a, en effet, dans d'autres traditions, des chrétiens qui partagent les principales convictions évangéliques. Il faut aussi reconnaître que ces traditions ont parfois gardé ou reconnu certains aspects de l'Évangile que les évangéliques ont négligés voire même déformés. Nous pouvons donc avoir cette ouverture d'esprit sans sacrifier les convictions évangéliques de base, celles qui reflètent le message central de l'Évangile et qui sont considérées comme normatives pour tous ceux qui veulent être chrétiens.

La théologie évangélique se veut fidèle à la révélation de Dieu en Christ, et à la Bible en tant que Parole de Dieu. Elle est prête à dialoguer avec les autres traditions chrétiennes pour apprendre d'elles, mais également pour défendre la conviction selon laquelle ses doctrines principales sont des éléments essentiels qui permettent de bien comprendre l'Évangile. Se définir comme évangélique n'est donc pas synonyme d'un retrait de la communauté chrétienne universelle du fait de la pluralité de ses traditions. Cela traduit plutôt une volonté de s'adresser à l'Église tout entière avec des convictions découvertes et conservées dans une tradition spécifique. La théologie évangélique s'adresse à l'ensemble de l'humanité sur la base de la conviction selon laquelle, ce qu'elle a découvert en Christ est la vérité et le salut pour le monde entier.

2

Pourquoi la dogmatique ?

Indications bibliographiques
Alister E. McGrath, *The Genesis of Doctrine. A Study in the Foundations of Doctrinal Criticism*, Oxford, Blackwell, 1990, p. 35-80.
Alister E. McGrath, *Understanding Doctrine. What it is – and Why it Matters*, Grand Rapids, Zondervan, 1990, p. 71-132.

Quel est l'intérêt d'un engagement dans la réflexion dogmatique ? À cause de certains théologiens qui répètent trop souvent les positions théologiques du passé, ou qui s'opposent sur des questions abstraites dont il est difficile pour des non-initiés de saisir le sens, pour un bon nombre de chrétiens l'intérêt de l'engagement dans une réflexion dogmatique n'est pas évident. La réflexion doctrinale semble relever d'une vaine spéculation. Elle peut être intéressante pour les spécialistes dans leurs facultés de théologie, mais elle semble être sans importance pour les chrétiens ordinaires qui peuvent très bien vivre sans la doctrine, en se contentant de la Bible.

Si c'est dans le contexte de la modernité que s'est posée la question critique de l'aspect scientifique de la théologie (§ 1.4), les interrogations qui portent sur l'intérêt ou sur l'utilité de la théologie pour la vie sont plutôt des préoccupations postmodernes. Si la modernité met l'accent sur la vérité, la postmodernité s'intéresse plus particulièrement à la valeur pragmatique des idées (cf. § 1.2, p. 23).

Dans ce chapitre nous envisagerons de montrer l'importance de la réflexion dogmatique pour la vie chrétienne, son impact sur l'épanouissement de l'Église et son intérêt pour le témoignage de l'Évangile auprès de ceux qui ne le connaissent pas. Nous découvrirons que, dès la naissance de l'Église, la doctrine a eu différentes fonctions. À l'époque du Nouveau Testament, l'enseignement et l'instruction des croyants étaient les points forts de la doctrine. À partir du IIe siècle après Jésus-Christ, un groupe de théologiens, les Pères apologistes, se sont engagés dans la réflexion théologique dans le but de parvenir à défendre et à justifier la foi face à leurs détracteurs. Au temps des grands conciles œcuméniques, les théologiens se sont investis dans la réflexion dogmatique pour faire la distinction entre vraie et fausse doctrine, la doctrine saine et celle qui nous éloigne du salut en Christ. À partir du début du IIe millénaire, la théologie scolastique a fait son apparition. Cette théologie trouve son origine dans le monde des monastères, et elle n'a parfois d'autre but que de chercher à connaître la vérité de Dieu pour la vérité elle-même et par amour pour Dieu. Les réformateurs du XVIe siècle comprenaient qu'un des buts principaux de la théologie était la détermination d'un cadre qui permettrait de bien comprendre la Bible et de bien prêcher son message. Depuis le XXe siècle, nous assistons finalement au développement de la théologie contextuelle. La théologie est désormais considérée comme un outil de compréhension de la signification de l'Évangile pour les différents contextes culturels qui constituent notre « village planétaire ».

Toutes ces phases et ces différents intérêts au cours de l'histoire ont contribué à faire de la théologie et de la dogmatique ce qu'elles sont devenues aujourd'hui. Ces six fonctions de la doctrine sont encore valables de nos jours, et elles nous aident à comprendre l'importance d'un engagement sérieux dans la réflexion dogmatique. Nous donnerons donc dans ce chapitre un aperçu de l'histoire de la doctrine, mais ceci dans un but très précis : comprendre l'intérêt de la dogmatique pour le présent.

2.1. La doctrine comme enseignement

Nous avons déjà défini la dogmatique comme étant la recherche sur la doctrine dans le sens de l'enseignement de l'Église (§ 1.3). Ce terme indique la tâche la plus fondamentale de la dogmatique, à savoir la tâche de mieux comprendre, mieux fonder et mieux formuler l'enseignement de l'Église.

Dans cette partie, nous aimerions explorer en tout premier lieu la façon dont cette fonction d'enseignement était au centre de l'intérêt de Jésus et de ses disciples. Nous verrons ensuite comment la volonté de formuler cet enseignement doit obligatoirement passer par une systématisation du message biblique et, de ce fait, par une réflexion dogmatique. Enfin, nous analyserons la relation étroite qui existe entre cet enseignement et la vie chrétienne.

Didachè *dans le Nouveau Testament*

La notion d'enseignement est antérieure au Nouveau testament dans lequel elle existe déjà. Dans l'Ancien Testament, le mot-clé *torah* n'indiquait pas seulement la loi. Il englobait aussi l'enseignement qui occupait une place centrale dans la vie religieuse du judaïsme (Dt 6.1-9 ; Ps 119).

Dans les Évangiles, les hommes ont eu du mal à saisir ce que représentait Jésus de Nazareth. Il était néanmoins possible d'identifier Jésus en fonction de son activité principale. Il était considéré comme un des « rabbis », un des enseignants juifs de son temps. De ce point de vue-là, Jésus était souvent appelé *didaskalos* ou « maître », et ceux qui Le suivaient, étaient ses *mathètai*, « disciples » ou « apprentis ». Mais ceux qui L'écoutaient se sont rapidement rendu compte que Jésus était beaucoup plus que les autres rabbis, parce qu'Il « enseignait avec autorité, et pas comme les scribes » (Mt 7.28-29 ; cf. Mt 22.33 ; Mc 1.22, 27 ; 11.18 ; Lc 4.32). La grande différence résidait dans le fait que Jésus parlait directement, investi de l'autorité de Dieu. Il n'avait pas besoin de s'appuyer sur l'autorité déjà reconnue de l'Ancien Testament comme les autres rabbis le faisaient (p. ex. Mt 5.22 ; cf. Jn 7.16).

Suivant en ceci l'exemple de Jésus, la première communauté chrétienne a réservé à l'enseignement une place centrale (Ac 2.42). Cet enseignement, pour les apôtres, consistait à transmettre l'enseignement de Jésus. Ils n'ont pas parlé avec une autorité directe, comme Jésus l'avait fait, mais avec une autorité dérivée de Lui (Mt 28.20). Désormais, la personne de Jésus et ce que Dieu a fait en Lui est devenu le contenu primordial de l'enseignement apostolique (Ac 13.12). Ceci se retrouve dans les Actes des apôtres, textes qui nous donnent une impression générale de la prédication dans l'Église primitive (p. ex. Ac 2.14ss ; 17.19ss ; cf. Dodd, 1964).

Bientôt les apôtres et ceux qui avaient vécu personnellement avec Jésus-Christ ne furent plus assez nombreux pour être physiquement présents dans toutes les Églises fondées. Les apôtres ont donc désigné des hommes et des femmes qui pouvaient les assister dans l'enseignement, et qui pouvaient assurer la relève. C'est ainsi que le ministère particulier des *didaskaloi* (enseignants ou docteurs) a reçu une place centrale dans la vie des Églises (Rm 12.7 ; Ep 4.11), et cela montre que l'enseignement de la doctrine a trouvé, dès le début, sa place *dans un contexte ecclésiastique*. Les « docteurs » transmettent la doctrine qu'ils ont reçue de leurs prédécesseurs dans la communauté chrétienne (Rm 16.17 ; cf. 1 Co 15.1-3) et ils l'enseignent pour instruire les membres de cette communauté (Ep 4.11-13).

La théologie systématique ne peut pas se limiter au simple constat que l'enseignement était une activité cruciale dans l'œuvre de Jésus et dans l'Église primitive. Elle doit chercher à en comprendre les raisons. Quand nous analysons les passages néotestamentaires, nous voyons que l'enseignement occupe une place centrale dans la vie de l'Église pour trois raisons principales.

La première raison est que l'Évangile, la Bonne Nouvelle, est une vérité que nous recevons de Dieu à travers ses prophètes et ses apôtres. C'est pourquoi cette vérité doit nous être transmise par les docteurs de l'Église. Il est impossible de trouver cet Évangile au fond de notre cœur ou de notre esprit. La foi chrétienne n'est pas de ces traditions religieuses qui envisagent que l'homme puisse trouver la vérité religieuse dans leur for intérieur au moyen d'une expérience mystique. Ce n'est pas non plus une réflexion sur le sens de l'univers que des sages religieux pensent pouvoir dévoiler qui peut nous permettre d'atteindre la vérité. Rechercher la vérité uniquement à partir de la sagesse humaine ne prend pas en compte le fait que notre compréhension de Dieu et de nous-mêmes est obscurcie par le péché (Ep 4.18). De plus, cette réflexion sur les profondeurs de notre âme et sur les grandeurs de l'univers ne nous permet pas de rencontrer Jésus de Nazareth par qui Dieu a choisi de nous sauver. La vérité de ce que nous sommes, et la vérité du salut en Christ, sont des vérités que nous devons recevoir par l'enseignement et la prédication. Nous ne pouvons pas les découvrir ou les imaginer nous-mêmes (Rm 16.17 ; Ga 1.11 ; cf. § 1.2).

La deuxième raison pour laquelle l'activité et le contenu de l'enseignement sont cruciaux est qu'une vraie et bonne doctrine est la clé d'une vie chrétienne saine. C'est par un bon enseignement que nos pensées sont transformées, que nous comprenons de plus en plus la réalité de Dieu et de notre vie, et que nous apprenons à vivre comme Dieu l'a voulu (cf. Rm 12.1-2). Il n'y a pas de place pour l'intellectualisme dans l'idée biblique de la doctrine. La vérité divine est essentielle parce qu'elle a un impact sur notre vie. Il n'y a pas non plus, dans la Bible, de distinction moderne entre « dogmatique » et « éthique », entre ce que nous croyons et ce que nous vivons. C'est parce que la réalité est ce qu'elle est que Jésus et ses disciples nous appellent à changer notre vie. C'est parce que le Royaume de Dieu est proche que nous devons et que nous pouvons nous convertir (Mt 4.17 ; cf. p. ex. Rm 6 ; Charry, 1997). C'est pour cela que Dieu a donné à l'Église des enseignants qui, en collaboration étroite avec les pasteurs, doivent travailler pour « l'édification du corps de Christ », pour l'aider à atteindre la maturité et la stabilité dans la vie chrétienne (Ep 4.11-13 ; Rm 15.4-5).

La troisième raison pour laquelle la doctrine était importante dans l'Église primitive est la nécessité de faire la distinction entre la vraie et la fausse doctrine (Mt 16.12 ; Ep 4.14 ; Tt 1.9-10 ; 2 Jn 9-10). Dans une époque comme la nôtre, où nous voulons respecter chaque opinion, il peut paraître étrange que la Bible mette l'accent sur cette opposition entre vraie et fausse doctrine. Si, pour un grand nombre de personnes, faire la distinction entre la vérité et l'erreur est impossible, en particulier dans le domaine de la religion, pour les auteurs bibliques, cette opposition était très importante. Pour eux, la vraie doctrine reflète la vérité de Dieu ; elle Lui est agréable (cf. 2 Jn 9-10) et elle nous guide vers la vie (1 Tm 4.13-16 ; cf. Jn 17.3). Du fait de la relation étroite qui existe entre doctrine et vie, la vraie doctrine est aussi considérée comme « la saine doctrine » (1 Tm 1.10 ; 6.3 ; Tt 1.9 ; 2.1). Elle est saine parce qu'elle nous aide à mener une vie chrétienne saine, en opposition avec les doctrines hérétiques malsaines qui produisent l'orgueil, l'envie et la discorde (1 Tm 6.4 ; Fee, 1995, p. 46). C'est pourquoi tout bon enseignant de la doctrine chrétienne doit « être capable, à la fois, d'exhorter dans la saine doctrine et de confondre les contradicteurs » (Tt 1.9, *BJ*).

Nécessité d'avoir des expressions sommaires et systématiques de la foi

Indications bibliographiques
Millard J. Erickson, *Christian Theology*, Grand Rapids, Baker, 1983-1985, p. 66-79.
Stanley J. Grenz, *Theology for the Community of God*, Carlisle, Paternoster, 1994, p. 6-8.

Nous constatons donc que le rôle de l'enseignement dans le Nouveau Testament est essentiel. Ceci nous renvoie bien évidemment à l'importance de la doctrine qui, à la base, est une formulation succincte de ce que l'Église enseigne.

Pour les besoins d'un bon enseignement, c'est la nature de la Bible qui rend nécessaire de telles formulations succinctes de la foi. Le mot « Bible » vient du terme grec *biblia* : « livres » ou « écritures » au pluriel. Ce pluriel témoigne du fait que la Bible est constituée d'une collection de livres. Ces livres sont, dans l'ensemble, d'une ampleur considérable : la plupart des éditions de la Bible comptent plus de mille pages, comportant chacune une variété énorme de thématiques. De plus, la Bible est composée de nombreux genres littéraires qui expriment son contenu de différentes manières. On y trouve entre autres les récits historiques, les lois, les prières, les écrits sapientiaux, les épîtres et les prédications. En outre, les différentes parties de la Bible sont le fruit de différentes époques. Elles sont orientées en fonction de situations, de contextes et de problèmes très différents.

Pour enseigner le message biblique, dans toute sa richesse et dans toute sa variété, nous avons besoin de formuler son message central et d'organiser son contenu. Cette formulation est l'une des tâches de la doctrine (voir figure 2.1).

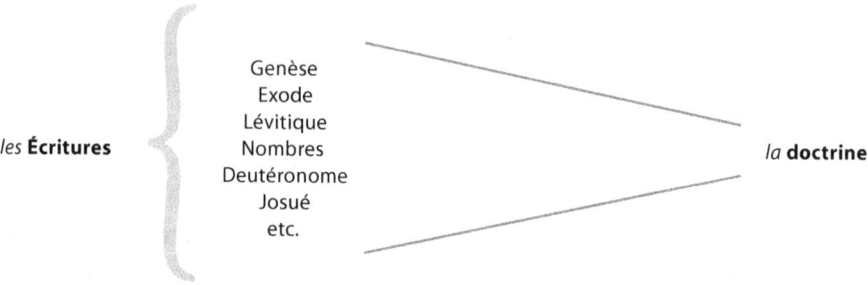

Figure 2.1 : La doctrine comme systématisation de la Bible dans toute sa richesse et diversité

Ces formulations succinctes du contenu du message biblique existent déjà dans l'Ancien Testament (p. ex. Dt 6.4-5 ; 26.5-9), et particulièrement dans le Nouveau (p. ex. Rm 1.2-4 ; 1 Co 15.3-8 ; cf. Grenz, 1994, p. 6). Les exemples néotestamentaires montrent en même temps que la foi chrétienne ne peut pas être enfermée dans des formulations succinctes parce qu'au centre, ne se trouve pas une idée, mais une personne, Jésus-Christ, et un événement : ce que Dieu a fait pour nous sauver par sa croix et sa résurrection.

Un bon enseignement de la foi chrétienne ne peut pas se limiter à une seule expression centrale. Il a besoin d'un cadre, d'une structure dans laquelle les différentes vérités bibliques trouvent leur place. Les confessions de foi anciennes de l'Église présentent une structure de ce genre. Ces confessions étaient précisément utilisées dans le catéchuménat : l'enseignement lors de la préparation au baptême. L'exemple le plus connu est « le Symbole des Apôtres » qui, jusqu'à nos jours, est utilisé et reconnu par la majorité des Églises chrétiennes. Cette confession organise la foi dans une structure trinitaire, parlant de manière consécutive de Dieu le Père, du Fils et du Saint-Esprit et de leur œuvre (Sesboüé, 1994-1996, I, p. 71-91).

L'enseignement du contenu de la foi peut prendre deux formes différentes. Il peut être transmis sous forme narrative ou sous forme systématique. La forme narrative organise les points centraux de la foi sous forme de narration, dans l'ordre des grands événements de l'histoire du salut. Un exemple biblique est la confession que les Israélites devaient prononcer devant le prêtre à l'occasion de la présentation des prémices de la récolte dans le temple (Dt 26.5-10, BC) :

> Mon père était un Araméen nomade ; il descendit en Égypte avec peu de gens pour y séjourner ; là, il devint une nation grande, puissante et nombreuse.
> Les Égyptiens nous maltraitèrent, nous opprimèrent et nous soumirent à une dure servitude.
> Nous avons crié à l'Éternel, le Dieu de nos pères. L'Éternel entendit notre voix et vit notre oppression, notre peine et notre misère.
> L'Éternel nous fit sortir d'Égypte, à main forte et bras étendu, par une grande terreur, avec des signes et des miracles.
> Il nous a fait venir dans ce lieu et il nous a donné ce pays, pays découlant de lait et de miel.
> Maintenant, me voici, j'apporte les prémices des fruits du sol que tu m'as donné, ô Éternel.

L'enseignement de la foi sous forme systématique organise les grandes vérités de la foi selon les relations ontologiques qui existent entre elles. Un exemple d'une structure systématique de la doctrine est l'organisation trinitaire d'un grand nombre de confessions de foi et de manuels dogmatiques. Les formulations systématiques de la foi sont prédominantes dans la tradition dogmatique occidentale. Il s'agit d'une forme de réflexion théologique qui permet d'enseigner et de dialoguer avec des personnes de culture occidentale. Ces formulations systématiques de la foi ont une valeur particulière pour certaines fonctions de la réflexion dogmatique : elles sont indiquées pour traiter d'un bon nombre de questions apologétiques et pour faire la distinction entre la vraie et la fausse doctrine. La forme narrative conserve néanmoins sa propre valeur, valeur qui se justifie pour une bonne partie de l'Écriture présentant une forme de réflexion théologique narrative (Goldingay, 1994b, p. 366-368). Par souci de contextualisation, il est nécessaire que la théologie utilise davantage la forme narrative pour l'expression des formulations doctrinales afin qu'elle soit plus adaptée à un enseignement respectueux des contextes non occidentaux. Dans ces contextes, les modes narratifs de réflexion sont souvent beaucoup plus importants. Des leçons cruciales concernant la réalité et la vie sont transmises sous formes de contes et de récits.

L'importance des formulations succinctes et systématiques de la foi pour l'enseignement, détermine également l'importance de la *dogmatique*. Si ces formulations font partie de la doctrine – ce que l'Église enseigne – la dogmatique envisage la réflexion critique de cette doctrine. Il y a plusieurs manières de formuler le message central de la Bible, et il y a plusieurs façons de structurer son contenu. Ces formulations ne sont pas toujours en accord avec la réalité que la Bible nous révèle. Elles ne sont pas non plus compréhensibles de la même façon dans chaque contexte, et ne favorisent pas de la même façon une vie chrétienne stable et saine. Certaines de ces formulations peuvent même être totalement fausses, trompeuses ou malsaines. Il nous faut donc mener une réflexion dogmatique critique pour parvenir à faire la distinction entre la vraie doctrine et la fausse, celle qui est saine et celle qui ne l'est pas, et pour en comprendre les implications pour notre vie.

Selon la Bible, c'est l'Esprit-Saint qui nous guide dans toute la vérité de Dieu (Jn 16.13). Mais ceci ne veut pas dire que la réflexion critique n'a pas de sens. En effet, l'Esprit de Dieu nous guide le plus souvent à travers les dons ordinaires que Dieu nous a faits. Il nous guide entre autres à travers la Bible que nous pouvons comprendre grâce à notre raison sanctifiée (cf. Stott, 1979, p. 12-20). De plus, il ne faut pas oublier que tout message présenté comme révélation de l'Esprit de Dieu ne l'est pas réellement. Nous avons la responsabilité de juger les révélations et les esprits pour faire la distinction entre ce qui vient de Dieu, ce qui vient des hommes, voire même ce qui vient du diable (1 Jn 4.1).

Doctrine et vie chrétienne

Indications bibliographiques
Simon Chan, *Spiritual Theology. A Systematic Study of the Christian Life*, Downers Grove, IVP, 1998.
Ellen Charry, *By the Renewing of Your Minds. The Pastoral Function of Christian Theology*, New York et Oxford, Oxford University Press, 1997.

La formulation de la doctrine est nécessaire pour enseigner le message biblique. En tant qu'enseignement, la doctrine a aussi un rapport important avec la vie que nous vivons. Nous avons déjà constaté que, de nos jours, pour beaucoup de chrétiens, la doctrine a peu de valeur parce qu'ils ont l'impression que la théologie et la doctrine sont éloignées des défis de la vie de tous les jours.

Le fossé qui sépare la doctrine et la vie est relativement récent. Il a commencé à se creuser à l'époque des Lumières quand des philosophes comme Locke, Hume et Kant ont contribué à la naissance d'une conception de la raison séparée de la réalité, de la vie, de l'action, de la sagesse et du savoirvivre (Charry, 1997, p. 6ss ; cf. Farley, 1983). La doctrine et la théologie, dans les temps bibliques et dans l'histoire de l'Église depuis les Pères jusqu'à la Réforme, avaient cependant toujours été envisagées dans un cadre qui les liait étroitement à la vie (Charry, 1997). Avec les désillusions qu'engendrent les conceptions rationalistes, nous constatons un regain d'intérêt pour la relation entre la théologie, la doctrine et la vie (p. ex. Grenz, 1998 ; Packer, 1983).

Cette séparation entre la doctrine et la vie n'a aucun fondement biblique. Dans la Bible, l'enseignement revêt une importance majeure, précisément parce qu'elle a des implications directes, radicales et salutaires pour notre vie. C'est quand nous apprenons qui est Dieu, ce qu'Il a fait pour nous et ce qu'est son plan pour nous, que nous découvrons comment notre vie doit et peut être renouvelée (Chan, 1998). Si nous comprenons que Dieu est notre Père, nous pouvons placer notre confiance en Lui (Mt 6.25ss) ; si nous savons ce qu'est le plus grand trésor que Dieu a prévu pour nous, nous Le cherchons avec toute notre force (Mt 6.19 ; 13.44ss). Si nous savons que Dieu a donné son propre Fils pour qu'Il meure pour nous, nous pouvons avoir confiance en Lui et nous pouvons Lui demeurer fidèles, même dans la souffrance (Jn 15.20).

Une bonne compréhension de Dieu et de son plan pour le monde ne nous aide pas seulement à vivre avec Lui. Elle nous aide également à vivre les uns avec les autres. Si Dieu s'est humilié pour nous en Christ, nous devons nous humilier les uns face aux autres (Ph 2.5-11). Si Dieu a créé ce monde, nous pouvons l'utiliser pour notre bien et nous avons tort de le mépriser (1 Tm 4.1-5). La doctrine chrétienne ne se limite donc pas à un aspect « religieux » de notre vie. Elle implique une nouvelle « vision du monde ». Au travers de cette nouvelle vision du monde, la doctrine influence chaque aspect de notre vie.

La relation étroite qui unit la doctrine et la vie est évidente dans la théologie de Paul. Dans sa théologie, il y a une relation étroite entre ce que Dieu a fait pour nous, et la nouvelle vie qui en découle (p. ex. Rm 6.2-14 ; Col 3.1-11 ; Ridderbos, 1975, p. 253-258). Les épîtres de Paul sont toutes constituées d'une partie doctrinale et d'une partie d'exhortations pratiques pour la vie chrétienne. Les deux parties sont étroitement liées. La nature de cette relation devient explicite dans l'épître aux Romains dans laquelle le début du chapitre douze fait la charnière entre la doctrine et l'exhortation. La charnière est un renouvellement de notre intelligence (Rm 12.2). C'est quand une nouvelle lumière éclaire notre vie et la réalité, que vivre selon cette réalité, selon ce que Dieu a fait pour nous devient un défi, pour que nous vivions désormais une vie renouvelée.

C'est pourquoi l'éthique chrétienne n'a rien de légaliste. La perspective de l'Évangile nous *libère* pour vivre autrement dans ce monde. Après ce renouvellement de notre vision de la réalité, de « notre jugement », nous pouvons voir que la volonté de Dieu est « bonne, agréable et parfaite » (Rm 12.2). L'éthique chrétienne est donc une bonne nouvelle (cf. O'Donovan, 1992). La nouvelle loi est la loi de la liberté (Jc 1.25 ; Ga 5.13). Les échanges et les débats théologiques sont donc loin d'être abstraits. Ils font partie de la lutte pour la souveraineté de Christ, pour que nos pensées Lui soient soumises (2 Co 10.4, 5) et pour que nous vivions dans la liberté et dans la plénitude de la vie qu'Il nous offre. Considérons deux exemples concrets pour éclaircir cette relation étroite entre l'enseignement et la vie, entre la dogmatique et l'éthique, et pour appréhender l'aspect évangélique et libérateur de l'éthique chrétienne qui en découle.

Prenons tout d'abord le domaine de la sexualité. Nombreux sont ceux qui, à l'extérieur comme à l'intérieur de la communauté chrétienne, considèrent l'éthique chrétienne de la sexualité comme opprimante. C'est comme si Dieu nous interdisait tout plaisir. Cette éthique rebute de nombreux chrétiens, et beaucoup de non-chrétiens la considèrent comme un obstacle majeur pour embrasser la foi et la vie chrétienne. Mais l'éthique chrétienne de la sexualité est mal comprise parce qu'on ne connaît pas la théologie chrétienne de la sexualité. La théologie chrétienne donne du sens à la sexualité en tant que don de Dieu pour sceller et célébrer les relations maritales. Parce que cet acte engage toute notre personnalité, il est impossible de s'y engager sans conséquence en dehors des relations d'alliance maritale (cf. 1 Co 6.16). En dehors de ces relations, le sens de la sexualité change, et la sexualité devient plutôt nuisible pour le développement des relations personnelles profondes (cf. Grenz, 1997). À la lumière de la théologie chrétienne de la sexualité, il devient clair que l'éthique sexuelle chrétienne est une bonne nouvelle, et qu'elle contribue à notre épanouissement sexuel et personnel. En dehors de ce cadre, cette éthique n'a pas de sens et elle peut paraître très restrictive.

Considérons un deuxième exemple, qui vient de l'Afrique. Un des domaines dans lequel beaucoup de chrétiens de l'Afrique subsaharienne ont de la peine à vivre la vie chrétienne est celui de la maladie. Trop souvent, des chrétiens africains, pour qui la foi chrétienne est une réalité dans d'autres domaines de leur vie, ont des difficultés dans ce domaine particulier. Ils savent que, selon la morale chrétienne officielle il ne faut pas chercher d'aide chez les féticheurs traditionnels. Cependant, quand la maladie ou la malchance persistent dans la vie de la famille, ils finissent fréquemment par avoir recours à ces pratiques traditionnelles (Grebe & Fon, 2000, p. 18).

Cette situation est souvent due au fait que, généralement, les convictions et l'expérience de ces chrétiens concernant la maladie ne sont pas en accord avec la compréhension chrétienne. Ils continuent à considérer la plupart des maladies et des décès comme des conséquences d'actions spirituelles, même si ces actions spirituelles peuvent utiliser des causes naturelles secondaires, telles que les parasites du paludisme. Lorsqu'ils sont confrontés à une maladie, surtout à une maladie qui ne guérit pas vite, ou à la mort, ils craignent les forces mystiques et ils aimeraient pouvoir les identifier pour s'en protéger. Si dans une telle situation l'Église interdit simplement de consulter les devins et de chercher à se protéger contre les mauvais sorts, sans proposer d'alternative, elle laisse ses membres seuls avec leur crainte et leur souffrance. Dans ce cas, l'interdiction devient une loi dure et difficile à suivre.

L'Église doit, par contre, envisager tout d'abord « le renouvellement de l'intelligence », le développement d'une vision et d'une expérience chrétienne du monde, qui englobe aussi la maladie. Il faut reconnaître que les forces spirituelles qui peuvent causer les maladies et la mort ont un pouvoir limité et que, par contre, la puissance de Christ est absolue. Il faut reconnaître que bon nombre de maladies ont des causes purement naturelles. Il faut considérer que les maladies ne sont pas nécessairement un signe de malédiction et que rien ne peut nous séparer de l'amour de Christ, ni la maladie, ni la mort. Notre dévotion à Jésus éclipse tout, même la maladie ou la mort, parce que c'est plutôt en Lui que nous trouvons la vie en abondance et la vie éternelle. Si dans un tel contexte, l'Église exhorte ses membres à ne plus avoir recours aux féticheurs, cette exhortation devient un message positif, évangélique. Elle montre à ses membres le chemin de la vie. Elle enseigne que rechercher à résister à de telles tentations n'est pas une perte, mais plutôt un gain, un effort pour éviter des solutions vaines ou destructrices, et nuisibles à notre relation avec Dieu par Christ qui constitue notre vrai trésor.

Si nous analysons le rôle de la doctrine entre les Écritures et notre existence, force est de constater que notre vie est aussi diverse que les Écritures sont variées. Nous pouvons vivre des situations d'une diversité incroyable et même chaotiques. De plus, si nous considérons d'autres personnes et surtout celles qui viennent d'autres cultures et d'autres milieux sociaux, les situations de vie auxquelles la Bible doit s'adresser deviennent innombrables et dépassent notre imagination. La Bible a un message pour une vieille dame aristocratique à New York, mais également pour un pauvre jeune homme qui habite une *favela* au Brésil. Elle a un message pour moi qui travaille derrière mon ordinateur, mais également pour mon frère pygmée qui chasse dans la forêt équatoriale ou pour celui qui gagne son pain et trouve son identité dans la Légion étrangère. La doctrine est comme une loupe qui concentre la lumière qui nous arrive des Écritures et qui la laisse passer pour que son message (son Évangile), illumine notre vie (voir figure 2.2).

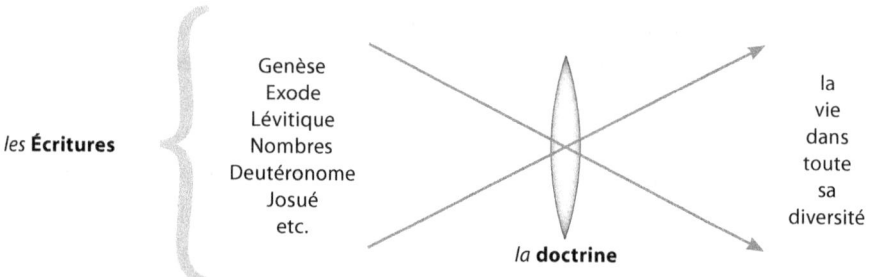

Figure 2.2 : La doctrine est comme une loupe à travers laquelle la révélation biblique illumine notre vie

2.2. La tâche apologétique de la dogmatique

Les apologistes du IIe siècle

Indications bibliographiques

G.W.H. Lampe, « Christian Theology in the Patristic Period », in Hubert Cunliffe-Jones (sous dir.), *A History of Christian Doctrine*, Édimbourg, T&T Clark, 1978, p. 30-39.

Justin Martyr, *Œuvres complètes*, Paris, Brépols, 1994.

Alister E. McGrath, *Jeter des ponts. L'art de défendre la foi chrétienne*, Québec, La Clairière, 1999.

À la base de la première systématisation de la foi chrétienne, il y a la nécessité d'enseigner la foi chrétienne. À l'époque du Nouveau Testament, l'enseignement fut le principal facteur de l'émergence de la réflexion dogmatique, tout comme au temps des Pères Apostoliques, ces écrivains qui furent les disciples directs des premiers apôtres et de leurs compagnons. Comme nous le voyons dans les lettres de Clément de Rome, d'Ignace d'Antioche et de Polycarpe de Smyrne et dans la *Didachè* ou « Enseignement des douze apôtres », tous ces documents visent principalement un public chrétien. Leur but est d'instruire et d'exhorter la communauté chrétienne. La réflexion théologique qu'ils contiennent est développée dans un cadre purement didactique (Sesboüé I, p. 38s.).

C'est ensuite au cours du IIe siècle avec les Pères de l'Église que nous appelons « les apologistes » que la réflexion dogmatique chrétienne a fait un grand bond en avant. Ces auteurs chrétiens tels que Justin Martyr, Athénagore et Théophile d'Antioche n'ont pas écrit pour les croyants, ils ont voulu s'adresser à un public plus large. Certains théologiens ont même affirmé que la théologie systématique n'avait commencé qu'avec les travaux de ces apologistes (Lampe, 1978, p. 30). À travers l'exemple de Justin Martyr nous verrons à quel point l'intérêt apologétique de cet auteur a contribué au développement de la dogmatique.

Justin naît aux alentour de l'année 100 dans la ville romaine de Néapolis en Samarie. Avant de devenir chrétien, il se sent fortement attiré par des philosophies différentes en explorant respectivement les philosophies stoïcienne, aristotélicienne, pythagoricienne et platonicienne. Cependant, ces différentes philosophies ne parviennent pas à étancher sa soif de sagesse et de Dieu, jusqu'au moment où il rencontre un vieil homme qui lui explique que la vraie sagesse et le vrai bonheur nous sont révélés en Jésus-Christ (Justin, *Dialogue avec Trypho*, p. 2ss). C'est Christ que Justin va désormais suivre, mais sans cesser d'être un philosophe, une personne qui poursuit la connaissance et la sagesse. En Christ, il a trouvé la vraie sagesse, l'accomplissement de tout ce qui est vrai et bon dans la philosophie païenne. Il continue à enseigner la philosophie, mais cette fois-ci la philosophie chrétienne. Il le fera jusqu'à sa mort à Rome en 165, mort violente qui lui a valu son surnom de « Martyr ».

Cette mort violente nous renvoie à un aspect important de l'œuvre des Pères apologistes. Ce sont les persécutions dont l'Église était victime depuis le Ier siècle qui poussèrent les hommes à défendre la foi et la vie chrétienne. Ces persécutions s'intensifiant au cours du deuxième, la tâche des apologistes consista à montrer que les chrétiens n'étaient pas une menace pour l'État romain, mais des citoyens dignes de confiance. Du fait que leur croyance en une rétribution de leurs actions par Dieu était une forte motivation pour une vie morale, les chrétiens étaient des citoyens exemplaires (Justin, *IIe Apologie*, 14-19).

Cependant, Justin et les autres apologistes ne se sont pas contentés de rechercher l'acceptation de leur communauté par l'État. Ils voulaient montrer la *vérité* de cette foi. Par ce message, ils s'adressaient aussi, à travers un lectorat constitué d'hommes d'État, au grand public et surtout aux érudits du monde gréco-romain. Pour atteindre leur objectif, ils ont utilisé des arguments qui se trouvaient déjà dans le Nouveau Testament dont l'enseignement avait lui-même déjà un caractère apologétique. Aux Juifs, les apologistes voulaient expliquer que Jésus-Christ était envoyé par le Dieu d'Israël et que le christianisme était donc le vrai judaïsme (Justin, *Dialogue avec Trypho* ; cf. Ac 3.11-26). Aux païens, ils voulaient démontrer que le Dieu de Christ était le Dieu connu par les plus grands parmi les philosophes grecs comme Socrate et Platon (Justin, *Ire Apologie* ; cf. Ac 17.22-32). Cependant, les Pères apologistes ont dû développer ces idées avec plus de rigueur et plus de détails qu'à l'époque des apôtres pour pouvoir répondre aux questions des philosophes et des érudits.

L'apologie comme propulseur de la réflexion dogmatique

La tâche apologétique, la nécessité de défendre la foi chrétienne contre les objections intellectuelles et la nécessité de justifier l'importance et la vérité de ce que nous croyons, n'est pas limitée aux apologistes du IIe siècle. Dans toute l'histoire de l'Église jusqu'à nos jours, les chrétiens doivent répondre aux objections et aux critiques, et être « toujours prêts à la défense contre quiconque [leur] demande raison de l'espérance qui est en [eux] » (1 P 3.15, *BJ*). Cette tâche apologétique a toujours été une motivation forte pour la réflexion dogmatique. Nous voudrions savoir pourquoi et comment l'apologétique nécessite une réflexion sur la doctrine chrétienne. L'exemple de Justin, et de nombreux apologètes après lui, montre que la formulation d'une apologie chrétienne adéquate demande une réflexion dogmatique sérieuse, et ceci au moins pour quatre raisons :

Les apologistes du IIe siècle ont d'abord dû chercher à comprendre et à formuler la *cohérence interne* de leur foi. Cette recherche les a amenés à aborder de nouvelles questions théologiques. Justin et d'autres apologètes contemporains ont, par exemple, accepté des éléments de l'idée platonicienne d'un Dieu sans origine, sans nom, indéfinissable, incompréhensible, inchangeable, éternel (Justin, *Ire Apologie*, 10 ; 13 ; 61 ; *IIe Apologie*, 6). Cette idée de Dieu était compréhensible pour leurs auditeurs hellénistiques auxquels elle plaisait bien. Elle soulevait en même temps une question : comment un tel Dieu peut-Il être le Dieu vivant de la Bible et comment peut-Il agir dans le monde ? La conception grecque n'exclut-elle pas la conception biblique ? C'est pour résoudre ce problème que Justin recourut à l'idée grecque du Logos. En adaptant cette idée, il a conçu le Logos comme le Médiateur entre Dieu le Père et le monde, dans la création et dans toutes les autres actions de Dieu. Il a aussi identifié ce Logos comme le Fils de Dieu incarné en Jésus-Christ (Justin, Dialogue, 57 ; 60 ; 62). Cette « Christologie du Logos » permettait donc de réconcilier la croyance en la nature absolue de Dieu avec son action dans le monde. Elle servait en même temps d'outil apologétique, et permettait d'approfondir la compréhension de la nature de Jésus-Christ, Médiateur entre Dieu et ses créatures.

Jusqu'au jour d'aujourd'hui, le défi apologétique qu'est la nécessité de répondre aux questions et à la critique des non-chrétiens, appelle le dogmaticien à réfléchir sur la cohérence intérieure de sa foi. Que dire par exemple aux musulmans pour lesquels Dieu ne peut pas être unique et trois en même temps ? Que leur répondre encore lorsqu'ils jugent qu'adorer Jésus-Christ comme le Fils de Dieu est idolâtrie ou *shirk*, l'ajout de quelqu'un à côté de Dieu ? Les chrétiens s'accordent sur le fait qu'il ne faut pas adorer quelqu'un ou quelque chose qui n'est pas Dieu. Cet honneur ne revient qu'à Dieu. En tant que chrétiens, nous devons nous-mêmes comprendre comment il est possible de dire que Jésus est, d'une certaine façon, séparé de Dieu le Créateur, mais, d'une autre façon, le même Dieu que Lui. Nous devons être capables d'expliquer comment il est possible de parler d'un seul Dieu en plusieurs personnes. Ce défi apologétique nous renvoie directement à la théologie de la Trinité. Nous n'ignorons certes pas notre incapacité à comprendre totalement cette doctrine de la Trinité. Elle dépasse l'entendement humain. Nous devons cependant faire un effort pour montrer que cette doctrine n'est pas contraire à la raison, et qu'elle est plus une richesse de la foi chrétienne qu'une cause d'embarras (cf. p. ex. Manaranche, 1985 ; Owen, 1984, p. 53-68).

Les apologistes ont ensuite dû répondre à la question de la relation entre la vérité qu'on trouve dans la Bible et la vérité perçue ailleurs, en particulier dans la philosophie grecque. Ils ont constaté certains parallèles, comme par exemple dans l'idée grecque selon laquelle Dieu est un et ne saurait être identifié avec quoi que ce soit de la nature créée. Ils ont aussi constaté que ces vérités étaient parfois pleines d'erreurs, même dans les philosophies les plus élaborées. Se pose alors la question de la façon dont les païens ont pu avoir accès à la vérité sans, dans le même temps, la reconnaître pleinement. Pour répondre à ces questions, Justin a utilisé une idée qui existe déjà chez Philon, le Juif hellénistique d'Alexandrie (Ier siècle apr. J.-C.). Selon Philon, Platon et les autres philosophes grecs ont trouvé plusieurs de leurs idées sur Dieu dans les livres de Moïse, qui sont d'ailleurs plus anciens que leurs propres écrits (Justin, Ire Apologie, 44 ; 59 ; 60). Cette affirmation manque néanmoins de fondements historiques. Selon une deuxième idée, développée par Justin, Jésus-Christ est le médiateur de la création, le Logos ou la rationalité à travers laquelle Dieu le Père a créé le monde (cf. Jn 1.1-3). Tous les hommes, qui existaient avant l'incarnation de Jésus-Christ, et qui ont suivi leur raison, ont suivi le « logos séminal » (logos spermatikos) dans leur âme, cette âme ayant un aspect de cette rationalité divine (Justin, IIe Apologie, 13). On peut même qualifier de « chrétiens » avant la lettre les hommes qui, avant Jésus-Christ, ont reconnu, sur la base de leur rationalité, certaines vérités sur Dieu, comme ce fut le cas de certains philosophes (Justin, IIe Apologie, 46). Néanmoins, leur connaissance de la vérité était limitée et elle présentait de nombreuses erreurs, comme en témoignent leurs différences d'opinions. La philosophie grecque avait donc besoin de la révélation du Logos en Jésus-Christ (Justin, Ire Apologie, 32 ; IIe Apologie, 13).

De nos jours encore, les questions et la critique des non-chrétiens exigent que le dogmaticien réfléchisse à la valeur des idées non bibliques qui se trouvent dans les autres religions et dans les autres visions du monde, dans la science, etc. Si, par exemple, les religions traditionnelles africaines parlent d'un Dieu créateur, est-ce que cette idée a une relation avec la révélation de Dieu dans la Bible ? Dans le chapitre sur la révélation, nous verrons que la révélation générale peut créer un pont entre ces deux idées, pouvant ainsi jouer le même rôle que Justin donnait au *logos spermatikos*. L'idée d'une révélation générale présente l'avantage d'une base biblique plus solide (Ps 19 ; Rm 1.18-23). Cette conception de la révélation générale nous permet de reconnaître certaines vérités religieuses d'origines non bibliques en reconnaissant en même temps leur limitation et le besoin d'une révélation spéciale de Dieu à travers la Bible et Jésus-Christ (voir § 3.2).

Confronter des opinions alternatives nécessite également la détection des erreurs et des fautes présentes dans ces positions. Considérons que les sciences physique et historique parlent de découvertes qui semblent contredire les vérités de la Bible. Comment pouvons-nous faire la distinction entre vérité et erreur dans ces domaines. Jusqu'à quel point ces idées exigent-elles une relecture de la Bible ? Jusqu'à quel point la Bible remet-elle en question les découvertes de la science (cf. d§ 5.3, p. 269s.) ? Où pouvons-nous reconnaître des traces de la vérité ? Où devons-nous traquer l'erreur ou le mensonge pour les démasquer ? Sur quelle base ? Voilà des questions que l'apologète doit se poser et qui le ramènent à la réflexion dogmatique.

Une troisième raison a amené les apologistes du IIe siècle à approfondir la réflexion dogmatique : la nécessité de réfléchir sur les raisons de l'acceptation de la révélation de Dieu dans les Écritures chrétiennes et en Christ. C'est sur cette question qu'ils ont parlé du caractère rationnel du monothéisme biblique et de la vie exemplaire des chrétiens, particulièrement face aux persécutions. Justin a aussi beaucoup développé l'accomplissement des prophéties messianiques de l'Ancien Testament avec la venue de Jésus-Christ (Justin, *Ire Apologie*, 30-52 ; *Dialogue* 30-54).

Ce souci de Justin est partagé par les apologètes qui, de nos jours, veulent montrer qu'en tant que chrétiens, ils ne suivent pas des « fables sophistiquées » (2 P 1.16), mais un message fondé sur ce que nous ont transmis des « témoins oculaires » concernant ce que Dieu a fait pour nous en Jésus-Christ (2 P 1.16, *BJ* ; cf. 1 Co 15.1-8 ; § 4.4 & § 4.7).

Cette troisième tâche de l'apologétique peut facilement dévier quand elle devient un effort pour démontrer la vérité de la foi chrétienne sur la base de sa correspondance avec la science physique ou historique moderne. Montrer une telle correspondance a certainement une valeur apologétique, mais notre foi ne peut en aucun cas reposer sur elle. Notre foi doit avoir une base plus solide que les résultats fluctuants de la science moderne. La foi se fonde sur ce que Dieu a fait pour nous dans l'histoire d'Israël et en Christ. Mais si l'apologète cherche à rendre compte de l'œuvre de Dieu, de la façon dont Il s'est révélé en elle, et de la raison pour laquelle notre confiance est placée dans cette œuvre et dans les écrivains bibliques qui en témoignent, il ne cherche cependant pas une fondation pour la foi en dehors de celle que Dieu Lui-même a donnée. Il s'efforce de comprendre la rationalité et le bien-fondé de notre foi, selon l'ancien adage *fides quaerens intellectum*, « la foi à la recherche de la compréhension ». Vu sous cet angle, les tâches apologétique et dogmatique sont identiques (cf. Barth, 1985 ; Barth, *Dogmatique* IV/3*, p. 117s. ; IV/3***, p. 186-191 ; Pannenberg, 1991, p. 48ss).

Enfin, et particulièrement dans leur dialogue avec les Juifs, les apologistes ont dû montrer l'unité de la révélation de Dieu dans toute l'histoire du salut qui englobe le *Tanakh* – ou l'Ancien Testament selon l'appellation juive – et la révélation en Christ du Nouveau Testament (Justin, *Dialogue*). De nos jours également, les Juifs doivent rester proches du cœur de l'Église. La communauté juive est comme notre sœur aînée, née du même Père (Rm

9-11 ; cf. Lc 15.11-32). Du fait de nos relations avec les Juifs, il nous faut toujours réfléchir sur l'unité des deux Testaments comme les deux grandes parties qui constituent notre Bible. Nous devons savoir expliquer la foi chrétienne selon laquelle Jésus-Christ est le centre de toute la Bible et l'accomplissement du *Tanakh*. À nouveau, cette question ne concerne pas uniquement l'apologétique. Les chrétiens reconnaissent les deux grandes parties de la Bible comme la révélation du même Dieu, et la dogmatique doit donc prendre en considération la contribution des deux Testaments. Les deux Testaments abordent de multiples thèmes théologiques sous différents angles. Parfois, ils semblent se contredire. Le dogmaticien doit se demander comment ces deux textes représentent la révélation du même Dieu, et comment ils se complètent pour apporter une connaissance plus riche de ce Dieu (cf. Childs. 1992).

Nous avons donc sélectionné quatre types de questions sur lesquelles l'apologète doit réfléchir :
- sur la cohérence interne de la foi chrétienne ;
- sur la relation de la foi chrétienne avec des convictions d'origine extrabiblique ;
- sur la justification de cette foi ;
- sur la relation entre les deux Testaments.

Ces questions sont posées dans l'apologétique en tant que discipline particulière de la théologie systématique. Toutefois, les mêmes questions sont inévitables dans la réflexion dogmatique en général dont elles constituent des mobiles importants. Au cours de l'histoire, il est arrivé que certains défis apologétiques ébranlent les fondements de la théologie. Ces défis ont pu provoquer des changements théologiques fondamentaux, des changements parfois bénéfiques, parfois désastreux. Le siècle des apologistes en est un exemple, et l'âge du pluralisme religieux que nous vivons aujourd'hui en est un autre. La nécessité de s'engager dans la tâche apologétique est donc la deuxième raison pour laquelle l'Église s'engage dans la réflexion dogmatique. C'est le deuxième but de la dogmatique. Ceci explique également pourquoi la dogmatique doit aussi jouer un rôle crucial dans la tâche missionnaire de l'Église (Verkuyl, 1978, p. 277).

Risques de la démarche apologétique : la théologie libérale

Indications bibliographiques
Hendrikus Berkhof, *Two Hundred Years of Theology. Report of a Personal Journey*, Grand Rapids, Eerdmans, 1993.
Klauspeter Blaser, *Les théologies nord-américaines*, Genève, Labor et Fides, 1995.

George Lindbeck, *La nature des doctrines. Religion et théologie à l'âge du postlibéralisme*, Introduction de Marc Boss, Références théologiques, Paris, Van Dieren Éditeur, 2002.

Alister E. McGrath, *La Vérité pour passion. Cohérence et force de la pensée évangélique*, Charols, Excelsis, 2008, p. 143-194.

Toujours à propos de la tâche apologétique de la dogmatique, nous ne devons pas oublier de prendre en compte les risques que présente la démarche apologétique, selon l'exemple de la théologie libérale. La théologie libérale est la désignation d'une théologie influencée, dans ses axes centraux, par la culture moderne ou libérale. Cette culture, née avec le Siècle des lumières au XVIIIe siècle, changea radicalement la vie intellectuelle et la culture de l'Europe occidentale. L'âge des Lumières est aussi appelé l'âge de la raison, parce que c'est la raison et l'expérience humaine qui y sont prises comme norme ultime de tout ce que l'homme peut croire. L'expression « théologie libérale » est utilisée pour indiquer le courant principal de la théologie protestante qui s'est développé au XIXe et au XXe siècles en s'inspirant des convictions et des idéaux fondamentaux du Siècle des lumières. Cette théologie cherche à édifier la religion, la théologie et la doctrine chrétienne sur la base d'idées acceptables pour tout homme rationnel ou sur la base d'une expérience religieuse universelle. Elle veut ainsi rendre la foi chrétienne acceptable « à ceux de ses contempteurs qui sont des gens cultivés » (Schleiermacher ; cf. Pelikan, 1994, t. 5, p. 173). Elle est mue par un désir apologétique fort, le désir d'« une théologie publique », une théologie compréhensible par tous les hommes de bonne volonté.

À cause de ce désir apologétique, la théologie libérale a tendance à s'accommoder sans cesse avec la culture dominante, et à accepter les structures de pensée de cette culture. Au cours de l'âge de la raison, la théologie libérale rejetait par exemple les miracles et la résurrection corporelle de Christ et, dans notre époque de pluralisme religieux, elle a tendance à rejeter l'unicité de la foi chrétienne. Par cette tendance à s'accommoder avec la culture environnante, la théologie libérale perd donc facilement son caractère chrétien distinct. Par conséquent, elle risque de ne plus être une bonne nouvelle. Elle est une bonne nouvelle, précisément parce que Jésus-Christ et son message sont si différents de ce que ce monde nous offre. Jésus est venu en ce monde, non pas pour l'approuver tel qu'il est, mais pour le sauver après l'avoir jugé. L'histoire de la théologie libérale nous rappelle que chaque théologie, évangélique, libérale, conservatrice ou moderniste, doit rester sur ses gardes afin d'éviter de trop se conformer au monde environnant, risquant de perdre ainsi sa pertinence. Toute théologie court ce risque, précisément à cause de son désir d'être pertinente pour ce monde.

Heureusement, toutes les théologies libérales ne sont pas complètement soumises à la culture moderne. En effet, leur objet principal, Jésus-Christ, tel que nous Le connaissons par la Bible, continue de s'opposer à cette assimilation. Nous pouvons concevoir la théologie libérale comme un désir de réconcilier ces deux réalités irréconciliables : la foi en Christ et la culture moderne. Cette théologie peut donc être représentée comme une ellipse avec deux points centraux (figure 2.3). Voilà pourquoi cette théologie peut nous apparaître sous des formes qui gardent plusieurs éléments centraux de la foi chrétienne orthodoxe, mais également sous des formes qui sacrifient presque tout l'héritage chrétien au profit de la culture moderne. Leur degré d'orthodoxie ou d'hérésie dépend de cet effort de réconciliation : elles restent plus proches de la culture ou plus proche de Christ.

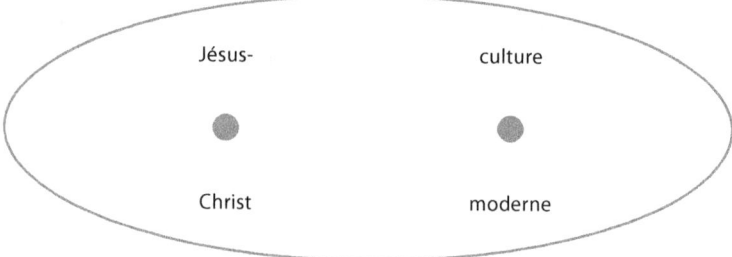

Figure 2.3 : La théologie libérale comme essai de réconcilier deux irréconciliables

Malgré ces risques, rendre compte de la foi chrétienne demeure un commandement biblique (1 P 3.15). Une apologie n'assimile par obligatoirement la foi à une culture basée sur des convictions fondamentalement non chrétiennes. Une apologétique proprement chrétienne doit prendre la forme d'une recherche qui vise :
- à montrer la rationalité interne de la foi chrétienne et de la vision chrétienne du monde, et leur bien-fondé dans ce que Dieu a fait et révélé ;
- à montrer les limitations et les incohérences des visions du monde alternatives, particulièrement de la culture dominante, qu'elle soit

moderne, postmoderne, africaine traditionnelle, islamique ou autre ;
- à relever les points de contact dans la vie, la culture et la vision de ceux qui nous entourent afin de montrer la valeur, la vérité et la bonté de Christ (cf. Van den Toren, 2011b).

2.3. Le dogme comme démarcation entre orthodoxie et hérésie

Indications bibliographiques
F.F. Bruce, *The Defense of the Gospel in the New Testament*, Leicester, IVP, 1977[rév.], p. 70-88.
Alister E. McGrath, *The Genesis of Doctrine. A Study in the Foundations of Doctrinal Criticism*, Oxford, Blackwell, 1990, p. 37-52.
Alister E. McGrath, *Christian Theology. An Introduction*, Oxford, Blackwell, 1994, p. 145-149.

Pendant les siècles suivant la période des Pères apologistes, la dogmatique aidait surtout à faire la distinction entre la vraie et la fausse doctrine, ou entre l'orthodoxie et l'hérésie. Ceci constitue la troisième fonction de la dogmatique. L'orthodoxie (du grec *orthè* et *doxa*) est « l'opinion juste » ou « la doctrine juste » que la communauté chrétienne accepte comme déterminante pour son identité. Parce que certaines doctrines sont considérées comme nécessaires à l'identité chrétienne, ces doctrines ont aussi une fonction sociale. Ne pas les accepter revient à s'exclure de la communauté.

L'orthodoxie s'oppose à l'hétérodoxie (de *hetero* et *doxa* : l'opinion différente) ou à l'hérésie. Le mot « hérésie » est dérivé du grec *hairesis*, qui, dans son sens original, est un parti philosophique ou religieux (cf. Ac 7.15 ; 24.5). L'utilisation hellénistique de ce terme reflétait un certain relativisme : chacun choisissait son camp, l'école de penseurs à laquelle il voulait appartenir, mais sans qu'on ne puisse jamais définitivement trancher la question de la vérité de ces opinions. Sous l'influence de la passion chrétienne pour la vérité révélée en Christ, le mot a acquis, à partir de Justin Martyr, un autre sens : l'hérésie est une opinion fausse qui se distingue de la vérité contenue dans les grandes doctrines chrétiennes (Young, 1991). L'hérésie est plus précisément une fausse doctrine qui se considère comme chrétienne, mais qui, en réalité, s'oppose à des doctrines jugées essentielles pour l'identité chrétienne. Toute opinion non orthodoxe n'est pas considérée comme hérétique. Une religion ou une philosophie non chrétienne comme le platonisme ou l'islam ne sont pas des hérésies au sens théologique. Les hérésies font appel à la Bible et à Jésus-Christ et, parce qu'elles le font, elles concernent l'Église orthodoxe d'une manière particulière.

Dans le cadre de la distinction entre orthodoxie et hérésie, nous pouvons utiliser le terme de « dogmes ». Dérivé du grec *dogma* (« décret »), le mot dogme a reçu, dans l'histoire de l'Église, une signification plus technique. Il qualifie les doctrines qui sont officiellement acceptées par l'Église, et qui déterminent son identité. C'est d'ailleurs la raison pour laquelle ces doctrines sont utilisées pour marquer la séparation entre la vraie communauté chrétienne et le monde qui l'entoure. Toutes les vérités auxquelles les chrétiens croient ne sont pas des dogmes, pas même les vérités qui concernent la foi. Il peut être important d'enseigner certaines vérités pour leur caractère instructif, mais sans que leur acceptation ne soit décisive pour l'appartenance à l'Église. Prenons pour exemple la conviction selon laquelle « le jour de Pâques est un jour propice pour baptiser ». Je considère que le jour de Pâques est tout à fait indiqué pour célébrer un baptême du fait de la relation étroite qui existe entre le baptême et la mort et la résurrection de Jésus-Christ (Rm 6.3ss). Néanmoins, même si je considère cette idée comme instructive, je ne pense pas que son rejet constitue un rejet de l'Évangile et une raison d'être exclu de l'Église.

Les dogmes sont donc une catégorie particulière des doctrines. Une vérité de la foi est un dogme si l'Église affirme que son acceptation est décisive pour l'appartenance à l'Église et que sa négation doit être considérée comme une négation de la « juste foi », comme une hérésie. Un dogme a une origine sociale parce qu'il est déterminé par la communauté chrétienne et il a aussi une fonction sociale parce qu'il détermine la limite de la communauté chrétienne. Le dogme marque la différence entre celui qui appartient à la communauté chrétienne orthodoxe, et celui qui n'en fait pas partie.

La « dogmatique », au sens restreint du terme, est donc une réflexion critique sur les dogmes de l'Église, réflexion qui permet de comprendre les dogmes, de les évaluer et de les formuler. Dans la pratique cependant, le terme dogmatique est souvent utilisé pour parler de la réflexion sur toute la doctrine de l'Église, y compris sur son enseignement même s'il n'est pas strictement un dogme.

Dans le monde moderne et postmoderne les dogmes sont en général mal perçus. « Un dogme » indique de façon péjorative une idée sans fondement objectif, une idée que l'on accepte seulement sur la base d'une autorité quelconque. Du coup, une « attitude dogmatique » désigne péjorativement une attitude qui consiste à croire et à défendre des idées obscures qui n'ont pas de fondement solide. Dans notre société pluraliste, considérer l'acceptation de certaines convictions comme décisives et normatives pour appartenir à l'Église ou pour avoir une bonne relation avec Dieu est assez mal vu. Qui pourrait prétendre à un tel accès à la vérité, surtout s'il s'agit de la vérité religieuse ? L'amour chrétien ne nécessite-t-il pas que l'Église se doit d'accueillir chaque être avec ses croyances ? Au vu de ces critiques, et sous la pression culturelle, devonsnous abandonner l'idée du dogme ? Ou pouvons-nous, au contraire, y redécouvrir une valeur salutaire et indispensable pour notre foi ? Pour répondre à cette question, nous commencerons à nouveau par une introduction historique qui nous permettra ensuite d'étudier les raisons théologiques pour lesquelles l'Église a besoin des dogmes.

Le « dogme » comme démarcation sociale dans l'histoire de l'Église

L'idée que certains éléments de la foi chrétienne sont décisifs pour appartenir à Jésus et donc aussi à la communauté chrétienne existe déjà dans le Nouveau Testament, et particulièrement dans les épîtres pastorales (p. ex. Ac 15 ; Rm 10.9 ; Ga 1.8-9 ; 1 Tm 6.3-6 ; 2 Tm 4.1-4 ; Tt 3.10-11). La fonction sociale de cette distinction devient particulièrement claire dans la deuxième épître de Jean, dans laquelle il est demandé aux fidèles de rompre les liens avec ceux qui n'acceptent pas que Jésus-Christ soit vraiment venu dans la chair humaine (2 Jn 7-11).

En Actes 15, nous percevons aussi la fonction sociale de la doctrine quand les apôtres se réunissent à Jérusalem pour se concerter sur une question qui bouleverse les premières communautés chrétiennes : la question étant de savoir si les païens qui se convertissaient à Jésus-Christ devaient être circoncis comme les Juifs, et s'ils devaient obéir à tous les préceptes de la loi juive. Cette réunion des apôtres et des anciens à Jérusalem fut comme l'archétype de tous les conciles ultérieurs de l'Église, au cours desquels les responsables de l'Église se sont réunis sous la direction du Saint-Esprit (cf. Ac 15.28) pour résoudre des questions de doctrine, et pour décider de ce qui était décisif pour l'appartenance à la communauté chrétienne. Les conclusions de ce premier concile de Jérusalem furent déjà appelées *dogmata* (ou « décrets » ; Ac 16.4), mais sans que ce terme ait déjà le sens technique qui lui sera attribué plus tard.

C'est au cours de la troisième période de l'histoire de la théologie chrétienne que les débats avec les positions hérétiques ont rendu urgente une formulation des dogmes de l'Église. Cette motivation fut la plus importante pour la réflexion dogmatique. Ceci constitue un véritable changement par rapport à la première période du Nouveau Testament et des Pères apostoliques, où l'accent était mis sur l'enseignement, et par rapport à la deuxième période, celle des apologistes. Une des premières œuvres théologiques de cette troisième période est *Contre les hérésies* de l'évêque Irénée de Lyon (130-208), écrite contre les gnostiques. Le gnosticisme était un mouvement hérétique qui concurrençait fortement la foi orthodoxe au IIe siècle. Influencé par la culture hellénistique dominante, le gnosticisme prétendait que tout le monde matériel était mauvais. Le dieu qui avait été à l'origine de la création devait donc être un dieu mauvais ou inférieur, différent de Dieu le Père du Sauveur Jésus-Christ. Réagissant par rapport à cette conception, Irénée défendit la bonté de la création et l'identité du Dieu créateur et du Dieu rédempteur. Dans ses réflexions sur la relation entre la création et la rédemption et sur la nature de la rédemption, Irénée de Lyon a apporté une contribution tellement importante au développement de la théologie systématique, qu'il est parfois qualifié de « père de la dogmatique » (Sesboüé, 1994, I, p. 43).

La séparation entre l'orthodoxie et l'hérésie devint encore plus importante quand, après la conversion de l'empereur romain Constantin en 312, la foi chrétienne devint la religion légale de l'Empire. Avec le concile de Nicée, en 325, commença une succession de conciles qui réunirent des représentants de tous les horizons de l'Empire. La réflexion dogmatique porta sur les questions des dogmes que les conciles devaient formuler pour déterminer la juste foi, et les éléments de cette foi qui étaient déterminants pour faire la séparation entre la communauté chrétienne orthodoxe et l'hérésie. C'est dans ce contexte que les grandes doctrines christologique et trinitaire furent développées par Athanase d'Alexandrie (295-373) et d'autres théologiens. Les conciles avaient toujours pour conséquence la condamnation des hérétiques, comme les Ariens et, si nécessaire, leur exclusion de la communauté chrétienne.

Tout au long de cette période, c'est en fait l'entrée des positions hérétiques qui nécessite la formulation de l'orthodoxie. Dans l'ordre logique, l'orthodoxie a la priorité sur l'hérésie. C'est parce qu'il y a une position orthodoxe, qu'il y a nécessité de condamner l'hérésie. Cependant, dans l'ordre chronologique, l'hérésie précède l'orthodoxie parce que la croissance des hérésies nécessite une formulation plus précise de la foi orthodoxe (Sesboüé, 1994, I, p. 47). C'est pourquoi dans son histoire, l'Église rencontre toujours de nouveaux défis qui la contraignent à formuler la foi orthodoxe sur des points toujours nouveaux. À l'époque de Paul, nous retrouvons le débat avec les judaïsants concernant la place de la loi vétérotestamentaire dans la vie chrétienne. Plus tard, ce fut le gnosticisme pour Irénée, l'Arianisme et les autres hérésies christologiques au temps des conciles, le pélagianisme pour Augustin (354-430), le débat sur la justification par la foi pour Martin Luther (1483-1546) ou encore le rationalisme et le déisme à l'âge des lumières. Au XXe siècle, c'est encore la lutte avec le nazisme en Allemagne et la lutte contre le racisme et l'apartheid en Afrique du Sud qui ont fait naître de nouvelles confessions.

Dogmes et confession de foi

La confession de foi ou le symbole est le genre littéraire utilisé pour la formulation des « dogmes », comme par exemple le Symbole des Apôtres ou la Confession de Nicée-Constantinople. Une réflexion sur leur fonction est nécessaire dans le cadre des prolégomènes du fait de leur importance dans la réflexion dogmatique. En effet, les différentes dénominations considèrent leurs confessions de foi comme des paramètres qui doivent guider la réflexion dogmatique et théologique de leur communauté. Ceci s'entend par rapport à la fonction du dogme de formuler ce qui est essentiel pour le salut et l'identité chrétienne.

Les confessions de foi ont cependant d'autres fonctions que celle de formuler le dogme ; elles ont aussi un rôle à jouer dans l'enseignement. Nous avons déjà constaté ceci en relation avec le Symbole des Apôtres (§ 2.1) et c'est encore plus évident pour les catéchismes du temps de la Réforme, comme les catéchismes de Luther, le *Catéchisme de Genève* écrit par Calvin et le *Catéchisme de Heidelberg*. Leur contenu n'était pas nécessairement considéré comme « dogme » dans son ensemble au sens où l'adhésion à tout cela aurait été décisive pour le salut. Les confessions réformées contiennent par exemple une ecclésiologie presbytérale, mais leurs auteurs n'ont pas considéré les structures ecclésiales comme une barrière pour la communion chrétienne, et ils ont pu reconnaître leurs frères et leurs sœurs en Christ dans l'Église anglicane avec sa structure épiscopale.

Cette ouverture va de pair avec le caractère national des Églises issues de la Réforme au XVIe siècle. Ces Églises issues de la Réforme étaient donc en cela différentes de l'Église catholique romaine qui se considérait comme une Église universelle et mondiale. La fin de l'époque médiévale vit le renforcement des états nationaux indépendants et le mouvement de la Réforme témoigna de cette nouvelle situation par le développement d'Églises *nationales*. Les Églises locales étaient considérées comme réunies et représentées dans les synodes nationaux qui devenaient les organes ecclésiastiques suprêmes. Ces Églises nationales ne se considéraient pas elles-mêmes comme étant la seule vraie Église, mais plutôt comme étant l'expression nationale de l'Église universelle. D'autres Églises nationales pouvaient donc être reconnues comme d'autres expressions de l'Église universelle et donc comme des Églises sœurs, même si ces Églises avaient, sur certains points, des doctrines différentes, comme par exemple la question concernant le gouvernement d'Église. Le caractère réformé, luthérien ou anglican d'une confession exprime l'identité d'une Église nationale, certainement en fonction de sa propre compréhension de la vérité biblique, mais sans nécessairement juger toutes les autres positions comme hérétiques.

Avec la colonisation européenne de l'Amérique du Nord, la troisième fonction de ces confessions et des dogmes, la formulation de l'identité d'une certaine communauté chrétienne sans jugement de toutes les autres positions comme hérétiques, est devenue encore plus importante. En Amérique du Nord, des chrétiens luthériens, réformés et anglicans venants des différents pays européens ont apporté chacun leurs propres Églises. Désormais, ils se trouvaient ensemble dans la même nation, reconnaissant leurs frères et leurs sœurs chrétiens d'autres traditions dans la même ville ou le même village. C'est dans ce contexte nord-américain que la « dénomination » est née : l'idée d'appartenir à une certaine communauté et à une certaine tradition chrétienne en reconnaissant que, dans d'autres communautés, se trouvent des chrétiens au même titre que soi.

Cette reconnaissance mutuelle des différentes dénominations s'est renforcée avec l'évangélisation des pays africains et asiatiques. Des chrétiens des différentes Églises européennes et américaines collaborent dans cette tâche. De plus, pour les nouveaux chrétiens de ces continents, l'appartenance à Christ s'est révélée largement prioritaire par rapport à l'appartenance à la tradition baptiste, anglicane, mennonite ou luthérienne. Il en va de même pour les Églises évangéliques en France dont les racines se trouvent dans les missions plus récentes. L'appartenance dénominationnelle est souvent plutôt expérimentée comme un accident historique : le fait d'être baptiste, mennonite ou évangélique libre n'implique pas toujours que l'on soit animé d'une conviction particulière, mais elle vient du fait que les premiers missionnaires rencontrés appartenaient à cette tradition.

Depuis le temps de la Réforme, les confessions ont donc eu *une triple fonction* :
- l'enseignement ;
- la délimitation entre orthodoxie et hérésie (par exemple dans la condamnation par les confessions réformées de la croyance catholique romaine sur la fonction méritoire des bonnes œuvres) ;
- la formulation de l'identité d'une certaine Église nationale ou d'une dénomination par rapport aux autres.

L'exportation des « dénominations » européennes et nord-américaines en Afrique, en Asie et en Amérique du Sud au cours des derniers siècles soulève ainsi pour les Églises implantées une question importante. De ces confessions de foi reçues des Églises mères, qu'est-ce que nous considérons comme « dogme » au sens classique du terme : comme décisif pour le salut et pour l'appartenance à l'Église universelle ? Quelles formulations considérons-nous plutôt comme l'expression de l'identité de notre propre communauté, sans nécessairement exclure ceux qui ont d'autres convictions ? Les réponses données auront des conséquences importantes, et pas uniquement pour la collaboration interdénominationnelle. Je pense que si nous reconnaissons que nous appartenons à la même Église universelle qui est le seul corps du Christ sur la terre, il est obligatoire de chercher à ce que cette unité s'exprime dans une unité visible et institutionnelle de nos Églises. Nous devons donc travailler à surmonter les divisions provenant de différences secondaires héritées du passé et d'autres continents.

Raisons théologiques pour cette démarcation

Quelles sont les raisons théologiques qui expliquent l'importance des dogmes et de leur fonction sociale ? En quoi et comment ces dogmes sont-ils si importants ?

Tout d'abord, l'Église accorde aux dogmes une grande importance sociale parce qu'elle les considère comme *vrais*. Si les dogmes ont une fonction sociale, cette fonction sociale n'est pas ni leur seule fonction, ni même leur fonction primaire (*contra* Lindbeck, 2002, p. 17s., 140 ; cf. ci-dessous p. 83ss). Les théologiens et les responsables de l'Église ont tout d'abord cru que ces doctrines étaient vraies et décisives pour le salut et pour l'identité chrétienne. Ce n'est que parce que ces doctrines sont considérées comme décisives que les conciles leur ont attribué une fonction sociale qui fixait les frontières de l'Église. Dans le premier chapitre nous avons vu que c'est l'importance que la foi chrétienne accorde à la vérité de ses convictions qui la distingue d'un bon nombre de religions et de visions du monde alternatives. En tant que chrétiens, nous vivons de la vérité de Dieu révélée en Christ, et c'est la raison pour laquelle nous ne pouvons pas la compromettre (§ 1.2).

Cette référence au salut nous amène à la deuxième raison pour laquelle la vraie doctrine est si importante pour les chrétiens. Selon la foi chrétienne le salut n'est pas le résultat de nos propres efforts pour organiser notre vie. Nous recevons le salut par la foi (Mt 17.19 ; Rm 1.17), la foi qui est la confiance en Dieu et l'acceptation de ce qu'Il a fait pour nous en Christ. Pour que ce salut soit réel, certains éléments de la foi sont nécessaires. Si on nie ces éléments, le salut est dépouillé de sa réalité, et la foi en Christ perd sa raison d'être. Cette relation qui existe entre certaines convictions fondamentales et notre salut est déjà présente dans le Nouveau Testament. Nous y rencontrons plusieurs formulations d'une confession de foi minimale non négociable dont dépend notre salut (Rm 10.9 ; 3 Jn 7-11 ; cf. Carson, 1996b, p. 357).

Pour que notre foi et notre confiance soient justifiées, nous devons avoir confiance en un Dieu et en un Christ qui peuvent vraiment sauver. Ce désir que Christ demeure vraiment l'auteur de notre salut est un souci constant dans le débat théologique sur la doctrine juste, l'orthodoxie. Si Jésus-Christ n'était pas vraiment homme, comme le prétend le docétisme, Il perdrait sa solidarité avec nous et ne pourrait pas nous sauver (Athanase, *Sur l'Incarnation du Verbe*, XIII, 7-9 ; cf. Irénée, *Contre les hérésies*, III,1,2). S'Il n'était pas vraiment Dieu, comme le conçoivent les Ébionites, le salut deviendrait également impossible, parce qu'il Lui manquerait la puissance de nous sauver. Si le gnosticisme était vrai, la création et notre corps seraient mauvais en euxmêmes et, par définition, hors de portée de la rédemption. Si le pélagianisme était vrai, et si l'homme n'était pas totalement corrompu, il pourrait être l'agent de son propre salut et la rédemption par Jésus ne serait pas nécessaire. Enfin, si le salut dépendait de nos bonnes œuvres et pas seulement de la foi, nous ne pourrions pas être sauvés, comme Luther l'avait bien vu (cf. Muller, 1987, p. 279-295 ; Schleiermacher, 1989 [1830], § 21, 22, p. 95-101 ; McGrath, 1994b, p. 147-149).

Une clarification me semble utile ici. Si le dogme est une doctrine qui explique ce qui est nécessaire pour le salut, cela ne sous-entend pas qu'une personne ne pourra pas être sauvée si elle ne croit pas tous ces dogmes. Abraham ne connaissait pas le dogme de la Trinité, néanmoins il est le père de tous ceux qui vivent par la foi. Si le dogme exprime ce qui est nécessaire pour le salut, cela signifie qu'il n'y aurait pas de salut au sens chrétien, si ces dogmes n'étaient pas *vrais*. Si Jésus-Christ n'était pas vraiment Dieu, Il ne pourrait pas nous sauver. L'existence d'un contenu minimum de convictions qu'un individu doit avoir pour être sauvé est une question d'un autre ordre. Il ne me semble pas juste de poser cette question de cette façonlà, parce que la foi qui sauve n'est pas en premier lieu un ensemble de convictions, mais une relation personnelle avec Christ. De plus, cette question appréhende la foi plutôt comme une condition pour obtenir le salut que comme une voie que Dieu a ouverte pour nous sauver. Notre salut ne dépend pas de certaines conditions qu'il faudrait remplir. Il vaut mieux abandonner à Dieu la question « Qui peut être sauvé ? ». Il nous appartient de nous efforcer d'entrer dans le Royaume (Lc 13.24).

Pour comprendre l'importance de la fonction sociale du dogme, nous devons, dans un troisième temps, réaliser qu'appartenir à la *communauté* chrétienne fait partie de l'identité chrétienne. Devenir chrétien implique deux choses : il faut, d'un côté résilier tout engagement envers une certaine communauté qui a sa vision et son style de vie (« le monde » en langage néotestamentaire). De l'autre côté, il faut adhérer à une nouvelle communauté qui partage une autre vision et un autre style de vie, une communauté qui se ressource ailleurs (cf. Newbigin, 1989, p. 222ss). Personne ne peut vivre sa foi seul. Chacun a besoin d'une communauté pour être soutenu et nourri face à un monde indifférent ou hostile (cf. Guinness, 1991, p. 99s.). Ceci nécessite donc une séparation claire entre la communauté chrétienne et le monde qui baigne dans une culture, par rapport à laquelle la communauté chrétienne se considère comme une contre-culture.

Cette question de la définition de ce qui marque la différence de la communauté chrétienne est étroitement liée à la question de l'*identité* de cette communauté et de ses membres. À ce sujet, le théologien ghanéen Kwame Bediako a pu montrer que les réflexions théologiques dans le monde hellénistique du IIe siècle, comme dans l'Afrique du XXe siècle peuvent être comprises comme une recherche d'identité. Quelle est en fait mon identité en tant que chrétien dans un environnement dominé par l'hellénisme ? En quoi l'Église se distingue-t-elle de ce monde et de quelle manière en fait-elle également partie ? En tant que chrétien *africain*, jusqu'à quel point suis-je toujours Africain comme les autres, sans être nécessairement occidentalisé par la conversion à la foi chrétienne ? Que signifie être quand même un *chrétien* africain pour quelqu'un dont l'identité est déterminée par la conviction qu'appartenir à Christ prime sur toute appartenance ethnique ou culturelle (Bediako, 1992, p. 7s., 13, 228s.) ?

L'identité chrétienne, tout comme la limite entre l'orthodoxie et l'hérésie, ne peut pas être réduite à l'aspect doctrinal que nous venons d'exposer : il y a également la liturgie, l'éthique et l'éthos des chrétiens. Au cours de son histoire, l'Église a été divisée par de violents débats portants sur certains aspects de la liturgie ou sur le caractère non négociable de certaines questions éthiques. Toutefois, ces débats avaient toujours un aspect doctrinal, ce qui souligne l'importance de la doctrine pour notre vie avec Dieu, et pour notre vie les uns avec les autres. Le débat sur l'*apartheid* en Afrique du Sud touche par exemple des notions profondes de l'engagement de Dieu en faveur des opprimés (« The Kairos Document »). Les débats théologiques sur l'attitude à avoir envers les pratiques religieuses traditionnelles africaines touchent à notre compréhension de la providence de Dieu. Décider s'il faut évangéliser les musulmans ou plutôt se joindre à eux dans une adoration commune d'un seul Créateur de l'univers touche à la place que nous accordons à Christ dans notre compréhension du salut, et de Dieu Lui-même (Manaranche, 1985, p. 69-78 ; 165-173).

Les dogmes n'ont pas *seulement* une fonction sociale. Ils sont acceptés en premier lieu parce que nous croyons qu'ils reflètent la vérité de la révélation de Dieu, et parce qu'ils sont essentiels pour garder le salut en Christ. Ils sont aussi décisifs pour l'identité chrétienne. Cependant, les dogmes doivent *aussi* avoir une fonction sociale. Plusieurs doctrines centrales sont acceptées comme dogmes parce qu'elles sont déterminantes pour notre appartenance à Christ notre Sauveur. Ces dogmes doivent aussi donc être décisifs pour notre appartenance à l'Église, en ce sens que l'Église est la communauté de ceux qui appartiennent à Christ. L'archétype des conciles décrit bien cet état de fait, comme celui de Jérusalem décrit en Actes 15. Là, le résultat n'est pas l'exclusion, mais plutôt l'inclusion d'un certain groupe de chrétiens. La décision était la suivante : les pagano-chrétiens pouvaient être membres de la communauté chrétienne sans être circoncis, comme les chrétiens judaïsants l'exigeaient. L'argument décisif était que Dieu, comme Pierre a pu le constater lors de sa rencontre avec Corneille, leur a donné l'Esprit-Saint (Ac 15.8). Depuis la Pentecôte, la présence de l'EspritSaint était le signe principal de l'arrivée des derniers jours (Ac 2.16ss) et même le don principal, les prémices principales du salut (Ep 1.14). Pourquoi donc exclure ceux que Dieu n'exclut pas (Ac 15.9) ?

La théologie post-libérale

Indications bibliographiques

George Lindbeck, *La Nature des doctrines. Religion et théologie à l'âge du postlibéralisme*, Introduction de Marc Boss, Références théologiques, Paris, Van Dieren Éditeur, 2002.

Alister E. McGrath, *La Vérité pour passion. Cohérence et force de la pensée évangélique*, Charols, Excelsis, 2008, p. 143-194.

Klauspeter Blaser, *Les théologies nord-américaines*, Genève, Labor et Fides, 1995, p. 126-139.

Timothy R. Phillips & Dennis Okholm, *The Nature of Confession. Evangelicals and Postliberals in Conversation*, Downers Grove, IVP, 1996.

Benno van den Toren, « A New Direction in Christian Apologetics : An Exploration with Reference to Postmodernism », *European Journal of Theology* 2, 1993, p. 49-64.

Dans ce cadre de réflexion sur l'importance des dogmes pour la délimitation sociale de la communauté chrétienne, il est important de nous arrêter un moment sur le courant de la théologie post-libérale. La théologie postlibérale est un mouvement regroupant des théologiens qui ont plusieurs traits en commun, sans qu'on puisse pour autant vraiment parler d'une école. Parmi les théologiens qui déterminent l'image de ce groupe on trouve Hans W. Frei, Ronald F. Thiemann, George Hunsinger et George Lindbeck. C'est d'ailleurs George Lindbeck qui a donné le nom à ce groupe avec son livre *La Nature des Doctrines. Religion et théologie à l'âge du postlibéralisme* (original anglais publié en 1984).

Cette théologie post-libérale est importante dans ce contexte, parce que pour elle, la valeur principale des dogmes réside dans le fait que les dogmes expriment ce qui est décisif pour l'identité chrétienne et qu'ils marquent la délimitation sociale de la communauté chrétienne. Pour Lindbeck cette fonction sociale est même l'unique fonction des dogmes (2002, p. 17s.). Le dogme de Chalcédoine détermine, par exemple, quel langage est acceptable par rapport au Christ dans la communauté chrétienne orthodoxe, mais sans se prononcer sur une vérité objective (p. 16, 103ss). Parallèlement à cette conception des dogmes, Lindbeck voit les *religions* comme analogues à un langage et à une culture. Comme les cultures et les langages, la religion est une réalité culturelle qui doit être comprise en fonction de la manière dont elle donne un ordre à la vie humaine, mais pas par rapport à une réalité objective et surnaturelle en dehors de ce *language game* ou « jeu de langage » (p. 36). Dans cette optique, la *théologie systématique* n'envisage pas une description de Dieu et de ses actions, mais elle est une discipline qui analyse les structures conceptuelles de la tradition chrétienne. Sa valeur doit être mesurée par rapport à sa fidélité à cette tradition (p. 147ss).

L'importance de ce mouvement théologique va bien au-delà des quelques théologiens qui se présentent comme « post-libéraux ». Dans ces convictions centrales, ce mouvement théologique reflète des changements profonds qui ont eu lieu dans la théologie et la spiritualité contemporaine sous l'influence des idées qui pourraient être qualifiées de « postmodernes ». Les théologiens postmodernes constituent un conglomérat plus général de courants qui veulent tous aller au delà d'une théologie trop étroitement liée à la culture moderne, celle qui s'enracine dans l'âge des lumières (Murphy & McClendon, 1989 ; Tilley, et al., 1995 ; Vanhoozer, 2003). C'est pour cela qu'une fraction de ce mouvement peut aussi s'identifier comme « post-libérale », parce que c'est précisément la théologie libérale qui partageait un bon nombre des convictions centrales de la modernité (§ 2.2).

Une des caractéristiques que l'on retrouve dans la plupart de ces théologies post-libérales et postmodernes est la tendance à couper la relation entre le langage religieux et le monde objectif. Le langage religieux ne décrit pas une réalité divine objective qui existe indépendamment de ce langage. C'est plutôt ce langage religieux qui constitue la réalité religieuse. En termes techniques : le langage religieux et théologique n'est pas descriptif ou « constatif », mais plutôt « performatif » (cf. Lyotard, 1979, p. 20-24). Le langage religieux constitue la réalité sociale et linguistique de la vie religieuse (Lindbeck, 2002, p. 55, 153). Nous reconnaissons ici une tendance plus générale de la spiritualité contemporaine : l'idée que mes convictions religieuses ne concernent que moi et ma communauté. « Ma foi est ma vérité à moi, la façon dont j'ai décidé de façonner ma réalité de manière religieuse ».

En guise d'évaluation, nous pouvons dire de façon positive que les théologiens post-libéraux et postmodernes ont contribué à une compréhension plus profonde des limites de la culture moderne et de la théologie libérale. Les postmodernes ont montré que les valeurs et les idéaux de la modernité ne sont pas des valeurs universelles normatives pour toute réflexion rationnelle, et auxquelles même la théologie chrétienne doit se soumettre. La rationalité moderne est comme toute autre rationalité culturellement et socialement conditionnée. La foi et la théologie chrétienne ne doivent pas se soumettre aux critères de la rationalité de la modernité, mais à sa propre rationalité, sa propre manière de concevoir la réalité et la rationalité. L'apologétique chrétienne ne doit donc pas envisager de montrer la valeur de la foi chrétienne en termes de la rationalité moderne. Elle doit plutôt montrer la rationalité propre à la foi chrétienne qui se distingue de celle de la modernité (Van den Toren, 1993 ; cf. § 2.2).

Il nous faut également reconnaître les limites de la conception post-libérale de la théologie. Lindbeck et ses confrères ont bien cerné la fonction sociale de la religion et du dogme, mais ils en ont fait la fonction principale. Cependant nous avons vu que les dogmes ont une fonction sociale, parce qu'ils sont tout d'abord considérés par l'Église comme une expression de la vérité révélée par Dieu, et comme décisive pour le salut. Peut-être que les sociologues et les anthropologues peuvent appréhender la religion chrétienne et les autres religions en premier lieu sous l'angle social, mais, pour les chrétiens et leurs théologiens, ceci est impossible. Comment pouvons-nous avoir confiance en un Dieu tout-puissant, s'Il n'existe pas en dehors de nos pensées et de notre culture chrétienne ? Comment parler de la révélation divine, si cela ne veut pas dire que Dieu Lui-même a choisi de se faire connaître avant que nous ayons pensé à Lui ? Comment parler de la grâce, si cela n'implique pas que cette grâce précède les réponses que nous Lui donnons ? Une foi et une théologie chrétienne sans fondement objectif sur ce qu'est Dieu, et ce qu'Il a fait pour nous deviennent une foi et une théologie sans vraie révélation, et finalement aussi, sans grâce et sans rédemption qui vienne de l'extérieur de nous-mêmes et qui puisse répondre à l'impossibilité de nous sauver nous-mêmes (cf. § 1.2).

Orthodoxie et hérésie dans un monde pluraliste

Dans notre monde à cheval entre la modernité et la postmodernité, la notion de dogme peut être mal vue. L'idée qu'une communauté se dise différente des autres et veuille protéger la pureté de ses convictions semble témoigner d'un orgueil qui empêche la prise de conscience de ses propres limites. Dans le troisième chapitre, nous répondrons à cette critique en montrant que, si les chrétiens ont la conviction d'avoir un accès particulier à la vérité, ce n'est pas par orgueil, mais plutôt parce qu'ils reconnaissent la révélation gracieuse de Dieu. Cette notion de dogme est indispensable pour la communauté chrétienne, pour qu'elle garde son identité et qu'elle tienne au salut qu'elle a reçu en Christ. Savoir ce qu'est la « saine doctrine » est indispensable pour la santé spirituelle de l'Église de même qu'accepter des hérésies lui est néfaste. Voilà pourquoi nous devons répondre aux critiques de la notion du dogme et pourquoi nous avons intérêt à ancrer ces considérations dans notre monde pluraliste et multiculturel. Dans cette section, nous verrons que ce monde pluraliste a particulièrement besoin de faire la distinction entre orthodoxie et hérésie, même si cette distinction pose de nombreux problèmes.

Le développement du mouvement œcuménique est une des évolutions prometteuses de l'histoire de l'Église du XXe siècle. La connaissance approfondie des autres traditions chrétiennes ainsi que la prise de conscience de la responsabilité chrétienne commune dans l'évangélisation ont fait naître le désir de chercher ce qui nous unit plutôt que ce qui nous sépare. Se pose alors la question de l'unité ou, au moins, de la collaboration, et celle de la reconnaissance des convictions décisives qui nous séparent. La collaboration en tant que chrétiens des différentes traditions réformées est-elle possible ? En tant que chrétiens évangéliques ? En tant que chrétiens orthodoxes, évangéliques, catholiques ou autres ? Avec tous ceux qui s'appellent chrétiens ? Avec tous les croyants des grandes religions monothéistes ? Ou même avec toute personne « de bonne volonté », toutes religions ou idéologies confondues ? Nous ne pouvons pas trancher sur cette question sur la base de simples préférences personnelles. Nous avons besoin de critères plus objectifs et nous ne pouvons les trouver que dans un échange sur ce que nous considérons comme essentiel pour l'identité chrétienne et pour le salut en Christ. Ceci demande aussi une réflexion interne dans chaque communauté : quelles sont les facettes de nos doctrines et de nos pratiques qui font simplement partie de notre héritage particulier et de notre identité dénominationnelle, et quelles sont celles que nous considérons comme décisives pour notre salut en Christ ?

Prendre une décision sur l'identité chrétienne et sur les frontières de la communauté des vrais chrétiens n'est pas seulement le fait de nos relations avec d'autres communautés chrétiennes. Cette décision découle également de nos relations avec le monde qui nous entoure. En Europe comme en Afrique ou ailleurs, nous pouvons rencontrer des formes du christianisme très variées allant d'un christianisme très étranger au monde, à des formes proches d'un sécularisme ou d'un paganisme pur. En Afrique, certaines Églises indépendantes semblent présenter une fidélité authentique à Jésus-Christ, mais d'autres seraient plutôt des religions traditionnelles sous un vernis chrétien. Comment faire la distinction entre ce qui est authentiquement chrétien et des mouvements qui ont abandonné l'identité chrétienne ? Prenons ici pour exemple le débat sur le Kimbanguisme et le Harrisme sous leurs différentes formes plus populaires ou plus orthodoxes (cf. Asch, 1983 ; Ahui, 1997). C'est ici que les notions d'orthodoxie et d'hérésie sont indispensables.

La relation de la communauté chrétienne avec les cultures environnantes nous ramène au caractère contextuel de la notion d'hérésie. Nous avons pu constater que les hérésies dominantes changent d'une période à une autre et que, de la même façon, elles changent d'un contexte culturel à un autre. Les défis de l'Église contemporaine sont différents en Europe et en Afrique. Ceci place les jeunes Églises établies par la mission face à un défi particulier. Ces Églises ont le plus souvent hérité des confessions de foi de leurs Églises mères. Elles se prononcent sur les doctrines qui ne sont pas contestées chez elles, mais elles se taisent sur les défis qu'elles rencontrent. La confession de foi de l'Association des évangéliques en Afrique (A.E.A.) se prononce par exemple sur la réalité des miracles de Jésus-Christ, une question qui était fortement débattue dans la période de formation du mouvement évangélique en Occident, mais qui suscite peu de questions en Afrique. Par contre, cette confession garde le silence vis-à-vis du culte des ancêtres et d'autres pratiques traditionnelles africaines qui, dans ce nouveau contexte, ont une importance primordiale (pour la confession : Breman, 1996, p. 474). Il me semble que les jeunes Églises ont, à un certain moment, besoin de formuler leurs propres confessions de foi pour élaborer un enseignement approprié, et pour formuler leur identité chrétienne par rapport aux options hérétiques de leur contexte particulier. Notons d'ailleurs qu'un bon nombre de jeunes Églises en Afrique, et surtout en Asie, ont déjà fait ce pas en avant (Pelikan & Hotchkiss, 2003, t. 3).

La nécessité de faire la différence entre orthodoxie et hérésie de manière contextuelle a naturellement des implications dans plusieurs directions. D'un côté nos formulations orthodoxes peuvent être incapables de guider l'Église dans des conflits décisifs, nés de nouveaux contextes. De l'autre côté, comme Kraft le constate, nous pouvons trop facilement accuser d'autres chrétiens d'être des hérétiques alors qu'ils ne font, en fait, que formuler et vivre leur foi dans un autre contexte (1979, p. 296). L'attitude des chrétiens judaïsants, au temps du Nouveau Testament, envers les chrétiens d'origine païenne peut servir d'exemple. La notion d'orthodoxie peut même, de cette façon-là, devenir un outil pour dominer des groupes chrétiens culturellement minoritaires (Kraft, 1993, p. 8).

Bon et faux usage du dogme comme délimitation sociale

Précisément parce que les dogmes ont une fonction sociale importante, le concept du dogme peut être orienté de façon abusive à des fins sociales sans lien avec la vérité, le salut ou l'identité chrétienne. On peut abuser de cette conception en l'utilisant comme un moyen d'exercer et d'appuyer le pouvoir. Depuis Constantin, les empereurs chrétiens romains ont eu le désir de contrôler la communauté chrétienne dans leur Empire. Ils ont voulu utiliser les grands conciles pour atteindre leur but en excluant les forces qui mettaient en danger l'unité de l'Église et l'unité de l'Empire. Les historiens et les théologiens de nos jours s'interrogent sur la façon dont ce désir de contrôler la communauté chrétienne a joué négativement sur les conclusions des conciles.

Le schisme entre l'Église orientale et l'Église occidentale en 1054 autour de la doctrine du *filioque* me semble être un exemple de l'utilisation des dogmes à des fins sociales. Cette doctrine touchait à la relation entre l'Esprit-Saint et Dieu le Fils. Considérant ce schisme, nous ne pouvons pas nous débarrasser de l'impression qu'un débat théologique d'une importance secondaire est devenu une arme dans une lutte d'influence entre centres ecclésiastiques opposés. Au lieu de conclure qu'une doctrine est décisive pour le salut et a donc des implications sociales, on trouve plutôt une délimitation sociale pour des raisons de pouvoir, et on lui donne des implications qui touchent au salut. Nous le constatons dans l'excommunication mutuelle des deux communautés. Selon chaque communauté, l'autre n'a plus accès au salut. L'ordre est renversé : au lieu d'essayer de suivre avec nos dogmes la volonté de Dieu qui a choisi de nous sauver (cf. Ac 15), l'Église fait comme si elle pouvait disposer du salut et utiliser les « clefs du Royaume des cieux » (Mt 16.19) pour renforcer son propre pouvoir et son influence.

La morale de cette histoire est claire : le dogme est une conception nécessaire pour garder le salut en Christ et la vérité de la révélation divine. Mais parce que cette conception est étroitement liée au salut, elle peut aussi devenir un outil pour commettre de graves abus de pouvoir. La notion du dogme peut être mise au service d'un orgueil chrétien qui pense disposer ou décider du salut des autres. Cela nous ramène à nos Églises et à nos dénominations d'aujourd'hui. Nos manières de nous distinguer des autres, par notre vision sur l'ecclésiologie, sur le travail de l'Esprit ou même sur la question de baptiser en plongeant la personne vers l'avant ou vers l'arrière, ont-elles vraiment puisé leur source dans notre souci du salut ou sont-elles une expression de nos luttes d'influence ?

Si certaines doctrines sont vraiment nées de notre souci de garder la plénitude du salut, elles méritent un débat sérieux et ouvert. Cependant, toutes les décisions doctrinales qui ont des *implications* sur notre compréhension et notre expérience du salut ne sont pas pour autant *nécessaires* pour le salut. Quelles doctrines sont assez importantes pour être considérées comme des dogmes qui font la distinction entre l'orthodoxie et l'hérésie ? Quelles sont les doctrines qui sont peut-être suffisamment importantes pour notre vie chrétienne pour que nous les défendions sérieusement, mais sans empêcher une collaboration véritable avec d'autres chrétiens ? Quelles « doctrines » ne méritent pas ce nom et doivent être comprises comme des habitudes que nous pouvons continuer d'observer, mais sans leur donner de valeur au-delà de leur dimension esthétique, psychologique, culturelle ou sociale ? La dogmatique au sens large doit réfléchir aussi sur ces questions-là. Une de ses tâches principales est de comprendre, d'expliquer, de justifier, de défendre et, si nécessaire, de contribuer à la formulation des dogmes de l'Église.

2.4. La théologie comme la recherche de la vérité et de Dieu

Indications bibliographiques

David Knowles, « The Middle Ages 604-1350 » in Hubert Cunliffe-Jones (sous dir.), *A History of Christian Doctrine*, Édimbourg, T&T Clark, 1978, p. 227-286.

Jeroslav Pelikan, *Croissance de la théologie médiévale 600-1300*, La Tradition chrétienne : Histoire et développement de la doctrine, tome III, Paris, PUF, 1994, p. 281-320.

Anselme de Cantorbéry, *Cur Deus homo*, dans *L'Œuvre de S. Anselme de Cantorbéry*, tome 3, Paris, Cerf, 1988, p. 277-473.

Anselme de Cantorbéry, *Proslogion*, dans *L'Œuvre de S. Anselme de Cantorbéry*, tome I, Paris, Cerf, 1986, p. 207-318.

Thomas d'Aquin, *Somme théologique*, 4 vol., Paris, Cerf, 1984-1986.

Os Guinness, *Fit Bodies Fat Minds. Why Evangelicals don't Think and What to Do About It*, Londres, Hodder & Stoughton, 1995.

David F. Wells, *No Place for Truth. Or Whatever Happened to Evangelical Theology ?*, Grand Rapids, Eerdmans, 1993.

Après les Pères de l'Église qui se sont engagés dans la réflexion théologique pour des raisons apologétiques et pour bien faire la distinction entre l'orthodoxie et l'hérésie, l'histoire de la théologie a connu, surtout en Europe occidentale, une période de silence relatif. Après quelques siècles d'activité théologique très limitée, pendant les premiers siècles du Moyen Âge, la théologie dut quasiment renaître et, à travers les siècles suivants, le Moyen Âge vit l'apparition et le développement de la théologie que nous appelons « la théologie scolastique ». Cette théologie scolastique est souvent perçue comme une théologie aride sans base scripturaire et sans importance pour la vie de l'Église. Dans cette section nous envisageons la réhabilitation de la théologie scolastique. Nous croyons en effet qu'elle a apporté des contributions particulières au développement de la théologie. La contribution qui nous intéresse ici est sa concentration sur un quatrième but de la réflexion théologique : les théologiens scolastiques se sont engagés dans la réflexion théologique principalement pour elle-même, pour la poursuite de la vérité et de la connaissance de Dieu. La validité de la réflexion théologique ne réside pas seulement dans *son utilité* pour l'enseignement, pour l'apologétique, pour la délimitation sociale, pour l'interprétation des Écriture ou pour la contextualisation de leur contenu – ces deux derniers buts seront traités par la suite. La réflexion théologie est valable en elle-même et *pour elle-même*, en tant que recherche pour connaître Dieu et sa vérité.

Développement historique de la scolastique

Bien après que les nations appelées « barbares » aient supplanté l'Empire romain en Occident, au Vᵉ siècle, l'Europe occidentale traversa une période de chaos politique et social. L'instabilité sociale ne permettait pas une bonne transmission des connaissances théologiques du passé, sans parler de leur développement. Toute la vie sociale et culturelle connut une crise profonde. Les textes théologiques et les connaissances théologiques rudimentaires furent cependant préservés dans des monastères qui étaient des refuges pour la vie intellectuelle. À part la courte reprise pendant ladite « Renaissance carolingienne » sous Charlemagne (768-814), il faut attendre le Xe et le XIe siècle pour une nouvelle renaissance de la théologie (Knowles, 1978, p. 257-261).

L'inactivité théologique en Europe occidentale ne va pas de pair avec un malaise dans toute la vie ecclésiastique, ni avec un silence théologique dans d'autres régions de la chrétienté mondiale. La seconde moitié du Ier millénaire de notre ère fut un temps de grande activité missionnaire. Dans l'Europe occidentale, les tribus germaniques furent touchées par les missionnaires irlandais. L'Empire romain d'Orient, avec Byzance comme capitale, connaissait plus de stabilité et, à partir de là, les peuples slaves sur et au-delà des Balkans purent être évangélisés. Les chrétiens nestoriens progressèrent avec leur mission vers l'Est en Asie centrale jusqu'aux frontières de la Chine contemporaine (Neill, 1986, p. 53-84). En Afrique, la mission continua et parvint au-delà de l'Égypte pour atteindre les Nubiens dans le Soudan contemporain (Sundkler & Steed, 2000, p. 30-34). À Byzance la réflexion théologique continua (Pelikan, 1994, t. 3) et, au Moyen Orient, la nouvelle confrontation avec l'islam souleva de nouvelles questions sur la nature de Dieu et sur la Trinité sur lesquelles les théologiens chrétiens débattirent avec les érudits musulmans (Haddad, 1985). L'inactivité théologique en Europe occidentale eut néanmoins des conséquences profondes. C'est en effet cette tradition occidentale qui constitua le lien avec les réflexions théologiques postérieures du Moyen Âge tardif, de la Réforme du XVIe siècle, de l'Europe occidentale moderne et de toutes les traditions théologiques qui en sont dérivées : les théologies catholiques, protestantes et évangéliques de l'Église mondiale contemporaine.

La théologie scolastique qui est née au cours de ces siècles médiévaux, atteignit son âge d'or au XIIIe siècle. L'indication « scolastique » est en fait peu révélatrice, parce qu'elle vient de *scholae* ou écoles et se réfère donc aux écoles dans lesquelles cette théologie était enseignée. Ces écoles étaient, dans la plupart des cas, liées aux cathédrales et aux ordres monastiques. Quand, au XIIIe siècle, les universités naquirent en Europe occidentale, comme à Paris et à Oxford, elles se développèrent sur la base des écoles liées aux cathédrales et sur celle des écoles fondées par les ordres religieux. Les plus grands théologiens de ce milieu universitaire naissant appartenaient à ces ordres, comme chez les dominicains Albert le Grand (1193-1280) et Thomas d'Aquin (1225-1274) et chez les franciscains Bonaventure (1221-1274), Duns Scot (1270-1308) et Guillaume d'Occam (1285-1349).

Nous croyons que ce contexte de la vie monastique est important pour comprendre la force motrice de la théologie scolastique. Les réflexions théologiques scolastiques nous proviennent d'un contexte où toute la vie est organisée autour de la prière monastique régulière aux heures canoniales. Toute la vie, y compris les travaux manuels et les études, tourne autour de la recherche de Dieu. La théologie doit, dans ce cadre, être comprise comme une recherche de la connaissance de Dieu, comme un aspect de « la vie contemplative ». Elle envisage la contemplation de Dieu dans cette vie terrestre et aboutit à « la vision de Dieu », face à face dans l'éternité (cf. 1 Co 13.12 ; cf. Pelikan, 1994, t. 3, p. 317). Nous reviendrons plus tard sur cet aspect de la théologie scolastique.

L'appellation « scolastique » pour qualifier un type de théologie prête facilement à confusion. À l'origine de cette confusion se trouve l'habitude d'utiliser le terme « scolastique » pour indiquer parfois une certaine *méthode* ou parfois, certaines *positions* théologiques.

Dans le cas des positions théologiques, le terme est surtout utilisé pour désigner les grands systèmes théologiques qui ont été développés vers la fin du treizième et au début du XIVe siècle, notamment le thomisme, le scotisme et le nominalisme qui prirent naissance avec, respectivement, Thomas d'Aquin, Duns Scot et Guillaume d'Occam. Mais, à cause de cette appellation, les théologiens scolastiques antérieurs comme Anselme et Abélard ne sont pas considérés selon leurs propres mérites, mais uniquement comme une préparation de la période d'or de la théologie scolastique du XIIIe siècle. De plus, les grandes positions scolastiques au XIIIe siècle étaient très variées, et elles sont restées influentes bien au-delà de la période que nous appelons « scolastique ».

Méthode scolastique

Nous préférons l'utilisation de « scolastique » pour indiquer en tout premier lieu une certaine méthode de recherche théologique, même si cette méthode suppose au préalable certaines convictions théologiques fondamentales (cf. McGrath, 1993^2, p. 68s. ; de Rijk, 1981, p. 109-111). Cette méthode a été développée par paliers à partir du Xe siècle. Elle se caractérise tout d'abord par le fait qu'elle met l'accent sur le développement des commentaires des textes qui font autorité : les Écritures saintes et les Pères de l'Église. L'enseignement scolastique insiste sur l'appropriation de ce qui est reçu de la tradition, comme nous le voyons dans les *Sentences* de Pierre Lombard (1100-1160).

Cette caractéristique méthodologique est liée à une conviction théologique fondamentale. L'analyse des textes ne repose pas sur un désir simple de comprendre ces auteurs, mais sur une conviction profonde selon laquelle les plus grandes vérités de la vie ne peuvent pas être découvertes par la seule raison. L'homme est créé pour trouver son aboutissement dans le mystère de Dieu, et ce mystère ne peut être connu que si Dieu Lui-même se révèle. La conviction selon laquelle cette révélation du mystère divin nous provient des Écritures et, à travers leur explication, par les Pères de l'Église, donne à l'explication de ces textes toute leur importance (Thomas d'Aquin, *Somme théologique* I,1,1).

Pour mieux comprendre pourquoi les auteurs médiévaux ont mis l'accent sur l'étude des textes qui faisaient autorité, nous devons aussi analyser la notion d'autorité. Même si un texte fait autorité, il ne s'agit pas d'une caractéristique formelle qui ferait accepter tout ce qui s'y trouve. Le texte n'a d'autorité que parce que son contenu reflète la vérité. L'autorité repose sur la capacité à dévoiler la vérité rationnelle. Si un texte n'a pas cette qualité, il ne peut pas faire autorité (de Rijk, 1981, p. 115-117).

De nombreux efforts sont consentis dans le sens d'une réconciliation d'autorités à première vue contradictoires. Les scolastiques développent, pour ce faire, tout un panel d'outils logiques, pour arriver notamment à une meilleure compréhension des termes utilisés, de leurs différentes significations et de leurs différentes utilisations. La théologie scolastique excelle dans le développement de distinctions logiques de plus en plus fines. Dans cette optique, elle a apporté une importante contribution à l'élaboration de la logique, surtout de la logique terminologique. Ceci constitue une deuxième caractéristique de la méthode scolastique.

Une troisième caractéristique est la recherche de la synthèse et l'effort pour formuler l'ensemble des connaissances de manière cohérente. Le grand exemple de cette recherche de cohérence et de synthèse est le *Summa theologica* ou *Somme théologique* de Thomas d'Aquin (Pelikan, 1994, t. 3, p. 281s. ; McGrath, 1993[2], p. 69s.).

Dans ce même courant de synthèse, certains théologiens comme Thomas d'Aquin se sont investis de façon intense pour réconcilier les vérités théologiques révélées avec les connaissances acquises par la philosophie classique, en particulier celle d'Aristote. Cet aspect de la méthode repose également sur une conviction fondamentale. Les scolastiques ont généralement partagé l'adage, exprimée de façon classique par Thomas d'Aquin, que la grâce ne détruit pas la nature, mais plutôt qu'elle la parfait. Parce que la nature est considérée comme le domaine de la raison et la grâce le domaine de la foi, cet adage implique également que la foi ne contredit pas ce que la raison a conclu – à condition que la raison ait été utilisée correctement. Les mystères de la foi amènent plutôt les données de la raison à leur perfection et à leur aboutissement (Pelikan 1994, t. 3, p. 303ss).

Si nous utilisons le terme « scolastique » pour une méthode et non pour une position spécifique, nous pouvons aussi parler d'une « scolastique réformée » et d'une « scolastique luthérienne » développées après la Réforme. En fait, l'opposition entre la théologie scolastique du Moyen Âge et celle des générations suivantes de théologiens de la Réforme, est moins forte qu'il n'y paraît. Les théologiens protestants se considéraient comme membres de la même tradition de réflexion théologique. Ils étaient le plus souvent éduqués dans la tradition scolastique. Ils utilisaient finalement les mêmes méthodes de réflexion théologiques, mais ils les utilisaient pour exprimer un autre contenu théologique, un contenu réformé et plus scripturaire, plus en accord avec l'Évangile (Muller, 1987, p. 17-19).

Dieu et sa vérité comme but de la théologie

La leçon la plus importante que nous devons tirer de la théologie scolastique est la suivante : le sens de la théologie n'est pas seulement lié à sa valeur pratique pour la vie chrétienne. Il ne s'agit pas seulement de pouvoir enseigner, défendre ou réfuter. La théologie possède son sens premier en elle-même. Elle est la recherche systématique de la connaissance de Dieu et cette connaissance est désirable pour elle-même. La Bible nous dit que nous avons été créés pour connaître Dieu en son Fils. Cette connaissance elle-même est « la vie éternelle », la vie dans toute sa plénitude (Jn 17.3 ; cf. Calvin, *Catéchisme de Genève* qu. 1). Cette idée johannique s'accorde avec les expressions bibliques (surtout dans les psaumes) du désir profond de connaître Dieu et de chercher sa présence (Ps 42 ; 43) et de la joie de Le connaître et de vivre en communion avec Lui (Ps 73.28 ; cf. Childs, 1992, p. 590).

L'idéal des ordres religieux était une vie qui tournait autour de cette recherche de la présence et de la connaissance de Dieu. L'activité académique, dans ce contexte, reflétait cette recherche. Un exemple émouvant du désir de connaître Dieu à travers la réflexion théologique peut être trouvé dans *Le Proslogion* d'Anselme de Cantorbéry (1033-1109), une œuvre théologique sur l'existence et les attributs de Dieu. Toute l'œuvre est écrite sous la forme d'une prière à Dieu, et elle exprime le désir de Le connaître pour aucune autre raison que pour Lui-même :

> Je le confesse, Seigneur, et j'en rends grâce, Tu as créé en moi cette *image* de toi pour que je me souvienne de Toi, Te pense, T'aime. Mais elle est si abolie par ulcération des vices, si obscurcie par la fumée des péchés, qu'elle ne peut faire ce vers quoi elle fut faite si Tu ne la rénoves ni ne la réformes. Je ne tente pas, Seigneur, de pénétrer ta hauteur, car je ne lui compare nullement mon intelligence ; mais je désire reconnaître quelque peu ta Vérité, que croit et aime mon cœur (Anselme, *Proslogion* 1).

Certains philosophes non chrétiens ont également reconnu que la recherche de la vérité était valable en elle-même, et que la recherche de la vérité était essentielle pour l'épanouissement humain : « Tous les hommes désirent naturellement savoir ; ce qui le montre, c'est le plaisir causé par les sensations, car en dehors même de leur utilité, elles nous plaisent par ellesmêmes, et, plus que toutes les autres, les sensations visuelles. En effet, non seulement pour agir, mais lorsque nous ne nous proposons aucune action, nous préférons, pour ainsi dire, la vue à tout le reste » (Aristote, *Métaphysique* A 1, 980a). C'est cette recherche de la vérité qui, dès le début de l'Église, a porté certains philosophes comme Justin Martyr et autres savants vers l'Évangile, parce qu'ils y ont trouvé la vérité qu'ils avaient vainement cherchée ailleurs (Green, 1981, p. 194-196).

Pour les lecteurs (post)modernes, la contribution de la réflexion théologique à une connaissance plus profonde de Dieu n'est peut-être pas évidente. Est-ce que l'expérience directe de la présence de Dieu ne dépasse pas toutes les paroles et toutes nos pensées ? Le chrétien protestant demandera en plus : la foi elle-même ne suffit-elle pas, et pourquoi devons-nous y ajouter la raison ? Oui, dira le scolastique, la foi suffit, mais la compréhension est préférable. La compréhension est une connaissance plus profonde. Ceci est exprimé dans l'adage d'Anselme de *fides quaerens intellectum* : « la foi à la recherche de la compréhension » (Anselme, *Proslogion*, *Prooemium*). Sur ce modèle, Anselme cherche par exemple à comprendre, dans son livre *Cur Deus homo*, pourquoi Dieu est devenu homme en Christ. Il croit déjà en l'incarnation sur la base des Écritures et en l'autorité de l'Église. Il n'a pas de raison d'en douter, mais il aimerait aussi comprendre *pourquoi* Dieu devait devenir homme pour nous sauver. Il veut le comprendre pour mieux s'approprier cette vérité, pour s'en réjouir plus profondément et pour rendre encore plus de gloire à Dieu, motivé par une compréhension plus profonde de ces desseins.

Cette recherche de compréhension peut être vue comme un mouvement d'amour, comme une expression du désir d'aimer Dieu, non seulement avec tout notre cœur, toute notre force et toute notre âme, mais également avec toute notre intelligence (cf. Mt 22.37). En tant qu'expression d'amour, nous voulons utiliser toutes les facultés que Dieu nous a données pour le connaître et pour l'aimer, et, en particulier ce don riche et profond qu'est notre intelligence. En vue d'exprimer notre amour, nous voulons l'inviter à entrer dans toutes les facettes de notre vie, y compris dans toutes les sphères de notre intelligence.

La recherche de l'harmonisation de nos différentes croyances et d'une synthèse de toute notre connaissance humaine peut également être comprise dans le cadre de ce désir de connaître Dieu et sa vérité. La non-contradiction est une caractéristique de la vérité, même si elle n'est pas un critère suffisant pour distinguer la vérité de l'erreur (cf. Pannenberg, 1991, p. 21ss, 48ss). C'est pourquoi la recherche de la vérité nous amène à devoir faire une synthèse cohérente des connaissances. *Les* vérités ne peuvent pas se contredire parce que *la* vérité ne peut pas se contredire. De plus, toute la vérité, en théologie comme en philosophie, et comme dans toute science, dérive finalement de Dieu et trouve en Lui son origine. Toutes les vérités peuvent donc être harmonisées dans une synthèse qui a Dieu, la vérité ultime, comme origine et comme but (cf. Jc 1.17 ; Jn 14.6 ; cf. § 5.3).

Limitations et valeur perpétuelle de la recherche scolastique

Les théologiens de la Réforme ont avec justesse noté certaines faiblesses dans la méthode de la théologie scolastique. Ce sont ces faiblesses que nous nous devons de prendre en compte si nous voulons profiter au maximum de la contribution de cette théologie.

La recherche de la connaissance pour elle-même peut, en premier lieu nous éloigner de la vie de tous les jours. Dans la tradition monastique il y a toujours une tendance à valoriser « la vie contemplative », la vie de la recherche de Dieu, dans l'isolement par rapport à « la vie active », la vie dans la société plus générale à la suite du mandat créationnel (Gn 1.26-28 ; 2.15). Les réformateurs ont fortement critiqué la tradition monastique pour son mépris de la vie du travail, de la famille et de la société. La théologie doit également montrer ses mérites dans cette vie active.

La recherche de la connaissance pour elle-même peut, en second lieu, conduire à une réflexion théologique sur des questions de plus en plus éloignées de ce qui intéresse le chrétien : la connaissance de Dieu et l'épanouissement de la vie chrétienne. Il est vrai que la discussion scolastique proverbiale sur la question de savoir combien d'anges peuvent se poser sur la pointe d'une aiguille n'a peut-être jamais eu lieu (McGrath, 1993[2], p. 67).

Néanmoins, le danger de se perdre dans des questions inutiles peut facilement guetter une théologie qui se cloître dans des monastères – ou dans des institutions académiques – loin du monde et du quotidien.

Un troisième danger est lié à la valorisation de la raison. Les scholastiques approuvent le fait que, si la raison trouve son aboutissement dans la foi, cela implique également que la raison sans foi et sans grâce peut devenir un instrument du péché. Certains scholastiques, plus que d'autres, ont été conscients de cette emprise du péché sur la raison. L'oubli de cette réalité a amené certains scholastiques à valoriser une raison de plus en plus indépendante qui, finalement, se passe de la foi. Le rappel de « la corruption totale de l'homme » par les réformateurs devenait urgent pour contrecarrer ces errements. Cette doctrine de la corruption totale ne signifie pas qu'il n'y a rien de bon dans l'homme ou dans son raisonnement (Calvin, *Institution* II, II, 12). Elle signifie qu'il n'y a aucun domaine de l'existence humaine où le péché n'exerce pas son influence corruptrice et destructive, y compris le domaine de la raison (Calvin, *Institution* II, I, 9).

Accentuer la logique et l'étude des textes qui font autorité représente un quatrième danger. Cette logique et ces textes peuvent devenir un écran qui trouble la vue sur Dieu et sa Parole. Il est possible de se sentir tellement obligés de comprendre Dieu en termes de conceptions traditionnelles, qu'on ne puisse plus lire la Bible en ses propres termes et, s'il le faut, critiquer la tradition chrétienne. Ceci fut l'un des principaux centres d'intérêt de la Réforme qui a voulu mettre l'Église directement sous l'autorité de la Bible (cf. § 2.5 ; § 4.5 ; § 5.2). Il est aussi possible que nos conceptions logiques deviennent un écran qui nous empêche d'accepter les éléments bibliques qui ne peuvent pas se conformer à notre logique. Pour bien utiliser la logique, il faut que notre logique et nos structures conceptuelles s'adaptent à la réalité, plutôt que l'inverse. Les meilleurs théologiens et philosophes scholastiques comme Anselme et Duns Scot ont apporté des contributions importantes à la discipline de la logique, là où ils ont perçu que la logique héritée des philosophes antiques païens n'était pas adéquate pour comprendre la réalité que nous rencontrons en Christ. Utilisée de cette manière, la logique peut fonctionner comme une fenêtre qui nous aide à mieux comprendre la réalité de Dieu plutôt que comme un écran qui gêne une vue claire (cf. § 5.3).

Les dangers et les dérapages de la théologie scholastique ne doivent néanmoins pas nous faire oublier la leçon indispensable qu'elle livre à toute bonne théologie. Cette théologie reste un rappel à l'essentiel : la recherche désintéressée de Dieu pour Lui-même. Peut-être qu'une théologie sans but

pratique, une théologie « inutile », servirait mieux les buts pratiques de la théologie ? La valeur pratique de la théologie peut facilement détériorer la théologie, faisant d'elle un moyen de défendre des intérêts propres ou les intérêts d'une communauté :
- pour enseigner et défendre ce que je croyais déjà,
- pour garder l'identité de ma propre communauté,
- pour répondre aux besoins de ma culture.

La théologie comme expression de notre amour pour Dieu et comme expression de la vérité, nous rappelle constamment que la référence principale de la théologie se trouve en dehors de nous et de nos intérêts (cf. Berkhof, 1985, p. 13s.).

Cet appel à chercher à connaître Dieu pour Lui-même et pour la valeur de la vérité doit particulièrement être compris par rapport au pragmatisme de notre époque, pragmatisme particulièrement enraciné dans la culture nord-américaine (cf. Tillich, 1959, p. 164-172). Le mouvement évangélique n'est pas exempt de l'influence de ce pragmatisme, étant donné ses liens étroits avec ce continent. Les théologiens évangéliques jugent trop souvent les nouvelles propositions théologiques par rapport à la valeur pragmatique quelles ont pour la vie chrétienne. Estce que ces idées m'aident dans la croissance de mon Église ? Est-ce qu'elles m'aident à me sentir mieux et à mieux affronter les stress de ma vie (cf. Wells, 1993 ; Guinness, 1995, p. 57-61) ? Ces questions ont leur valeur, mais elles ne doivent jamais remplacer la recherche de Dieu pour Lui-même. C'est à Lui que je dois m'attacher, même si cet attachement va diminuer le nombre des membres de mon Église et même si cet attachement générera des antagonismes et du stress, même s'il augmentera ma souffrance intérieure. Tous les prophètes peuvent témoigner du fait qu'ils ont été abandonnés, et que leur vie a parfois été bouleversée à cause de l'appel que Dieu leur adressait. C'est la vérité de Dieu qui était là avant nous et qui nous appelle à vivre en communion avec Lui. C'est Lui qui doit être le début et l'aboutissement de toute théologie. Sans cette référence à Dieu, l'édification de ma communauté est sans fondement, l'apologétique devient de la propagande, et la délimitation de notre communauté au nom de Dieu devient un abus du nom de Dieu.

Le miroir du pragmatisme nous rappelle que seule la vérité nous rendra libres (Jn 8.32). Voilà l'une des raisons principales de notre intérêt pour la recherche de la vérité. Nous ne pouvons néanmoins pas changer l'ordre des choses pour dire de façon pragmatique que tout ce que nous percevons comme libérateur constitue automatiquement la vérité.

2.5. La doctrine comme guide dans l'interprétation des Écritures

Indications bibliographiques
Jean Calvin, « Argument du présent livre (édition 1541) », in *Institution de la religion chrétienne*, tome 1, Genève, Labor et Fides, 1955, p. xvii-xviii.
Brevard S. Childs, *Biblical Theology of the Old and New Testaments. Theological Reflection on the Christian Bible*, Minneapolis, Fortress Press, 1992, p. 43-51.
Alister E. McGrath, *The Genesis of Doctrine. A Study in the Foundations of Doctrinal Criticism*, Oxford, Blackwell, 1990, p. 52-66.
Alister E. McGrath, *Reformation Thought. An Introduction*, Oxford, Blackwell, 1993², p. 134-158.

La Réforme européenne du XVIᵉ siècle, sous l'égide d'hommes comme Martin Luther (1483-1546) et Jean Calvin (1509-1564), se voulait un retour aux Écritures saintes. Ainsi, la Réforme voulait s'opposer aux dérapages de plus en plus courants dans la théologie et dans la vie de l'Église vers la fin du Moyen Âge (Pelikan, 1994, t. 4, p. 181-184). Ce retour a eu des conséquences très importantes pour la compréhension de la doctrine. La doctrine devrait être libérée des traditions humaines, et mise directement sous la seule autorité de l'Écriture. La doctrine ne pouvait pas prendre l'ascendant sur les Écritures, elle devait plutôt rediriger vers la Bible. La Réforme voulait que l'Écriture soit entre les mains du peuple de Dieu et que la doctrine puisse servir à mieux comprendre et à mieux vivre son message. Dans cette partie, nous allons voir comment ce mouvement nous éclaire sur une fonction cruciale de la doctrine pour notre époque : servir de clé herméneutique pour nous ouvrir la Parole de Dieu afin que nous comprenions le message qui nous est adressé.

La Réforme comme retour aux Écritures

Comme tous les mouvements que nous avons déjà pris en considération, la Réforme est un mouvement polymorphe. Malgré toutes les variations, nous pouvons dire que le principal contenu du message de la Réforme était la justification par la foi et la grâce (*Sola Fide* et *Sola Gratia*), et que sa base formelle était le retour aux Écritures (*Sola Scriptura*) (McGrath, 1993², p. 134). Deux tendances séparées à l'origine se sont rejointes dans cette revalorisation des Écritures. D'un côté, nous trouvons l'humanisme, avec son retour aux sources et l'étude de l'Écriture dans ses langues d'origine, l'hébreu et le grec. De l'autre côté, il existait des mouvements de réforme qui critiquaient certains abus dans l'Église catholique, abus qui l'éloignaient de sa fondation biblique. 1517 est une année marquante pour la Réforme car, c'est à cette date que Luther critiqua les abus de la pratique des indulgences. Ces indulgences achetées en faveur des âmes au purgatoire étaient vendues au nom du Pape pour remplir les caisses de l'Église. Combinant une formation humaniste littéraire avec un désir ardent de réformer l'Église, Calvin a mis son éducation au profit de la Réforme.

Les réformateurs ont vite découvert que l'Église catholique de leur époque ne se laissait pas facilement convaincre par leurs arguments bibliques. La Bible était considérée par les Pères de l'Église et par les Scolastiques, comme la base principale de la doctrine et de la vie chrétiennes. Pourtant, surtout vers la fin du Moyen Âge, certaines évolutions théologiques l'avaient, en quelque sorte, muselée (McGrath, 1993^2, p. 135s.). Dans ses échanges avec la Réforme, la hiérarchie catholique réduisait la Bible au silence sur la base de deux arguments théologiques : tout d'abord, elle prétendait que la Bible était obscure et qu'il était nécessaire que les autorités ecclésiastiques l'interprètent pour y trouver son vrai sens. La tradition de l'Église devait fournir l'interprétation normative pour les chrétiens individuels. Parallèlement, l'Église affirmait que c'était elle qui conférait l'autorité à la Bible, parce que c'était l'Église qui, entre-temps, avait conféré l'autorité aux livres qu'elle considérait comme canoniques. La Bible tenait donc son autorité de l'Église. Ainsi, l'Église, représentée par le pape, les cardinaux et les évêques, ne pouvait pas être soumise à l'autorité biblique. Contrairement à ces convictions, les réformateurs défendaient que la Bible devaient être la seule autorité pour la théologie et la vie de l'Église, que l'Église était soumise à la Bible et que son message était, par principe, clair. Plus tard nous reviendrons encore sur cette question de la clarté de la Bible (§ 4.5) et sur la relation entre l'autorité de la Bible et celle de la tradition (§ 5.2). Notons pour le moment que le désir de retourner aux Écritures nécessitait qu'on redonne à la Bible la place centrale dans la formulation de la doctrine, et qu'on la débarrasse de la muselière de la tradition et des autorités ecclésiastiques.

Pour comprendre la spiritualité de la Réforme, il est important de noter que la Réforme n'a pas voulu simplement redonner à la Bible sa place dans la réflexion dogmatique et dans l'Église en tant qu'institution. La Réforme a aussi voulu donner à la Bible une place centrale dans la vie de tout le peuple de Dieu. Elle a aussi été un mouvement de revalorisation des laïques et de ce que nous appelons « le sacerdoce universel de tous les croyants ». La conviction protestante est que, pour approcher Dieu, un croyant n'a pas besoin de passer par les prêtres (le sacerdoce) qui seraient les médiateurs entre l'homme et son Dieu dans la liturgie et dans l'interprétation des Écritures. Tous les hommes ont accès à Dieu avec Christ comme seul Médiateur, et tous peuvent écouter sa Parole directement. Tous sont également appelés à un service sacerdotal « laïque » dans la vie de tous les jours (cf. 1 P 2.5).

Le vœu que tout le peuple de Dieu puisse avoir accès à la Parole de Dieu dans la Bible devint plus réaliste grâce à l'invention de l'imprimerie à la même époque. Cette invention rendit la Bible accessible à un plus grand nombre de personnes. Pour que tous les chrétiens lisent la Bible, il était en plus nécessaire qu'elle devienne disponible non seulement en latin, mais aussi dans les langues vernaculaires. C'est pourquoi le mouvement de la Réforme a été également un mouvement de traduction de la Bible, auquel Luther lui-même a largement contribué avec sa traduction de la Bible en Allemand.

Pourtant, même une Bible traduite en langue vernaculaire, n'est pas facilement accessible. Bien que les réformateurs aient défendu la clarté de la Bible face à l'Église catholique romaine, ils prenaient de plus en plus conscience du fait que certaines lignes directrices étaient nécessaires pour en faire une bonne lecture. Ceci leur devint particulièrement clair dans la confrontation entre la « Réforme magistérielle » de Luther et Calvin et la « Réforme radicale » ou le mouvement anabaptiste. Ce dernier mouvement réclamait que chaque croyant puisse comprendre la Bible sans autre guide que celui de l'illumination du croyant individuel par le Saint-Esprit. Sous l'effet de cette illumination, les anabaptistes arrivaient à des conclusions parfois tout à fait contradictoires (certains étaient des pacifistes, d'autres proclamaient une guerre sainte) ; ils étaient aussi parfois en totale contradiction avec la communauté chrétienne jusqu'au temps des Pères de l'Église (par exemple dans leur rejet de toute participation aux fonctions de l'État). Mais ils pouvaient toujours se référer à la Bible. Comme Irénée l'avait découvert auparavant dans ses échanges avec les gnostiques, tout hérétique peut trouver un passage ici ou là dans la Bible pour soutenir sa position (*Contre les hérésies* I,8,1 ; I,9,1-4). Même le diable a pu citer la Bible dans son effort de tenter Jésus-Christ (Mt 4.5-6). C'est pour cela que les réformateurs principaux comme Luther et Calvin en sont arrivés à la conclusion que le chrétien individuel avait besoin d'un guide de lecture de la Bible pour bien comprendre son contenu. Dans cette optique, la doctrine en tant que règle de la foi devenait également une règle dans la lecture biblique, une clé herméneutique pour comprendre son contenu.

Cette fonction de la doctrine devient explicite dans la préface de la première version française de l'*Institution de la religion chrétienne* de Calvin :

> Bien que la sainte Écriture contienne une doctrine parfaite, à laquelle on ne peut rien ajouter, puisqu'en elle notre Seigneur a voulu déployer des trésors infinis de la sagesse, toutefois une personne qui n'y sera pas fort exercée a besoin de quelque conduite et adresse, pour savoir ce qu'elle y doit chercher, afin de ne point s'égarer çà et là, mais de tenir par une certaine voie, pour atteindre toujours à la fin où le Saint-Esprit l'appelle. […] Toutefois je puis bien promettre que ce [cet ouvrage] pourra être comme une clef d'ouverture, pour donner accès à tous enfants de Dieu à bien et droitement entendre l'Écriture sainte (« Argument du présent livre », p. xviis).

La simplicité de la remarque peut masquer le changement important qu'elle implique dans la compréhension de la doctrine. La direction herméneutique est inversée. Elle ne va plus seulement de la Bible vers la doctrine, au sens où la doctrine serait un survol succinct et systématique du contenu essentiel de la Bible. Si on s'arrêtait là, il serait même possible d'envisager que la Bible soit dépassée lorsqu'elle est rendue obsolète par la doctrine censée exprimer son contenu. Calvin parle ici de la direction inverse : de la doctrine, nous retournons vers la Bible. À la lumière de la doctrine, nous pouvons maintenant mieux comprendre le message de la Bible dans toute sa richesse (Childs, 1992, p. 49). La doctrine ne nous éloigne pas de l'Écriture et de toute sa richesse, mais elle nous y renvoie. Remarquons aussi que cette *Institution* de 1541 a été éditée en français. Avant elle, la dogmatique était une affaire de spécialistes. Elle était uniquement accessible à ceux qui maîtrisaient le latin, langue de la hiérarchie ecclésiastique et de l'académie. Calvin voulait mettre un manuel de doctrine entre les mains des laïques pour qu'ils puissent l'utiliser dans leur lecture personnelle de la Bible.

La doctrine comme clé herméneutique pour ouvrir les Écritures

Après cette introduction historique, une réflexion plus systématique nous permettra de comprendre pourquoi et comment la doctrine doit assumer cette cinquième fonction.

Dans le premier chapitre, nous constatons qu'il est impossible d'approcher la Bible sans certaines conceptions antérieures qui servent de clé de lecture. Cette clé peut ouvrir les Écritures comme elle peut également troubler leur compréhension. La dogmatique a donc pour but d'analyser de façon critique nos doctrines, pour qu'elles soient plus aptes à nous ouvrir le message de l'Écriture. Nous avons besoin d'une clé herméneutique comme celle-ci pour la lecture de chaque texte. En comparant la Bible avec d'autres textes, deux caractéristiques semblent rendre plus urgent le besoin d'une bonne clé de lecture :

(1) la diversité des perspectives sur Dieu à l'intérieur de cette collection de textes de différents genres et

(2) la distance historique et culturelle entre ces textes et nous en tant que lecteurs.

La diversité de ces points de vue qui existent dans la Bible devient plus claire si nous prenons quelques exemples. Dans cette Bible, nous rencontrons d'un côté un Dieu qui, à travers ses prophètes, intervient dans la vie des hommes pour les aider, même dans les domaines tout à fait pratiques comme celui d'une ânesse égarée (1 S 9.20), d'un fer de hache perdu (2 R 6.1-7) ou de la nourriture en temps de famine (2 R 4.38-44). D'un autre côté, nous rencontrons le Fils de Dieu, pour lequel l'invitation à changer des pierres en pain pour se nourrir était une tentation du diable (Mt 4.1-4). Les premiers passages cités semblent nous inviter à réclamer les bénédictions de Dieu qui nous sont dues puisque nous sommes ses enfants. L'autre passage nous encourage plutôt à nous identifier au Fils dans son abnégation. Certains passages de la Bible nous montrent un Dieu qui défend tellement son honneur qu'Il peut envoyer deux ourses mettre en pièces quarante-deux enfants qui ont manqué de respect à son prophète qu'ils ont traité de « chauve » (2 R 2.23-25). De l'autre côté il est dit du même Dieu qu'Il est amour (1 Jn 4.8) et que, comme Lui, nous devons même aimer nos ennemis (Mt 5.43-48). Comment pouvons-nous accepter ces divers passages comme la révélation du même Dieu ? Comment comprendre la providence de Dieu envers nous dans notre disette ? Comment comprendre l'amour de Dieu sans qu'il ne se transforme en un amour doucereux ? Telles sont les questions que la dogmatique aborde.

Ces exemples nous montrent que la dogmatique doit aller plus loin que l'exégèse historico-grammaticale. Cette exégèse recherche le sens du texte dans son contexte littéraire et dans son contexte historique original. Elle ne cherche pas à déterminer comment il faut comprendre ces passages en tant que canon par rapport à l'ensemble du message biblique. La dogmatique va même plus loin que la théologie biblique qui cherche à marquer les grandes lignes du message biblique à travers les différentes périodes et les différents genres. Elle ne se contente pas de chercher à établir ce que la Bible nous indique sur les interrelations entre les idées diverses. La dogmatique va encore plus loin en cherchant comment ces différentes lignes peuvent être comprises comme révélation du même Dieu, comme révélation d'une même réalité. La dogmatique cherche la réalité révélée à travers les paroles et les idées. Elle cherche à comprendre qui est ce Dieu que la Bible nous montre envoyant des ourses déchiqueter des enfants, et qui nous est présenté plus tard comme amour par excellence. Elle cherche comment nous devons comprendre cet amour et cette jalousie. Elle essaye de souligner la structure des choses, la nature et la personnalité de ce Dieu et de ses relations avec notre monde.

Comme nous le voyons chez Calvin, le but de cette analyse dogmatique n'est pas de dépasser la complexité des expressions bibliques après avoir compris la nature de Dieu qui s'y révèle. En tant que débutant dans les études théologiques, je me suis parfois demandé pourquoi Dieu nous a donné des Écritures tellement complexes et tellement variées qui nous posent tant de problèmes de compréhension. Ne pourrait-Il pas nous donner un catéchisme ou une confession de foi simple et claire ? Maintenant, je peux louer Dieu pour la sagesse et la richesse que constitue le fait de nous avoir donné la Bible telle qu'elle est. Par l'immense diversité de son contenu, la Bible peut nous parler de manière profonde et concrète dans notre existence elle aussi variée, notre existence qui est vécue dans des conditions sociales très différentes et qui passe par des expériences très diverses. À un certain moment, j'ai besoin d'un encouragement donné par la multiplication du pain par Élisée pour les prophètes de Dieu. À un autre moment, je dois entendre Jésus qui me dit que nous ne vivons pas seulement du pain, mais d'abord de la Parole de Dieu. Dans ma souffrance et dans mon abondance, la vie des personnages bibliques, leurs prières et leurs espérances me parlent plus qu'un catéchisme ou une théorie théologique ne pourraient le faire. Nous ne pouvons pas nous passer de la Bible et nous en avons toujours besoin, même à partir du moment où la doctrine est formulée.

La variété et la diversité demeurent néanmoins une caractéristique de la Bible qui complique sa compréhension. Nous avons besoin de la doctrine pour bien comprendre les passages individuels. Elle est comme un *guide* dans la découverte biblique, un guide qui peut aider à trouver le chemin dans des lieux peu connus, parce qu'elle connaît le terrain dans son ensemble. La doctrine aide le lecteur et le prédicateur à bien comprendre des textes particuliers en relation avec les grandes lignes de l'enseignement biblique. Elle permet de comprendre la contribution et les accentuations de passages spécifiques sans que la prédication ne contredise l'enseignement de la Bible dans son ensemble. La doctrine nous aide à comprendre ce que Dieu veut nous dire dans un texte spécifique en relation avec ce qu'Il nous a révélé de Lui-même dans la Bible tout entière. La doctrine nous aide également à bien comprendre le sens des situations diverses que nous vivons aujourd'hui – individuellement et en tant que communauté. Cet aspect sera développé dans la prochaine section de cette étude sur la contextualisation. La doctrine devient donc un intermédiaire entre la Bible et la vie contemporaine, mais pas un intermédiaire qui rendrait la Bible inutile, comme la figure 2.2 pourrait le suggérer (§ 2.1). Elle est une clé de lecture qui nous renvoie constamment à la Bible. Elle nous aide dans notre lecture personnelle et dans la prédication pour que nous comprenions bien le sens des passages de toutes les parties de la Bible par rapport à ce que nous vivons aujourd'hui. Elle est comme une loupe qui capte et focalise la lumière d'un passage particulier que nous lisons ou sur lequel nous prêchons, afin de projeter sa lumière sur la situation que nous vivons individuellement et en tant que communauté chrétienne.

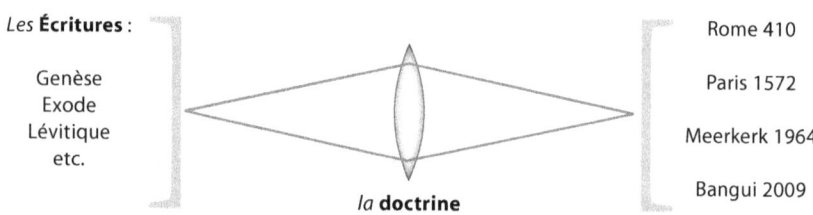

Figure 2.4 : La doctrine comme une loupe qui interprète les passages spécifiques en relation avec l'enseignement biblique dans son ensemble pour bien les appliquer aux réalités concrètes de notre vie actuelle.

L'autorité suprême de la Bible

Nous remarquons qu'il existe une certaine relation entre les deux idées principales que nous avons empruntées ici aux réformateurs. D'un côté, les réformateurs plaident pour un retour à l'Écriture qui doit être libérée des chaînes de la tradition et de la hiérarchie ecclésiastique, pour pouvoir nous parler librement. De l'autre côté, les réformateurs nous montrent l'importance de la doctrine pour une bonne lecture de la Bible. La question se pose de savoir si une doctrine qui nous sert de clé pour comprendre et appliquer l'Écriture, ne devient pas une autorité plus élevée que l'Écriture ? Est-ce qu'elle ne risque pas à son tour de se poser comme écran entre nous et l'Écriture, un écran qui gêne une appréciation de son contenu sans préjugé ? Dans ce cas, les réformateurs n'auraient rien fait de plus que remplacer la tradition catholique par une nouvelle tradition protestante et remplacer le Pape par leurs catéchismes et l'*Institution*. Cette question est d'une importance capitale, parce que nous devons reconnaître que la doctrine – catholique ou protestante – peut parfois fonctionner ainsi. Elle peut devenir une camisole de force qui empêche une véritable ouverture vis-à-vis des Écritures ; et qui oriente notre compréhension des Écritures en fonction de nos préjugés confessionnels (cf. Muller, 1991b, p. 130).

Nous rencontrons ici une problématique reconnue déjà bien avant la Réforme : comment la Bible peut-elle se maintenir en tant qu'autorité suprême, si nous ne pouvons pas la comprendre sans recours à la doctrine ? Nous avons noté comment le Père de l'Église Irénée de Lyon avait déjà été confronté à cette question quand il avait voulu réfuter les hérétiques gnostiques qui, eux-mêmes, faisaient appel à la Bible. Irénée montre que nous devons, à cet égard, faire une distinction entre la Bible dans sa totalité et des versets particuliers. Pour Irénée, l'enseignement de la Bible dans son ensemble est clair (*Contre les hérésies* I,27,2). Pour interpréter les passages isolés, nous avons besoin de la clé de la doctrine apostolique (IV,26,5 ; IV,32,1 ; V,20,2 ; cf. Kelly, 1968, p. 48s.).

Les réformateurs travaillent selon le principe de *Scriptura sui ipsius interpres*, « l'Écriture est son propre interprète », qui montre la même sensibilité : les passages individuels doivent toujours être interprétés à la lumière de l'Écriture dans son ensemble (Grant, 1967, p. 110-115 ; cf. Kuen, 1991, p. 126ss). Il ne s'agit pas ici de chercher simplement les idées les plus communes dans l'Écriture. Il s'agit d'interpréter l'Écriture à la lumière de son contenu central, en particulier à la lumière de la révélation de Dieu en Jésus-Christ crucifié et ressuscité. Il est la révélation de Dieu par excellence (Althaus, 1980, p. 71-83).

Nous pouvons conclure de tout cela que la doctrine doit être justifiée par la Bible dans son ensemble et qu'elle peut être critiquée et corrigée à sa lumière. Cette doctrine sert ensuite à son tour à comprendre ce que nous devons tirer des passages individuels. Plus tard, nous montrerons comment le dogmaticien doit entrer dans ce « cercle herméneutique » pour avoir une compréhension toujours plus claire du message biblique (§ 5.1, p. 237ss). Les protestants, et particulièrement les évangéliques, ont toujours été prompts à souligner la nécessité d'une bonne exégèse pour une bonne compréhension des passages bibliques. Ils ont parfois moins réalisé que, pour une bonne compréhension du sens d'un passage pour aujourd'hui, l'exégèse d'un passage et de son contexte direct ne peut pas suffire. Pour la compréhension et l'application que nous envisageons dans la prédication de l'Église, nous devons lire les passages comme une partie du canon biblique dans son ensemble et en tant que révélation de Dieu. Pour cela, nous avons besoin d'une saine doctrine comme loupe pour apprécier la profondeur de son message, et comme garde-fou contre les interprétations malsaines.

2.6. La dogmatique comme contextualisation

Une bonne partie de ce paragraphe a déjà paru dans la revue théologique *Hokhma* (n° 98, 2010, p. 57-70) sous le titre « La contextualité de l'Évangile et de la doctrine chrétienne ». Je remercie les éditeurs de m'autoriser à reprendre ce texte.

Indications bibliographiques
Kwame Bediako, *Jésus en Afrique. L'Évangile chrétien dans l'histoire et l'expérience africaines*, Réflexions théologiques du Sud, Yaoundé, CLE, 2000.
Stephen B. Bevans, *Models of contextual Theology*, éd. rév. et augm., Maryknoll, Orbis, 2002.
David J. Bosch, *Dynamique de la mission chrétienne*, Paris, Karthala, 1995, p. 565-612.
Charles H. Kraft, *Christianity in Culture. A Study in Dynamic Biblical Theologizing in Cross-Cultural Perspective*, Maryknoll, Orbis, 1979.
John R.W. Stott, Robert Coote, sous dir., *Down to Earth. Studies in Christianity and Culture. The Papers of the Lausanne consultation on Gospel and Culture*, Grand Rapids, Eerdmans, 1980. Dans ce livre se trouve aussi « The Willowbank Report » avec les conclusions de cette consultation. Tite Tiénou, *Tâche théologique de l'Église en Afrique*, Abidjan, Centre de Publications Évangéliques, 1980.
Benno van den Toren, « Une confession de foi contextualisée pour des chrétiens pygmées Aka. Former des disciples dans la forêt équatoriale », *Perspectives Missionnaires* 58, 2009/2, p. 18-32.
Benno van den Toren, « Y a-t-il un noyau supraculturel de l'Évangile humainement accessible ? », *Hokhma* 99, 2011, p. 41-66.
Jean-François Zorn, « La contextualisation : Un concept théologique ? », Revue d'Histoire et de Philosophie Religieuses 77, 1997, p. 171-189.

La Parole de Dieu s'adresse à nous dans notre situation concrète, parce qu'elle nous parle du jugement et de l'amour de Dieu, de notre perdition et de notre salut. Parler de la contextualité de la théologie et de la doctrine chrétienne, indique que toute théologie et toute doctrine doivent être développées par rapport à ce contexte culturel et social spécifique, dans lequel la parole de Dieu nous rencontre. Tous les éléments de la vie chrétienne se déroulent de manière contextuelle : la mission, la liturgie, l'éducation, l'apologétique, l'éthique etc. La sixième et dernière fonction de la dogmatique que nous prendrons en considération est la suivante : la contribution de la dogmatique à une contextualisation viable et appropriée de l'Évangile, de la doctrine et de la prédication de l'Église.

Les autres fonctions de la doctrine et de la réflexion dogmatique ne peuvent pas être isolées de leur contexte socioculturel. L'enseignement des apôtres était, dès le commencement, un enseignement contextuel, dirigé vers la vision du monde, les questions et les points de contact dans la vie et dans la pensée de publics spécifiques. Nous le remarquons quand nous comparons la prédication de Pierre pour un groupe de Juifs en Actes 3 et la prédication de Paul à l'Aréopage en Actes 17. Les Pères apologistes devaient évidemment répondre aux questions qui émergeaient de leur contexte, questions qui, probablement, étaient également leurs propres questions, vu qu'ils étaient nourris par cette même culture avec ses « évidences ». Nous avons vu comment le débat entre orthodoxie et hérésie changeait d'une époque à l'autre à cause du développement de nouvelles hérésies, le plus souvent sous les pressions de la culture environnante. La doctrine en tant que clé de lecture de la Bible comporte également un aspect contextuel dans la mesure où la clé doit nous ouvrir le sens de son message pour la situation particulière dans laquelle nous vivons. La théologie scolastique en tant que recherche de la connaissance de Dieu et de sa vérité s'épanouissait plus particulièrement dans les monastères et les universités. Cependant, nous n'avons pas besoin d'analyses profondes pour voir à quel point le choix de ses outils d'analyse théologique était influencé par ce que le contexte particulier rendait disponible. Dans cette section nous accorderons une attention plus particulière à cette notion de la contextualité, une notion cruciale si nous voulons comprendre le rôle et la nature de la théologie dans notre monde multiculturel, et si nous voulons nous engager dans la tâche missionnaire de la théologie (cf. Verkuyl, 1978, p. 277 ; Bediako, 1996, p. 8).

Histoire

Le *phénomène* de la contextualisation remonte au temps de l'écriture de l'Ancien et du Nouveau Testament. Tout leur contenu répond aux défis des contextes spécifiques (Goldingay, 1994b, p. 364-371). Déjà dans l'Ancien Testament, d'anciennes traditions sont transmises de manière à ce qu'il soit possible qu'elles parlent à nouveau dans d'autres contextes. Nous le constatons par exemple si nous considérons la différence entre les deux livres des Rois et les livres des Chroniques. Le Nouveau Testament puise son origine dans la personnalité et dans le message de Jésus de Nazareth qui prêchait en araméen. Pourtant, même ce message nous est parvenu en grec *koinè* qui était la langue véhiculaire de l'Empire romain. La théologie du Nouveau Testament et l'étude de l'histoire de l'Église des premiers siècles ont analysé les conséquences de cette « hellénisation » de l'Évangile, c'est-à-dire le changement culturel et théologique lié à sa transposition d'un contexte hébraïque et araméen en un contexte hellénistique.

Ceux qui étudient ce changement théologique du contexte sémitique au contexte hellénistique ont souvent tendance à dire que, dans ce processus, la foi chrétienne a radicalement changé de caractère pour prendre un autre visage : la foi en un Messie juif devenait la foi en un Fils de Dieu grec ; la prédication du Royaume par Jésus était remplacée par la prédication du Fils de Dieu par Paul. En réalité, il y a beaucoup plus de continuité entre Jésus et Paul (cf. Wenham, 1995). Il y avait aussi une forme d'hellénisation qui, dans le processus, perdait l'essentiel du message de Jésus et des apôtres, mais l'Église primitive a toujours critiqué les courants théologiques qui s'adaptaient le plus à l'hellénisme, tels le gnosticisme et l'Arianisme. La théologie des grands conciles était une formulation de la théologie chrétienne en langue grecque et avec des conceptions grecques, mais avec un contenu qui était une critique radicale de la vision hellénistique du monde. Néanmoins, ce changement de l'Évangile, pour qu'il parle aux Grecs comme aux Juifs (cf. 1 Co 7.19-23), est une adaptation réelle à un nouveau contexte.

Si nous percevons la contextualisation dans la formation de la Bible, c'est parce que cette contextualisation a déjà une certaine légitimité pour le chrétien. La contextualisation a reçu une autorisation divine encore plus claire au jour de Pentecôte, quand l'Esprit-Saint a fait parler les apôtres de sorte que tous les peuples réunis à Jérusalem puissent écouter l'Évangile dans leur propre langue (Ac 2.11). Ce fait est très significatif. Le miracle de la Pentecôte ne résidait pas dans le fait que tous puissent comprendre soudainement la même langue, afin que le monde entier soit uni dans une seule culture. C'est une uniformisation linguistique et culturelle de ce genre qui est l'idéal de l'islam. Tous ses adeptes doivent apprendre la langue divine qui est l'Arabe, la seule langue dans laquelle le Coran peut être valablement transmis. C'est pourquoi l'islamisation entraîne l'arabisation, et c'est pourquoi elle fait donc entrer tous les musulmans dans une même culture qui se veut la culture universelle. Contrairement au Coran, le Dieu de la Bible montre, dès la Pentecôte, qu'Il parle toutes les langues. C'est pour cela que, dès le début, la mission chrétienne a été un mouvement de traduction et d'inculturation de l'Évangile (Sanneh, 1989, p. 211-238).

Chaque traduction est toujours une inculturation parce que, si nous traduisons, nous faisons passer un message non seulement dans une nouvelle langue, mais également dans une nouvelle culture. Si l'on voulait exprimer l'idée que Jésus était le Messie en grec, on devrait faire des liaisons avec d'autres concepts, parce que la langue grecque ne connaissait pas la notion de messie. Dire en grec que Jésus était *Kurios*, Seigneur, a suscité automatiquement une opposition avec les hommes de pouvoir qui, dans cette culture, réclamaient le titre de *Kurios* (1 Co 8.5-6 ; cf. Bediako, 2000, p. 92s.). Si aujourd'hui on veut traduire la Bible en Sango, une des langues nationales de la République Centrafricaine, on doit choisir des équivalents pour des mots comme « sacrifice » ou « prêtre ». Les mots choisis doivent être suffisamment proches de l'origine biblique pour exprimer ce que Christ fait pour nous, mais ces mots n'ont jamais exactement les mêmes connotations que les mots hébreux et grecs originaux. Ils reçoivent d'autres connotations venant de la culture centrafricaine, la nouvelle culture réceptrice de l'Évangile.

Lorsque, à un certain moment, l'Église catholique romaine a préféré le latin comme langue de la Bible et de la liturgie, elle a, en fait, sacralisé une culture spécifique aux dépens d'autres cultures qui devenaient des cultures de deuxième rang. Cette sacralisation est contraire à l'Esprit de Pentecôte. La sacralisation d'une culture particulière fait obstacle à la compréhension de l'Évangile pour ceux qui appartiennent à d'autres cultures.

À travers l'histoire de l'Église, l'Évangile est constamment entré dans d'autres contextes culturels et sociaux : les mondes latin, slave, celte et germanique en Europe, les mondes de l'Afrique, de l'Asie et de l'Amérique. Dans tous ces contextes différentes formes contextualisées du christianisme ont été créées. Bientôt, il y eut donc des christianismes juif et hellénistique, des christianismes copte et éthiopien, des christianismes araméen et slave, des christianismes grec, latin, celte et germanique, chacun avec sa propre spiritualité et ses propres formulations théologiques.

Néanmoins, le plus souvent, la contextualisation se faisait de manière implicite. Les acteurs n'étaient pas conscients de l'origine culturelle de ces différences. Les échanges entre les différentes expressions théologiques se faisaient, le plus souvent, comme s'il s'était agi de la recherche d'une vérité absolue également valable pour toutes les communautés chrétiennes. C'est ce que nous retrouvons aussi avec la théologie libérale qui peut être considérée rétrospectivement comme un effort majeur pour contextualiser l'Évangile par rapport à la culture occidentale moderne. Les théologiens libéraux ne considéraient pas leurs efforts théologiques comme une adaptation à une culture particulière. Pour eux, il s'agissait d'une adaptation à la raison tout court, parce que la modernité était supposée exprimer des valeurs et des vérités universelles, plutôt qu'un ensemble d'idées et d'idéaux particuliers à une culture spécifique (Bosch, 1995, p. 567s.).

Ce n'est qu'avec la nouvelle vague de la mission, à l'époque moderne, que les missionnaires commencèrent de réfléchir sur la nécessité d'une « indigénisation » (le terme catholique) et d'une « accommodation » (le terme protestant) de l'Évangile (Bosch, 1995, p. 396s.). Au début, cette accommodation ne concernait que les aspects secondaires de la vie chrétienne. Les catholiques supposaient généralement que les nouvelles Églises implantées par la mission devaient suivre en détail l'exemple de Rome. Les protestants laissaient plus de liberté liturgique, mais l'accommodation s'appliquait surtout à la forme de la vie de l'Église plutôt qu'à la compréhension de sa doctrine.

L'idée de la « contextualisation » de la théologie ne s'est développée que depuis les années soixante-dix du XXe siècle (Zorn, 1997, p. 173ss). Son développement est une conséquence de la maturation des réflexions théologiques en Afrique, en Asie et en Amérique Latine, que l'on ne peut plus négliger dans le débat théologique mondial.

Ces théologies contextuelles peuvent revêtir deux formes principales. D'abord, il y a la théologie de la libération qui vient d'Amérique latine et qui a pris de l'ampleur dans « la théologie noire » (*Black theology*), notamment en Afrique du Sud (Maimela, 1998). Cette théologie comprend la contextualité particulièrement en termes de contexte sociopolitique. Elle s'adresse aux réalités d'oppression politique et économique dont une théologie qui veut parler de la bonne nouvelle aux pauvres ne peut pas se passer. Plus récemment, on parle dans les mêmes cercles de la « théologie de la reconstruction », sachant qu'après la fin du colonialisme et de l'apartheid, la théologie doit contribuer à la reconstruction d'une nouvelle société (Mugambi, 1995 ; Chipenda, *et al.*, 1991 ; Van Eyk, 1997). Si la théologie de la libération a pour modèle biblique l'Exode, la théologie de la reconstruction trouve le sien en Néhémie avec ses efforts pour reconstruire Jérusalem après le retour de l'exil babylonien.

La deuxième forme de la contextualisation de la théologie est celle de l'inculturation, dans laquelle les évangéliques et les catholiques plutôt conservateurs ont joué un grand rôle (Bosch 1995, p. 599-612 ; Chanson, 2001). Comme la théologie de la libération, cette théologie de l'inculturation veut formuler la théologie par rapport à un contexte spécifique, mais dans ce contexte, les théologiens mettent plus d'accent sur l'expérience, les convictions et les pratiques *religieuses* ainsi que sur une vision du monde plus large (p. ex. Kraft, 1979 ; Hesselgrave, 1991).

La grande différence entre la théologie de la libération et la théologie de l'inculturation reste le plus souvent inexprimée, mais elle se laisse facilement comprendre. Les deux courants s'accordent sur le fait que la foi chrétienne est importante pour la vie dans son ensemble, et que la contextualisation de l'Évangile doit finalement toucher tous les domaines de la vie et de la société. Si les théologiens de la libération et de la reconstruction mettent plutôt l'accent sur les aspects sociopolitiques du contexte, c'est parce qu'ils considèrent ces domaines de la vie comme plus fondamentaux pour arriver à un changement. Ils considèrent les domaines explicitement religieux comme une expression des réalités sociales plus fondamentales. Cette compréhension de la relation entre des réalités sociopolitiques et des convictions religieuses caractérise plus généralement les analyses sociales et politiques d'origine marxiste et néo-marxiste. Par contre, les théologiens de l'inculturation mettent plus particulièrement l'accent sur le domaine explicitement religieux, parce qu'ils considèrent les relations sociopolitiques comme conséquence et comme un reflet des convictions religieuses plus fondamentales (cf. Walsh & Middleton, 1988, p. 28-35 ; Bediako, 2000, p. 207ss ; Kraft, 1997, p. 57-60).

Les deux visions contiennent probablement chacune une partie de vérité. Si on croit que le roi est divin, l'oppression politique est légitimée et, en cela, cette conviction religieuse peut être à l'origine de l'oppression sociale. De l'autre côté, un dictateur peut vouloir se faire diviniser ou, au moins, il peut vouloir sacraliser son règne pour légitimer sa dictature, comme nous l'avons vu par exemple avec Mobutu au Zaïre. Dans ce cas, une oppression politique entraîne une oppression spirituelle. Néanmoins, la théologie biblique suppose que, dans cette relation réciproque entre la vie religieuse et la vie politique, la vie religieuse est finalement la plus importante.

C'est la rupture avec Dieu qui a été à l'origine de la perturbation sociale dans ce monde (Gn 3) et c'est à travers la réconciliation avec Dieu que les relations sociales seront finalement rétablies. Même celui qui demeure esclave sur le plan social peut se considérer comme un homme libre en Christ (1 Co 7.22 ; 1 P 2.16). Cette conviction paulinienne me semble donner plus d'espérance, parce qu'elle promet une liberté en Christ quand la liberté sociopolitique ne peut pas encore être disponible pour des générations. La théologie de la libération nous rappelle en même temps que la liberté en Christ ne peut jamais justifier la persistance de l'oppression sociale. Elle doit plutôt nous donner une nouvelle motivation pour nous engager en faveur de la libération de l'être humain dans toutes ses dimensions.

De l'accommodation à la contextualisation

Malgré leurs différences, la théologie de l'inculturation et la théologie de la libération partagent une conception de la contextualisation qui va beaucoup plus loin que l'idée plus ancienne de l'accommodation (Bosch, 1995, p. 600s. ; 606-609). Les différences les plus importantes peuvent être analysées en trois points.

Les théoriciens des notions plus anciennes d'indigénisation et d'accommodation considéraient que la proclamation et la vie chrétienne pouvaient être adaptées aux cultures réceptrices par des matières périphériques, comme les vêtements des pasteurs ou les instruments de musique. Mais l'idée de la contextualisation va beaucoup plus loin, parce que, selon elle, l'accommodation ne s'impose pas seulement dans les formes extérieures ou les aspects périphériques. Pour que l'Évangile soit vraiment une bonne nouvelle, *toute la théologie* doit être contextualisée et, tout particulièrement, le centre de son message. Des confessions centrales comme celle que Jésus est Seigneur et Sauveur, doivent être appropriées dans chaque contexte culturel. Si Jésus est vraiment le seul Seigneur, il doit être Seigneur dans la vie concrète que je vis dans mon contexte socioculturel particulier. Cette confession implique qu'Il s'oppose aux autres seigneuries et qu'Il juge les faux seigneurs et les idoles de chaque culture particulière ou de chaque contexte particulier (cf. 1 Co 8.5-6 ; Bediako, 2000, p. 85ss).

Une deuxième différence entre accommodation et contextualisation apparaît si l'on cherche à connaître *quels contextes* nécessitent une contextualisation de la théologie. Ceux qui parlaient de l'accommodation ou de l'indigénisation considéraient ces notions importantes pour les chrétiens dans les jeunes Églises du Tiers-monde, pour que la doctrine et l'éthique chrétiennes soient adaptées à leurs possibilités de compréhension limitées, et accommodées à leurs cultures tellement éloignées de l'Évangile. L'accommodation était considérée comme une condescendance, une concession à leur manque de civilisation. Les théologiens de la contextualisation, au contraire, ont constaté avec justesse que *toute* théologie est contextualisée. La théologie occidentale n'est pas plus universelle que le serait la théologie africaine. Les deux sont universelles en tant qu'expression de l'Évangile universel, mais toutes les formulations théologiques, en Europe et aux États-Unis ainsi qu'en Afrique, sont contextualisées, parce qu'elles sont formulées de manière particulière pour s'adresser à une culture spécifique. C'est en fait la connaissance des formulations de l'Évangile venues de contextes extérieurs qui, comme dans un miroir, a fait comprendre aux missionnaires et, par la suite aux autres théologiens du Nord-Ouest, que leur propre théologie et leur propre compréhension de l'Évangile sont également contextuelles et fortement influencées par la culture occidentale moderne (cf. Kraft, 1979, p. 304 ; Zorn, 1997, p. 178). La théologie occidentale a, dans ce processus, succombé à ses propres formes de syncrétisme, peut-être parce qu'elle n'était pas consciente de sa nature contextuelle. Cette théologie occidentale a besoin d'une critique pour vérifier si elle est bien contextualisée et pour examiner comment elle doit s'exprimer par rapport aux défis du contexte occidental de nos jours (cf. Newbigin, 1986).

Une troisième différence entre l'idée de l'accommodation et l'idée de la contextualisation se fait jour au *sujet* de l'adaptation. Qui doit formuler la doctrine et la pratique chrétienne de manière à ce qu'elles soient en adéquation avec les nouvelles situations sociales et culturelles ? Les auteurs de cette réflexion théologique étaient surtout les théologiens et les missionnaires, et, au début, particulièrement les occidentaux, qui avaient la responsabilité de reformuler la doctrine et d'adapter la liturgie, etc. Par contre, la théologie contextuelle considère *tous les chrétiens* comme sujets de la réflexion théologique, y compris ceux du Tiers-monde et particulièrement les chrétiens laïcs (Bosch, 1995, p. 606s.). Ces chrétiens du Tiers-monde sont même des sujets privilégiés parce que les pauvres peuvent mieux comprendre le sens de la libération de l'Évangile dans leur détresse. Les chrétiens des communautés de base sont les mieux placés pour savoir ce que la confession de la seigneurie de Jésus-Christ implique par rapport aux puissances mystiques qui dominaient leur vie jusqu'alors. Les théologiens ont pour tâche d'aider les chrétiens à mieux formuler et à mieux exprimer les découvertes théologiques qu'ils font dans la vie quotidienne avec leur Dieu. C'est dans cette optique que Kwame

Bediako du Ghana a publié des réflexions théologiques émanant d'un groupe d'étude biblique en langue vernaculaire et des réflexions théologiques sur les prières d'Afua Kuma, une femme africaine illettrée (Bediako, 2000, p. 55-84 ; 25-54).

À mon avis, cette attention nouvelle pour le peuple de Dieu comme acteur de la réflexion théologique ne signifie pas qu'il n'y aurait plus de place pour le théologien spécialement formé pour cette tâche. La plupart de ceux qui ont noté l'importance des laïques sont eux-mêmes des universitaires et des théologiens professionnels. Les théologiens ont un rôle à jouer en raison de leurs compétences particulières dans l'interprétation biblique, et parce qu'ils ont un accès plus facile aux ressources de l'Église à travers les âges et aux ressources de l'Église mondiale (cf. Bosch, 1995, p. 606s. ; Bevans, 2002, p. 18 ; Schreiber, 1998, p. 37-44). Ils doivent néanmoins savoir que leur réflexion théologique n'est pas seulement au service de tout le peuple de Dieu, mais qu'elle doit se faire en dialogue perpétuel avec cette communauté (cf. § 5.4).

	indigénisation ou accommodation	contextualisation
Quelle partie de la doctrine?	La périphérie est à accommoder, non le centre	*Toute la théologie* et toute la doctrine sont à contextualiser
Quelles théologies?	L'accommodation est nécessaire au champ de mission	*Chaque théologie* est contextualisée, y compris en Occident
Quels sujets de l'adaptation?	Le missionnaire décide comment accommoder	*Toute la communauté chrétienne* a sa part dans la contextualisation

Figure 2.5 : La différence entre indigénisation / accommodation et contextualisation

Importance de la contextualisation

Nous avons constaté que la contextualisation déterminait la pratique de la vie de l'Église à travers l'histoire, mais qu'elle n'avait fait l'objet d'une réflexion théologique explicite que depuis les années soixantedix du XXe siècle. Deux facteurs ont contribué à ce développement. D'un côté, il y a la maturation des jeunes Églises non occidentales qui ont commencé à produire leurs propres réflexions théologiques de sorte que les Églises mères en Occident ne pouvaient plus les ignorer. Cette nouvelle réflexion théologique allait de pair avec une critique de la théologie occidentale qui était perçue comme non pertinente dans le contexte culturel, religieux et sociopolitique en Afrique, en Asie et en Amérique latine et pour les communautés minoritaires ou opprimées en Occident. Cette critique n'était pas sans résonance dans les anciens pays chrétiens où la théologie était aussi expérimentée comme une activité aride déconnectée des défis rencontrés dans la vie (Bevans, 2002, p. 9-11).

Le deuxième facteur qui a contribué au développement de la théologie contextuelle a été le changement de la conception de la culture en sciences sociales. Jusqu'au début du XXe siècle, les érudits utilisaient la notion de « culture » pour se référer à une qualité qu'ils considéraient comme universellement valable. Selon cette conception, toutes les personnes et tous les peuples n'avaient pas de culture et de civilisation, et, s'ils en avaient une, ils ne l'avaient pas au même degré. Certains peuples et certaines personnes – surtout en Occident – seraient particulièrement civilisés et « hommes de culture ». D'autres manqueraient de culture dans différentes mesures jusqu'aux peuples barbares ou primitifs qui manqueraient presque entièrement de culture et qui seraient des peuples « non civilisés ». Et tous devraient aspirer à la culture et la civilisation – qui en fait serait la culture occidentale comme autrefois la culture hellénistique était la norme. L'idée de culture était donc une idée normative qui n'admettait qu'une seule forme pour forme idéale.

Au XXe siècle, cette notion a évolué, allant jusqu'à l'affirmation que toute personne et toute communauté avait sa propre culture avec sa propre intégrité, et que ces cultures pouvaient présenter d'énormes variantes (Tanner, 1997, p. 3-58 ; Bevans, 2002, p. 11). La renaissance des cultures non occidentales a également joué un rôle important dans ce changement de la conception de la culture. Si chaque peuple a sa propre culture et s'il ne peut pas être compris seulement par rapport à une culture ou une civilisation normative qu'il n'a pas encore atteinte, nous devons formuler l'Évangile de manière à ce qu'il s'adapte à son contexte culturel particulier.

Nous pouvons donc noter que l'appel à une théologie contextuelle nous est parvenu par le biais de la maturation des communautés chrétiennes non occidentales, et que son développement a été aidé en ce sens par une nouvelle conception de la culture. De plus, nous avons vu que la contextualisation de l'Évangile est une réalité historique, autorisée par l'activité du Saint-Esprit depuis la Pentecôte. Nous pouvons aller encore plus loin en montrant que la contextualisation est nécessaire par rapport au contenu de l'Évangile, surtout par rapport au caractère de la rédemption en Christ. Une bonne compréhension de l'Évangile nous apprend les tenants et les aboutissants de la contextualisation, afin que l'Évangile entre dans la culture, tout en restant une force transcendante, critique et renouvelante. La théologie systématique s'applique particulièrement à montrer cette relation intrinsèque de la structure de l'Évangile avec la pratique de la contextualisation. L'élaboration de cette relation montre que la découverte de la contextualité peut être facilitée par certaines évolutions historiques, mais que cette découverte nous conduit vers une caractéristique cruciale de l'Évangile : pour que l'Évangile soit une bonne nouvelle, il doit être contextualisé. L'importance et le bien-fondé théologiques de la contextualisation de la doctrine chrétienne se révèlent au travers de cinq pistes.

1. *La relation entre création et rédemption.* Comme le prologue de l'évangile de Jean nous le révèle, Jésus nous vient de Dieu, Il partage la nature divine et Il a participé à l'œuvre de la création (Jn 1.1-3). C'est pourquoi Il n'est pas venu dans un monde étranger, mais dans un monde qui Lui appartenait déjà (Jn 1.11). C'est autour de cette thématique que le grand débat des premiers siècles s'est tenu avec le marcionisme et le gnosticisme. Selon la Bible et selon la foi orthodoxe, le Dieu rédempteur est le Créateur Lui-même.

Cette conviction implique qu'il y ait une continuité entre la rédemption et la vie que nous vivons avant d'écouter la Bonne Nouvelle de la rédemption en Christ. En effet, cette rédemption nous rétablit dans la vie pour laquelle nous avons été créés, répondant ainsi aux besoins les plus profonds de notre condition. Les besoins que nous ressentons et la détresse que nous expérimentons sont réels, parce que nous avons été créés pour une vie meilleure. C'est sa création déchue que Dieu a voulu sauver, même s'Il avait pu simplement recommencer avec une autre création en abandonnant son premier projet. C'est cela l'amour et la fidélité de Dieu. L'Évangile doit être contextualisé, il doit être proclamé de manière à ce que la façon dont il répond aux besoins les plus profonds que nous ressentons devienne claire. C'est le sens de l'appellation biblique même d'« Évangile ». L'Évangile ne peut être proclamé « bonne nouvelle » que si le messager éclaire la façon dont cette nouvelle est bonne par rapport à l'état dans lequel son auditeur se trouve. Le messager doit montrer comment ce message est bon par rapport à la vie qu'il connaît lui-même dans son contexte.

Le fait qu'en tant que créatures, nous ayons besoin d'un rédempteur, n'exclut pas qu'il y ait, dans le même temps, une discontinuité entre l'Évangile et ce que nous étions avant que l'Évangile nous touche. Si l'être humain est abandonné à lui-même, il ne se comprend plus. Il ne peut pas réaliser la profondeur de sa perdition, parce qu'il ne connaît plus la grandeur de l'amour de Dieu, et sa plus grande perdition vient du fait qu'il ait rejeté cet amour. De plus, même s'il connaît la perdition, sans Dieu, l'homme a tendance à la refouler. Il essaie d'oublier cette connaissance, parce qu'il est difficile de reconnaître sa culpabilité et la profondeur de son malheur. Cette suppression de la reconnaissance de notre vrai état fait partie de ce que nous appelons « l'influence noétique du péché ».

2. *L'identité chrétienne et l'intégrité de la conversion*. La croyance selon laquelle l'Évangile nous parle à l'endroit où nous sommes, est évidemment d'une grande importance pratique. Elle a d'importantes implications sur la question de l'*identité* chrétienne qui, le plus souvent, apparaît chez les personnes des deuxièmes ou troisièmes générations après l'entrée de l'Évangile dans une nouvelle communauté : qui suis-je en tant que chrétien hellénistique ou en tant que chrétien africain ? Comment ma culture hellénistique, européenne ou mon africanité et ma négritude est-elle liée à mon identité chrétienne (Walls, 1985, p. 78ss ; Bediako, 1992) ? Quelle est la continuité de ma personne avant et après la conversion (Bediako, 1992, p. 4) ? Ces questions de l'intégrité de la conversion et de l'identité du jeune chrétien sont en fait les pendants psychologiques de la question théologique de la relation entre création et rédemption. La continuité entre création et rédemption donne une raison de supposer qu'il y a aussi une intégrité de la personne que j'étais avant et après ma conversion et, qu'en tant que chrétien, je peux toujours maintenir une identité européenne, africaine ou autre.

Le fait que la création ait besoin de rédemption donne également une raison de voir une discontinuité dans ce domaine. « L'*intégrité* de la conversion » est « l'intégrité de la *conversion* », une intégrité, mais à travers une réorientation et un renouvellement radical de toute la vie. Mon identité en tant que « chrétien *néerlandais* » est mon identité en tant que « *chrétien* néerlandais », et mon identité en Christ est même primordiale par rapport à mon identité en tant que Néerlandais. Ma nouvelle famille en Christ est devenue prioritaire par rapport à mon ancienne famille de sang ou de culture (Mc 3.31-35 ; cf. Van den Toren, 1997, p. 224).

3. *La seigneurie de Christ*. La nécessité de la contextualisation n'est pas seulement une conséquence de la confession de Christ notre *Sauveur* envoyé par notre Créateur. Elle est également une conséquence de notre confession de Christ en tant que *Seigneur*, confession centrale dans le Nouveau Testament (Lc 2.11 ; Mt 28.18 ; Rm 10.9 ; 1 Co 12.3) et de notre confession d'un seul Dieu,

le Créateur de tout l'univers. Cette confession implique une discontinuité radicale entre l'Évangile et les convictions antérieures de ceux qui l'écoutent, parce qu'elle implique une critique de toutes les puissances humaines ou non humaines qui prennent le titre de seigneur et réclament notre obéissance inconditionnelle, que ce soit Mammon ou l'argent, l'empereur romain, le grand sorcier ou la Banque mondiale (cf. Bediako, 2000, p. 85-108).

> Car, bien qu'il y ait, soit au ciel, soit sur la terre, de prétendus dieux – et en fait il y a quantité de dieux et quantité de seigneurs –, pour nous en tout cas il n'y a qu'un seul Dieu, le Père, de qui tout vient et pour qui nous sommes, et un seul Seigneur, Jésus-Christ par qui tout existe et par qui nous sommes (1 Co 8.5-6, *BJ*).

Cette discontinuité implique également une certaine continuité, parce qu'elle suppose qu'il y ait suffisamment d'univocité entre les concepts de dieu et de seigneur dans la Bible et dans les cultures environnantes, pour affirmer que les uns sont vrais et les autres faux. C'est précisément entre continuité et discontinuité que la contextualisation s'opère. La seigneurie de Christ et l'unicité de Dieu ne peuvent pas être proclamées si nous ne pouvons pas faire une liaison avec une certaine compréhension antérieure. Si nous proclamons Yahvé comme Dieu et Jésus-Christ comme Seigneur, Yahvé et Jésus-Christ sont les facteurs inconnus dont nous expliquons la nature et l'importance à l'aide des notions connues de « dieu » et de « seigneur ». Dans le même temps, cette proclamation implique une critique de tous ceux qui s'appellent ou se comportent comme dieu ou comme seigneur suprême dans ces cultures réceptrices. Sans cette critique, l'Évangile ne peut même pas être un message qui nous libère. Il veut nous libérer précisément de la seigneurie oppressante des faux compétiteurs du vrai Dieu et du Seigneur Jésus-Christ.

4. *L'exemple normatif de l'incarnation*. Dieu s'est révélé à nous de différentes manières, mais de façon suprême dans son incarnation en Christ (Hé 1.1-4). L'action de Dieu en Christ est, dans le Nouveau Testament, souvent utilisée comme exemple de comportement, même s'il est clair que notre mission reste toujours d'une qualité différente par rapport à la sienne (Jn 13.1-17 ; Ph 2.5-11). Si Dieu s'est incarné, cela implique également une contextualisation de sa révélation, et c'est pour cela qu'un appel à l'incarnation est souvent utilisé pour nous motiver à prêcher l'Évangile de manière adéquate dans notre contexte. Comme Dieu en Christ est venu sur la terre pour se révéler, nous devons de manière analogue être « terre-à-terre » dans la communication de l'Évangile (cf. Stott & Coote, 1980 ; Imasogie, 1993, p. 14ss).

L'incarnation de Christ impliquait la contextualisation de la grâce révélée en Lui, non seulement par son adaptation à la réalité terrestre et humaine, mais également par son entrée dans une culture spécifique. En fait, l'existence humaine est toujours vécue dans une certaine culture spécifique et, dans le cas qui nous intéresse, la culture juive palestinienne du temps de l'empereur Auguste (Walls, 1996, p. 26ss). Il est vrai que la culture juive était un cas à part, parce qu'à travers des siècles sous l'ancienne Alliance, Dieu avait préparé ce peuple pour s'y révéler en Christ (Torrance, 1999, p. 85-88). Néanmoins, la culture juive de ce temps n'était pas prête à bien comprendre et à bien accueillir le Christ et, en cela, elle partageait le sort de toute culture sous l'influence du péché. Les concepts existants pour témoigner de la réalité de Jésus de Nazareth (comme Messie, Fils de l'Homme, etc.) pouvaient être utilisés, mais ils devaient en même temps être sanctifiés pour exprimer la réalité entièrement nouvelle et inattendue en Jésus-Christ.

De même, l'Évangile peut s'incarner dans toute autre langue et toute autre culture, non pas pour les laisser telles qu'elles sont, mais pour les utiliser comme véhicules d'un message d'amour et de grâce inconcevable antérieurement. L'incarnation comme exemple archétypal de la contextualisation montre la même relation entre continuité et discontinuité de l'Évangile et la culture dans laquelle il est proclamé. Il y a une continuité entre la culture réceptrice et l'Évangile, parce que c'est en termes de langue et de structure conceptuelle de cette culture que l'Évangile est proclamé. Il y a également discontinuité, parce que l'Évangile incarné et inculturé y amène un message et une réalité de grâce qui ne peut jamais être contenue dans la culture existante et qui la transformera de l'intérieur (Walls, 1985, p. 73s. ; 1996, p. 28ss ; Zorn, 1997, p. 188s.).

5. *La révélation générale et spéciale.* La possibilité de la contextualisation est enfin une conséquence de la relation entre la révélation dans la Bible et en Christ et la révélation générale de Dieu par sa création entière (Rm 1.18ss). Cette relation sera analysée dans le prochain chapitre sur la révélation pour en montrer également la continuité (parce que c'est le même Dieu qui s'y fait connaître) et la discontinuité (parce que la révélation spéciale est l'accomplissement, mais également la critique de ce que l'homme a fait de la révélation générale).

Les cinq raisons théologiques qui amènent à s'impliquer dans la contextualisation du message de l'Évangile montrent comment cette contextualisation est propre à l'Évangile. Cette contextualisation est une caractéristique intrinsèque de l'Évangile qui veut être une bonne nouvelle par rapport à ce que nous vivons dans notre contexte. Très souvent, la question est posée par rapport à la contextualisation : « Jusqu'où *peut*-on contextualiser sans perdre l'essentiel de l'Évangile ? » Cette question reflète, en fait, l'idée de l'accommodation. Elle suppose en effet que l'adaptation se fait à partir de la périphérie pour progresser vers des éléments plus centraux de l'Évangile et qu'elle recherche à quel niveau les dégâts deviendraient injustifiables. La bonne question doit plutôt être : « Jusqu'où *devons*-nous contextualiser l'Évangile, pour que la rédemption en Christ soit vraiment comprise et expérimentée, et pour que sa seigneurie soit vraiment reconnue et obéie ? » La contextualisation n'est donc pas seulement l'affaire d'une bonne communication au travers de barrières culturelles, pour éviter autant que possible une mauvaise perception de l'Évangile. La contextualisation est plus profondément liée au fait que l'Évangile veut nous libérer là où nous sommes, et que sa puissance doit commencer à bouleverser, à libérer et à réorganiser notre monde.

Quelle est donc la tâche de la dogmatique en tant que discipline orientée vers la formulation d'une doctrine contextuelle et pertinente ? Avec le soutien des disciplines auxiliaires comme l'anthropologie culturelle et la sociologie, la dogmatique doit analyser ce que croient les chrétiens et les non-chrétiens d'une certaine culture ou d'un certain groupe social, pour l'appréhender à la lumière de l'Écriture et pour proposer à l'Église un enseignement aussi pertinent que biblique répondant à la problématique et aux besoins de ce groupe particulier. La question du « comment bien faire la contextualisation » retiendra encore notre attention au cours du dernier chapitre, lorsqu'il sera question de la méthode de la réflexion dogmatique (§ 5.4).

Risques de la contextualisation

En dépit de son importance et de son bien-fondé théologique, l'idée de la contextualisation du message de l'Évangile a suscité une critique considérable. L'opposition est en grande partie basée sur la crainte de certains dérapages possibles, notamment celle du syncrétisme (Kato, 1985, p. 23-31) et celle d'une fragmentation de la théologie en multiples théologies locales contextualisées (cf. Bosch, 1995, p. 573s.). Ces craintes ne sont pas sans fondement, car il y a des théologies contextuelles qui perdent de vue l'Évangile en se concentrant trop sur les défis et la particularité d'un certain contexte. En oubliant comment l'Évangile est étranger et nouveau dans notre monde, de telles théologies risquent de ne plus avoir de message libérateur : notre salut nous vient d'un Évangile qui nous est annoncé d'ailleurs par une croix qui constitue une folie pour la sagesse de ce monde (1 Co 1.18-25). Il nous faut donc comprendre ces deux risques pour bien pouvoir contextualiser.

1. *Syncrétisme*. Le terme « syncrétisme » se réfère généralement aux amalgames des croyances et des pratiques religieuses provenant de différentes religions, dans notre cas des amalgames de la foi chrétienne et d'autres religions. De par son origine, la contextualisation peut générer un syncrétisme. À l'origine, les théologiens qui défendaient l'inculturation de la théologie étaient fortement motivés par un désir de défendre la valeur de leur arrière-plan culturel et religieux contre l'attitude très négative de la plupart des premiers missionnaires. Les théologiens africains de la première génération, comme Bolaji Idowu (1962) et John Mbiti (1972) ont par exemple beaucoup investi dans l'étude des religions traditionnelles africaines, pour montrer que Dieu y était déjà à l'œuvre et qu'il y était déjà reconnu avant l'arrivée des missionnaires chrétiens (cf. Bediako, 1992, p. 225ss). Dans le désir de montrer que Dieu n'est pas resté « sans témoignage » (cf. Ac 14.17) dans les religions traditionnelles africaines, il est facile de tomber dans l'erreur inverse, et de ne pas suffisamment percevoir les limitations et les erreurs des religions traditionnelles qui sont révélées à la lumière de l'Évangile. Il est facile aussi de vouloir incorporer trop d'éléments de ce passé dans la nouvelle vie chrétienne.

Cependant, ce danger de syncrétisme n'est pas une conséquence obligatoire de la contextualisation si, dans le dialogue entre l'Écriture et le contexte, la révélation biblique a l'autorité suprême, et si elle demeure l'axe d'orientation de l'analyse et de l'évaluation du contexte. Le contexte culturel est aussi une source pour développer la théologie, et une norme pour l'évaluer. Il demeure néanmoins, une *norma normata* : une norme qui reçoit sa normativité de l'Écriture. L'Écriture est la *norma normans* : la norme qui détermine la normativité du contexte comme source de la théologie (Bosch, 1995, p. 577 ; Zorn, 1997, p. 186s.). Si l'Écriture demeure la norme principale, nous devons prendre tout autant au sérieux les aspects négatifs des traditions religieuses reçues de nos ancêtres que leurs aspects positifs (Bediako, 1992, p. 437). Nous trouvons de bons exemples de cette compréhension de l'ordre entre l'Écriture et le contexte dans le « Willowbank Report » (Stott & Coote, 1980, p. 308-339 ; Blaser, 2000, p. 299-308) et dans la théologie du théologien Ghanéen Kwame Bediako (Van den Toren, 1997).

Pour envisager un deuxième aspect du syncrétisme comme conséquence obligatoire ou non de la contextualisation, il est important de bien faire la distinction entre le syncrétisme théologique et le syncrétisme pratique. La pertinence de cette distinction est claire quand nous considérons le nombre d'Églises qui sont orthodoxes dans leur théologie, mais dans lesquelles beaucoup de chrétiens combinent leur foi chrétienne avec des pratiques païennes comme les gris-gris, la divination etc. (Tiénou, 1980, p. 22). Ce syncrétisme pratique n'est pas un phénomène limité aux Églises non occidentales. Pour les chrétiens occidentaux, il y a le même risque de servir en même temps le Dieu de la Bible et les maîtres de la société environnante, comme le matérialisme, l'absolutisme de la science, l'autonomie de l'homme ou la tolérance à tout prix. Partout, il y a ce risque de vouloir simultanément servir deux maîtres au lieu de servir un seul Seigneur et de chercher son royaume avant tout (cf. Mt 6.19-24 ; 33-34).

Dans la lutte contre ce syncrétisme pratique, la théologie contextuelle offre une partie de réponse. En effet, le grand problème qui se cache derrière le syncrétisme pratique, est le fait que les pratiques de la culture environnante sont un point aveugle de la réflexion théologique. Du fait qu'il n'y a pas de réflexion théologique sur ces pratiques, elles sont simplement condamnées sans justification. Prenons le syncrétisme pratique en Afrique. Il ne suffit pas de simplement condamner les pratiques traditionnelles, sans avoir compris leur fonction dans le contexte traditionnel, et sans avoir expliqué comment la foi et la communauté chrétienne pourraient répondre aux besoins légitimes qui se trouvent derrière une telle pratique. Nous avons déjà fait référence à l'attitude de beaucoup de chrétiens africains envers la maladie (§ 2.1). Le recours aux devins et aux guérisseurs traditionnels en cas de maladie est motivé par la peur des origines spirituelles de la maladie et par le désir de les contrecarrer. Le désir d'être en bonne santé, et la peur des forces spirituelles trouvent leur point de départ dans un besoin réel de l'être humain. L'Église africaine ne peut pas simplement nier ces peurs et ces désirs. Elle doit plutôt expliquer comment l'Évangile répond mieux et de manière plus profonde à ces besoins et à ces défis que les pratiques traditionnelles. Cela nécessite précisément une théologie contextuelle. Le fait que des théologies contextuelles soient mieux placées pour répondre aux défis du syncrétisme se révèle dans les mouvements chrétiens d'origine africaine. Sur certains points, ces mouvements sont plus efficaces dans leur critique des pratiques traditionnelles comme les gris-gris etc., précisément parce qu'ils se confrontent à ces pratiques en termes compréhensibles dans la vision traditionnelle africaine du monde (cf. Bediako, 2000, p. 183-185).

Si nous cherchons à éviter le syncrétisme dans la contextualisation de la théologie, nous devons, en troisième lieu, considérer la contribution de l'Église mondiale. Sur la question de savoir si certaines contextualisations sont fécondes, l'Église locale et l'Église mondiale ont chacune un rôle à jouer. Les chrétiens originaires d'une certaine culture sont plus aptes à juger si certaines formulations contextuelles de la doctrine touchent vraiment à la racine des pratiques de la culture ancestrale ou environnante, et si elles donnent une réponse adéquate et libératrice. D'un autre côté, des chrétiens d'autres contextes culturels dans l'Église mondiale sont mieux placés pour percevoir si ces contextualisations courent un danger de trahison par rapport à des aspects essentiels du message chrétien (cf. Kraft, 1979, p. 304 ; Newbigin, 1986, p. 9 ; Walls, 1985, p. 81 ; Hiebert, 1999, p. 102, 113).

Le dialogue entre les chrétiens provenant des différentes régions et de différents secteurs sociaux de l'Église mondiale peut aider à distinguer les contextualisations libératrices des contextualisations syncrétistes. Les chrétiens vivants dans des cultures orientales dominées par l'hindouisme et le bouddhisme peuvent demander aux chrétiens occidentaux s'ils ne se sont pas trop acclimatés dans une culture matérialiste pour oublier la nature passagère du monde visible. À leur tour, les chrétiens d'Occident doivent leur demander si les chrétiens d'origine asiatique prennent le monde dans lequel nous vivons suffisamment au sérieux : ce monde est la création voulue pour Dieu, que Dieu n'a pas abandonnée, mais qu'Il renouvellera un jour (Ap 21). Les chrétiens africains auront raison de rappeler aux chrétiens occidentaux la réalité des anges et des démons. Les chrétiens occidentaux peuvent à leur tour demander comment nous pouvons prendre ces forces au sérieux sans que l'homme devienne un jouet inerte entre l'Esprit-Saint et le diable, une conception bien éloignée de la Bible (cf. Ferdinando, 1996). Pour que ce dialogue chrétien interculturel soit vraiment fécond il faut que nous retournions toujours vers la Bible pour voir comment juger ces différentes conceptions théologiques. Ce dialogue nous aide à découvrir des éléments dans la Bible qui nous ont peut-être échappés jusquelà. Le dialogue entre chrétiens des différents horizons doit nous faire entrer dans un dialogue renouvelé avec le message biblique, un dialogue dans lequel nous cherchons toujours à donner le dernier mot à son message.

2. *Fragmentation de l'Église et de la théologie.* Si l'Église s'engage à développer des théologies contextualisées, il y a un deuxième risque : le risque d'une fragmentation de la théologie universelle en théologies locales. Est-ce que nous ne finirons pas avec des théologies occidentale, asiatique, africaine et latino-américaine qui auront peu de choses en commun ? La contextualisation doit même devenir de plus en plus spécifique pour répondre aux défis

réels : dans ce sens, il ne nous faut pas seulement une théologie africaine, mais une théologie Fang et Gbaya et une théologie pour les urbains africains, comme pour les veuves, les jeunes etc. Dans les cercles de la théologie de la libération, on a, de même, une multiplication de « théologies du génitif » : une théologie des noirs, des pauvres, des femmes, des femmes palestiniennes, etc. *ad infinitum*. Est-ce que nous ne devons pas dire en même temps qu'il n'y a qu'un seul Évangile pour toute l'humanité (Ga 1.6-9) ? Alors, comment ne pas le perdre dans toute cette diversification théologique (cf. Bosch, 1995, p. 573s.) ?

Pour formuler une théologie contextuelle qui évite ce risque, nous devons réaliser que, malgré toutes les variétés culturelles, toute théologie chrétienne digne de ce nom est guidée par deux points de repères universels. En premier lieu, il y a Dieu et ce qu'Il a fait pour nous en Jésus-Christ. Une bonne théologie contextuelle doit en même temps être une théologie réaliste (cf. § 1.4) qui réalise que le but, l'orientation et la libération de notre vie réside dans une réalité hors de nous-mêmes et hors de toutes nos cultures : en Dieu. Même si nous ne pouvons connaître Dieu qu'en termes et en images appropriés à notre propre langage et à notre propre culture, la réalité que nous connaissons, et vers laquelle nous tendons, est une réalité qui existe avant nous et indépendamment de nous. Dieu ne dépend pas de nous ni de notre culture ; c'est nous au contraire, qui dépendons entièrement de Lui (cf. § 1.2).

Le deuxième repère universel de la théologie chrétienne est l'homme (cf. Kraft, 1979, p. 303). En dépit du fait que l'Évangile nous touche là ou nous sommes, en tant qu'Africains ou Européens, hommes ou femmes, riches ou pauvres, il nous touche tout d'abord en tant qu'humains (cf. Bediako, 1995, p. 227). Même si l'Évangile s'adresse à nous avec nos expériences particulières, il nous force en même temps à revoir nos besoins et nos désirs : peut-être n'avons-nous pas encore compris quels sont nos besoins les plus profonds, ni la grandeur du salut que Dieu a prévu pour nous. Dans le miroir de l'Évangile, nous découvrons que notre corruption et notre perdition sont bien plus profondes que nous ne le réalisions auparavant. Nous y découvrons aussi que ce que Dieu veut nous donner – la communion avec Lui-même – dépasse de loin ce que nos ancêtres et notre culture n'avaient jamais osé espérer. Dans le miroir de l'Évangile, nous découvrons notre misère la plus profonde, mais également notre grandeur, comme le philosophe Blaise Pascal (1623-1662) l'a montré (Pascal, *Pensées*, #131). Dans le miroir de l'Évangile nous découvrons ce que nous sommes réellement. En lisant la Bible dans notre propre langue, nous découvrons qu'elle nous révèle des profondeurs de notre être que nous n'avons jamais connues auparavant, mais qui résonnent néanmoins avec ce que nous sommes et avec ce que nous avons toujours été sans le savoir.

Ces repères universels de toute bonne théologie contextuelle correspondent à une caractéristique importante du langage chrétien et du processus de la traduction de l'Évangile. Nous avons déjà vu comment le processus de la traduction de l'Évangile et de la Bible est, en soi, un processus de contextualisation qui fait entrer l'Évangile dans des contextes et des cultures toujours nouveaux. Si l'Évangile est traduit dans une langue particulière, le même processus de traduction provoque aussi des changements de signification en sens inverse. La conversion implique aussi en grande partie l'apprentissage d'une nouvelle langue, d'une nouvelle culture, d'une nouvelle manière de se comprendre soimême et de comprendre son monde. Si nous apprenons que Jésus-Christ est *kurios*, « seigneur » ou *kota gbia*, ces mots en grec, français, sango ou en toute autre langue ont leurs propres connotations et peuvent, en cela, parler aux gens dans des situations bien différentes. Cependant, ces mots reçoivent un sens plus riche qu'ils ne l'ont eu auparavant. Avant, je n'ai peut-être jamais pu concevoir un « seigneur » ou *kota gbia* qui règne en servant et qui va même jusqu'à la croix pour sauver son peuple. Désormais, je dois élargir cette notion pour inclure ces nouvelles possibilités de signification. Devenir chrétien n'est donc pas seulement apprendre un message dans ma propre langue, mais encore, dans un autre sens, l'apprentissage d'un nouveau vocabulaire, d'une nouvelle culture qui est en principe commune à tout le peuple de Dieu partout dans le monde (Van den Toren, 2011a, p. 55ss). Les chrétiens viennent de chaque culture et de chaque peuple, mais devenir chrétien signifie aussi devenir membre d'un nouveau peuple par adoption dans le peuple d'Israël par Jésus-Christ, notre grand frère (Bediako, 1995, p. 227 ; 2000, p. 63-65 ; Walls, 1985, p. 73s.).

Je propose donc ici une compréhension de la théologie qui est en même temps réaliste et contextuelle. Les deux pôles sont complémentaires. Chaque approche scientifique d'un aspect de la réalité se fait dans une certaine communauté et dans une certaine constellation culturelle et historique. Elle s'oriente vers une réalité objective et elle revendique la validité universelle de ses conclusions, mais elle est en même temps incorporée dans une certaine tradition avec une certaine « culture » (cf. Polanyi, 1962 ; Newbigin, 1989, p. 39-51 ; cf. § 1.4). La contextualité de la théologie et de la dogmatique va même au-delà de l'aspect contextuel de toute science, surtout en comparaison avec les sciences naturelles. La théologie ne réfléchit pas seulement sur la nature éternelle de Dieu. La théologie voit toute la réalité sous l'angle de sa relation avec Dieu (§ 1.3) et elle cherche à découvrir la main de Dieu dans chaque culture et à évaluer chaque contexte et chaque situation à la lumière de l'Évangile. De plus, en tant que réflexion critique sur l'enseignement de l'Église, la dogmatique appréhende la façon dont l'Évangile peut être enseigné en des termes qui peuvent être appropriés dans un contexte particulier, et comment son message peut être libérateur dans la vie vécue et perçue dans ce contexte.

Une théologie contextuelle a, en même temps, besoin de ce côté réaliste : de son orientation vers une réalité universelle et vers des notions pour lesquelles la théologie revendique une valeur universelle. C'est seulement cette réalité qui nous permet de critiquer le contexte et qui permet une libération de notre emprisonnement dans notre conception de nous-mêmes. Cette réalité seule peut protéger la théologie contextuelle d'une fragmentation en multiples positions théologiques qui n'ont rien à dire les unes aux autres, et qui se sont tellement adaptées qu'elles n'ont plus de message radicalement nouveau.

Nous pourrions dire que c'est l'orientation vers la Bible reconnue par tous les chrétiens qui garantit son unité. Néanmoins, même la Bible représente une multitude de perspectives théologiques. La Bible n'est pas tout d'abord cohérente en tant que document littéraire, même si sa cohérence littéraire relative peut nous étonner. Sa cohérence vient principalement du fait qu'elle est partout révélation d'un seul Dieu qui s'est révélé suprêmement en Christ. Si on ne prend pas en considération les différentes perspectives théologiques comme perspectives d'une même réalité, leur unité s'évapore, et chaque théologie contextuelle et même hérétique peut trouver dans la Bible des voix pour la soutenir. C'est parce que la multitude des perspectives nous ouvre une même réalité, que la Bible peut nous fournir les points de repères pour nous guider dans le dialogue constructif et critique entre les différentes perspectives théologiques contextuelles contemporaines (§ 4.6).

Cette compréhension d'une théologie en même temps réaliste et contextuelle n'est donc pas un retour au modèle du « centre-périphérie » de l'accommodation. Le centre n'est pas localisable en un nombre de notions théologiques qui seraient elles-mêmes libres de toute « souillure » culturelle. Le centre est la réalité de Dieu en Christ, et ce message entre à part entière dans notre contexte particulier. Ces deux pôles de la réalité et du contexte montrent quand même que la distinction centre-périphérie nous renvoie vers une distinction indispensable entre la réalité de Dieu qui est universelle, et les formulations théologiques qui sont les nôtres. C'est à cause de cette reconnaissance que ce modèle centre-périphérie est de loin préférable à une conception de la contextualité qui relativise toute pensée théologique.

2.7. Quelques conclusions

Au regard des différentes tâches de la dogmatique, nous pouvons tirer quelques conclusions plus générales. Nous devons tout d'abord conclure qu'il faut rejeter des compréhensions réductrices de la dogmatique ou de la doctrine. J'entends par là les compréhensions de la dogmatique qui voient une tâche particulière comme seule vraie tâche, et qui réduisent toute la dogmatique à celle-ci. Des expressions comme « la dogmatique n'a son sens que pour enseigner dans les Églises » ou « la dogmatique a comme seul but de chercher la vérité objective », ne reflètent pas la richesse des fonctions de la doctrine dans la Bible, ni la diversité des tâches de la dogmatique dans l'histoire de l'Église. Elles ne reflètent pas non plus les multiples besoins urgents pour la réflexion systématique de l'Église contemporaine.

Nous constatons ensuite que les différents buts de la dogmatique sont étroitement liés les uns aux autres. Parmi ces buts, la reconnaissance de la révélation de la vérité objective de Dieu doit être considérée comme le centre et la base de toute réflexion dogmatique :

- parce que la dogmatique se réfère à une vérité objective et universelle, elle veut faire une apologie de cette vérité pour ceux qui ne la connaissent pas, ceux qui la rejettent ou ceux qui en doutent ;
- parce que la dogmatique se réfère à la vérité de l'action et de la révélation de Dieu qui nous viennent d'ailleurs, elle met fortement l'accent sur l'enseignement ;
- c'est seulement parce que la dogmatique se réfère à une réalité objective qu'elle peut fixer les limites de la communauté des croyants, en dehors de toutes motivations idéologiques, qui servent les intérêts de la communauté pour laquelle elle parle ;
- c'est seulement si la dogmatique conserve cette vérité, qu'elle peut la contextualiser sans compromettre l'Évangile, ce qui est le sens même de cette contextualisation.

Nous sommes fortement interpellés par l'importance de la doctrine chrétienne et à l'urgence de la réflexion dogmatique pour l'Église et pour le monde. Cette réflexion dogmatique est urgente pour le monde entier qui oscille entre les religions non-chrétiennes et la modernité. Les chrétiens en Afrique, en Europe, et ailleurs en ont besoin comme instruction et comme aide pour vivre leur vie de foi d'une manière solide et mûre, et intégrée dans leur contexte spécifique. L'Église a besoin de la réflexion dogmatique pour approfondir son témoignage apologétique à la modernité et à la postmodernité, mais également à l'islam, aux religions traditionnelles africaines, et aux autres religions. Nous en avons besoin pour comprendre l'essentiel de l'identité chrétienne dans un monde pluraliste avec ses mouvements religieux, sectaires, et syncrétistes de toutes sortes.

Pour clore ce chapitre, il est important de souligner que ces fonctions de la doctrine et de la dogmatique n'ont rien d'extraordinaire. Elles appartiennent à la vie chrétienne ordinaire, et elles contribuent à la croissance de la vie de prière et d'adoration, de la lecture biblique personnelle et de la vie chrétienne dans ce monde, dans un contexte particulier de la vie en communauté et de la vie de témoignage. La pertinence de la doctrine et de la dogmatique ne se limite pas non plus à des ministères particuliers. La doctrine et la dogmatique sont l'affaire des prédicateurs et des catéchistes, des dirigeants des communautés chrétiennes, des apologètes et des missionnaires, et de tous ceux qui aiment Dieu avec tout ce qu'ils ont, y compris leur intelligence. La doctrine fait partie de la vie ordinaire de l'Église, et nous l'utilisons souvent de manière implicite et sans en être conscients. La dogmatique nous aide à faire ces choses consciemment et d'une manière plus réfléchie pour mieux guider l'enseignement et la prédication pour l'édification de l'Église.

Il est urgent que le mouvement évangélique mondial parvienne à contrecarrer l'anti-intellectualisme qui est une de ses faiblesses (cf. Guinness, 1995). La bonne réponse au mauvais usage de la raison dans la modernité n'est pas un anti-intellectualisme, mais un meilleur usage de l'intellect, selon la place que Dieu lui accorde. Dans leur recherche et dans leur réflexion, les évangéliques s'investissent surtout dans les domaines bibliques et pratiques. La doctrine et la théologie systématique, qui ont leur place entre la Bible et la pratique, demeurent marginales. La dogmatique est souvent plus tolérée que respectée. Si une théologie sans les disciplines bibliques est une théologie sans base, et si une théologie sans les disciplines pratiques est une théologie sans mains, une théologie sans doctrine, sans dogmatique et sans les autres disciplines systématiques est une théologie sans tête.

3

La révélation : possibilité de la connaissance de dieu

3.1. La possibilité de connaître Dieu

Indications bibliographiques
Karl Barth, *Dogmatique II : La Doctrine de Dieu*, tome 1*, Genève, Labor et Fides, 1956.
Henri Blocher, *Introduction à la théologie évangélique*, Notes du Cours professé en 1976, Vaux-sur-Seine, FLTE, 1976, p. 29-48.
Keith Ward, *Religion and Revelation. A Theology of Revelation in the World's Religions*, Oxford, Clarendon Press, 1994.
Ronald F. Thiemann, *Revelation and Theology. The Gospel as Narrated Promise*, Notre Dame, University of Notre Dame Press, 1985.
Stephen Williams, *Revelation and Reconciliation. A Window on Modernity*, Cambridge, Cambridge University Press, 1995.

Notion de la révélation

Une fois exposée l'importance de la dogmatique pour la foi, la vie chrétienne, et le témoignage de l'Église, abordons maintenant la question suivante : comment la théologie est-elle possible ? La théologie en général, et la dogmatique en particulier, sont basées sur le fait que Dieu se fait connaître de sa propre initiative. Le fait que Dieu se révèle est ce qui rend possible que nous Le connaissions, Lui et ses actions, parce que nous sommes des créatures, distinctes de Dieu notre Créateur. Si notre cosmos était un univers panthéiste dans lequel tout partagerait la nature divine, ou si tout être humain avait une étincelle de divinité en lui, nous n'aurions peut-être pas besoin que Dieu se fasse connaître. La réalité est néanmoins telle que nous ne sommes que des créatures qui n'ont rien de divin en nous, et que nous ne pouvons connaître le Créateur que s'Il se révèle à nous de Lui-même.

Le terme « révélation » fait tout d'abord référence à l'*acte* de Dieu qui se fait connaître par ses actions et par les paroles qu'Il inspire à ses messagers (cf. Mt 11.25). De façon secondaire, le terme « révélation » est aussi utilisé pour les *paroles*, à travers lesquelles Dieu se révèle. Ces paroles qui transmettent les actes et sont une partie intégrante du mouvement de la révélation divine (Ap 1.1). Comme le terme grec *apokalypsis*, le terme de la révélation comporte la notion de faire connaître une chose cachée et qui, autrement, demeurerait un mystère. Dieu le Créateur demeurerait nécessairement un mystère insondable pour nous s'Il n'avait pas Lui-même choisi de se dévoiler ou de se révéler.

Dans la réflexion théologique, nous faisons le plus souvent la distinction entre deux champs différents de la révélation : la révélation générale et la révélation spéciale. L'expression « révélation générale » se réfère à tout ce que Dieu a fait et à tout ce qu'Il continue de faire pour se faire connaître à travers la création et dans l'exercice de la providence générale dans le monde. Ce que nous pouvons connaître de Dieu, sur la base de cette révélation, est le sujet d'un débat théologique important qui retiendra notre attention plus loin dans le texte (§ 3.2). La « révélation spéciale » est la révélation de Dieu pour la rédemption de l'humanité au travers d'actes spéciaux dans l'histoire du salut, dans la Bible, dans l'Église et dans la vie des chrétiens d'aujourd'hui, ainsi qu'en Jésus-Christ qui est le centre de toute la révélation. Dans ce chapitre nous étudierons également l'étendue, le mode et les limitations de cette révélation spéciale ainsi que sa relation avec la révélation générale (§ 3.3). Nous consacrerons un chapitre entier à la Bible qui est notre voie d'accès principale à la révélation spéciale, et qui constitue ainsi la source principale de la théologie et de la dogmatique (chapitre 4).

Bien que la puissance et la divinité de Dieu soient « visibles » et « manifestes » dans la création (Rm 1.19-20), la révélation générale est vraiment révélation ou dévoilement, parce que Dieu aurait pu choisir de ne pas s'y révéler. La création de l'univers est une expression libre de l'amour de Dieu, car Il aurait aussi pu ne pas créer et ne rester connu que de Lui-même. De plus, nous pouvons concevoir une création dans laquelle Dieu ne se ferait pas connaître comme Il le fait dans cette création qu'Il a voulu créer.

Les théologiens utilisent différentes expressions pour distinguer les deux types de révélation : « révélation naturelle et surnaturelle » (cf. *Catéchisme catholique*, § 53),

« révélation réelle – dans les choses – et verbale », « possibilité constitutionnelle » et « possibilité historique » (Blocher, 1976, p. 34-42). Toutes ces alternatives ont néanmoins certains inconvénients : les deux domaines de la révélation ont leur pôle surnaturel en Dieu et leur expression dans le domaine de la nature ; la révélation générale est liée à la constitution de la création et de l'être humain, mais elle a aussi un aspect historique lié à la providence de Dieu dans la vie des nations (Dt 32.8 ; Am 9.7) ; la révélation spéciale n'est pas que verbale, elle est aussi historique et personnelle, particulièrement dans la personne de Jésus-Christ (§ 3.3). Même si les expressions courantes « révélation générale » et « révélation spéciale » sont floues, nous les préférons à d'autres, parce qu'elles ne donnent pas de fausses impressions.

Contestation de la révélation

La possibilité d'accéder à une révélation de Dieu est très contestée, surtout depuis le début de l'âge moderne. Certains considèrent cette révélation comme peu plausible ou même impossible au vu du monde et de la vie tels qu'ils sont. D'autres pensent que la notion d'une révélation de Dieu est indigne de Dieu et peut-être même de l'homme. Dans notre monde multiculturel et multireligieux, nous devons surtout considérer cinq objections si nous voulons parler d'une autorévélation de Dieu.

Le premier facteur qui, de nos jours, rend peu plausible la notion d'une révélation de Dieu comme base de la théologie est ce que nous appelons « la conscience historique » (Niebuhr, 1941, p. 7ss ; Webster, 1993, p. 558s.). Les études historiques, psychologiques, sociologiques et anthropologiques nous ont fait prendre conscience du fait que tout ce que nous considérons comme vrai est profondément influencé par notre localisation historique, culturelle et sociale. Personne ne peut percevoir la réalité d'un point de vue neutre. Ce que l'on considère comme vrai et même comme une évidence, et que toute personne saine devrait reconnaître, diffère d'un contexte à un autre. Une paysanne d'une province orientale de l'Empire romain en 100 après J.-C., un professeur de philosophie à Königsberg en Prusse vers la fin du XVIIIe siècle ou encore un commerçant musulman de l'Afrique sahélienne des années 2000 auront des conceptions bien différentes de ce qui peut être considéré comme plausible et convaincant. Comment, dans un tel monde, quelqu'un peut-il revendiquer la réception d'une révélation divine universellement valable ? Ceci semble à première vue fort improbable. N'est-il pas plus réaliste de dire que cette personne a peut-être eu l'impression d'une réalité divine dans son contexte particulier, mais sans pouvoir lui attribuer une valeur de révélation ?

Pour le christianisme, la difficulté à considérer certaines idées comme révélées ou certains documents comme révélation est fortement amplifiée par un deuxième facteur. Il s'agit de la recherche historique des origines et du développement de la Bible, et de la révélation chrétienne. Contrairement à l'islam, la chrétienté n'a pas découragé les recherches dans le domaine des origines historiques de sa religion. L'Église reconnaissait que Dieu s'était révélé dans l'histoire, et que ceci nous donne la liberté et la responsabilité de rechercher ces origines (cf. § 4.4). Dès le début de l'âge moderne notamment, les théologiens ont fait des études historico-critiques de la formation de la Bible comme on le faisait de tout document de l'antiquité. Ils ont commencé une étude identique des origines de la foi chrétienne comme on fait l'étude du développement de toute communauté religieuse.

Les premiers résultats de ces recherches historiques furent très déconcertants. On y montrait en effet que la conception du Dieu biblique était beaucoup plus liée aux développements historiques, et que, en dépit de ce que la plupart des théologiens ne l'imaginaient auparavant, Dieu avait accepté que sa révélation prenne les formes d'un contexte historique particulier. Il faut dire que les résultats furent déconcertants aussi parce que, souvent, les recherches étaient faites à partir de suppositions qui ne s'accordaient pas avec la nature particulière de son objet de recherche, celle de la Bible. Trop souvent, on appréhendait la Bible en préjugeant qu'il était impossible que ces textes soient la révélation d'une réalité qui dépasse leur situation historique. On ne considérait pas la possibilité d'y rencontrer un Dieu qui n'entre pas seulement dans l'histoire mais qui soit Lui-même Maître de l'histoire qu'Il guide selon sa volonté (cf. Torrance, 1999, p. 97). La conviction du fait que la Bible était un document étroitement lié à son contexte historique et qu'il en était de même pour la foi de la communauté chrétienne, constituait donc en partie la découverte d'une facette de la réalité de la Bible et de la foi chrétienne. Elle était également en partie une réduction, due à un aveuglement volontaire ou involontaire sur le caractère particulier de la Bible. En tout cas, vraie ou pas, exagérée ou non, la découverte de la nature historique de la Bible rendait, pour certains, peu plausible l'idée qu'on puisse y trouver une révélation valable pour tous les temps et en tous lieux (Dulles, 1992b, p. 7).

Le pluralisme religieux qui renforce la conscience de la relativité historique de tout appel à une révélation constitue la troisième difficulté dans l'acceptation de la notion traditionnelle de la révélation. Le pluralisme religieux existe depuis la nuit des temps et le christianisme y a été confronté dès ses origines. Pourtant, depuis le XXe siècle, nous en sommes conscients avec une nouvelle acuité. Au travers des médias, et suite aux migrations internationales, nous rencontrons dans notre environnement proche des personnes qui croient à d'autres révélations que la nôtre et avec une conviction aussi forte que la nôtre. L'appel à une révélation pour justifier notre croyance en Dieu y a perdu beaucoup en plausibilité du fait qu'ailleurs on parle d'autres révélations d'autres dieux (cf. Ward, 1994, p. 6s.). Il existe aussi des personnes qui ne parlent pas des révélations mais qui ont tout de même leurs expériences mystiques et religieuses.

Un quatrième facteur qui a joué en défaveur de la notion traditionnelle de la révélation de Dieu est une certaine compréhension de la réalité du divin. Beaucoup de personnes sont attirées par la notion d'une divinité ineffable, d'une divinité qu'on ne peut jamais capturer dans nos formulations sur la base d'une révélation bien définie. Cette notion du divin puise ses sources plus particulièrement dans les grandes religions orientales à caractère mystiques, telles que le bouddhisme et l'hindouisme, plutôt que dans les grandes religions d'origine sémitique comme le judaïsme, le christianisme et l'islam. Pour de nombreuses personnes, cette notion orientale semble plus réaliste. De plus, elle semble mieux contribuer à une bonne coexistence des grandes communautés religieuses plutôt que la conviction d'une révélation qui doit être suivie en dépit des autres.

Si la notion de révélation peut être rejetée au nom d'un Dieu ineffable, elle peut l'être, en cinquième lieu, au nom de l'homme. Stephen Williams a récemment mené une analyse convaincante. Selon lui, le rejet de la révélation trouve son origine dans la valeur que l'homme moderne donne à son autonomie. Si l'homme doit se soumettre à une révélation, il ne peut plus déterminer lui-même de quelle façon il veut vivre (Williams, 1995). Comme le philosophe Karl Jaspers l'exprimait : « Moi-même, je ne peux que maintenir avec Kant que si la révélation était une réalité, elle serait une calamité pour la liberté créée de l'homme » (Dulles, 1992b, p. 9).

Si tel est le cas, nous voyons que, sur ce point, la postmodernité n'est pas réellement différente de la modernité. Bien que la postmodernité soit plus ouverte à la religion, elle est ouverte à une religion qui est le produit de l'homme et de la communauté humaine qui, à travers elle, organise son monde et donne à sa vie un sens. Une telle religion est toujours une expression de l'homme autonome, comme une religion en réponse à la révélation ne peut jamais l'être. Une religion révélée exige que nous nous soumettions à une réalité plus grande que nous (cf. Storkey, 1994, p. 144).

Pertinence de la notion de la révélation

Toutes ces difficultés liées à la notion de révélation ont amené certains théologiens à préférer garder le silence sur le sujet ou à développer une théologie dépourvue de cette notion, pensant qu'elle n'était pas indispensable (cf. Dulles, 1992b, p. 1s., 8-14 ; Thiemann, 1985, p. 47-70). Nous pensons néanmoins qu'une théologie chrétienne qui est fidèle à son sujet, et donc à son Dieu, ne peut pas se départir de cette notion. Cependant, il est indispensable de bien comprendre cette notion pour développer une conception de la révélation qui demeure fidèle à la réalité que nous rencontrons en Christ et dans la Bible, et qui puisse en même temps répondre aux défis que nous posent la conscience historique et le pluralisme religieux.

La première raison pour laquelle nous ne pouvons pas nous dispenser de cette notion est qu'elle est centrale dans la Bible qui veut elle-même être comprise comme révélation divine. Il est vrai, comme certains théologiens l'ont remarqué, que la terminologie liée à la révélation n'est pas courante de façon égale dans toutes les strates des écritures bibliques. Cependant, cette absence est peu révélatrice. Le terme « providence » n'apparaît pas du tout dans la Bible, pas même dans les histoires comme dans celle de Joseph et d'Esther où elle constitue un thème principal. Même là où la terminologie de la révélation n'apparaît pas, la réalité est supposée au préalable. Ceci est évident quand Dieu donne sa loi pour montrer au peuple de l'alliance quel est le chemin de la vie, quand Il envoie ses prophètes pour annoncer ses promesses et ses jugements et quand Il indique comment Il est à l'œuvre dans l'histoire. La réalité de la révélation s'observe aussi quand Dieu envoie son Fils, pour que ceux qui le voient discernent Dieu le Père, et quand Il répand son Esprit pour que nous Le connaissions comme *Abba*, Père, et pour nous guider dans la vérité. Enfin, la révélation est manifeste quand les textes apocalyptiques lèvent le voile de l'histoire pour nous montrer le sens de ce que nous vivons et le projet de Dieu pour l'avenir.

L'importance de la notion de la révélation ne se limite pas à la question de savoir comment nous connaissons Dieu et sa volonté ; elle n'est pas seulement une question épistémologique. La notion de révélation est le corollaire des traits centraux de la nature de Dieu et de sa relation avec nous tel que nous le rencontrons dans la Bible.

Le Dieu de la Bible est le *Créateur* : Il était là de toute éternité, avant que nous existions. Nous ne pouvons pas l'imaginer comme nous le voulons, mais nos idées sur Lui doivent être déterminées par ce qu'Il est en Lui-même. Dans le cas contraire, nos idées religieuses seraient plutôt les produits idolâtres de notre propre imagination, et ils ne correspondraient pas à cette réalité.

De plus, Dieu est notre *Rédempteur*. Il nous rencontre avec un projet de rédemption qui trouve son origine dans sa grâce. Nous ne pouvons pas nous sauver nous-mêmes, et ce salut n'est pas notre propre projet. Nous répondons plutôt avec foi à ce que Dieu a fait pour nous et à ce qu'Il nous fait connaître. Notre foi est la réponse à cette action de Dieu qui la fait naître. La révélation est donc le corollaire de la grâce que Dieu nous montrait avant que nous puissions y penser, et avant que nous puissions même la demander (Thiemann, 1985, p. 2s., 92ss ; Barth, *Dogmatique* II/1*, § 26).

De plus, la révélation de ce Dieu créateur et rédempteur vient à la rencontre des *pécheurs* que nous sommes. Elle vient vers nous qui avons donné la gloire du vrai Dieu à nos propres images de Dieu (Rm 1.18-23). Elle vient vers nous qui vivons dans l'obscurité par rapport à notre vraie nature, notre destinée et notre relation avec Dieu (Ep 4.17-18). Elle vient vers nous qui faisons des efforts pour nous sauver nousmêmes, pour nous réconcilier nous-mêmes avec le monde autour de nous. Elle ne s'accorde donc pas avec ce que nous pensons déjà connaître de Dieu, mais elle est plutôt contraire à nos imaginations et à nos aspirations religieuses pécheresses. C'est pourquoi nous avons besoin d'un acte de révélation de Dieu si nous voulons Le connaître tel qu'Il est, et si nous voulons connaître *son* plan de salut plutôt que nos propres projets pour nous sauver (Barth, *Dogmatique* I/2**, § 17.2).

Approche

La notion de la révélation à une importance théologique telle, et elle suscite également une telle contestation, que le théologien a la responsabilité de la défendre et de l'éclaircir. Il ne peut pas s'agir à priori d'une défense de la notion de la révélation sur la base de ce que nous connaissons de l'homme et de sa vie religieuse. S'il y a une révélation, elle est action de Dieu. Il n'y a que Dieu seul qui puisse décider s'Il se révèle et de quelle manière. Ce que nous pouvons faire c'est rechercher la réalité de la révélation que nous rencontrons dans la création, dans l'histoire, en Christ, dans la Bible, et dans la prédication de l'Évangile jusqu'à nos jours. Si nous pouvons mettre cette *réalité* en lumière, nous montrerons automatiquement la *possibilité* de la révélation qui repose en Dieu en tant qu'origine de cette révélation (cf. Barth, *Dogmatique* II/1*, § 26). Cette recherche doit nous montrer si et comment la notion de la révélation peut-être développée de manière cohérente en prenant les objections au sérieux (cf. Thiemann, 1985).

Ce que nous pouvons dire à l'avance – à priori – est qu'une simple assertion que Dieu dépasserait tout entendement humain et ne pourrait pas se révéler, est une assertion indéfendable. Si nous disons que nous ne pouvons pas circonscrire la réalité divine, nous prétendons au moins connaître quelque chose d'elle : nous prétendons savoir au moins que Dieu ne peut pas se révéler. Cette assertion est tout de même injustifiable : si nous n'avons pas de notion claire de la réalité divine, nous ne pouvons pas savoir si la divinité peut se révéler ou non (cf. Plantinga, 1980, p. 23-26). La seule chose que nous pouvons faire est d'être ouverts à la réalité de la révélation. Mais, si cette réalité semble se présenter, nous pouvons nous demander s'il s'agit d'une révélation réelle de Dieu ou si nous ne voyons que les réflexions de nos propres projections et n'entendons que du silence.

De même, nous pouvons dire à l'avance que l'assertion d'un Dieu absolu qui ne peut pas se révéler dans les relativités de l'histoire est également une assertion gratuite, si nous n'avons pas une compréhension claire de la nature de Dieu et de sa relation avec l'histoire. C'est un « dogme » au sens péjoratif, une assertion fondamentale qu'on accepte sans réflexion critique et dont on n'est pas prêt à considérer le bien-fondé (Newbigin, 1989, p. 163s.). Selon la vision chrétienne du monde, Dieu est le Créateur et le Maître de l'histoire. Dans un tel cadre, nous ne pouvons pas exclure que ce Dieu n'a pas pu créer ce monde de façon à pouvoir s'y révéler à ses créatures. Si la volonté de Dieu est de se faire connaître à ses créatures, il semble tout à fait plausible qu'Il ait aussi le pouvoir de le faire.

Pour répondre aux contestations, il faut donc mettre en avant la conception et la réalité de la révélation que nous rencontrons dans et à travers la Bible. La question sera de savoir si nous pouvons développer une conception cohérente de la révélation qui prendra en compte la nature historique de toute connaissance humaine, le développement historique de la Bible et la réalité du pluralisme culturel et religieux. Si nous découvrons que la notion biblique de la révélation peut, non seulement prendre cette réalité en compte, mais qu'elle peut aussi l'éclaircir, cela contribuera à montrer le réalisme de cette notion.

En retrouvant la notion biblique de la révélation, nous découvrons également une révélation biblique qui n'est pas une atteinte à la dignité de l'homme. Elle est plutôt essentielle pour sa vraie liberté. Elle fait partie intégrante d'un épanouissement de la vie humaine dans une relation avec Dieu qui désire se faire connaître et qui nous invite à une communion avec Lui. Cette communion dépasse toute autre signification que l'individu moderne autonome peut donner à sa vie.

3.2. Révélation générale

Indications bibliographiques
Karl Barth, *Dogmatique II : La Doctrine de Dieu*, tome 1*, Genève, Labor et Fides, 1956.
Gerrit Cornelis Berkouwer, *General Revelation*, Collection Studies in Dogmatics, Grand Rapids, Eerdmans, 1955.
Jean Calvin, *Institution de la religion chrétienne*, tome 1, Genève, Labor et Fides, 1955, livre I, chapitres I-VI.
R.T. France, *Le Dieu vivant*, Metz, Mission Prière et Réveil, 1992, p. 28-64.
Gordon R. Lewis & Bruce A. Demarest, *Integrative Theology. Historical, Biblical, Systematic, Apologetic, Practical, Three Volumes in One*, Grand Rapids, Zondervan, 1996, I, p. 59-91.

Si nous voulons savoir si – et si oui comment – Dieu se révèle de manière générale, le premier réflexe peut être de regarder autour de nous et de nous demander ce que l'humanité a perçu de sa nature et de sa volonté en dehors de la révélation spéciale. La conception biblique de la révélation générale ne nous permet pas de répondre à cette question. Comme nous le verrons plus en détail, la Bible nous parle d'une révélation de Dieu dans la création, mais elle note en même temps que l'homme pécheur ne sait pas respecter cette révélation comme il le faut.

Cette compréhension biblique est confirmée par la réalité du pluralisme religieux que nous percevons à travers l'histoire et à travers le monde. Si nous nous demandons ce que l'humanité a perçu de Dieu ou d'une réalité divine, nous nous trouvons face à une multitude de conceptions. Certains peuples ont reconnu l'existence d'un Dieu créateur, mais d'autres ont assimilé la divinité à la création dans une conception panthéiste. D'autres encore ne connaissent pas un seul Dieu, mais ils perçoivent plutôt une multiplicité de dieux et de forces spirituelles. D'autres encore nient la possibilité de pouvoir connaître Dieu ou nient même catégoriquement son existence. Et parmi ceux qui le nient, nous trouvons les matérialistes pour lesquels la nature dont nous faisons partie représente toute la réalité (comme dans le matérialisme), mais aussi ceux pour qui la réalité ultime dépasse même ce que nous appelons Dieu ou dieu (comme dans le bouddhisme). Même parmi ceux qui, comme les chrétiens, reconnaissent un seul Dieu créateur les conceptions sont variées. Elles vont d'un Dieu lointain à un Dieu qui prend de jour en jour soin de sa création.

La meilleure voie pour comprendre la réalité de la révélation générale est de se demander ce que la Bible, qui fait partie de la révélation spéciale, nous apprend sur cette révélation générale (Berkouwer, 1955, p. 134, 285). En même temps, nous ne pouvons pas négliger le pluralisme du monde religieux qui nous entoure, parce que c'est de ce monde que la Bible nous parle, c'est ce monde religieux que la Bible interprète pour nous et qui, à son tour, confirme la théologie biblique.

Révélation objective

La Bible ne limite pas l'activité et la révélation de Dieu à ses manifestations particulières dans l'histoire d'Israël. Elle affirme que le Dieu d'Abraham, d'Israël et de Jésus est également le Dieu de tout l'univers. La majesté et la puissance de Dieu deviennent manifestes dans la création qui nous entoure (Jb 38-41 ; Ps 19.1-6 ; Es 40.26 ; Rm 1.19-20).

L'expression « révélation naturelle » qui est couramment utilisée pour cette révélation, peut suggérer qu'il s'agit surtout de la présence de Dieu dans la nature, dans son existence, sa beauté et ses structures. La Bible nous parle également d'une manifestation de Dieu dans d'autres domaines. Dieu se manifeste aussi dans la providence générale, dans le soin apporté aux besoins de ses créatures. Comme Paul le dit aux païens de Lystres : Dieu le Créateur « n'a pas manqué pour autant de se rendre témoignage par ses bienfaits, vous dispensant du ciel des pluies et saisons fertiles, rassasiant vos cœurs de nourriture et de félicité… » (Ac 14.17, *BJ* ; cf. Ps 104). Bien plus, Dieu se manifeste dans l'histoire des peuples. La Bible parle aussi d'une manifestation plus générale de Dieu dans l'histoire de tous les peuples auxquels Il attribue souverainement ceux qui les gouvernent (Es 40.23) et leur propre place sur la terre parmi les autres peuples (Ac 17.26 ; cf. Dt 32.8 ; Am 9.7).

Les discussions au sujet de la révélation générale tournent souvent autour de la question de ce qu'on peut connaître de Dieu uniquement sur la base de la révélation générale, sans recours à la révélation spéciale. Ce n'est pas une question qui préoccupe les auteurs bibliques et ce n'est donc pas non plus une question à laquelle ils répondent de manière directe. Les écrivains bibliques parlent toujours de Dieu comme des personnes qui sont déjà dans le cercle de la révélation spéciale, qui connaissent déjà le Dieu d'Israël et de Jésus-Christ. Ils affirment que ce Dieu est également le Créateur, qu'Il pourvoit à toutes ses créatures et qu'Il régit de manière souveraine les nations de la terre. Il est le Dieu de toute la réalité créée (cf. Berkouwer, 1955, p. 122ss, 318). Cependant, il ne s'agit ni d'une connaissance d'un autre Dieu que celui de la révélation spéciale, ni d'une connaissance séparée du Dieu de la révélation spéciale. Il s'agit d'un aspect de leur relation avec Dieu qui, en Lui-même, est indivisible : le Dieu du salut est reconnu comme Créateur et le Créateur vient vers eux en tant que Dieu de leur salut.

La liaison étroite entre la révélation spéciale et la révélation générale ne signifie pas qu'il s'agit, dans la connaissance de Dieu à travers la création et la providence, d'une simple interprétation subjective de la réalité. Si tel était le cas, nous devrions considérer ces convictions comme une relecture de la réalité qui ne correspondrait pas nécessairement à la réalité, mais qui aurait son origine dans une interprétation et une structuration créatrice de la réalité par nos imaginations. Cependant, selon la Bible, il s'agit d'une manifestation réelle de la gloire de Dieu (Rm 1.19) qui puise son origine dans l'autorévélation de Dieu plutôt que dans notre imagination.

La question de ce qu'on peut connaître de Dieu sur la base de la révélation générale seule demeure une question théologique légitime, et sa réponse ont des implications importantes. Elle influe entre autre sur notre évaluation de la valeur des idées religieuses que nous rencontrons hors de la communauté chrétienne. Elle influe donc sur la façon dont nous abordons les membres d'autres communautés religieuses avec l'Évangile, et également sur la façon dont nous abordons les areligieux ou les antireligieux. Nous devons réaliser cependant que la foi chrétienne ne suppose pas deux sources indépendantes de la connaissance de Dieu, mais qu'elle distingue plutôt deux aspects de sa relation avec nous. L'impossibilité de considérer la révélation générale comme source indépendante est liée à deux choses : d'un côté au fait que le Dieu créateur vise, dès le début, une relation particulière avec ses créatures : une relation en Christ (voir § 3.3) d'un autre côté, dans la situation historique où nous nous trouvons, la difficulté de séparer les deux aspects de la révélation est aggravée par la réalité du péché. Tout ceci contribue à faire que l'être humain en tant que pécheur détient « la vérité [de la révélation générale] captive dans l'injustice » (Rm 1.18, *BJ*). C'est pourquoi nous avons besoin du Dieu du salut pour bien connaître notre Dieu créateur.

Mode de la révélation générale

Nous trouvons dans l'histoire de la théologie différentes conceptions du mode de révélation générale. Certains, comme Augustin (354-430), Calvin (*Institution* I, II), et René Descartes (1596-1650 ; Descartes, *Discours* IV, p. 69s.) considèrent que la connaissance de Dieu est innée chez tous les hommes. Tout homme trouve en lui-même la notion de l'existence d'un Dieu, comme le révèle aussi un proverbe Ashanti (du Ghana) : « Personne ne montre l'Être suprême à un enfant » (Mbiti, 1972, p. 39).

Un autre courant de pensée conçoit cette révélation comme venant à travers notre expérience de la création. Dans ce cas, il y a encore deux possibilités. Premièrement, on peut concevoir la connaissance d'un Dieu créateur comme la conclusion d'un raisonnement, comme dans les arguments pour l'existence de Dieu développés par Thomas d'Aquin (*Somme théologique* I, Q.2, a.3). Mais d'autres penseurs considèrent la connaissance de Dieu comme une perception qui accompagne de manière plus directe notre perception de la création : je perçois la création autour de moi et j'y vois simplement la main du Créateur (Plantinga, 2000, p. 167ss ; peut-être Calvin, cf. Plantinga, 2000). Cette dernière conception n'est pas si étrange qu'elle n'y paraît à première vue. Je perçois, de manière directe, que ce qui se trouve de l'autre côté de la table où je suis assis est une personne : ma femme, sans avoir besoin de tirer des conclusions d'argumentations complexes. Néanmoins, je me trouve ici, certain que la réalité devant moi est une personne. De même, la certitude de percevoir Dieu dans sa Création ne semble pas liée à la capacité de suivre des argumentations philosophiques complexes d'origine thomiste ou autre sur l'existence de Dieu (Clark, 1990, p. 118-121).

La question concernant le mode de révélation générale n'est pas abordée directement dans la Bible. Les positions théologiques sur ce point dépendent d'ailleurs souvent plus des convictions épistémologiques d'origine extrabiblique que d'une réflexion exégétique. Les auteurs, dans les traditions platonicienne et rationaliste, préfèrent parler d'une idée innée de Dieu (Augustin, Descartes). Dans les traditions aristotélicienne et empiriste, la conception d'une expérience de Dieu à travers la perception semble plus réaliste (Thomas). L'idée d'une production directe de la notion de Dieu accompagnant d'autres perceptions concorde avec le nouveau courant de l'épistémologie réformée nommé *warrant epistemology* (Plantinga ; Clark).

Pour ma part, je pense que cette dernière conception qui a les avantages philosophiques de cette *warrant epistemology* concorde bien avec une vision du monde chrétienne (Plantinga, 1993). Elle présente l'avantage théologique important de faire de la révélation générale une révélation dont la perception ne dépend pas de nos capacités intellectuelles ou qui peut être obscurcie par un errement de la logique. Sa mauvaise perception est plutôt la conséquence de ce que nous appelons « l'influence noétique du péché », l'obscurcissement du *nous*, de l'intellect humain, à cause du péché (Plantinga, 2000, p. 213ss). Cette idée d'une connaissance que nous pouvons obtenir de manière non-réflexive en considérant la création, n'exclut pas qu'on puisse la clarifier avec des argumentations et des réflexions élaborées, comme dans les arguments philosophiques sur l'existence de Dieu.

Détournement subjectif

Dans la révélation générale nous devons bien faire la distinction entre son côté *objectif* et son côté *subjectif*, entre la révélation objective par Dieu et la (re)connaissance subjective de cette révélation par l'homme (Berkouwer, 1955, p. 137ss). Le fait que Dieu se fasse connaître de manière objective à travers sa création n'implique pas nécessairement que, de leur côté, les hommes reconnaissent cette révélation générale ou qu'ils la reconnaissent bien. Pour que la révélation aboutisse, il faut que Dieu soit reconnu par l'homme à travers la révélation. De même, on peut faire des émissions de radio vers une certaine région, mais cela ne veut pas dire que les habitants de la région ont des postes radio pour recevoir le signal, qu'ils ont des postes de bonne qualité pour bien le recevoir ou qu'ils ont bien réglé leurs postes.

La Bible nous dit qu'il y a de sérieux obstacles sur le plan de la réception de la révélation générale. Le texte de Romains 1, qui parle de la révélation de Dieu à travers sa création, est souvent lu hors de son contexte pour affirmer que tous les hommes ont une connaissance de Dieu sur laquelle la prédication de l'Évangile peut construire. On utilise cette lecture de Romains 1 pour embrasser et accréditer les idées de Dieu que l'on trouve dans toutes les religions comme une connaissance valable de Dieu. La situation est néanmoins bien plus complexe, parce que la constatation de Paul n'est pas une accréditation positive. Elle sert plutôt à souligner que les païens dont il parle sont « inexcusables » pour leur idolâtrie (Rm 1.20). Ils sont inexcusables, parce qu'ils pourraient connaître Dieu, mais que, malgré cela, ils ne L'ont pas reconnu :

> ayant connu Dieu, ils ne lui ont pas rendu, comme à un Dieu, gloire ou actions de grâce, mais ils ont perdu le sens dans leurs raisonnements, et leur cœur inintelligent s'est enténébré : dans leur prétention de la sagesse, ils sont devenus fous et ils ont changé la gloire de Dieu incorruptible contre une représentation, simple image d'hommes corruptibles, d'oiseaux, de quadrupèdes, de reptiles (Rm 1.21-23, *BJ*).

Paul soutient donc que, bien que les êtres humains aient reçu cette révélation générale, ils n'ont pas servi le vrai Dieu, et que leur intelligence est enténébrée (21) à cause de leur injustice (Rm 1.18). Au lieu de reconnaître le vrai Dieu, l'homme crée plutôt ses propres idoles, comme le prophète Ésaïe le disait lui aussi bien avant (Es 44.9-20). C'est pourquoi le même Paul, sans se contredire, peut affirmer ailleurs que les païens étaient avant leur conversion « sans dieu », parce que ceux qu'ils ont pris pour dieux n'en sont pas réellement (Ep 2.12 ; 4.18 ; Ga 4.8).

La forme du détournement de la connaissance du vrai Dieu que Paul décrit en Romains 1 reflète la forme la plus commune du paganisme de son temps. Dans ce paganisme, on adorait des images d'êtres humains, des animaux ou des dieux souvent considérés comme représentant des forces naturelles. Une petite réflexion montre que d'autres expressions religieuses peuvent représenter un même détournement de la révélation générale par l'homme pécheur, mais sous d'autres formes. Certains nient l'existence d'un Dieu créateur, accordant sa gloire aux idoles. Dans d'autres religions, comme dans certaines religions traditionnelles africaines, on accepte l'existence d'un Créateur, mais on L'éloigne tellement de la réalité de tous les jours qu'on ne peut Le prendre en compte qu'en des situations très exceptionnelles. Dans certaines religions orientales, on fait de Dieu une réalité impersonnelle, qui ne peut plus s'adresser à nous comme le Dieu créateur biblique. Dans l'islam, on fait tout d'abord de Dieu un législateur. Bien que très saint, le Dieu du Coran est plus à la mesure de l'imagination humaine que le Dieu de la Bible tel que nous le connaissons par la croix de Christ. Le détournement peut aller jusqu'au point d'une négation totale de l'existence de toute réalité divine pour n'accepter que l'homme ou le processus de l'évolution comme réalité ultime. Les chrétiens ne sont pas à l'abri de ce risque de détournement parce que, de façon très subtile, nous pouvons adapter l'image du Dieu chrétien à nos propres intérêts et aux limites de notre propre imagination. Le détournement de la révélation de Dieu par l'homme pécheur peut prendre une multitude de formes dont les possibilités ne peuvent pas être déterminées à l'avance (cf. Calvin, *Institution* I, v, 11). Il n'y a qu'en regardant le monde des phénomènes religieux que nous pouvons découvrir ce que l'homme peut en faire et ce qu'il en a fait.

Constater que toute la religion basée sur la révélation générale est corrompue à cause du péché ne signifie pas que chaque individu humain en soit responsable de façon égale. Un individu qui est né dans une religion particulière ne l'a pas choisie, et son appartenance ne relève pas seulement de sa responsabilité, mais également de son sort. La Bible peut donc parler de « l'ignorance » et pas uniquement de la culpabilité ou du caractère inexcusable de ceux qui ne connaissent pas Dieu (cf. Ac 17.30). Le péché de l'humanité, des communautés spécifiques et des individus, est en même temps leur sort et leur responsabilité. La relation entre les deux aspects, que sont la responsabilité et le sort, n'est pas facile à déterminer et elle peut peut-être même varier d'un individu à un autre.

Traces de la vérité

Cependant, le détournement de la révélation dans le monde religieux n'implique pas qu'il n'y ait eu aucune vérité dans des religions païennes dont les Juifs et les premiers chrétiens étaient entourés. Malgré les efforts que fait l'homme qui vit et qui veut vivre sans Dieu, il reste toujours des traces de la vérité dans sa conception de Dieu et dans sa religion. Cela va de pair avec l'idée même du détournement. Si la religion, en tant que construction humaine, est un détournement de la vérité de Dieu, et si elle est « parasitaire » d'une révélation réelle et d'un besoin réel de l'homme pour Dieu, cette religion doit toujours porter des traces de la vérité détournée dont elle vit de manière parasitaire. Ceci transparaît même dans l'idolâtrie dont Ésaïe se moque. En s'agenouillant devant une idole de bois et de métal fabriquée par lui-même, l'idolâtre décrit par Ésaïe prie : « Sauve-moi, car tu es mon dieu » (Es 44.17, BJ). Même dans toute cette déformation, l'idolâtrie montre la reconnaissance par l'homme de son besoin du salut et plus particulièrement d'un salut qui doit venir de l'extérieur du monde visible.

Ce détournement pécheur de la révélation générale est un cas particulier de la nature du péché comme nous le rencontrons également dans d'autres domaines de la vie. Le péché n'a pas d'existence en lui-même, mais il ne peut exister que sur la base de ce que Dieu a donné dans la création. L'oppression est le détournement des structures sociales que Dieu a prévues. La débauche est le détournement de la sexualité que Dieu a créée pour exprimer l'amour et la fidélité. Même le mensonge se nourrit de la vérité : il doit toujours assimiler certains aspects de vérité pour avoir une chance de passer pour vrai. La religion humaine est en même temps une réponse à la révélation générale et un détournement de cette révélation dont elle porte toujours l'empreinte. Le péché détourne, obscurcit et déforme, mais il ne peut jamais exister sans ce que Dieu a donné.

Nous observons le même type de variation entre la forme que peut prendre le détournement de la révélation générale, et le degré de détournement et d'obscurcissement. Dans certains cas particuliers, l'empreinte de la vérité reste tellement visible dans les religions qui entourent les croyants bibliques qu'il est possible de reconnaître qu'on parle du même Dieu. C'est le cas par exemple de la reconnaissance par Abraham de Melchisédech, roi de Shalem et prêtre de *El Elyon* ou du Dieu Très Haut qu'Abraham reconnut comme le Créateur des cieux et de la terre qu'il servit lui-même (Gn 14.19). Abraham donna même la dîme à ce personnage mystérieux qui pouvait, dans le Nouveau Testament, devenir une sorte de Christ (Hé 5.6 ; 6.20 ; 7.1-4, 17).

En ce qui concerne la plupart des formes des religions environnantes, l'attitude biblique est plus critique, mais elle ne nie pas toute trace de vérité. Sur l'Aréopage à Athènes, Paul relève une certaine notion de Dieu que son auditoire avait déjà : le Dieu dont nous recevons tous « la vie, le mouvement et l'être » (Ac 17.28, *BJ*). Il cite même favorablement la dédicace de l'autel « Au dieu inconnu » (23) et le poète Aratus qui disait « Nous sommes aussi de sa race » (28). Aratus était un panthéiste, qui, comme le montre la citation, pensait que les hommes partageaient tous la nature divine. Cette conception est bien loin de l'idée biblique du Dieu créateur de l'homme, mais Paul y voyait suffisamment de vérité pour l'utiliser comme point de départ. Il faut également noter que cette conception ne fonctionne pas de manière neutre, comme si les idées prises de manière isolée contenaient déjà des éléments clairs de construction d'une vérité. Paul y voit plutôt des « tâtonnements » d'une recherche de Dieu (27). Il utilise ces vérités partielles pour réorienter ces tâtonnements, les purifier et les intégrer dans une perspective nouvelle à la lumière de la révélation de Dieu en Christ (31).

L'histoire de la mission confirme la nécessité de combiner une reconnaissance de l'empreinte de la vérité avec la reconnaissance du besoin d'une réorientation et d'une « conversion » de ses notions dans la rencontre avec l'Évangile. Cette histoire nous montre que la prédication du Dieu de la Bible et de l'Évangile n'était pas perçue comme un message entièrement neuf sans aucune relation avec l'expérience religieuse antérieure. En Afrique, les missionnaires découvraient la plupart du temps la reconnaissance d'un Dieu créateur dont le nom pouvait être utilisé pour parler du Dieu de la Bible. Dans les traductions bibliques, les noms désignant ce Créateur comme *Nzambi* ou *Immana* sont souvent utilisés pour le Dieu d'Israël (Bediako, 1992, p. 291). Cette pratique s'accorde avec le fait que, dans la Bible, l'Éternel qui se révélait à Abraham pouvait être indiqué avec l'épithète de *El Elyon*, le Dieu TrèsHaut que les Cananéens reconnaissaient déjà (Gn 14.18ss ; Ps 7.18). Parfois, les Africains avaient la même expérience : « Ce Dieu proclamé est le Dieu que nous avons attendu depuis longtemps » (Bediako, 2000, p. 190 ; cf. Richardson, 1982). Toutefois, cette reconnaissance ne signifie pas que la prédication de l'Évangile n'était pas nécessaire. Elle apportait une réorientation de la vie, une perspective toute autre sur Dieu. L'Évangile proclamait un but de l'homme et une rédemption qui n'avaient jamais été imaginés auparavant. L'acceptation de ce but et de cette rédemption exigeait aussi le rejet d'autres éléments importants de la vie antérieure (Manaranche, 1985, p. 57s.).

La compréhension théologique du péché, la reconnaissance biblique des traces de la vérité dans les religions païennes et l'histoire de la mission chrétienne ne s'accordent donc pas avec la compréhension de la révélation générale de Cornelius Van Til, suivi par Henri Blocher. Ceux-ci supposent qu'à cause du péché, il ne demeure aucun élément de la vérité dans les conceptions religieuses développées hors de la révélation spéciale (*contra* Van Til, 1967 ; Blocher, 1976, p. 32).

Théologie naturelle

La question de la valeur de la révélation générale est étroitement liée à celle de la « théologie naturelle ». Cette expression est utilisée pour une théologie dont on suppose qu'elle peut être développée exclusivement sur la base de la révélation générale, et sur une réflexion sur la nature sans recours à la révélation spéciale. Cette notion est devenue particulièrement importante à l'époque de la Renaissance, quand les théologiens néo-thomistes comme Cajetan (1468-1534) et François Suarez (1548-1617) commencèrent à faire la distinction entre la théologie naturelle et la théologie surnaturelle, la première étant accessible par la raison naturelle seule. Cette théologie naturelle était considérée comme une base universellement accessible pour la théologie surnaturelle qui, par conséquent, pourrait être développée sur la base de la révélation biblique (de Lubac, 2000). Au cours des siècles suivants, cette théologie néo-thomiste gagna de plus en plus de terrain dans l'Église catholique romaine, pour être officiellement reconnue par le concile de Vatican I (Küng, 1981, p. 39-41).

L'idée d'une théologie naturelle devint encore plus importante au Siècle des lumières. Certains théologiens de cette période comme John Toland (1670-1722) et Matthew Tindal (*c.* 1656-1733) pensèrent même que toute la théologie pourrait être développée sur la base de la raison seule sans aucun recours à une révélation spéciale (Dulles, 1971, p. 139s.). Un recours à une révélation spéciale était considéré comme indigne de l'homme moderne, parce que la dépendance d'une telle révélation serait une atteinte à son autonomie puisqu'elle le mettrait sous une autorité étrangère. La théologie libérale a, par la suite, fait différentes propositions pour réconcilier les données de la raison ou de l'expérience religieuse générale avec l'Évangile (cf. § 2.2, p. 71ss).

Nous pouvons comprendre que l'effort pour combiner ou réconcilier une théologie naturelle avec une théologie surnaturelle a eu plus de succès chez les théologiens chrétiens que la version qui voulait exclure toute révélation particulière en Jésus-Christ ou dans la Bible. Ainsi, la théologie naturelle pouvait prévoir une base pour la théologie surnaturelle et en démontrer la respectabilité dans l'âge de la raison. Cependant, dans la première moitié du XXe siècle le courant théologique qui suivait l'orientation de Karl Barth (1886-1968) a fortement critiqué ces efforts de combinaison et de réconciliation. Le poids théologique de ses arguments nous force à les prendre au sérieux. Selon Barth, toute place donnée à la théologie naturelle au sein de l'Église est une atteinte à la grâce et à la souveraineté de Dieu dont dépend toute connaissance de la réalité divine. Une telle théologie témoigne d'une méconnaissance de la nature pécheresse de l'homme qui, de lui-même, ne construit que des idoles qui sont des affronts contre Dieu plutôt qu'un moyen de se rapprocher de Lui. Tout effort pour donner à la théologie naturelle une place dans la théologie chrétienne serait donc un « désir de "marier" Jahvé et Baal » (*Dogmatique* II/1*, p. 83).

Des théologiens postmodernes ont désormais renforcé la critique barthienne sous un angle plutôt philosophique que théologique. Les analyses des penseurs postmodernes ont montré que toute l'idée d'une rationalité universelle et d'une expérience religieuse universelle est mal fondée. Il n'existe pas de rationalité ou d'expérience religieuse universellement partagées qui pourraient constituer une base ou un point de repère universel et neutre pour la théologie chrétienne. Toute rationalité et toute expérience sont, dès le départ, radicalement déterminées par le contexte culturel et linguistique dans lequel cette expérience et cette rationalité ont été engendrées. La rationalité et l'expérience religieuses chrétienne, bouddhiste, moderne ou traditionnelle africaine, n'ont pas de base commune. Elles sont radicalement différentes sur tous les plans.

Si les critiques barthienne et postmoderne sont utilisées pour nier toute valeur à la théologie naturelle, elles ont un même problème fondamental. Elles partagent une conception épistémologique d'origine kantienne dans laquelle toute croyance est divisée en deux parties clairement distinctes : l'aspect de notre connaissance qui est reflet d'une réalité objective et l'aspect qui a son origine dans la subjectivité créatrice de l'homme qui projette sa propre réalité. Pour Barth, seule la révélation particulière reflète la réalité de Dieu. Barth nie la réalité d'une révélation générale et toute la religion humaine est plutôt considérée comme le reflet des projets humains (*Dogmatique* I/2**, § 17.2). Pour la plupart des théologiens postmodernes, toute la religion humaine est le produit de la structuration créatrice de la réalité par la communauté humaine. Nous devons répondre que l'idée selon laquelle toute croyance humaine peut être nettement divisée entre ce qui a son origine dans la réalité et ce qui a son origine dans la subjectivité créatrice ne semble pas correspondre à la condition épistémologique de l'être humain. Toutes nos croyances sont toujours le résultat d'une interaction entre nos structures conceptuelles, fruits de notre culture, et la réalité que nous percevons dans et à travers le cadre de ces structures. Les conceptions religieuses et les théologies d'origines non chrétiennes sont donc toujours un mélange de vérité et d'erreur, des traces de vérité qui sont déformées par le cadre dans lequel elles se développent.

En d'autres termes, nous pouvons dire que nous avons besoin d'une compréhension « post-fondationnaliste » de la théologie naturelle. La théologie naturelle du néo-thomisme et de la modernité était construite sur la base d'une épistémologie fondationnaliste. Ce modèle épistémologique est caractéristique de la plupart des épistémologies de la philosophie antique, médiévale ou moderne (voir p. ex. Plantinga, 1993, p. 67-77, 84-86 ; Grenz & Franke, 2001, p. 28-37). Ces épistémologies sont caractérisées par une distinction essentielle entre des idées qui font partie du fondement de notre connaissance et des idées qui en sont dérivées. Les idées qui font partie de la base ne sont pas fondées sur d'autres convictions, mais elles reposent directement sur l'expérience ou la raison. Dans le fondationnalisme, la relation entre la fondation de notre connaissance et la connaissance que nous y construisons est toujours unidirectionnelle. Selon cette position, la fondation supporte le bâtiment de la construction, et elle ne dépend en aucune manière du bâtiment.

L'épistémologie de l'âge moderne peut être caractérisée plus précisément comme un fondationnalisme *universaliste*. Selon les philosophes modernes, la fondation de la connaissance humaine doit être universellement acceptable ou accessible, pour que la connaissance soit construite de manière adéquate. Les seules opinions qui peuvent valablement fonder notre connaissance sont celles dont tous les êtres humains de bon sens peuvent reconnaître la vérité. C'est pourquoi elles doivent être évidentes pour la raison, directement dérivées de l'expérience empirique ou d'autres manières irréfutables. Dans cette même ligne, les théologiens modernes cherchaient une base universellement acceptable ou accessible pour la théologie naturelle.

Ce fondationnalisme universaliste est critiqué avec pertinence par les philosophes et les théologiens postmodernes (Lindbeck, 2002 ; cf. Plantinga, 1983). En réaction, les théologiens postlibéraux et postmodernes ont nié toute possibilité d'une théologie naturelle. Il me semble que nous pouvons critiquer les préjugés partagés par les deux camps – la théologie naturelle moderne et la théologie postmoderne. Selon les deux conceptions, une théologie naturelle n'est possible et valable que si elle est construite sur une base universellement acceptable ou accessible. Nous pouvons peut-être proposer un autre type de fondationnalisme, comme le fait Plantinga, avec sa propre compréhension d'une connaissance « naturelle » de Dieu (Plantinga, 2000). Mieux encore, nous pouvons développer une épistémologie non-fondationnaliste, dans laquelle la théologie naturelle peut être développée non de manière neutre ou sur une base universellement acceptable, mais sur la base particulière de la foi chrétienne. De la perspective chrétienne, nous pouvons reconnaître la révélation générale et la façon dont elle a été (partiellement) perçue hors de la communauté chrétienne.

Les deux critiques de la théologie naturelle développée à l'époque des Lumières, la critique d'origine barthienne et la critique d'origine postmoderne, s'accordent sur l'impossibilité de développer une théologie naturelle sur une base neutre et universellement acceptable, libre d'influences culturelles et de la déformation du péché. Malgré la pertinence de cette critique de la théologie naturelle, deux aspects légitimes de ce projet de la théologie naturelle subsistent : le premier est le désir de chercher un lien entre la foi biblique et les conceptions non chrétiennes de Dieu. Le second désir légitime est celui de prendre au sérieux le fait que Dieu s'est fait également connaître à travers sa création. Sur la base d'une épistémologie « réaliste », de forme postmoderne et post-fondationnaliste (cf. § 1.4), nous pouvons reprendre ses deux aspects du projet de la théologie naturelle dans un nouveau cadre.

Nous pouvons continuer à parler d'une théologie naturelle tout d'abord pour faire référence aux meilleures conceptions religieuses dans la théologie et la philosophie non chrétiennes. Ces conceptions peuvent constituer un point de départ pour des échanges apologétiques et théologiques avec les communautés concernées. Le dialogue de Paul avec les Athéniens en Actes 17 en est un exemple. Il ne s'agit pas d'une théologie naturelle pure, parce que les notions philosophiques et religieuses que Paul utilise ont besoin d'une correction et d'une réinterprétation à la lumière de l'Évangile. Il ne s'agit pas non plus d'une théologie universellement accessible, parce que ce n'est que d'un œil éclairé par l'Évangile que Paul sait faire la distinction entre les meilleurs éléments de la théologie naturelle athénienne et ce qu'il y a à critiquer. Cependant, il y trouve des traces réelles de la vérité théologique qu'il peut utiliser comme pont vers l'Évangile. De même, les analyses de la connaissance du Dieu créateur des théologiens africains contemporains comme John Mbiti dans les religions traditionnelles africaines (Mbiti, 1972 ; 1991) ne doivent pas être envisagées comme les exercices d'anthropologues qui étudieraient ces religions d'un point de vue neutre. Ces analyses sont plutôt des analyses théologiques chrétiennes. Elles portent, dans la multiplicité des idées religieuses de la tradition africaine, une attention particulière sur les traces qui montrent que Dieu n'est pas resté « sans témoignage » et que les traces de ce témoignage peuvent servir de base à un dialogue fructueux (Bediako, 1992, p. 318s.).

Nous pouvons en deuxième lieu parler de la théologie naturelle développée au sein de la communauté chrétienne. Nous pouvons nous rappeler que, pour les auteurs bibliques, la reconnaissance de la révélation de Dieu dans la création n'était pas bâtie sur une position neutre ; c'est en tant que récepteurs de la révélation spéciale qu'ils reconnaissaient la main du même Dieu dans toute la création, dans sa providence générale, et dans l'histoire du monde. Nous verrons, dans le prochain paragraphe, comment la révélation spéciale nous permet de porter un nouveau regard pour percevoir la révélation de Dieu dans sa création. En tant que chrétiens, nous pouvons chercher ce que nous pouvons apprendre de Dieu sur la base de sa révélation générale. Il ne s'agit pas non plus de la théologie naturelle d'une perspective neutre, mais d'une théologie faite dans la perspective de l'homme sanctifié par l'Évangile. Il s'agit d'une théologie naturelle chrétienne, d'une « raison déjà baptisée et adaptée à Dieu par la grâce divine » comme chez Thomas d'Aquin (Torrance, 2001, p. 83). Néanmoins, si cette théologie n'est pas simplement une projection, mais une redécouverte d'une autorévélation réelle de Dieu, les traces et la gloire de Dieu que nous y percevons sont réellement présentes. Cette théologie peut donc également constituer un pont vers ceux qui réfléchissent sur la même réalité d'autres manières, en tant que philosophes, hommes de science, ou en tant que simples admirateurs de la beauté de la nature. Nous pouvons attirer leur attention sur les traces et la gloire du Créateur que nous y percevons, pour voir si certains peuvent les reconnaître avec nous et nous rejoindre dans la glorification du Créateur (cf. Torrance, 2001, p. 106ss).

3.3. Révélation spéciale

Indications bibliographiques
Avery Dulles, *Models of Revelation*, Maryknoll, Orbis, 1992.
John Goldingay, *Models for Scripture*, Grand Rapids/Carlisle, Eerdmans/Paternoster, 1994, p. 285-371.
T.F. Torrance, *Reality and Evangelical Theology. The Realism of Christian Theology*, Downers Grove, 1999 [1982], p. 84-120.

Karl Barth, *Dogmatique I, La Doctrine de la Parole de Dieu. Prolégomènes à la dogmatique*, tome 1*, Genève, Labor et Fides, 1953, p. 85-120.

Relation entre la révélation spéciale et la révélation générale

Les théologiens chrétiens ont mené une réflexion profonde sur la réalité, la nature et la valeur de la révélation générale afin de comprendre la relation entre la foi chrétienne et les autres religions auxquelles la foi chrétienne est confrontée. Néanmoins, pour ce qui est du contenu propre de la foi chrétienne, la source principale ne se trouve pas dans la révélation générale, mais dans la révélation spéciale, la révélation de Dieu dans l'histoire d'Israël et suprêmement en Christ dont la Bible témoigne. Cette révélation spéciale nous donne un accès à Dieu qui dépasse de loin la fenêtre que la révélation générale nous ouvre sur Dieu. Nous pouvons concevoir un univers dans lequel nous ne disposerions que de la révélation générale et, dans un tel univers, nous n'aurions peut-être jamais compris ses limitations. Elle serait toute la révélation que nous aurions eue. Mais, maintenant que nous rencontrons également Dieu dans sa révélation spéciale, cette lumière nous révèle, rétrospectivement, les limitations et l'ambiguïté de la révélation générale. À la lumière de l'Écriture, il y a trois limitations que nous devons particulièrement considérer. Nous devons les distinguer pour apprécier la révélation spéciale dans toute sa richesse.

En premier lieu, nous avons déjà vu que la réception de la révélation générale est *déformée* par l'homme pécheur (§ 3.2). Cette déformation est due à la volonté pécheresse de l'homme qui l'amène à vouloir détourner cette révélation, à la déformer et à la domestiquer selon ces propres intérêts pécheurs. La révélation spéciale apporte une nouvelle clarté et la possibilité de corriger notre compréhension voilée de la révélation générale. Elle y est indiquée par sa nature verbale : elle nous vient sous forme de paroles, dans la parole prophétique, dans la parole de Jésus-Christ, dans la parole biblique et dans la prédication contemporaine. En cela, la révélation spéciale diffère de la révélation générale, qui est non verbale (cf. Ps 19.2-4) et ainsi plus ambiguë et plus sujette à différentes interprétations. Une révélation verbale est plus claire et, en conséquence, plus difficile à manipuler (cf. Calvin, *Institution* I, IV, 1).

Il est vrai que l'homme pécheur a également tendance à supprimer, et à déformer la révélation spéciale. Les prophètes et les apôtres étaient engagés dans une lutte continuelle contre la tendance à faire ressembler le Dieu de la Bible à un dieu païen, à en faire une divinité manipulable à volonté pour ces propres intérêts. Cette transformation peut naturellement se faire de manière plus grossière en faisant de Yahvé une idole (cf. Ex 32 ; 1 R 12.25-33), mais aussi plus subtilement en créant des images théologiques de Dieu qui nous mettent plus à l'aise (cf. Barth, *Dogmatique* II/1 : 135-141). À cet égard, il y a néanmoins une différence cruciale entre la révélation spéciale et la révélation générale. La révélation spéciale est toujours un pas de plus de Dieu vers l'homme pécheur, elle va de pair avec la rédemption et avec la réconciliation. Elle va de pair avec l'œuvre de l'Esprit-Saint dans notre cœur pour créer en nous une nouvelle ouverture afin que nous la recevions. Cette œuvre de l'Esprit nous aide aussi à recevoir la révélation générale d'une nouvelle manière, sans la fuir ou la manipuler.

La révélation générale est également limitée dans ce qu'elle peut nous transmettre concernant Dieu, parce qu'elle ne parle pas de la *rédemption*. La révélation générale ne parle que de la création et de Dieu en tant que créateur. Elle nous montre peut-être aussi que la création n'est pas dans l'état prévu par le Créateur (Rm 1.18 ; 2.15). Il y a une reconnaissance quasi-universelle du fait que le monde n'est pas ce qu'il devrait ou pourrait être. Néanmoins, la révélation générale ne nous montre pas les actes par lesquels Dieu a effectivement agi pour nous sauver en choisissant un homme et un peuple pour bénir en eux toutes les nations de la terre (Gn 12.3). Cette révélation ne nous montre pas le fait que le Créateur nous a envoyé son Fils pour nous sauver de la mort et pour nous réconcilier avec Lui (cf. Calvin, *Institution* I, IV, 1).

La révélation générale est, en troisième et dernier lieu, insuffisante, parce qu'elle ne parle pas du *but* poursuivi par Dieu au travers de sa création. La révélation spéciale n'est pas seulement nécessaire à cause du péché. Dans le Jardin d'Éden, l'homme semble déjà recevoir une révélation spéciale. L'auteur de la Genèse suggère une communication spéciale de Dieu avec Adam, quand il dit que « Dieu se promenait dans le jardin à la brise du jour » à la recherche de l'homme (Gn 3.8, *BJ*). Cette expression suggère une communion particulière entre Dieu et l'homme qui dépasse de loin la simple révélation d'un Créateur à travers ses œuvres. La révélation spéciale est la révélation personnelle de Dieu Lui-même qui s'offre comme le but de notre vie. Nous avons été créés pour L'aimer et pour Le connaître, pour que toute la création trouve son aboutissement en Lui (Rm 11.36). Plus particulièrement, nous avons été créés pour que toute la création et toute l'humanité trouvent leur aboutissement en Jésus-Christ pour qui toute chose a été créée (Col 1.16).

Le fait que nous ayons été créés pour connaître Dieu, pour L'aimer et pour vivre éternellement avec son Fils en qui se trouve la vie éternelle, la vie en abondance (Jn 17.3) ne peut pas être perçu à travers la création. Peut-être pouvons-nous percevoir, à travers la création et en considérant notre condition humaine, que notre cœur demeura toujours inquiet, aussi longtemps qu'il ne pourra pas trouver son vrai repos, son vrai aboutissement ou *telos* en Dieu (cf. Augustin, *Confessions* I,I,1). Il est possible que la condition humaine puisse nous montrer que la vie de l'homme est marquée par un vide que rien ne peut remplir, mis à part peut-être Dieu, comme le notait Pascal (*Pensées* n° 148). Si nous considérons honnêtement notre vie, nous pouvons y percevoir un désir que nul élément de cette réalité créée ne peut assouvir (cf. Lewis, 1977). Même si la révélation générale peut nous montrer un tel vide et un tel besoin, elle ne peut jamais nous dire si notre Créateur s'offre effectivement pour être notre Père, notre Époux, ou pour devenir, en Christ, notre Frère et notre Ami. La création ne pourra jamais nous montrer cela, parce que cette offre de Dieu est une œuvre particulière de la grâce. En tant que notre Créateur, Il n'est obligé à rien. Même si nous avons été créés dans ce but, nous n'y avons aucun droit. L'origine de cette offre se trouve seulement en l'acte libre du Dieu trinitaire selon lequel Il veut partager son amour avec ses créatures.

Dans la théologie protestante et dans la théologie évangélique, la nécessité de la révélation spéciale est le plus souvent motivée par la mauvaise appréhension de la révélation générale par l'homme pécheur (limite 1) et par le fait que la révélation générale ne parle pas de la rédemption du péché et de la mort (limite 2 ; cf. Calvin, *Institution* I, VI ; Berkouwer, 1955, p. 307s. ; 309, n. 47). Ceci est partiellement une réaction contre le thomisme du temps de la Réforme, selon lequel la raison naturelle peut même, après la chute, accéder à une connaissance claire du Dieu créateur sans aide de la révélation spéciale (cf. Küng, 1981, p. 37-39). Contre cette position, les réformateurs ont insisté sur le fait que le péché a corrompu toute la nature de l'homme et toute sa raison, et qu'il n'y a aucun domaine de la raison avec lequel il serait en mesure de bien apprécier la révélation générale (Calvin, *Institution* II, I, 9 ; II, II, 4).

Il y a un deuxième facteur, peut-être plus important, qui a contribué à cette négligence de la troisième limitation de la révélation générale. Il s'agit du fait que ces théologiens comprennent la rédemption le plus souvent comme un retour à la situation du Paradis perdu. Il semble plus juste, du point de vue biblique, de considérer la rédemption non seulement comme un retour à la situation d'avant la Chute, mais également comme une progression vers le but que Dieu avait prévu à l'origine. Dieu envisageait un aboutissement de l'histoire dans une communion avec Lui, une communion qui dépasse de loin la situation du Paradis des origines. Une comparaison entre les premiers chapitres de la Genèse et les derniers chapitres de l'Apocalypse montre en quoi l'aboutissement de l'histoire dépasse son origine. Le présent auteur embrasse, de plus, une christologie supralapsariste, la conviction selon laquelle la communion avec le Christ incarné est l'aboutissement de l'histoire prévu par Dieu de façon indépendante du péché (cf. Orr, 2002 [1897] ; Wilkinson, 1996). La thèse plus générale qui pose que la révélation spéciale est l'autorévélation personnelle de Dieu qu'Il aurait prévue indépendamment du péché ne dépend néanmoins pas d'une christologie supralapsariste.

Ce troisième but de la révélation spéciale est d'une importance particulière et ontologiquement même prioritaire par rapport aux deux premiers buts. C'est pour que l'être humain trouve son aboutissement en Lui que Dieu l'a créé. Les deux autres aspects de la révélation spéciale sont plutôt une réponse à la réalité du péché. Comme l'amour restera même quand nous n'aurons plus besoin de la foi et de l'espérance (1 Co 13.8-13), la communion avec Dieu restera dans l'*eschaton*, dans l'aboutissement de l'histoire à la fin du temps quand tout péché sera vaincu. La troisième fonction est théologiquement cruciale, parce qu'elle indique que la révélation spéciale n'est pas seulement nécessaire pour restaurer l'ordre de la création, mais qu'elle dépasse aussi la révélation générale en étant une révélation du cœur de Dieu.

Mouvement de la révélation spéciale

Même si de nombreux débats existent sur la question de savoir comment concevoir la révélation spéciale, un consensus est largement admis parmi les théologiens de différentes traditions sur la définition suivante (cf. Dulles, 1992b, p. 117).

> **Définition 3.1** : La révélation spéciale est l'acte libre de Dieu de se faire connaître pour sauver l'humanité. Cette révélation se fait de manière historique et cumulative dans l'histoire du salut, elle culmine en Christ et elle est attestée en tout premier lieu dans les saintes Écritures.

Pour mieux comprendre la nature de la révélation spéciale, il faut d'abord considérer son étendue. La révélation spéciale est parfois identifiée à la Bible, à la révélation que nous y trouvons sous forme écrite. Néanmoins, la révélation spéciale ne se limite pas à l'Écriture, même si celle-ci en est le document principal. L'Écriture trouve sa place dans un mouvement plus large de l'autorévélation de Dieu. Ce mouvement commence déjà avant qu'on puisse parler d'une Écriture : dans les actions libératrices de Dieu dans l'histoire, dans les paroles des prophètes, et surtout dans la présence de Dieu en Jésus. Ce mouvement continue encore dans ce qui suit l'Écriture : dans la prédication de la Parole de Dieu, dans les prophéties et dans les paroles de sagesse que Dieu donne jusqu'à nos jours à son Église.

Les différents aspects de ce mouvement de la révélation spéciale et leur interdépendance sont clairement exprimés par Barth. Il distingue trois formes de la Parole de Dieu (*Dogmatique* I/1, § 4) : Jésus-Christ, l'Écriture Sainte, et la proclamation de l'Église. Nous pouvons encore ajouter un quatrième aspect en considérant le témoignage du SaintEsprit (le *testimonium Spiritu Sancti*) dans notre cœur. L'Esprit nous fait reconnaître que la Bible n'est pas une simple parole humaine mais la Parole de Dieu qui s'adresse Lui-même à nous (Calvin, *Institution* I, vii, 4-5). De plus, l'Esprit nous fait appeler Dieu *Abba*, Père, et nous fait reconnaître que nous sommes des enfants de Dieu (Rm 8.15-16 ; Ga 4.6).

Ces quatre aspects de la révélation spéciale sont étroitement liés. L'œuvre de l'Esprit dans le cœur n'est pas une illumination qui peut se passer de la Parole de Dieu. Il s'agit d'une illumination qui nous fait reconnaître la vérité, la pertinence et la puissance de la Parole qui nous est adressée dans la prédication et dans la Bible. C'est par cette œuvre de l'Esprit que la prédication ne demeure pas une révélation inerte, mais qu'elle aboutit à la reconnaissance humaine de cette révélation (cf. § 4.7, p. 232s.).

La proclamation de la Parole ne peut être révélation de Dieu que dans la mesure où elle transmet le message biblique sur lequel elle se fonde. De son côté, la Bible ne peut pas devenir révélation pour les hommes et les femmes d'aujourd'hui si sa vérité et sa pertinence ne sont pas éclairées par un enseignement et une proclamation contextuels. Ceci montre l'importance de la prédication contemporaine qui fait partie de l'autorévélation de Dieu.

L'Écriture sainte ne peut être révélation qu'en référence à Christ, qui est la Parole de Dieu par excellence. C'est en Lui que le Créateur montre le plus clairement sa personnalité, son amour, son but pour nous et pour l'histoire. Ceci ne veut pas dire que nous devons limiter la révélation spéciale à la présence de Dieu en Jésus-Christ. Dieu s'est révélé antérieurement dans l'histoire des patriarches et d'Israël, et après la vie terrestre de Jésus-Christ, dans l'histoire de la communauté chrétienne. Néanmoins, sa révélation en Christ est tout à fait particulière, parce que nous y rencontrons la révélation suprême de la grâce et du jugement de Dieu et de son projet pour l'humanité. De plus, en Christ, Dieu se réconcilie avec le monde, et c'est cette réconciliation qui est à la base de la possibilité pour Dieu de rencontrer l'homme pécheur depuis Adam et jusqu'à la fin du temps. C'est encore en Christ que Dieu est personnellement présent, Emmanuel ou Dieu-avec-nous, comme jamais auparavant. Ici l'expression « *auto*révélation » reçoit son sens le plus profond. C'est la révélation de Dieu en Christ qui est l'aboutissement, le but, de toute la révélation et de toute l'histoire du salut. Finalement, Christ représente en quelque sorte la possibilité intra-trinitaire du fait que Dieu se révèle : le Fils est l'expression de l'amour du Père que Dieu partage avec nous dans la révélation. Il est la Parole de Dieu, l'expression de son image à travers laquelle Dieu peut se révéler dans sa création (Jn 1.1-18 ; Col 1.15). À l'inverse, la révélation de Dieu en Israël et en Christ ne pouvait pas devenir sa révélation pour nous, si elle n'était pas exprimée de manière fiable dans la Bible en tant que témoignage de Christ et en tant que norme de toute proclamation contemporaine.

Dans ce mouvement de la révélation, nous voyons donc que la révélation et la parole de Dieu sont en quelque sorte incarnées dans des paroles humaines. Les paroles de la Bible sont des paroles humaines, des paroles des prophètes et des apôtres, des paroles des traducteurs contemporains qui expriment son message en français et en sango. Ces paroles, cependant, demeurent en même temps Parole de Dieu. Pour comprendre comment la Bible peut être révélation, nous devons comprendre comment l'aspect divin et l'aspect humain de cette parole sont étroitement liés. Les paroles humaines de la révélation divine ont une référence qui se situe au-delà d'elles-mêmes. Elles font référence à la réalité de Dieu et à ses actions révélatrices dans l'histoire et dans les paroles prophétiques. Les paroles bibliques sont donc des paroles de Dieu, non à cause de leur qualité intrinsèque, mais du fait qu'elles se réfèrent à une réalité qui les dépasse. Elles sont ainsi révélation objective, parce que révélation d'une réalité objective. De l'autre côté, la présence et l'action de Dieu dans l'histoire et dans la parole prophétique évoquent des paroles humaines. Ces paroles sont transformées pour exprimer des réalités qu'elles ne pouvaient pas exprimer auparavant. Dans ce processus, ces paroles deviennent elles-mêmes une partie de la révélation : Parole de Dieu pour nous (Torrance, 1999, p. 84ss).

Une des raisons pour lesquelles Dieu a attendu des générations pour préparer l'incarnation de son Fils, est peut-être le fait qu'Il devait préparer un vocabulaire et une structure conceptuelle en termes desquels cette révélation suprême pouvait être comprise et exprimée. D'un côté il est vraiment étonnant que Dieu se soit incarné au sein du seul peuple de ce temps qui avait des difficultés à accepter la notion d'un homme-Fils-de-Dieu. Parmi les peuples polythéistes ou panthéistes des environs d'Israël, l'idée d'un homme-Fils-de-Dieu était facilement concevable, mais pas en Israël avec sa notion d'une différence absolue entre le Créateur et la création, une notion développée et purifiée à travers des siècles de prédication prophétique. Par ailleurs, c'est précisément à cause de cette préparation que le peuple juif était le seul peuple qui pouvait comprendre la notion de l'incarnation dans toute sa radicalité. Ce peuple pouvait concevoir le Fils de Dieu incarné, non comme un être entre les dieux et les hommes, mais comme une personne entièrement Dieu et entièrement homme (cf. Torrance, 1999, p. 86ss ; Goldingay, 1994b, p. 356 ; § 4.6, p. 211).

Mode de la révélation spéciale

La révélation spéciale n'est pas uniquement un principe épistémologique qui explique comment avoir une connaissance valable de Dieu. Dans la Bible, la révélation de Dieu n'est pas seulement liée à la connaissance de Dieu, mais elle est plus largement liée à la manière dont Il veut être notre Dieu. Sa révélation est directement liée à ses actes pour nous sauver, parce qu'Il se révèle à travers ses actes pour racheter son peuple. C'est par eux qu'il se fait connaître comme Sauveur (Ex 14-15). Il se révèle, parce qu'Il veut être notre Dieu, parce qu'Il veut que nous soyons son peuple (Ez 37.27 ; Ap 21.3). Sa révélation est donc toujours révélation de son amour. S'Il se révèle en son Fils Jésus-Christ, c'est pour faire de nous ses fils et ses filles. En Lui, Il nous révèle donc en même temps son plan pour nous. De plus, s'Il se révèle, nous découvrons automatiquement que nous ne pouvons pas exister face à Lui tels que nous sommes, et que son jugement devrait nous détruire si Jésus-Christ ne l'avait pas porté. Sa révélation est donc toujours révélation de son jugement et de sa grâce (Barth *Dogmatique* I/ 2**, p. 98). Dans la théologie, nous ne réfléchissons donc pas seulement sur le *contenu* de cette révélation, mais également sur le *fait* de cette révélation. Ce fait même est un signe de son amour, de son désir que nous le connaissions, de sa grâce malgré son jugement, et de notre destinée.

Un débat parfois houleux et lourd d'implications anime la théologie sur le mode de cette révélation spéciale. Est-ce que Dieu se révèle d'abord en paroles, dans ses actes dans l'histoire ou dans une rencontre personnelle (cf. Dulles, 1992b) ? Un regard attentif sur la manière dont Dieu se révèle dans la Bible montre, qu'en fait, ces modes ne s'excluent pas mutuellement et que la combinaison spécifique de ces modes est caractéristique de la foi chrétienne par rapport aux autres religions. Il est utile de considérer ces modes l'un après l'autre.

1. *Révélation propositionnelle.* Si nous pensons à la révélation spéciale, nous pensons tout d'abord à la Bible et donc à une révélation en paroles et en phrases ; ce que nous appelons de manière technique « révélation

propositionnelle ». Par rapport à la révélation générale qui se fait « sans paroles » (Ps 19.4-5), la révélation spéciale est beaucoup plus riche et claire, parce qu'elle est verbale (cf. Ps 19.8ss). Dans l'histoire de la théologie, l'accent a surtout été mis sur cette caractéristique de la révélation spéciale. Ce sont donc les propositions bibliques qui fonctionnaient comme base de notre connaissance de Dieu et de notre réflexion théologique. Néanmoins, depuis l'âge moderne, cette conception est très critiquée du fait de l'embarras que les théologiens ressentent à l'idée qu'un langage humain pourrait exprimer de manière adéquate des réalités divines. Plus important encore a été l'embarras déjà mentionné envers la Bible qui, dans toutes les recherches historiques, était perçue comme un document humain comme les autres et non pas comme une parole venue directement de la bouche de Dieu.

Néanmoins, les théologiens évangéliques et les théologiens catholiques romains orthodoxes ont continué à parler d'une révélation propositionnelle, de peur que la révélation ne se vide de son sens (Dulles, 1992b, p. 36-52). Est-ce que la Bible ne répète pas constamment « ainsi parle l'Éternel » ? Est-ce qu'il ne nous faut pas une telle révélation verbale parce qu'une révélation sans paroles est finalement à la merci des différentes interprétations humaines ? La révélation à travers la création est assez flexible selon nos préjugés et nos intérêts, précisément à cause de son caractère non verbal, et elle est donc inadéquate pour nous juger et nous guider de manière claire.

Il nous faut néanmoins reconnaître que, dans le débat sur le caractère propositionnel de la révélation spéciale, d'autres caractéristiques non négligeables de la révélation ont été découvertes. Autrement, nous risquons d'appauvrir la richesse de la compréhension biblique de la révélation, et nous risquons de comprendre la Bible en terme de doctrine réductionniste endurcie et infertile de la révélation, comme dans certaines formes de fondamentalisme.

2. *Révélation historique.* Dieu nous rencontre dans sa révélation dans l'histoire. C'est pour cela que des théologiens comme Oscar Cullmann et Wolfhart Pannenberg parlent d'une révélation historique (Dulles, 1992b, p. 53-67 ; Cullmann, 1966). Cet aspect est fondamental car, si Dieu est connu comme Rédempteur, c'est d'abord parce qu'Il agit pour la rédemption d'Israël et pour la nôtre dans l'histoire. En libérant son peuple d'Égypte, Il se révèle comme le Dieu vivant, comme Rédempteur puissant (Ex 15.1-2). Plus tard, Jésus montre qu'en Lui le Royaume de Dieu est arrivé par ses actes de guérison et d'exorcisme (Mt 11.4-5 ; 12.28). De plus, c'est par sa résurrection que « Dieu l'a fait Seigneur et Christ » (Ac 2.36 ; cf. Rm 1.4).

Cependant, nous ne pouvons pas dire, même si certains théologiens en arrivent à cette conclusion, que la révélation n'est pas propositionnelle parce qu'elle est historique. L'histoire est incompréhensible sans explication verbale. S'il n'y avait pas la proclamation des prophètes pour montrer que le Dieu d'Israël agissait de manière souveraine, l'exil d'Israël à Babylone ne pouvait être que la conséquence de la faiblesse de *Jahvé* par rapport aux dieux de Babylone (Jr 7.1-15 ; Es 44.6-8). C'est pour cela que « le Seigneur Yahvé ne fait rien qu'il n'en ait pas révélé le secret à ses serviteurs les prophètes » (Am 3.7, *BJ* ; cf. Es 48.5). À cet égard, les actes de Dieu ne sont pas différents des actes humains qui sont multi-interprétables si on ne connaît pas le plan et la motivation de l'acteur. Si je punis un enfant, est-ce par amour et pour l'aider, ou bien parce que je le déteste (cf. Hé 12.4ss) ? Pour nous faire comprendre l'histoire et la manière dont Dieu agit et s'y révèle, les auteurs bibliques ont même dû développer un nouveau genre : l'histoire prophétique. Les livres historiques de l'Ancien Testament (que les Juifs comptent parmi les livres prophétiques) et les évangiles du Nouveau Testament racontent l'histoire et en donnent, en même temps, l'interprétation pour qu'elle devienne révélation divine. La révélation historique et la révélation propositionnelle vont de pair. Ceci est particulièrement visible dans la croix du Christ qui pourrait être l'échec final du projet de Christ, s'il n'y avait pas l'explication du sens que, dans cette croix, Dieu est à l'œuvre pour réconcilier le monde avec Lui (Lc 22.19-20 ; 24.26-27 ; Rm 5.10). Même la résurrection de Christ pouvait ne pas être plus que la restauration divine d'un prophète martyr et sans valeur universelle, s'il n'y avait pas eu la prédication antérieure de Jésus-Christ qui déclarait qu'en Lui, l'ère eschatologique avait décisivement débuté. Les paroles de la révélation expliquent l'histoire comme les actions de Dieu dans l'histoire confirment à leur tour la parole prophétique (cf. Es 44.1-8).

3. *Révélation personnelle.* La révélation propositionnelle n'est pas donnée simplement pour que nous ayons des informations sur Dieu, mais pour véhiculer une révélation personnelle de Dieu. Les paroles ne sont pas données pour produire simplement un « savoir » sur Dieu, des connaissances sur sa nature et ses actions. Une théologie qui se limite au caractère propositionnel de la révélation risque de concentrer la vie chrétienne sur une bonne connaissance de la doctrine et sur une bonne obéissance aux règles morales exprimant la volonté de Dieu. Cependant, la Bible n'envisage pas un « savoir » sur Dieu, mais une rencontre, une connaissance personnelle. Selon l'Écriture « la vie éternelle, c'est qu'ils te connaissent, toi, le seul véritable Dieu, et celui que tu as envoyé, Jésus-Christ » (Jn 17.3, *BJ*). L'évangile de Jean ne cesse de dire que

c'est pour cela que la Parole de Dieu est devenue chair en Christ ; c'est pour que nous soyons plus que des serviteurs de Dieu qui doivent se contenter de ses paroles pour Lui obéir, pour que nous devenions ses fils et ses amis pour vivre en communion avec Lui (Jn 1.12, 14 ; Jn 15.15). Dans les autres évangiles, cette vérité n'est pas exprimée dans le même langage théologique, mais elle devient plutôt tangible dans l'invitation de Jésus-Christ. En effet, les publicains et les prostitués peuvent partager la communion qu'offre un repas avec Lui, signe du repas et de la communion eschatologique avec Dieu (Mt 22.1-14). Jésus les invite tous à appeler Dieu leur Père (Mt 6.9), parce que c'est Lui qui, en tant que Fils, révèle le Père (Mt 11.27).

C'est ce caractère personnel de la révélation, qui a conduit certains théologiens barthiens et surtout des théologiens existentialistes à amoindrir la valeur de la forme verbale de la révélation et la valeur de la doctrine chrétienne. Selon eux, cette valorisation des vérités propositionnelles reflète une mentalité hellénistique qui doit être échangée pour une relation existentielle avec Dieu. Pour eux, les doctrines et la forme propositionnelle de la Bible ont peu de valeur, parce qu'elles ne sont que le véhicule pour une rencontre existentielle avec Dieu. Néanmoins, nous devons insister sur le fait que nous ne pouvons pas dire que la forme propositionnelle a peu de valeur s'il s'agit d'une rencontre personnelle (cf. Grenz, 1994, p. 7 ; Erickson, 1983-1985, p. 196). Les rencontres personnelles entre les êtres humains se font normalement à travers un dialogue verbal et, si je reçois une lettre personnelle, elle véhicule un contact personnel à travers les paroles écrites. Une rencontre personnelle sans paroles devient tellement vague qu'elle se vide de son sens et qu'elle risque de devenir plutôt impersonnelle. Pour connaître quelqu'un plus profondément, la première chose à faire est d'apprendre sa langue et de bien écouter ses paroles.

La révélation spéciale est donc une réalité « multidimensionnelle » (McDermott, 2000, p. 64), à la fois propositionnelle, historique et personnelle. Elle nous confronte avec un Dieu qui entre dans notre histoire pour faire son chemin libérateur avec nous, comme Il l'a déjà commencé avec Abraham. Il s'agit d'une révélation en paroles car c'est là le moyen le plus sûr pour des rencontres profondément personnelles. Elle envisage, à travers ce chemin historique, une rencontre personnelle de plus en plus approfondie jusqu'au moment où nous verrons Dieu « face à face » (1 Co 13.12). Dans maints passages bibliques nous voyons les trois aspects de la révélation étroitement liés, comme à la charnière des deux testaments lors de l'annonce de la naissance du Messie à Marie. Par les paroles de l'ange Gabriel, Dieu s'adresse à cette jeune femme de manière personnelle pour annoncer son intervention nouvelle et décisive dans l'histoire. Les paroles bibliques que nous lisons de nos jours éclairent également pour nous le visage personnel de notre Dieu et nous font entrer dans cette même histoire du salut.

Cette conception de la révélation comme à la fois propositionnelle, historique et personnelle montre l'unité de la foi chrétienne avec la tradition juive par rapport à l'islam qui, par ailleurs, paraît être religion la plus proche du judaïsme et du christianisme en tant que religion de révélation. Sur le point de la compréhension de la nature de la révélation, la différence entre les grandes religions sémitiques demeure néanmoins profonde. Pour l'islam, la révélation est surtout propositionnelle. Elle n'est pas historique, parce que Mohammed n'est qu'un témoin de la révélation. Cette révélation reflète la conviction que le Coran existait déjà éternellement avec Dieu ; l'histoire de la communauté musulmane n'y ajoute rien (Manaranche, 1985, p. 166ss ; Ward, 1994, p. 175s.). La révélation coranique n'est pas non plus considérée comme personnelle : Dieu ne se fait pas connaître Lui-même. Il ne révèle que sa volonté à laquelle l'être humain doit obéir (Chapman, 1995, p. 245ss). Dans ces deux aspects, l'Ancien Testament diffère radicalement du Coran et il est réellement une révélation du même Dieu que le Nouveau Testament. Les deux testaments parlent d'un Dieu qui envisage une relation d'amour avec son peuple élu avec lequel Il fait son chemin particulier dans l'histoire (Manaranche, 1985, p. 168).

Limites de la connaissance de Dieu

Indications bibliographiques
Henri Blocher, *Introduction à la théologie évangélique*, notes du cours professé en 1976, Vaux-sur-Seine, FLTE, 1976, p. 43-48.

La révélation spéciale est donc propositionnelle, historique et personnelle et, par tous ces aspects, elle dépasse la révélation générale. Nous devons néanmoins reconnaître que, même la connaissance de Dieu produite par la révélation spéciale n'est pas une connaissance exhaustive. Ses limites sont liées à ce que l'on appelle en termes théologiques, l'incompréhensibilité de Dieu. Cette incompréhensibilité trouve son origine dans le fait que la réalité divine dépasse de loin les capacités de notre entendement, et que nous ne pouvons jamais « comprendre » ou englober sa grandeur avec nos intellects humains limités. Une bonne compréhension de l'incompréhensibilité de Dieu nous aide à parler avec l'humilité qui doit caractériser tout langage humain sur Dieu, mais également avec l'« assurance » et avec l'audace auxquels la révélation nous invite (cf. Ac 4.31).

Cette référence à une assurance justifiée est cruciale. Trop souvent, les réflexions sur l'incompréhensibilité de Dieu sont profondément influencées par des conceptions philosophiques d'origine non chrétienne sur ce que l'être humain peut et ne peut pas connaître. Dans ce processus, la reconnaissance d'une révélation réelle et fiable peut être échangée contre la notion d'une « théologie négative ». Selon cette théologie négative, par rapport à Dieu, nous ne pouvons nous exprimer qu'en *négations*. Nous pouvons dire qu'Il est *in*-corporel, *in*-visible, etc., mais toute connaissance positive de sa nature et de sa volonté nous échappe. Blocher remarque avec justesse qu'une telle attitude s'éloigne de la reconnaissance chrétienne joyeuse du fait que Dieu s'est fait réellement connaître en Christ (1 Jn 5.20). L'humilité que l'expression de l'impossibilité de connaître Dieu semble exprimer peut être une fausse humilité qui refuse de reconnaître ce que Dieu nous a révélé de Lui-même (Blocher, 1976, p. 45). Cette humilité apparente peut même cacher un désir plus profond de façonner Dieu à notre mesure, parce qu'un Dieu impossible à connaître est plus facile à garder à distance ou à domestiquer que le Dieu qui se révèle en Christ.

Si nous voulons donc parler des limitations de notre connaissance de Dieu à travers la révélation spéciale, ces limitations doivent nous être dictées par la réalité que nous rencontrons à travers cette révélation. La révélation nous montre qu'il y a au moins quatre limitations avec lesquelles nous devons compter. Ces limitations de notre connaissance de Dieu n'amoindrissent néanmoins en rien la fiabilité de cette révélation.

(1) En premier lieu, nous devons compter avec le fait que la réalité divine dépasse infiniment notre entendement humain. Il « habite une lumière inaccessible » (1 Tm 6.16, *BJ*). Cependant, ceci ne veut pas dire qu'il y a quelque part un côté « obscur » en Dieu qui pourrait être contraire à ce que Dieu nous a montré de Lui-même en Jésus-Christ. « Dieu est lumière, en lui point de ténèbres » (1 Jn 1.5). Dieu dépasse de loin ce que nous pouvons comprendre de Lui, mais il n'est pas un lieu en Lui où Il puisse être différent, ou même contraire à ce qu'Il nous a montré en Christ. Par son unité et sa perfection, Dieu est entièrement ce qu'Il est. Il n'est pas changeant comme peut l'être un être humain. S'il nous apparaît de manière contradictoire, parfois comme un Dieu d'amour et parfois plutôt comme un Dieu vengeur, cette contradiction trouve son origine en nous plutôt qu'en Dieu : en tant que ses créatures nous sommes objet de son amour, mais en tant que pécheurs, le même amour doit

parfois se montrer comme colère et vengeance contre les forces destructrices du péché en nous. S'il y a un côté de Dieu et de son œuvre qui nous est caché (Rm 11.33-34), ce n'est pas parce qu'Il y est différent pour nous de ce qu'Il nous a révélé. C'est plutôt parce que ce qu'Il est et ce qu'Il fait dépassent de loin notre entendement limité (cf. Berkouwer, 1955, p. 301s.).

(2) En deuxième lieu, notre connaissance de Dieu est limitée par le fait que nous vivons encore de ce côté de l'*eschaton*, de l'accomplissement de l'histoire et que nous attendons le « face à face » qui permettra que nous le connaissions de la même façon que nous sommes connus de Lui (1 Co 13.12).

(3) L'attente de cette meilleure connaissance eschatologique est partiellement liée à la réalité du péché. Toute notre connaissance de Dieu est, à ce stade du chemin de Dieu avec nous, encore entachée par le péché. Si la Bible oppose nos pensées à celles de Dieu (Es 55.7-9 ; cf. Ps 33.10-11), elle le fait parce que les pensées humaines sont, à cause du péché, soumises à la vanité et souvent même destructrices. Même si nous sommes en Christ en principe libérés de la puissance du péché, nous n'en serons jamais entièrement libres jusqu'à notre transformation entière, quand nous rencontrerons le Seigneur Jésus-Christ à la fin des temps. Ce péché continuera donc de souiller notre compréhension de la révélation et notre connaissance de Dieu. Le péché est à l'origine de la troisième limitation de notre connaissance de Dieu.

(4) Quatrièmement et finalement, notre connaissance de Dieu est limitée par l'environnement historique et culturel dans lequel nous percevons la révélation, nous formons nos images de Dieu et nous formulons nos conceptions théologiques. Un survol des images de Jésus-Christ à travers les âges, à travers la communauté chrétienne mondiale, et même à travers les différents auteurs qui ont contribué à la rédaction du Nouveau Testament montre l'influence de l'arrière-plan historique et culturel sur la perception et sur la compréhension de la révélation. Ceci n'implique pas que ces perceptions soient incapables de donner une compréhension fiable de Dieu et de Jésus-Christ. Nous avons déjà vu que l'idée de l'impossibilité de connaître une réalité absolue à partir d'un contexte historique et culturel est une simple assertion du relativisme historique et culturel, qui n'a pas de fondement (Newbigin, 1989, p. 163s. ; cf. § 3.1, p. 137s.). La foi chrétienne se fonde précisément sur la conviction qu'en Christ, Dieu est devenu homme et qu'Il est entré dans les relativités de notre histoire. Néanmoins, la localisation historique et culturelle de toute perception de la révélation implique que cette perception est limitée. C'est pourquoi toutes les perceptions particulières de Dieu ont besoin d'un

processus de réflexion critique et d'un enrichissement continuel à la lumière d'autres perspectives historiques et culturelles (cf. § 2.6).

Ces quatre facteurs ne nous privent pas de l'assurance qu'en Jésus-Christ, Dieu s'est définitivement révélé pour le salut de l'humanité. Néanmoins, ils légitiment notre humilité par rapport à nos perceptions et nos conceptions de cette réalité. Nous savons que Dieu est toujours plus grand que ce que nous concevons de Lui, et que son chemin dans ce monde est souvent caché (Es 45.15). Nous sommes conscients que nos perceptions de Christ demeurent limitées par notre situation particulière dans l'histoire, et qu'elles demeurent marquées par les conséquences du péché qui continuent à influer sur notre vie. Ces quatre facteurs nous font attendre avec désir le jour où nous louerons Dieu avec une foule venant de toutes les nations, de toutes les langues et de toutes les tribus (Ap 5.9 ; 7.9) quand Dieu sera « tout en tous » (1 Co 15.28) et que nous Le verrons « face à face » (1 Co 13.12).

3.4. Révélation et religions non chrétiennes

Indications bibliographiques
Martin Goldsmith, *Et les religions non-chrétiennes ?*, Saint-Légier, Emmaüs, 1999.
John Hick, « The Non-Absoluteness of Christianity », in John Hick & Paul F. Knitter (éd.), *The Myth of Christian Uniqueness. Toward a Pluralistic Theology of Religions*, Maryknoll, Orbis, 1987, p. 16-36.
Harold A. Netland, *Encountering Religious Pluralism. The Challenge to Christian Faith and Mission*, Downers Grove, IVP, 2001.
Lesslie Newbigin, *L'universalisme de la foi chrétienne*, collection Œcuménique, Genève, Labor et Fides, 1963.
Lesslie Newbigin, *The Gospel in a Pluralist Society*, Londres, SPCK, 1989. Don Richardson, *L'éternité dans leur cœur*, Lausanne, Jeunesse en Mission, 1982.
Louis Schweitzer (sous dir.), *Conviction et dialogue. Le dialogue interreligieux*, La foi en dialogue, Cléon d'Andran, Excelsis, 2000.

La foi chrétienne au milieu des autres religions

Considérant la révélation, nous ne pouvons pas, dans notre monde multiculturel et multireligieux, nous passer d'une réflexion sur les religions non chrétiennes. La foi chrétienne n'est pas la seule qui se réclame d'une révélation divine. De plus, il existe d'autres religions qui ne font pas appel à une révélation spéciale, mais qui réclament une illumination particulière. Sur de telles bases, elles développent des compréhensions spirituelles de la réalité qui les mettent en compétition avec la religion chrétienne. Si nous comparons par exemple la révélation biblique, coranique et védique, nous constatons que leurs compréhensions d'elles-mêmes s'excluent mutuellement. Maints observateurs du monde religieux concluent de cette compétition des prétendues révélations et illuminations, qu'elles doivent toutes être mises en doute et exclues de tout débat sérieux et scientifique. D'autres voient plutôt en cette multiplicité de révélations une raison de placer toute révélation prétendue au même niveau et de leur donner la même valeur dans nos réflexions théologiques (Hick, 1987).

En soi, cependant, la perception d'une pluralité des prétendues révélations n'implique pas nécessairement que toutes les révélations ont la même valeur. Dans le même ordre d'idées, une compétition des théories scientifiques n'implique pas que l'opposition entre elles ne puisse pas être dépassée. De même, la multiplicité des partis politiques n'implique pas que le débat politique n'a pas de sens. La multiplicité des révélations qui se contredisent peut aller de pair avec la conviction qu'une révélation est vraie et que les autres sont des contrefaçons. D'autre part, cette multiplicité peut s'accorder avec l'idée que toute révélation est ouverte à de multiples interprétations parfois contradictoires. Nous pouvons néanmoins dire que cette multiplicité implique au moins ceci : si Dieu se révèle, Il ne se révèle pas de manière à s'imposer aux hommes afin que personne ne puisse nier ou mal interpréter cette révélation. Cette multiplicité des invocations des révélations implique aussi qu'une théologie sérieuse et plausible ne peut pas, dans ce monde, se passer d'une réflexion sur la valeur d'autres prétentions de révélations et d'autres religions. La considération de la révélation générale et spéciale et de leur relation est un bon point de départ pour cette prise en compte.

Si nous voulons placer la foi chrétienne dans le champ des religions, nous avons besoin d'une mise en garde importante. Si nous demandons dans quelle catégorie de phénomènes nous devons classer la foi chrétienne, elle est le plus souvent classée parmi les religions. Ceci est valable puisqu'elle concerne une relation avec une réalité divine ou une réalité transcendante, un élément qui revient dans la plupart des définitions de « religion ». Cependant, cette classification n'est pas juste, si nous voulons limiter la foi chrétienne à un secteur limité de la vie que nous appelons « religieux » distinct d'autres domaines de la vie considérés comme « séculiers ». La foi chrétienne concerne toute la réalité et toute la vie. En fait, la plupart des religions sont, dans leur origine, des visions et des modes de vie qui englobent toute la vie et toute la réalité.

La séparation entre la religion et la vie séculière est un phénomène plutôt moderne (cf. Walsh & Middleton, 1988, p. 139ss). Sous certains aspects, la foi chrétienne peut-être plus proche de certains mouvements et intérêts dits séculiers, comme l'épître de Jacques le dit : « La religion pure et sans tache devant Dieu notre Père consiste en ceci : visiter les orphelins et les veuves dans leurs épreuves... » (Jc 1.27, *BJ* ; cf. Es 1.10-20). Cet intérêt pour la vie et la justice des faibles dans la société distingue la foi chrétienne de certaines religions, mais la rapproche de mouvements sociaux comme le communisme et le socialisme. Ces mouvements séculiers, comme d'autres à leur tour, se considèrent souvent comme des alternatives à part entière aux mouvements religieux qu'ils jugent dépassés. Si nous plaçons la foi chrétienne dans une certaine catégorie, nous devons reconnaître qu'elle englobe une allégeance fondamentale, une vision du monde et un mode de vie. En tant que telle, la foi chrétienne a comme alternative non seulement d'autres religions, mais aussi d'autres idéologies, d'autres visions du monde et d'autres modes de vie. Ces autres visions du monde ne doivent pas être considérées comme des mouvements tout à fait areligieux. Il s'agit de mouvements dont le centre est souvent une allégeance absolue et quasi-religieuse à une réalité ou à un idéal dont on considère qu'il a une valeur ultime. Il s'agit de mouvements qui, à leur façon, forment une réponse à la révélation générale et une interprétation de la condition humaine avec un message correspondant concernant le salut. Si nous voulons comprendre la valeur de la foi chrétienne dans notre monde multireligieux et multiculturel, nous devons prendre toutes ces alternatives en considération.

Approche trinitaire des religions non chrétiennes

Les religions et les visions du monde non chrétiennes forment toutes, à leur manière, une réponse à la révélation. Pour comprendre cette thèse, nous devons bien faire la distinction entre la révélation générale et la révélation spéciale. Nous pouvons même aller au-delà de ces aspects de la révélation pour analyser trois points qui sont chacun particulièrement liés à une des personnes du Dieu trinitaire : Dieu se révèle comme Créateur, dans l'incarnation de son Fils, et par son Esprit-Saint.

La révélation générale est liée de façon appropriée avec Dieu le Père, le Créateur. À travers la création, l'être humain créé à son image peut connaître Dieu comme le Créateur. Dans toutes les religions, nous percevons une certaine reconnaissance de cette révélation, ainsi que sa déformation à cause du péché, comme nous l'avons analysé en parlant de la révélation générale (§ 3.2). Cette réponse à la révélation générale n'est pas seulement visible dans les religions théistes qui reconnaissent l'existence d'un Dieu créateur. Dans les religions non théistes, nous pouvons également reconnaître une réponse à la révélation générale. Le bouddhisme par exemple, est dans sa forme dominante, athée : la réalité suprême est le *nirvana*, et cette réalité est considérée comme dépassant de loin ce que les chrétiens appellent Dieu. Ce Dieu est, pour les bouddhistes, une apparence, une réalité virtuelle dont l'homme doit plutôt se libérer. D'un point de vue chrétien, nous percevons néanmoins dans le bouddhisme une reconnaissance du fait que la réalité perceptible autour de nous n'est pas la réalité finale : il y a une réalité plus importante qui la dépasse et le danger de la vie humaine est d'être trop occupé avec ce monde directement perceptible. Le bouddhisme peut donc être compris comme une réponse à la révélation générale, mais une réponse partielle.

Mêmes les idéologies séculières peuvent être comprises comme des réponses à la révélation générale. Considérons l'humanisme athée, qui donne à l'être humain la valeur suprême. Si l'humanisme athée ne veut pas reconnaître Dieu, il reconnaît néanmoins que l'être humain surpasse le reste de la création. Cet être humain ne peut pas être réduit à un simple produit d'une évolution aveugle. C'est un être avec une valeur particulière, une valeur qui est à la base de ce que nous appelons « les droits de l'homme ». C'est une des notions qui, dans une vision du monde entièrement évolutionniste, n'aurait pas de sens. L'humanisme a perçu cette valeur particulière de ce que l'être humain a reçu de Dieu. Même l'humanisme athée est donc une réponse à la révélation générale, mais encore une réponse insuffisante.

Toutes ces alternatives à la foi chrétienne sont donc des formes de réponse à la révélation générale. Ces réponses ne sont pas seulement déformées à cause du péché, mais elles ne peuvent jamais être adéquates à cause de l'énigme qu'est la création. La création est créée pour un but, un avenir, sans apporter de réponse à la question de sa raison d'être. Ceci est particulièrement vrai pour la création sous le joug du péché et de la corruption. Cette observation me semble également valable pour la création en tant que telle, sans parler du péché. La création – surtout l'être humain créé en tant qu'image de Dieu – porte en elle la possibilité d'un accomplissement qui dépasse largement ses propres possibilités. Cependant, la création elle-même demeure silencieuse sur la nature de cet accomplissement et sur la question de savoir s'il y aura même un accomplissement. Elle ne peut pas en parler, parce que cet accomplissement est, comme la rédemption du péché, une grâce particulière qui nous est manifestée dans la révélation spéciale, particulièrement en Christ. Comme Oliver O'Donovan l'exprime :

> La transformation eschatologique résout [...] la question qui, sinon, ne reçoit pas de réponse : celle du sens de cette extension temporelle [du créé dans l'histoire]. Même dans un monde non déchu, et pour une intelligence non affectée par la chute, la question ne pourrait recevoir de réponse : le rouleau scellé de l'histoire est douloureusement illisible [...]. Mais si l'on admet que le monde est déchu, et n'est compris que par des intelligences déchues, alors il revient à celui qui le rachète d'ouvrir le livre et de révéler « ce qui arrivera bientôt » (O'Donovan, 1992, p. 68).

La multiplicité et la variété des réponses faites à la révélation générale s'explique donc, en partie, par la multiplicité des possibilités d'interpréter le message de la révélation générale. Toutefois, cette variété des réponses s'explique aussi par le caractère énigmatique de la création. La multiplicité, la compétition, et les contradictions entre les différentes religions et les visions du monde ne doivent pas étonner le chrétien.

Les religions et les idéologies non chrétiennes ne doivent pas être appréhendées seulement par rapport à la révélation du Créateur. Elles doivent l'être aussi par rapport au deuxième aspect de la révélation : la révélation en Jésus-Christ, son Fils incarné. Les religions humaines ne sont pas seulement une réponse à l'énigme de la création. Nous pouvons également les considérer comme un effort pour répondre à cette énigme sans Christ et pour la résoudre sans Lui (cf. Barth, *Dogmatique* I/2**, § 17.2). Parfois, les religions répondent à leur façon en ignorant Jésus-Christ, parfois en méconnaissant ce qu'Il est, parfois même en étant en totale contradiction avec la réponse que Dieu Lui-même a déjà donnée en Jésus-Christ.

Si la foi chrétienne diffère d'autres religions et d'autres idéologies, ce n'est pas par le fait d'une qualité que la communauté chrétienne posséderait en elle-même. La communauté chrétienne ne possède pas un sentiment et une sagesse religieuse plus profonds que d'autres communautés religieuses. Elle n'est pas plus évoluée dans la sainteté, et n'est pas non plus le sommet d'une évolution religieuse de l'humanité. La foi chrétienne n'est différente des autres religions que par son objet, par la révélation de Dieu en Israël et principalement en Jésus-Christ. En tant qu'expression de religion humaine, la communauté chrétienne est caractérisée par les mêmes déformations, les mêmes abus et les mêmes faiblesses que toute communauté religieuse. Si, en tant que communauté, elle peut aussi témoigner d'une sagesse particulière, d'une expérience religieuse profonde, de vies et de communautés changées, ce n'est pas grâce à des qualités que posséderaient ses adeptes. Ces richesses religieuses trouvent leur origine en ce que cette communauté a reçu en Jésus-Christ. Nous devons particulièrement souligner que l'unicité de la communauté chrétienne n'est qu'une conséquence de ce qu'elle a reçu. Nous ne faisons qu'accepter humblement ce que Dieu nous donne en Christ (cf. Newbigin, 1989, p. 166). Nous ne pouvons être différents des autres communautés religieuses que dans la mesure où nous nous approchons de Lui et laissons nos pensées, notre vie et nos communautés religieuses se transformer par sa présence et sa Parole.

La place cruciale de la révélation en Christ met en lumière le problème de la particularité historique et culturelle de cette révélation. Cette particularité est surtout « une pierre d'achoppement » pour les penseurs de l'âge des lumières, mais elle l'est également pour des savants religieux des grandes traditions orientales (Newbigin, 1989, p. 81s.). Comment une religion qui est liée de façon indissociable à des circonstances historiques particulières – celles du peuple d'Israël à partir d'Abraham jusqu'à Jésus-Christ – peut-elle contenir la vérité pour tous les peuples de tous les temps ? La divinité ne doit-elle pas être également accessible à tous les êtres humains, sans distinction ? Dieu peut-il faire un tel favoritisme ? Ces questions trouvent leur réponse en Jésus-Christ.

Si nous comprenons pourquoi Dieu s'est fait homme en Jésus-Christ, nous comprenons également pourquoi Il l'a fait à un moment particulier dans l'histoire et en un lieu particulier dans le monde. Il s'est fait homme pour libérer l'humanité des forces du mal en mourant sur la croix, et pour se réconcilier ainsi avec l'homme (Col 1.20 ; Rm 5.8-10). Il est devenu homme pour montrer son amour le plus profondément et le plus clairement possible (Mt 11.27 ; Jn 17.25-26). Il s'est incarné pour briser toutes nos fausses conceptions religieuses. Cette réconciliation se fait par la nature des choses une fois pour toutes : avec la croix tout a été accompli. De plus, distincte d'une simple apparition sous forme humaine, l'incarnation se fait une seule fois. Quelqu'un qui devient homme, et qui peut reprendre sa vie à zéro pour la vivre différemment ne devient pas un être humain banal. Il me semble au contraire que le fait de ne pas pouvoir refaire notre histoire personnelle est une caractéristique essentielle de notre existence humaine.

La *particularité* de cette révélation est donc la conséquence de ce que Dieu veut accomplir dans son histoire avec Israël et en Christ. La valeur *universelle* de ces événements et de la vérité révélée est également la conséquence de ce qui s'est passé. Le Créateur de tout l'univers y a révélé sa nature et son plan pour l'humanité et c'est en ce lieu particulier qu'Il a choisi de réconcilier toute l'humanité avec Lui. La communauté chrétienne, l'Église, est, donc, une communauté bien particulière dans ce monde. Elle est la communauté définie par l'acceptation de ce que Dieu a fait à ce moment unique dans l'histoire. Elle se fonde sur cet événement unique et en donne un témoignage. Néanmoins, elle est aussi une communauté qui a une vocation universelle. Elle est appelée à témoigner à tous les peuples de la terre du fait que ce Jésus de Nazareth est le Fils du Dieu unique, le Seigneur et Sauveur de toute l'humanité. Elle est caractérisée par cette « logique de l'élection » d'une communauté particulière à vocation universelle (Newbigin, 1989, p. 88ss).

En plus de la révélation du Créateur et de la révélation en Jésus-Christ, le Fils, il y a un troisième élément qui nous permet de comprendre la valeur des religions et des visions du monde non chrétiennes : l'Esprit-Saint, la troisième personne de la Trinité. La révélation spéciale trouve son accomplissement et son apogée en Jésus-Christ, mais elle n'est pas limitée à ce moment de l'histoire. À travers les générations, l'Esprit de Dieu a parlé aux patriarches et aux prophètes d'Israël pour préparer l'incarnation de son Fils (1 P 1.10-11). Depuis l'ascension de Jésus-Christ, Il nous a envoyé son Esprit comme témoignage de Lui et pour guider l'Église dans sa mission de faire de toutes les nations ses disciples (Ac 1.8).

Le témoignage de l'Esprit-Saint à Jésus-Christ n'est pas nécessairement limité à Israël et à la communauté chrétienne. Dans mon travail en Afrique, on m'a rapporté des témoignages du fait que certains esprits ont parlé aux personnes qui n'avaient jamais entendu parler de Jésus-Christ. Ces esprits leur auraient dit d'aller chercher les missionnaires chrétiens afin d'entendre la bonne nouvelle de Jésus-Christ. Il me semble plus logique d'attribuer ce témoignage au Saint-Esprit qui travaille aussi en-dehors des limites de la communauté chrétienne. Ces témoignages peuvent être multipliés en considérant d'autres peuples et d'autres continents (cf. Richardson, 1982). Ils peuvent parfois être plus explicites, avec des références aux personnes spécifiques, parfois plus implicites, sous formes de certaines croyances et de certaines pratiques religieuses qui trouvent leur accomplissement en Christ. Les différents parallèles entre des religions et des visions du monde d'un côté, et la foi chrétienne de l'autre, peuvent donc être expliqués par la possibilité qu'ont ces religions à avoir perçu certains aspects de la révélation générale. Ces différents parallèles peuvent également trouver leur origine dans une œuvre de l'Esprit dans ces communautés pour les préparer au message de Jésus-Christ.

La compréhension chrétienne de Dieu sous forme de la Trinité a toujours dû conserver l'équilibre entre deux mouvements complémentaires. D'un côté cette compréhension a distingué les trois Personnes de la Trinité qui jouent leur propre rôle dans la création et dans la rédemption de l'humanité. De l'autre, elle a respecté l'unité : les trois Personnes forment une seule divinité, elles sont unies. Elles ne peuvent jamais être séparées et surtout pas être mises en concurrence ou en opposition. Une bonne théologie de religions a besoin de percevoir l'œuvre de chaque personne de la Trinité, mais elle doit également reconnaître l'unité de Dieu et son œuvre. Certaines compréhensions théologiques des religions non chrétiennes mettent parfois à tort l'accent sur la présence et l'œuvre d'une ou de deux personnes de la Trinité en négligeant les autres. Elles mettent par exemple l'accent sur l'universalité de la révélation du Dieu créateur dans sa création, en oubliant que l'humanité a besoin d'être réconciliée avec son Créateur par Jésus-Christ. D'autres théologies de religions peuvent aussi mettre l'accent sur la révélation du salut en Christ qui doit être proclamée jusqu'aux extrémités de la terre. Ces approches oublient que cette proclamation ne parviendra pas à ses fins en tant que nouveauté, mais en tant que message du Créateur qui n'est pas resté « sans témoignage » avant que le nom de Christ ne soit proclamé.

Aujourd'hui de nouvelles théologies de religions mettent plus particulièrement l'accent sur l'œuvre du Saint-Esprit dans toutes les communautés humaines et dans toutes les religions. Parfois, elles négligent le fait que l'Esprit ne travaille pas pour son propre compte, mais qu'Il est venu pour rendre un témoignage de Jésus-Christ et pour préparer son chemin. Si nous n'avions pas la révélation de Dieu en Christ, nous n'aurions même pas la possibilité de faire la distinction entre ce qui vient de l'Esprit de Dieu, ce qui vient de l'homme ou ce qui vient de forces démoniaques. Nous ne pouvons pas accepter simplement tout de ce qui se présente comme une illumination ou une révélation religieuse. Sinon, nous n'aurions plus la possibilité de faire la distinction entre le message de Hitler et celui de mère Thérèse de Calcutta. Nous avons besoin d'une clé d'interprétation pour comprendre ce monde religieux extrêmement varié et même contradictoire pour distinguer le vrai et le faux, ce qui est bénéfique ou plutôt destructeur, ce qui est valable et ce qui est vain, ce qui vient de Dieu et ce qui est plutôt démoniaque. La conviction chrétienne est que cette clé nous est donnée en Jésus-Christ (Newbigin, 1989, p. 165).

Conclusion : les aveugles et l'éléphant

Nous pouvons résumer l'essentiel de notre argumentation à l'aide de l'allégorie bien connue des aveugles et de l'éléphant. Il s'agit d'une légende d'un roi, quelque part en Inde, à qui l'on demande comment nous devons comprendre le fait qu'il y ait tellement de religions qui semblent se contredire dans ce monde. En Inde, cette question demeure d'actualité avec la présence des hindous, des musulmans, des chrétiens, des sikhs, des bouddhistes, etc. Le roi répond en utilisant cette allégorie : les hommes sont comme des aveugles qui, tous, essaient de se faire une image d'un éléphant. Le premier a saisi une des défenses et dit : « L'éléphant doit être comme un sabre dur et pointu. » Le deuxième embrasse un des pieds et pense que l'éléphant ressemble plutôt à un arbre solide et bien planté. Le troisième aveugle se trouve sous le ventre et dit : « Non, l'éléphant est plutôt comme une toiture au-dessus de nous. » Le quatrième se trouve sur son dos et pense que l'éléphant est un grand rocher arrondi. Selon le dernier, l'éléphant est plutôt comme une corde qui bouge et qu'on a de la peine à attraper. Il se trouve évidemment près de la queue.

La leçon que le roi tire de cette allégorie est la suivante : par rapport à Dieu, nous sommes tous des aveugles. Nous touchons tous à une partie de cette vérité et nos vérités partielles se contredisent, parce que nous ne comprenons pas comment ces vérités reflètent une réalité plus large et plus complexe. De même, cette allégorie est utilisée de nos jours pour dire que nous devons accorder à toutes les religions une même valeur : elles ouvrent toutes des perspectives différentes sur la réalité divine qui sont également valables. Cette image semble donc exclure toute revendication de valeur particulière accordée à Jésus-Christ.

Cette utilisation de l'image se heurte néanmoins à deux problèmes. Le premier est que l'image présuppose que tous les aveugles touchent l'éléphant. Il est également possible qu'un sixième aveugle touche simplement le sol sur lequel il est posé en pensant qu'il touche l'éléphant, qu'un septième a plutôt attrapé les pieds du roi en chantant les louanges de l'éléphant et qu'un dernier est en train d'explorer les excréments en supposant qu'il est en contact avec l'essentiel de l'éléphant. L'application de l'image suppose que tout ce qui se dit religion soit en contact réel avec une réalité divine et que toutes les religions aient à peu près également approché cette réalité. Néanmoins, il n'y a pas de raison à priori de supposer que toutes les religions sont également proches de Dieu ou même qu'elles touchent toutes à la même réalité.

Le deuxième problème d'une telle interprétation de l'allégorie des aveugles et de l'éléphant est étroitement lié au premier. Cette interprétation présuppose que le roi n'est pas aveugle : il peut voir ce que les aveugles ne voient pas : qu'ils touchent tous à la même réalité. De même, les adeptes d'une théologie pluraliste des religions se mettent souvent dans la position de juger de quelle façon les différentes religions sont toutes des expressions d'une même réalité. Le théologien John Hick nous en donne un exemple en expliquant comment des images personnelles et des images impersonnelles de la réalité divine reflètent une même réalité au-delà de notre opposition entre le personnel et l'impersonnel (Hick, 1977, p. 144). Il me semble que l'apriori selon lequel le théologien ne partage pas le même aveuglement n'a pas de justification : soit Hick est aussi aveugle que les autres, et il ne peut pas trancher sur la question, soit les adeptes des différentes religions ne sont pas si aveugles que cela. Dans ce dernier cas de figure, les religions peuvent ensemble entrer dans un dialogue fécond sur la question de la valeur et de la vérité particulières de chacune, et pour savoir laquelle peut avoir une perspective privilégiée sur Dieu.

La compréhension chrétienne de la valeur des religions non chrétiennes respecte le fait que toutes les religions ont une partie de vérité. Elle reconnaît aussi que tous les hommes sont aveuglés par le péché et par leur ignorance du salut et du but recherché par Dieu. Parfois elles touchent à Dieu, mais une bonne compréhension leur fait défaut. Parfois elles prennent des réalités créées pour Dieu. Elles sont donc un mélange de vérité, d'erreur et parfois aussi de mensonge, le mélange d'une recherche de Dieu et d'une fuite de sa présence. Personne ne peut, de lui-même, briser cet aveuglement, parce que « personne n'a jamais vu Dieu ». Cependant, grâce à Dieu, « Dieu (le Fils) unique [...] l'a fait connaître » (Jn 1.18, *BC*). Contrairement à l'éléphant qui demeurait un objet passif des recherches des aveugles, Dieu a pris l'initiative de se faire connaître en Jésus-Christ. Grâce à Lui, nous ne sommes plus aveugles. C'est Lui qui est la clé pour comprendre le monde des religions et aussi notre propre foi. En Lui sont jugées toute erreur, toute vanité et toute force destructrice dans ce monde des religions. En Lui, toute vérité religieuse partielle et toute recherche véritable de Dieu et du bien trouvent leur aboutissement (cf. Bediako, 1995, p. 223).

4

Les écritures, source principale de la doctrine chrétienne

Indications bibliographiques
Gerrit Cornelis Berkouwer, *Holy Scripture*, Studies in Dogmatics, Grand Rapids, Eerdmans, 1975.
Donald G. Bloesch, *Holy Scripture. Revelation, Inspiration and Interpretation*, Christian Foundations, Downers Grove, IVP, 1994.
Gordon Fee & Douglas Stuart, *Un nouveau regard sur la Bible. Un guide pour comprendre la Bible*, Deerfield, VIDA, 1990.
John Goldingay, *Models for Scripture*, Grand Rapids/Carlisle, Eerdmans/Paternoster, 1994.
Alfred Kuen, *Comment interpréter la Bible ?*, Saint-Légier, Emmaüs, 1991. J.I. Packer, « *Fundamentalism* » *and the Word of God. Some Evangelical Principles*, Leicester, IVP, 1958.
J.I. Packer, « Révélation et inspiration », in D. Guthrie, *et al.* (sous dir.), *Nouveau commentaire biblique*, Saint-Légier, Emmaüs, 1978, p. 13-20.
Ype Schaaf, *Il poursuivit sa route avec joie… L'histoire et le rôle de la Bible en Afrique*, Lavigny/Nairobi/Lomé/Yaoundé, Groupes Missionnaires/CETA/HAHO/CLE, 1994.

4.1. La Bible dans la spiritualité chrétienne

Dans le dernier chapitre, nous avons vu que la dogmatique, comme tout discours fiable sur Dieu, n'était possible que parce que Dieu se révèle. Nous avons vu aussi que cette révélation ne se limitait pas à la Bible. Dieu se révèle également dans sa création et par sa providence. De plus, la révélation spéciale ne se limite pas à la Bible. Elle commence avec les paroles prophétiques et les actions de Dieu pour le salut de son peuple. Elle continue jusqu'à nos jours, non seulement dans les paroles prophétiques contemporaines, mais surtout dans la prédication à travers laquelle Dieu s'adresse à nous. La Bible n'est pas le point culminant de la révélation. Le paroxysme de la révélation se trouve plutôt en la révélation de la gloire de Dieu en Jésus-Christ dont la Bible nous parle.

Bien que la révélation englobe un mouvement beaucoup plus vaste que ce qui est écrit dans les livres bibliques, la Bible y occupe une place centrale. Cette place fait d'elle la source principale de la réflexion dogmatique. Nous avons déjà évoqué les limitations de la révélation générale (§ 3.3). Même par rapport au mouvement plus large de la révélation spéciale, la Bible est l'autorité suprême dans l'entreprise de la formulation de la doctrine. D'une part, les chrétiens, au cours des siècles après les apôtres, n'ont eu accès à la révélation de Dieu dans son histoire avec Israël et dans la personne de Jésus-Christ qu'à travers le témoignage biblique. D'autre part, cette révélation suprême de Dieu en son Fils dont la Bible nous parle demeure la norme pour évaluer tout appel à une révélation postérieure (voir § 4.6, p. 209ss).

La Bible ne joue pas seulement un rôle central dans la réflexion doctrinale chrétienne, elle joue également un rôle, et à un niveau plus fondamental, dans la spiritualité. Si elle prend ses racines dans la tradition juive, la spiritualité chrétienne est focalisée dans un livre. La lecture et l'explication de l'Écriture sont parmi les préoccupations principales du culte chrétien. Beaucoup de mouvements de renouveau spirituel ont mis l'accent sur le fait que la vie quotidienne devrait être imprégnée par l'Écriture et par la lecture personnelle et familiale de la Bible. Ces notions se sont développées avec la Réforme du XVIe siècle qui a pu profiter de l'invention de l'imprimerie par Gutenberg. Au cours des siècles suivant la Réforme, la lecture biblique se faisait surtout dans le cadre familial. Le mouvement évangélique a ensuite individualisé cette lecture biblique en mettant l'accent sur la communion personnelle de chaque croyant avec son Seigneur dans la prière et dans la lecture biblique. À cet égard, ce mouvement reflète l'individualisme de l'âge moderne et le fait que, souvent, la famille ne partage pas la même foi. Nous ne pouvons pas considérer que l'une de ces formes puisse être normative. La lecture de la Bible prendra une autre forme dans un village pygmée dans la grande forêt équatoriale africaine où la plupart des habitants sont analphabètes et où la vie est communautaire sera déterminée par ce contexte. Cette situation n'est pas comparable avec celle d'un professionnel dans une ville moderne qui, parfois, a des difficultés à trouver un moment de calme avec sa propre famille. Dans tous les cas, la spiritualité chrétienne et évangélique a accordé une place centrale à la Bible. C'est pourquoi l'histoire de la mission a été, dès le début, une histoire de la traduction de la Bible (Sanneh, 1989 ; Schaaf, 1994) et qu'elle est souvent allée de pair avec des programmes d'alphabétisation, surtout depuis l'époque moderne.

Dans ce chapitre nous allons développer la doctrine chrétienne de la Bible ou la « bibliologie » : ce que la Bible et la doctrine enseignent sur la Bible comme Parole de Dieu. À l'instar de la doctrine de la révélation dans le chapitre précédent, les questions qui se sont posées autour de la doctrine de la Bible ont changé avec la nouvelle conscience de la multiculturalité et de la multireligiosité. Dès le début de l'âge moderne, les théologiens ont beaucoup réfléchi sur la façon dont un livre historique et humain comme la Bible pouvait être considéré en même temps comme la Parole de Dieu. Aujourd'hui, les débats se concentrent plus particulièrement sur la question de la relation entre la Bible comme Écriture Sainte et les écritures saintes des autres grandes religions. La question est de savoir comment nous pouvons accorder une valeur absolue et normative à une collection de textes religieux par rapport aux témoignages religieux d'autres temps et d'autres contextes culturels.

Dans ce chapitre, nous nous poserons tout d'abord une question méthodologique sur la façon de développer une doctrine chrétienne de la Bible. Comment développer une doctrine d'une manière qui puisse prétendre à l'objectivité selon la compréhension de la science théologique telle que nous l'avons développée dans le premier chapitre ? Comment la développer de manière à rendre justice à la nature spécifique de cette réalité qui est la Bible (§ 4.2) ? Ensuite nous discuterons des différentes fonctions que la Bible a dans la vie de l'Église, et comment ses fonctions correspondent à sa nature spécifique. Dans ce cadre, nous considérons la Bible en tant que Parole de Dieu inspirée (§ 4.3), témoignage de l'histoire du salut (§ 4.4), révélation (§ 4.5), canon avec autorité suprême pour la formulation de la doctrine et de l'éthique chrétienne (§ 4.6), et expression de sagesse religieuse (§ 4.7). Nous traiterons parallèlement trois caractéristiques de la Bible dont nous considérons qu'une bonne compréhension est d'une pertinence particulière pour la vie de l'Église aujourd'hui : sa fiabilité (§ 4.3), sa clarté (§ 4.5) et son unité dans la diversité (§ 4.6). Dans la dernière section, nous nous poserons aussi la question de la reconnaissance de l'autorité de la Bible dans un monde où bien d'autres textes se présentent comme écriture sainte et révélation divine (§ 4.7). Dans le cinquième chapitre nous parlerons de la manière dont nous devons utiliser la Bible dans la dogmatique. Dans ce dernier chapitre sur la méthode de la dogmatique nous traiterons également les autres sources principales de la dogmatique, comme la tradition de l'Église, la raison, et le contexte culturel. Ces sources sont des sources secondaires de la dogmatique qui s'ajoutent à l'Écriture qui est sa source principale.

Confession de foi et théorie dogmatique

Pour ne pas, ni sous-estimer, ni surestimer l'importance de la réflexion dogmatique et particulièrement celle sur la Bible, nous devons faire deux distinctions importantes. Il y a une différence importante entre notre foi par rapport à la Bible et notre foi en Dieu. Nous mettons notre foi *en* Dieu et *en* Christ pour dire que nous nous confions à Lui. Notre foi par rapport à la Bible n'est pas *la foi en* la Bible, mais c'est la foi *que* la Bible est la Parole de Dieu. De même, un chrétien ne met pas sa foi *en* l'Église et certainement pas *en* Satan, mais en tant que chrétiens, nous avons certaines convictions concernant l'Église et Satan en termes de foi. Si nous ne respectons pas cette distinction entre « foi en » et « foi que », nous risquons de donner à la Bible une mauvaise place dans notre vie spirituelle. Elle risque de ne plus être un moyen (même si elle est un moyen principal et indispensable) pour connaître Dieu, mais de devenir le fondement de notre vie chrétienne. Elle est la base de notre vie chrétienne en tant que source d'autorité de toute notre connaissance de Dieu, mais elle n'est pas la base de notre confiance. La base de notre confiance est plutôt Dieu que nous avons rencontré en Christ.

Ensuite, nous devons faire une deuxième distinction importante entre une *confession de foi* par rapport à la Bible et *une théorie dogmatique* sur la Bible. La foi que la Bible est la parole de Dieu fait partie de notre confession, de notre identité en tant que chrétien (cf. § 2.3). Une certaine formulation de cette foi fait partie de notre identité comme chrétiens évangéliques. Notre « bibliologie » ou notre théorie dogmatique de la Bible est une formulation détaillée de notre compréhension de la façon dont la Bible est la parole de Dieu, de la façon dont Dieu y parle, de la manière par laquelle nous le savons, et des caractéristiques de la Bible comme parole de Dieu. Je peux bien être d'accord avec quelqu'un sur une doctrine de la Bible, même si nos avis divergent considérablement dans la compréhension de la théorie de l'inspiration, de la nature du canon, etc. Ces dernières questions sont traitées dans la bibliologie qui est une réflexion systématique sur cette confession de foi, et nous étudierons cette théorie pour mieux la comprendre, pour nous en émerveiller. Les réflexions menées dans la suite de ce chapitre présenteront une esquisse de cette bibliologie. Nous changeons plus facilement une théorie dogmatique qu'un élément de notre confession, mais cela n'enlève pas de son importance à cette théorie. Nous en avons besoin pour mieux enseigner la doctrine, pour mieux en comprendre l'importance et les implications pour notre vie, et pour mieux la défendre contre les déviations de la foi et dans les entretiens avec les non-chrétiens. Nous avons besoin d'une bibliologie pour mieux prêcher la Parole de Dieu dans le contexte concret dans lequel nous vivons, et simplement pour la joie de mieux comprendre cette facette de la vérité divine (voir le chapitre 2).

4.2. Comment formuler une doctrine de la Bible ?

Quatre approches de la bibliologie

Dans la littérature théologique sur la Sainte Écriture, différentes manières permettent d'arriver à la formulation d'une doctrine et d'une théorie dogmatique dans ce domaine. La voie d'accès choisie pour formuler la doctrine a des répercussions sur ce que nous allons percevoir. Il nous faut donc mener une réflexion critique sur les différentes voies ou méthodes proposées.

La première approche proposée est l'approche à priori. À priori, c'est-à-dire sans considération de la forme de la Bible même, on développe une doctrine de la Bible à partir d'autres vérités théologiques. Prenons, pour exemple d'une argumentation à priori, le raisonnement suivant : « la Bible en tant que Parole de Dieu doit nécessairement être sans erreur dans tout son contenu et sans ambiguïté dans son contenu principal, parce qu'elle émane d'un Dieu parfait qui ne peut pas ni se tromper ni nous tromper » (p. ex. Van Til, 1974, p. 133-136 ; Thiessen, 1987, p. 51s.). Le problème est que cette méthode peut facilement devenir spéculative au sens péjoratif du terme. Sur la base de cette approche, nous pouvons tirer des conclusions qui n'ont plus de relation avec la réalité dans laquelle nous vivons. Dans ce cas spécifique nos conclusions risquent de ne pas prendre en compte la réalité de la Bible dans sa forme concrète telle que Dieu nous l'a donnée. Sur la base de cette méthode, nous pouvons d'ailleurs arriver à des conclusions contradictoires. Barth donne par exemple un autre argument à priori quand il dit que la Bible est la Parole de Dieu donnée en paroles humaines et que, comme toutes paroles humaines, la Bible doit donc contenir des erreurs et être contaminée par le péché (Barth, *Dogmatique* I/2***, p. 49ss ; cf. Goldingay, 1994b, p. 274). Cette méthode à priori ne peut donc jamais être utilisée de manière isolée.

À l'opposé de l'approche à priori, il y a trois approches à posteriori, qui partent toutes du contenu de la Bible, mais qui prennent chacune un point de départ différent. La première méthode à posteriori part des textes bibliques qui parlent des Écritures et qui s'interrogent sur ce que ces textes enseignent explicitement et implicitement sur la nature de la Bible en tant que Parole de Dieu. Le texte le plus discuté dans ce cadre est 2 Timothée 3.16 qui affirme que « Toute Écriture est inspirée de Dieu », mais on y joint souvent une analyse de toutes les expressions bibliques qui parlent de « ainsi parle l'Éternel », « parole de Dieu », « oracle de Dieu », etc. (Gaussen, 1985 [1842] ; Warfield, 1948). Si cette approche est prise de manière isolée, elle court un risque semblable à celui de la méthode à priori. Les textes et les expressions bibliques utilisées affirment l'origine et l'autorité divine des paroles concernées. Cependant, si nous demandons ensuite, « qu'est-ce que cela implique pour la nature de ces textes ? », ces versets et ces expressions ne nous révèlent pas grand-chose. Ces paroles peuvent être à la base d'une doctrine selon laquelle la Bible est la Parole de Dieu, mais elles sont des sources limitées pour déterminer dans quel sens ces versets sont la Parole de Dieu et en même temps des paroles humaines : celles des prophètes, des évangélistes, des apôtres, etc. Les conclusions sur la nature de la Bible, sur la base de ces textes, sont parfois spéculatives de la même façon que dans les arguments à priori. Nous en trouvons un exemple dans la démarche de Benjamin Warfield, qui conclut que :

> L'inspiration est cette influence extraordinaire et supranaturelle [...] exercée par le Saint-Esprit sur les auteurs de nos Livres Sacrés, par laquelle leurs paroles devenaient également les paroles de Dieu, *et, à cause de cela, parfaitement infaillibles* (Warfield, 1948, p. 420 ; italiques de l'auteur).

Une troisième approche propose de prendre comme norme pour l'Église de tous les temps, la manière dont Jésus et les apôtres ont utilisé l'Ancien Testament comme Parole de Dieu. Nous pouvons aussi nous demander quelle autorité Jésus a assignée à ses propres paroles et aux paroles de ses apôtres. Cette approche présente l'avantage, par rapport à la dernière, de ne pas être circulaire : elle ne présuppose pas l'inspiration et l'autorité biblique pour fonder cette autorité sur des versets bibliques. Elle présuppose seulement une fiabilité historique générale des évangiles pour fonder l'autorité de la Bible sur l'autorité de Jésus-Christ en tant qu'envoyé et Fils de Dieu. La Bible, en tant que document historique, nous fait reconnaître que Jésus de Nazareth est le Fils de Dieu. Nous fondant sur l'autorité de Jésus-Christ, nous acceptons ensuite que la Bible ne soit pas un document historique ordinaire, mais la Parole de Dieu (Wenham, 1994, p. 13s.).

Cependant, cette troisième approche a également ses limites. Comprendre comment les apôtres et surtout Jésus ont utilisé les Écritures et considéré leur message est une autre manière de confirmer l'autorité de la Bible comme parole de Dieu. Cependant, cette utilisation nous enseigne peu de choses sur la manière dont nous devons comprendre la nature de la Bible en tant que Parole de Dieu, et sur la manière dont nous devons comprendre la nature de l'autorité biblique. De plus, le contenu de la Bible est tellement varié que nous ne pouvons pas supposer simplement que Jésus aurait utilisé une prophétie messianique de la même manière qu'un psaume, un texte historique ou un proverbe vétérotestamentaire.

L'utilisation de l'Ancien Testament par Jésus et par ses apôtres nous aide néanmoins à tirer certaines conclusions sur l'autorité de la Bible. Ils n'ont pas utilisé cette autorité de manière formelle pour accepter tout ce que les textes bibliques semblent dire, pris de façon isolée. S'Il utilisait ces versets de façon isolée, Jésus n'aurait pas eu de réponse au diable qui, lui-même, se servait des citations bibliques pour Le tenter (Mt 4.1-11). Jésus comprend ces versets dans le cadre du message de la Bible dans son ensemble. La compréhension de l'Ancien Testament par les apôtres est également « centrée de façon christologique et pneumatologique » (Grenz & Franke, 2001, p. 71). L'Ancien Testament est lu par rapport à son centre, pour découvrir comment l'Esprit-Saint était déjà en train de préparer la venue du Fils de Dieu comme révélation suprême de Dieu.

La quatrième et dernière approche de l'Écriture est la considération de la forme finale de l'Écriture. Elle prend la forme concrète de la collection des 66 livres du canon chrétien comme point de départ. Elle se demande : « quelles sont ses caractéristiques et qu'est-ce que cette forme nous apprend sur la façon dont le texte est la Parole de Dieu ? » Comment comprendre la notion « Parole de Dieu » si nous l'appliquons à ce texte concret tel qu'il se présente à nous (Goldingay, 1994b, p. 273s.) ? En général, une telle approche aboutira à une bibliologie qui mettra plus l'accent sur la diversité dans la Bible et sur son côté humain et historique, courant cependant le risque que ce côté humain puisse éclipser l'origine divine de ces paroles.

Ces différentes approches ne s'excluent pas les unes les autres. La plupart des auteurs combinent deux ou trois d'entre elles. L'approche scientifique exige qu'on prenne toutes les données pertinentes au sérieux : l'explication théorique qui englobe le plus grand domaine des phénomènes dans leur plus grande variété est la plus viable. Ceci montre aussi l'importance de l'approche à priori parce que notre doctrine de la Bible doit s'accorder avec d'autres doctrines comme celle de Dieu et de l'homme. Le problème principal ici est qu'on a parfois tendance à forcer les données à entrer dans le carcan de nos préjugés doctrinaux. Nous devons plutôt chercher à ce que la doctrine réponde à la réalité que nous rencontrons dans la Bible plutôt que de contraindre cette réalité pour qu'elle s'accorde avec nos préjugés et nos déductions logiques. L'adaptation de nos pensées à la réalité caractérise la vraie science, théologique ou autre. Prendre la direction inverse et forcer la réalité pour qu'elle réponde à nos préjugés caractérise plutôt la pseudoscience (cf. § 1.4, § 5.3).

Une telle approche globale nécessite que nous prenions au sérieux, à la fois le côté divin et le côté humain de la Bible. Certains théologiens hésitent à appréhender la Bible à partir de sa forme concrète, craignant qu'une telle approche n'amène automatiquement à en accentuer le côté humain (cf. Erickson, 1998, p. 60ss). Pourtant, si nous continuons à écouter, en même temps, ce que la Bible nous dit sur son origine divine, cette crainte ne me semble pas justifiée. En effet, c'est Dieu Lui-même qui, dans sa souveraineté, a voulu ou au moins a permis que la Bible que nous avons reçue ait cette forme particulière. Si, dans sa sagesse et dans son amour Il a prévu cette forme, une recherche plus approfondie sur celle-ci peut nous éclairer sur le cheminement de Dieu avec nous.

Erickson défend l'idée qu'une approche inductive, une approche à la base de la forme réelle de la Bible, ne s'accorde pas avec la méthode que les théologiens évangéliques prennent pour développer d'autres doctrines, comme celle de Dieu, de Christ, de l'Église, etc. Toujours selon Erickson, les théologiens se basent généralement, pour ces doctrines, sur les passages didactiques de la Bible sur Dieu, Christ, etc. (Erickson, 1998, p. 77s.). Cette critique ne me semble pas justifiée, parce que, pour les autres doctrines, on se demande également comment ces réalités se présentent, dans la Bible et même en dehors de la Bible. Le développement théologique de la christologie ne se fait pas seulement sur la base des passages didactiques au sujet de la nature de Christ. Il se fait aussi sur la base de ce que nous rencontrons de sa personne dans les témoignages des évangiles. Pour Dieu le Père, le Saint-Esprit, l'Église, etc., nous utilisons le même procédé. Nous considérons même la manière dont nous rencontrons ces réalités aujourd'hui, parce qu'une doctrine de Dieu, de l'Esprit ou de l'Église qui ne prend pas en compte nos expériences contemporaines est peu plausible. Les passages didactiques, la présentation de ces réalités dans la Bible et ce que nous rencontrons aujourd'hui sont des éléments qui apportent tous leur contribution dans la réflexion théologique, même s'ils n'ont pas tous la même place ou la même autorité dans cette réflexion (cf. § 5.1).

La variété dans la Bible

Si nous prenons en considération la forme finale concrète de la Bible comme Parole de Dieu, nous sommes directement confrontés à la grande variété de son contenu. La variété des genres et des expressions de la parole de Dieu que nous trouvons dans la Bible est un des grands défis pour parvenir à en formuler une doctrine. Nous trouvons dans le Bible des histoires, des lois codifiées, des psaumes, des prophéties, des évangiles, des épîtres. Souvent les théologiens prennent un de ces genres comme modèle pour justifier que la Bible est la parole de Dieu et ils font entrer toute la Bible dans ce schéma. Nous pouvons par exemple prendre le « Ainsi parle l'Éternel » comme modèle pour toute la Bible et parler de Dieu ou de l'Esprit-Saint qui a « dicté » toute la Bible. Ensuite, nous ne pourrions faire entrer que de force les écrits de Luc et de Paul dans ce même moule, contrairement à la conception que ces auteurs avaient de leur propre ministère de témoin (cf. Lc 1.1-4 ; 1 Co 7.12). À l'autre extrême, il y a ceux qui prennent la littérature sapientiale comme modèle et qui comprennent toute la Bible comme l'expression de la sagesse religieuse de l'homme, sans qu'aucune participation particulière de l'Esprit ne soit nécessaire. Ensuite, ils doivent appliquer le même modèle au « Ainsi parle l'Éternel » des prophètes. Ils peuvent même travailler avec la conviction tacite que ce langage de « parole de Dieu » n'est qu'une tournure stylistique.

Le théologien évangélique anglican John Goldingay (1994b) a fait progresser sensiblement la réflexion en distinguant quatre modèles pour comprendre la Bible. Il distingue 1° l'Écriture comme une tradition de témoignage des actes de Dieu dans l'histoire, 2° l'Écriture comme canon normatif, 3° l'Écriture comme la parole de Dieu inspirée et 4° l'Écriture comme la révélation expérimentée. Ces quatre modèles trouvent leur point de départ dans certains genres de la Bible (l'histoire, les lois, les prophéties, les textes apocalyptiques). Nous pouvons aussi appliquer ces modèles pour comprendre la Bible dans son ensemble (comme inspirée, comme révélation, etc.). Cependant, si nous les utilisons pour la Bible entière, tous genres confondus, nous devons comprendre ces modèles dans un sens plus général (Goldingay, 1994b, p. 1-18).

Prenons par exemple le modèle de la Bible comme Parole inspirée de Dieu. Selon la Bible, les prophètes sont inspirés quand ils expriment la parole de Dieu. Ils sont sa bouche. Il y a des moments où ils expriment directement « la parole de l'Éternel ». Nous disons aussi, et avec raison, que les autres parties de la Bible, comme l'évangile de Luc et les épîtres de Paul par exemple, sont inspirées et qu'elles nous communiquent la parole de Dieu. Cependant, selon leur propre compréhension, Paul et Luc n'ont pas livré directement la parole de Dieu comme les prophètes le faisaient souvent. Ils ont plutôt utilisé leurs facultés humaines ordinaires pour communiquer ce qu'ils ont recherché et ce qu'ils ont entendu concernant Jésus-Christ et ce qu'ils comprennent des implications de sa personne et de sa vie. Pour formuler une théorie du *comment* ces évangiles et ces épîtres sont la parole de Dieu, nous ne pouvons pas les faire entrer dans le moule de l'inspiration prophétique.

Dans les sections suivantes, nous prendrons les quatre modèles de Goldingay comme cadre pour analyser la nature et les fonctions de la Bible. Nous y ajouterons néanmoins un cinquième modèle, celui de la Bible en tant qu'expression de « sagesse religieuse ». Cet ajout me semble nécessaire pour prendre en considération un cinquième genre biblique, celui de la littérature sapientiale de l'Ancien Testament et des épîtres du Nouveau. La manière dont Goldingay lie ces éléments avec l'idée de la révélation ne me paraît pas évidente. Leur importance pour la réflexion dogmatique nécessite ici qu'on y accorde une attention particulière.

4.3. La Bible comme la Parole inspirée de Dieu

Indications bibliographiques
Paul J. Achtemeier, *The Inspiration of Scripture. Problems and Proposals*, Philadelphie, The Westminster Press, 1980.
David L. Edwards & John Stott, *Essentials. A Liberal-Evangelical Dialogue*, Londres, Hodder & Stoughton, 1988, p. 41-106.
John Goldingay, *Models for Scripture*, Grand Rapids/Carlisle, Eerdmans/Paternoster, 1994, p. 199-284.
I. Howard Marshall, *Biblical Inspiration*, Grand Rapids, Eerdmans, 1982.

La Bible et les paroles inspirées des prophètes

Dans l'histoire de l'Église et dans la spiritualité chrétienne les écritures dans la Bible sont appelées principalement : « Parole de Dieu ». En utilisant cette expression, l'Église confesse que, dans les paroles des prophètes et des apôtres, et dans cette collection de livres qui forment la Bible, elle entend la voix de Dieu qui s'adresse à elle. Dans la tradition théologique, cette appellation « Parole de Dieu » est liée avec son inspiration (cf. Warfield, 1948 ; Goldingay, 1994b, p. 200ss). Les Écritures sont « inspirées de Dieu » selon le texte central de 2 Timothée 3.16. L'expression grecque de *theopneustos* utilisé dans le texte original, a un sens plus précis d'« expiré » et parle de l'origine de ces paroles en Dieu (Packer, 1958, p. 77).

Comme nous l'avons vu, la notion de Bible en tant que Parole de Dieu s'applique plus directement aux paroles prophétiques. Ces paroles sont le plus souvent introduites avec « ainsi parle l'Éternel » ou « oracle de l'Éternel ».

Elles se présentent comme une reprise directe des paroles que les prophètes ont entendues de la part de Dieu ou des paroles que Dieu prononce à travers ses prophètes. Dans le Nouveau Testament, c'est l'Esprit-Saint qui est vu comme l'inspirateur de ces paroles (2 P 1.20-21).

Bien que l'expression « Parole de Dieu » s'applique le plus directement aux paroles prophétiques, elle peut aussi, à juste titre, être utilisée pour toute la Bible. La référence classique de 2 Timothée 3.16 parle de l'inspiration de « toute Écriture » et Jésus et les apôtres considéraient tout l'Ancien Testament comme parole de Dieu (Wenham, 1994, p. 29ss). Ils utilisaient les expressions « l'Écriture dit… » et « Dieu dit… » comme si elles étaient interchangeables (Ga 3.8 ; Hé 3.7 ; Packer, 1958, p. 86ss). Nous pouvons comprendre que les autres genres vétérotestamentaires nous communiquent à leur manière aussi la Parole de Dieu. Les textes narratifs ne communiquent pas de simples données historiques, mais le point de vue de Dieu sur l'histoire. Les lois nous communiquent la volonté de Dieu et les Psaumes et les livres de la sagesse nous transmettent un point de vue divin sur l'expérience humaine. De même, les auteurs du Nouveau Testament étaient conscients de communiquer un message qui venait de Dieu. Quand ils témoignaient de l'Évangile de son Fils (Mc 1.1), quand ils écrivaient avec autorité apostolique (Rm 1.1) et quand ils communiquaient les révélations des desseins de Dieu (Ap 1.1), ils le faisaient en tant que messagers de Dieu.

L'obligation de respecter la grande variété des genres bibliques fait obstacle à la compréhension théologique de la Bible en tant que Parole de Dieu. Si nous voulons respecter la Bible dans la forme dans laquelle elle se présente, nous devons prendre aux sérieux le fait que les auteurs de la Bible ne considèrent pas tous, et pas toujours, qu'ils communiquent des paroles reçues de manière directe et surnaturelle de Dieu. Même les livres prophétiques contiennent des sections narratives qui parlent plus de la vie des prophètes que des paroles divines qu'ils transmettent. Certaines sections contiennent les prières et même les plaintes des prophètes envers Dieu plutôt que les paroles de Dieu aux prophètes (Jr 26-29 ; Jr 15.10-18). Les auteurs des Psaumes et du Cantique des cantiques expriment leurs propres sentiments plutôt que ceux de Dieu. Dans certains livres bibliques, il y a même des lettres des rois païens qui deviennent ainsi partie de la Parole de Dieu (Esd 4.17-22 ; 6.1-12). Luc n'avait pas l'impression de communiquer un message directement reçu du Seigneur, mais de faire des recherches précises concernant la vie de Jésus (Lc 1.1-4). Dans ses épîtres, Paul parle avec une autorité apostolique, sans que cela n'implique qu'il ait directement entendu la voix de Dieu. En réalité, nous le voyons utiliser toute son intelligence pour répondre aux défis de la vie des jeunes Églises à la lumière de la révélation en Jésus et de l'Ancien Testament. C'est la Bible qui nous amène à considérer tout son contenu comme inspiré (2 Tm 3.16), mais si nous voulons formuler une théorie de l'inspiration qui puisse s'appliquer à sa totalité, nous devons prendre en compte toute la variété des formes de la Parole de Dieu (cf. Marshall, 1982, p. 19ss ; Goldingay, 1994b, p. 252ss).

Nature de l'inspiration

Différents théologiens ont proposé des théories pour saisir le phénomène de l'inspiration. Nous développerons ici les quatre options les plus importantes pour examiner celle qui pourra rendre justice à l'enseignement de la Bible et à son contenu varié (cf. Marshall, 1982, p. 31-47).

1. L'*inspiration mécanique*. La théorie de l'inspiration mécanique conçoit l'homme comme un simple instrument de Dieu qui n'a aucune autre fonction que d'être les mains dont Dieu a besoin pour écrire. L'homme est comme un secrétaire de Dieu qui reprend mot pour mot ce qui lui est dit. Ce modèle tire en fait son inspiration des prophètes qui répètent « les oracles de l'Éternel » comme modèle pour comprendre l'inspiration de la Bible dans son ensemble. Le grand problème avec cette théorie est qu'elle ne s'accorde pas avec la compréhension d'eux-mêmes qu'avaient les auteurs des Psaumes, des textes narratifs, de la littérature sapientiale, des évangiles et des épîtres. Même les textes prophétiques reflètent leurs différents langages et leurs différentes personnalités, et les prophètes ne semblent pas être utilisés comme des récepteurs passifs d'un message préétabli.

Les critiques du mouvement évangélique reprochent parfois à ses membres de défendre cette inspiration mécanique. Néanmoins, ce reproche n'est pas fondé car les théologiens protestants orthodoxes et évangéliques n'ont jamais défendu une telle position. Les limitations du modèle d'inspiration mécanique sont trop évidentes pour ceux qui lisent la Bible sérieusement (Packer, 1958, p. 78s.). Si l'on choisit de critiquer cette position, c'est pour s'assurer une victoire facile sur un opposant fictif. Ceci évite de faire un effort pour entrer dans un débat constructif. La prise en compte de ce modèle d'inspiration est néanmoins pertinente, non seulement pour répondre à ces critiques, mais aussi parce qu'elle reflète la compréhension de la Bible de bon nombre de chrétiens peu instruits auxquels on peut facilement reprocher d'avoir une vision irréaliste de la Bible. Surtout dans un contexte islamique, les chrétiens peuvent facilement accepter cette conception de l'inspiration, parce qu'elle correspond à la manière dont le prophète Mohammed affirme avoir reçu le Coran, sous la dictée de l'ange Gabriel. Une telle compréhension de l'inspiration fait que le côté humain de la Bible est facilement vu d'un mauvais œil par rapport au Coran. Dans le dialogue avec l'islam, nous devons noter que ce côté humain constitue plutôt la richesse que la faiblesse de la Bible (cf. Kataregga & Shenk, 1987, p. 151s., 159s. ; Nazir Ali, 1987, p. 50s. ; Chapman, 1995, p. 247s.).

2. *Inspiration comme génie religieux humain.* La deuxième position est entièrement opposée à la conception de l'inspiration mécanique. Elle comprend l'inspiration biblique en analogie avec la manière dont nous parlons de l'inspiration d'un artiste, l'inspiration de l'auteur d'un livre littéraire ou plus précisément de l'inspiration des génies religieux humains. Une telle approche considère l'inspiration des grands textes religieux du monde de la même manière avec, peut-être, une différence relative de qualité, mais pas une différence de principe (cf. Dulles, 1992b, p. 182-185). Cette approche est beaucoup plus éloignée de la vision d'eux-mêmes qu'avaient les auteurs de la Bible que la conception de l'inspiration mécanique. Les auteurs bibliques ne se considèrent pas comme des génies et des sages, mais comme des porteparole de Dieu. Ils voient plutôt un contraste entre leur message et la sagesse religieuse humaine (1 Co 1.17-31 ; Col 2.8). Les réalités dont ils témoignent ne sont pas des expériences religieuses et de la sagesse divine venant de l'intérieur d'eux-mêmes, mais les grands actes de Dieu dans l'histoire et en Christ (Lc 1.1-4 ; 1 Co 15.1-8 ; 1 Jn 1.1-3). S'il y a un genre biblique pour lequel cette compréhension de l'inspiration a une certaine valeur, c'est pour la littérature sapientiale dans l'Ancien Testament. Cette littérature, néanmoins, ne se concentre pas sur l'expérience religieuse au sens restreint du terme, elle concerne plutôt la réflexion sur la vie de tous les jours à la lumière de la crainte de Dieu (voir § 4.7). Par ailleurs, dans l'ensemble de la Bible, ce genre de sagesse est plutôt atypique. Nous ferions donc mieux de comprendre la littérature sapientiale à la lumière de la Bible dans son ensemble au lieu de faire de cette littérature la clé pour comprendre le reste de la Bible.

3. *La Bible comme témoignage de l'action de Dieu dans l'histoire.* À strictement parler, la troisième théorie de l'inspiration n'en est pas une. Les théologiens qui considèrent la révélation comme exclusivement historique, à travers les actes de Dieu dans l'histoire (cf. § 3.3) ne voient pas l'inspiration comme un facteur décisif pour faire de la Bible ce qu'elle est. Selon eux, la Bible est Parole de Dieu parce qu'elle témoigne de l'action révélatrice de Dieu dans l'histoire. La Bible est parole humaine ; en tant que telle, elle est

toutefois réponse à l'action divine et témoignage de la révélation de Dieu dans l'histoire (cf. Dulles, 1992b, p. 58-60 ; Marshall, 1982, p. 35s.). Cette position souligne la valeur principale du message biblique qui est le témoignage de la révélation de Dieu dans l'histoire d'Israël et en Christ (cf. § 4.4), mais le sens de l'inspiration de la Bible ne peut pas être réduit d'une telle manière. Tout d'abord, il faut que nous nous rappelions que les actions de Dieu dans l'histoire ne sont pas révélatrices en elles-mêmes, mais qu'elles demandent une explication inspirée des prophètes pour devenir révélation de Dieu (Am 3.7 ; cf. § 3.3). Deuxièmement, la critique des faux prophètes par les prophètes bibliques montre que, selon les derniers, la différence n'était pas simplement qu'ils témoignaient d'autres événements historiques ou qu'ils en donnaient une autre interprétation. Ils reprochaient aux faux prophètes de s'imaginer des révélations personnelles de Dieu qui étaient leurs propres créations plutôt que des messages d'origine divine (Jr 23.9-40 ; Goldingay, 1994a, p. 43-57). Troisièmement, même si une bonne partie de la littérature biblique est de caractère historique, il y a de larges sections qui sont d'autres genres et qui demandent une autre compréhension de leur inspiration. Une doctrine de l'inspiration doit également prendre en compte le fait que la Bible contient aussi des textes législatifs, des Psaumes, des écrits de sagesse, des prophéties de l'avenir, des épîtres et des textes apocalyptiques.

4. L'*action participative de l'Esprit*. En anglais : « concursive action » (Packer, 1958, p. 79-82 ; Marshall, 1982, p. 40-47) ou l'inspiration organique (Berkouwer, 1975, p. 151ss). La conception de l'inspiration organique s'oppose à la conception de l'inspiration mécanique pour indiquer que Dieu n'utilise pas l'homme dans l'inspiration de l'Écriture comme une mécanique ou un outil. Dieu utilise l'homme de manière organique, c'est-à-dire avec ses qualités humaines en général et avec ses caractéristiques personnelles particulières en tant que participant à une culture spécifique avec ses dons spécifiques. Paul écrivait en tant qu'élève des rabbins, Jean en tant que personne versée dans la culture hellénistique, et Luc en tant que non-Juif et médecin. La conception de l'action participative de l'Esprit exprime que l'EspritSaint, en inspirant les auteurs de la Bible, a travaillé de concert avec l'auteur humain. Ceci permet de considérer le résultat d'un certain point de vue comme l'œuvre de l'Auteur divin et d'un autre point de vue comme l'œuvre de l'auteur humain.

Nous devons nous interroger pour savoir si cette idée de l'action participative n'est pas simplement une manière de vider l'idée de l'inspiration de son sens, et de l'écarter de toute analyse sérieuse. Si un texte peut être à 100 % l'œuvre de son auteur humain, que signifie qu'il soit également et en même temps Parole de Dieu ? Nous pouvons ici indiquer des parallèles théologiques de réalités qui combinent un aspect divin et un aspect humain. En effet, Jésus-Christ est complètement homme et complètement Dieu. La conception chrétienne de la providence divine englobe aussi l'idée que de nombreuses actions humaines sont également l'action de Dieu à travers nous. Qui a fait revenir le peuple de Dieu de son exil babylonien ? D'un côté c'est le roi Cyrus, de l'autre côté c'est Dieu qui a utilisé ce roi selon sa volonté (Es 44.21ss ; cf. Ac 4.27-28 ; Carson, 1986, p. 45). Même dans la réalité humaine il y a des analogies, par exemple quand un chef d'orchestre a inspiré une nouvelle interprétation d'une symphonie. De qui relève la performance : du chef d'orchestre, du soliste ou de l'orchestre ? Quand il s'agit de Dieu, il est encore plus difficile de distinguer l'action de Dieu et l'action humaine que dans le cas de la relation entre le chef d'orchestre et son orchestre. Après tout, Dieu n'appartient pas au domaine du monde créé et il peut donc être présent et agir de manière infiniment plus intime et plus proche à travers nos actions qu'un chef d'orchestre à travers son orchestre. En termes théologiques on considère que Dieu et les auteurs humains *concourent* à l'écriture de la Bible, Dieu en tant que première cause, les auteurs humains ensuite. Le résultat portera donc les caractéristiques des deux différents acteurs, Dieu et l'auteur humain.

Ce modèle de l'action concourante de l'Esprit-Saint avec les auteurs bibliques laisse une ouverture qui permet de concevoir les différentes manières par lesquelles Dieu, dans sa providence, a utilisé les différents auteurs bibliques : les poètes et les historiens, les sages et les évangélistes, les rédacteurs d'épîtres et les prophètes. Dans cette conception, il est possible que l'Esprit, dans sa direction providentielle des auteurs humains, leur ait fait utiliser toutes leurs capacités humaines et leur a également permis d'utiliser différentes sources : des sources historiques, des proverbes, des traditions orales (cf. Packer, 1958, p. 78). Le même Esprit a guidé la communauté chrétienne pour lui permettre de reconnaître la nature inspirée de ces sources et pour les rassembler dans les collections de textes qui ont fini par constituer l'Ancien et le Nouveau Testaments (cf. Achtemeier, 1980, p. 118-123).

Effets de l'inspiration

Si toute la Bible est Parole de Dieu, et pas seulement là où il s'agit explicitement des « oracles de l'Éternel », qu'est-ce que cela change par rapport au simple constat qui prétend qu'il s'agit des paroles de David, de Luc et de Paul ? Si ces paroles ne sont pas seulement des paroles humaines, cela implique tout d'abord qu'à travers elles, nous recevons un message de Dieu, dans lequel Il s'adresse à nous et où Il nous communique son amour et ses projets pour nous.

Parce qu'il s'agit des paroles de *Dieu*, ces paroles ont encore deux autres caractéristiques que les paroles humaines ordinaires n'ont pas. Si les auteurs de la Bible eux-mêmes qualifient certaines paroles de Parole de Dieu, ils soulignent par là l'effectivité et la fiabilité de cette parole par la puissance et la fiabilité de son Auteur (Am 1.2 ; Jr 1.9-10 ; Ps 77.8 ; Dt 9.5 ; Hé 4.12). Par cette appellation, ces auteurs soulignent ensuite la signification continuelle de cette parole à travers l'histoire et à travers les grandes distances culturelles (Es 40.8 ; 1 P 1.23-25 ; 2 Tm 3.15-17 ; Goldingay, 1994b, p. 209-221). Donc, si nous appelons la Bible « Parole de Dieu », nous exprimons que, dans son ensemble, Dieu s'y adresse à nous. De plus, nous affirmons que cette parole est fiable, qu'elle est effective pour s'accomplir et qu'elle continue de nous parler. Elle est « utile pour enseigner, pour réfuter, pour redresser, pour éduquer dans la justice, afin que l'homme de Dieu soit accompli, équipé pour toute bonne œuvre » (2 Tm 3.16-17, *BC*).

Inspiration et fiabilité de la Bible

La doctrine de l'inspiration de l'Écriture est étroitement liée à sa fiabilité. En tant que Parole de Dieu pour nous, elle reflète le fait que Dieu est digne de notre confiance. Nous acceptons cette fiabilité tout d'abord sur la base de la nature de Dieu qui est *emet*, un terme hébraïque qui peut signifier « fiable », « vrai » et « digne de confiance ». Comme le Psaume 33 l'exprime à travers un parallèle de deux expressions étroitement liées : « la parole de l'Éternel est fiable, et toute son œuvre avec fidélité » (v. 4 ; trad. de l'auteur).

Nous acceptons la fiabilité de la Bible également sur la base de l'autorité de notre Seigneur Jésus-Christ qui a affirmé la valeur de l'Ancien Testament dans ses moindres détails (Mt 5.17 ; Jn 10.35 ; Wenham, 1994). Pour ce qui est du Nouveau Testament, Jésus a promis à ses apôtres le Saint-Esprit pour les guider dans toute la vérité (Jn 14.26) et les disciples ont effectivement affirmé avoir reçu cet Esprit (Ac 2.4 ; 1 Co 7.40 ; 1 Jn 3.24 ; cf. Thiessen, 1987, p. 79).

Depuis vingt siècles d'histoire de l'Église, cette fiabilité de la Parole de Dieu s'est confirmée à de nombreuses occasions, dans des contextes et face à des défis fort divers. Des chrétiens de toutes les époques ont confirmé qu'ils ne s'étaient pas trompés en mettant leur confiance dans la Bible en tant que Parole de Dieu.

Il est important de bien comprendre la notion de la fiabilité. Parfois, il est suggéré que cette fiabilité implique que la Bible doit être vraie dans ce qu'elle énonce. Une telle compréhension de la fiabilité a fourni un prétexte à bon nombre de non-chrétiens pour ne pas croire en la Bible. Ils se posent les questions suivantes : la Bible ne contient-elle pas des paroles qui ne sont pas vraies quand elles sont prises à la lettre ? Ne contient-elle pas des paroles du diable lui-même ? Ces critiques considèrent que la Bible est comme le Coran qui se présente comme venu directement du ciel et dicté au messager de Dieu. La Bible, par contre, nous est plutôt donnée comme Parole de Dieu qui vient à l'homme dans des cultures et des situations historiques spécifiques et sous des formes très diverses. Nous devons comprendre sa fiabilité par rapport à sa propre nature et à sa propre fonction. Cela implique que nous devons ajouter quatre nuances pour comprendre cette fiabilité : elle est complètement fiable 1° par rapport au but spécifique des Écritures, 2° par rapport à « tout ce qu'elle affirme », 3° en considérant la Bible dans son ensemble et donc 4° si elle est bien interprétée. Considérons ces quatre nuances les unes après les autres.

La fiabilité par rapport à son *but* particulier. Ce but n'est pas à déterminer à priori, mais plutôt à posteriori, en lisant et en étudiant la Bible, en se demandant ce qu'elle veut nous transmettre et comment. Nous y découvrons que la Bible nous est donnée pour nous communiquer le message que Dieu a pour nous, pour nous témoigner ses bienfaits pour nous, pour nous faire connaître Dieu en Jésus-Christ et pour nous instruire dans la vie chrétienne. Par rapport à cet objectif, elle est entièrement fiable.

La fiabilité de la Bible par rapport à « tout ce qu'elle *affirme* » (*Déclaration de Lausanne* § 2 ; Blaser, 2000, p. 113). Tout ce que nous trouvons dans la Bible n'y est pas enseigné ou affirmé. Si la Bible nous rapporte les paroles du diable, elle ne le fait évidemment pas pour les affirmer, mais plutôt pour nous prévenir contre ses ruses (p. ex. Mt 4.1-11). Parfois les affirmations sont étroitement liées à des notions qui les communiquent, mais qui, elles-mêmes, ne sont pas affirmées. De cette façon, le premier commandement affirme que nous ne devons pas faire d'images ni nous prosterner devant elles. Le commandement l'exprime en parlant des choses qui sont « en haut dans le ciel, […] en bas sur la terre, et […] dans les eaux plus bas que la terre » (Ex 20.4, BC), mais sans nécessairement affirmer la cosmologie sémitique antique que cette expression reflète. Ce qui est affirmé est simplement exprimé en termes culturellement adéquats.

Cette qualification me semble plus précise que celle qui stipule que la Bible est fiable « en matière de foi et de morale », comme certains théologiens l'affirment. Néanmoins, la Bible n'affirme pas tout ce qui, dans son contenu, touche à la foi et à la conduite. Les actions des acteurs bibliques qui peuvent être très humaines et répréhensibles en constituent des exemples. Elles touchent à la morale, mais elles ne sont pas nécessairement affirmées. De plus, cette qualification est choisie pour mettre la Bible à l'ombre de la critique venant des sciences naturelles et de la science historique. Certaines affirmations centrales de la Bible concernent et touchent néanmoins à l'histoire et à la science, comme l'affirmation que Dieu est le Créateur de tout l'univers et le témoignage de la résurrection de Jésus-Christ (Grenz, 1994, p. 525s. ; Pache, 1967, p. 116s.).

La fiabilité de la Bible quand elle est vue dans son *ensemble* (Goldingay, 1994b, p. 340 ; Packer, 1978, p. 18). La Bible nous est donnée comme une collection des textes qui font autorité pour l'Église dans leur ensemble, en tant que canon. La Bible nous invite à compter avec une progression de la révélation de Dieu qui montre de plus en plus clairement son plan et sa volonté, et reflète l'exécution progressive de son plan de salut (Hé 1.1-4 ; Mt 19.1-9). De plus, la Bible englobe différentes perspectives sur Dieu qui répondent à des défis parfois contraires. C'est pourquoi la même Bible peut nous dire que « c'est par la grâce que vous êtes sauvés, par le moyen de la foi. […] Ce n'est point par les œuvres » et que « c'est par les œuvres que l'homme est justifié, et non par la foi seulement » (Ep 2.8-9 ; Jc 2.24, *BC* ; cf. § 4.6). Une analyse précise des termes montre que ces deux textes ne se contredisent pas, mais qu'ils mettent quand même des accents bien différents en fonction des problèmes particuliers auxquels ils répondent. Néanmoins, pour le message dont nous avons besoin dans notre contexte avec ses défis propres, nous pouvons profiter du message canonique sur la relation entre foi et œuvres dans son ensemble. Une lecture partielle de la Bible risque de déformer ce message.

La fiabilité de la Bible si nous cherchons la bonne *interprétation* de son message. Cette qualification est une conséquence des précédentes qualifications. Pour savoir ce qu'un passage affirme, nous devons l'interpréter en rapport avec son contexte culturel et historique d'origine, et surtout dans son contexte littéraire dans la Bible en rapport avec sa place dans le canon. Nous devons, en plus, interpréter les différents textes selon leurs genres spécifiques. Savoir si les récits de la création doivent être lus comme des rapports littéraux exacts de l'œuvre de la création, ou comme des constructions littéraires pour parler de l'œuvre de Dieu, voilà une bonne question d'interprétation. Il est impossible de trancher cette question à priori sur la base d'une certaine conception de la Bible (Blocher, 1988, p. 13s.). De même, les livres de Job et

Ecclésiaste représentent un genre particulier que l'exégète doit explorer avant de tirer des conclusions fermes sur les messages qu'ils transmettent.

Considérant ces quatre précisions cruciales, il est légitime de se demander si elles ne vident pas la conception de la fiabilité de la Bible de son sens. Est-ce que nous ne risquons pas de continuer à parler de la fiabilité de la Bible sans y croire réellement ? Est-ce que nous ne traitons pas la doctrine de la fiabilité de telle façon qu'elle meure « la mort des milles spécifications » (Edwards & Stott, 1988, p. 77s.) ? Il est vrai que ces précisions montrent que la conception de la fiabilité ne peut pas être facilement appliquée à la Bible, mais elles ne montrent tout de même pas qu'elle est vide ou superflue. Ces précisions ne vident pas de leur sens la notion de la fiabilité parce qu'elles n'ont pas pour but, ni pour effet secondaire, de diminuer la fiabilité de la Bible. Elles qualifient plutôt la conception de la fiabilité pour l'appliquer à son objet particulier, la Bible, telle que nous l'avons reçue de Dieu. La notion de la fiabilité ne peut pas avoir de sens si nous l'empruntons à un autre domaine pour l'appliquer de façon inconditionnelle à la Bible. La fiabilité de la Bible doit être comprise en termes de fonction propre et de nature propre telle que nous essayons de l'élaborer dans ce chapitre : comme Parole de Dieu, témoignage, révélation, canon et réflexion humaine sur l'expérience de Dieu. Quand la fiabilité de la Bible est bien comprise, elle demeure une doctrine cruciale pour faire la distinction entre une théologie saine et une théologie dans laquelle les conceptions humaines peuvent trop facilement prendre le dessus sur le message de Dieu (cf. Edwards & Stott, 1988, p. 104ss ; Marshall, 1982, p. 65s.).

La compréhension de la Bible en tant que Parole inspirée de Dieu est de première importance pour notre valorisation de la Bible, pour la dogmatique et pour la vie chrétienne. Néanmoins, l'analyse de la Bible sous cet angle présente aussi certaines limites, surtout si nous voulons que cette approche du texte éclaire toutes les caractéristiques et toutes les fonctions de la Bible. Noter ces limites ne signifie pas nier l'inspiration de la Bible. Cependant, si cette compréhension de la Bible en tant que Parole inspirée de Dieu est considérée de façon isolée, elle risque de perdre de vue la richesse des manières par lesquelles Dieu nous parle, et la diversité des fonctions de la Bible (Goldingay, 1994b, p. 14, 205, *passim*).

4.4. La Bible comme témoignage de l'histoire du salut

Nous venons d'analyser le sens de l'appellation la plus commune de la Bible « la Parole de Dieu », qui trouve son origine dans les paroles prophétiques. Ce genre prophétique n'est pas celui qui caractérise le plus la Bible. En termes de volume, le plus important est le genre narratif. Il englobe une bonne partie des deux testaments avec l'histoire de la création jusqu'à Néhémie dans le Premier Testament, et avec les évangiles et les Actes des Apôtres dans le Deuxième Testament. La prépondérance de ce genre narratif dans la Bible est étroitement liée à son contenu. En effet, la Bible ne nous présente pas un Dieu qui ne fait que nous révéler des mystères religieux éternels ou qui se limite à nous donner ses commandements à travers ses prophètes. La Bible parle surtout d'un Dieu qui entre dans l'histoire et qui y agit pour le salut de son peuple. La Bible est le témoignage de cette histoire du salut. La Bible est l'Évangile, bonne nouvelle parce qu'elle témoigne des actions de Dieu dans l'histoire en vue de notre salut (cf. Es 52.7 ; Mc 1.1 ; Mt 4.23 ; Rm 1.16).

La notion de la Bible comme témoignage de l'histoire du salut n'est pas seulement cruciale pour la compréhension des textes historiques ou narratifs, mais elle l'est également pour les autres genres bibliques. Les textes prophétiques renvoient aux actions de Dieu dans l'histoire d'Israël et parlent de ses actions dans le présent et l'avenir. Les lois et les exhortations éthiques des deux Testaments sont basées sur l'action libératrice de Dieu dans l'histoire (Ex 20.1ss ; Dt 4.1-2 ; Mt 4.17 ; Rm 12.1). Les révélations apocalyptiques sont principalement révélations de la main de Dieu dans l'histoire du passé, du présent et de l'avenir. Les textes plutôt doctrinaux dans les épîtres de Paul sont aussi principalement des réflexions sur les implications de ce que Dieu a fait en Christ. Les écrits sapientiaux sont les textes que nous avons le plus de difficulté à lier avec l'histoire du salut. Cependant, même ces livres, ne peuvent être lus hors du contexte de l'histoire du salut, parce que nous les avons reçus comme partie de l'ensemble du canon biblique. Ils sont placés entre l'histoire des patriarches et l'Exode, et le témoignage concernant Jésus-Christ que nous appelons la Sagesse de Dieu (1 Co 2.23-24 ; cf. Childs, 1979, p. 545-559 ; 580-589).

Si la Bible est le témoignage de l'histoire du salut, cela montre l'importance de sa référence historique. Les auteurs bibliques ont insisté sur le fait que leur témoignage correspondait avec la réalité historique (Lc 1.1-4 ; Jn 19.35 ; 21.24 ; 1 Co 15.1-8). De même, les exégètes, les théologiens et les chrétiens en général ne peuvent pas prendre la question de cette référence historique à la légère (Goldingay, 1994b, p. 29ss). Certains courants théologiques cherchent la valeur du message biblique à un niveau non historique, par exemple dans l'éthique universelle qu'elle propose, dans le choix existentiel qu'elle nous demande, dans sa psychologie libératrice, ou en nous proposant un nouveau monde dans lequel nous pouvons vivre dans la justice. La Bible englobe tous ces éléments, mais elle les propose seulement parce qu'elle est tout d'abord témoignage de ce que Dieu a fait pour nous. C'est seulement par ces actions de Dieu qu'elle peut nous proposer une nouvelle vision et une nouvelle vie (cf. Cullmann, 1966). La valeur de ce témoignage dépend de la réalité dont il témoigne ! Notre salut dépend de ce que Dieu a fait dans l'histoire !

La référence historique n'a pas la même importance pour tous les genres bibliques. Les paraboles de Jésus sont très fortes, avec ou sans cette référence à l'histoire. La parabole du semeur, par exemple, ne fait pas référence à un semeur particulier (Mt 13.1ss). D'autres genres bibliques contiennent un mélange d'éléments historiques et d'éléments fictifs, comme l'histoire d'Esther (cf. Goldingay, 1994b, p. 67-76). L'étude des genres, de leur fonction et de leur relation avec la réalité est une discipline à part entière, et ses conclusions sont cruciales pour l'interprétation des différents passages bibliques, comme par exemple ceux de Genèse 1 à 3 (cf. Blocher, 1988, p. 24-29). Néanmoins, pour un bon nombre de textes narratifs comme ceux des évangiles, l'importance de la référence historique est indiquée clairement. La question de la valeur historique de ces récits bibliques a donc une pertinence théologique de première importance, surtout quand il s'agit des événements centraux de l'histoire du salut, la mort et la résurrection de Jésus-Christ (cf. Goldingay, 1994b, p. 24, 29ss). Nous avons de solides raisons de croire les points essentiels de ce dont les évangélistes et Paul témoignent par rapport à Jésus-Christ. Une lecture critique selon des critères pertinents de recherche historique montre que nous pouvons avoir confiance en leurs témoignages (Craig, 1981 ; Habermas & Flew, 1987 ; Morison, 1974).

En tant que témoignage des bienfaits de Dieu pour notre salut, la Bible n'est pas seulement un compte rendu de l'histoire. Elle donne également une interprétation de la signification des événements décrits pour la communauté à laquelle elle s'adresse (cf. Goldingay, 1994b, p. 49ss). Cette signification est d'ailleurs la raison du choix des auteurs pour certains faits au détriment d'autres : « Jésus a fait sous les yeux de ses disciples encore beaucoup d'autres signes, qui ne sont pas écrits dans ce livre. Ceux-là ont été mis par écrit, pour que vous croyiez que Jésus est le Christ, le Fils de Dieu, et que pour qu'en croyant, vous ayez la vie en son nom » (Jn 20.30-31, *BJ*). Pour les auteurs bibliques, la signification des événements cruciaux de l'histoire du salut ne s'épuise pas au premier regard. D'autres aspects de cette signification peuvent être découverts et doivent être élaborés quand l'histoire est racontée à nouveau dans un autre contexte, par rapport à d'autres défis. Ceci devient particulièrement évident quand nous comparons les quatre Évangiles. Ils donnent chacun leur propre point de vue sur la personne de Jésus-Christ, pour montrer sa signification aux quatre publics vivant dans des situations bien différentes.

Ici se fait jour la valeur théologique de l'approche exégétique qui envisage de retracer « l'histoire de la rédaction » (cf. Smalley, 1985). Cette méthode s'interroge sur la façon dont les écrivains bibliques ont retravaillé et rédigé leurs sources par rapport aux besoins de leurs lecteurs. Ce travail de rédaction existe déjà dans l'Ancien Testament, où les deux livres de Chroniques reprennent l'histoire des livres des Rois dans un contexte différent, et où certains prophètes reprennent des prophéties d'autres prophètes afin d'en montrer le sens pour une nouvelle génération. De même, les quatre évangélistes rédigent les traditions orales et écrites parce qu'ils veulent en montrer le sens contemporain. Suivre le fil de ce travail de rédaction nous aide donc à comprendre la signification de Jésus-Christ pour notre époque. Ce travail nous donne en même temps un modèle pour la contextualisation théologique, pour savoir comment témoigner de ces événements et comment montrer leur importance dans le contexte où Dieu nous a placés. Considérer la Bible comme témoignage du salut nous permet donc de mieux comprendre la nature historique et culturelle de la Bible. Elle est tout d'abord historique dans son contenu, parce qu'elle témoigne de l'histoire de Dieu avec son peuple. Elle est aussi profondément colorée, historiquement et culturellement, dans la manière dont elle présente son témoignage, parce que des témoins concrets ont voulu partager leur message avec des auditoires bien spécifiques.

La reconnaissance de la Bible comme témoignage de l'histoire du salut a aussi des répercussions importantes sur la compréhension de notre vie chrétienne et sur la place que la Bible y occupe. La vie chrétienne n'est pas en premier lieu la recherche d'une vérité éternelle et spirituelle qui nous éloigne de la vie concrète (comme dans les religions mystiques), ni une éthique (comme dans l'humanisme et l'islam). Pour le chrétien, la vie avec Dieu et l'éthique découlent des actions de Dieu dans l'histoire et elles y trouvent leur fondement. Dans la lecture de la Bible nous écoutons chaque fois à nouveau ce que Dieu a fait pour nous avant de nous demander ce que nous pouvons faire pour Dieu. De plus, la Bible ne nous met pas en relation avec une réalité spirituelle qui nous éloigne de ce monde, mais elle inscrit notre vie personnelle dans la réalité de l'histoire du salut. Pour ce faire, les textes historiques de la Bible ont deux fonctions. En premier lieu, ils nous apprennent à comprendre notre vie comme faisant partie de cette histoire du salut dans son ensemble.

En second lieu, ils nous donnent des exemples de la façon dont Dieu a déjà agi avec des peuples, des familles et des individus pour que nous comprenions mieux notre vie avec Lui.

4.5. La Bible comme révélation

Textes apocalyptiques et nature de la Bible

« Révélation » est également une conception très courante pour parler de l'identité et de la fonction de la Bible. L'idée de la révélation est étroitement liée à l'idée qu'elle est parole de Dieu. L'expression « Parole de Dieu » met plus l'accent sur le fait qu'elle communique l'attitude de Dieu envers nous et sa volonté pour nous. L'expression « révélation » met plus l'accent sur le fait qu'elle révèle ou dévoile ce qui demeurait autrement mystérieux ou caché (cf. Rm 16.25).

La notion de « révélation » qui traduit le terme grec *apocalypsis* s'applique tout d'abord aux textes du genre apocalyptique dans la Bible, comme la seconde moitié du livre de Daniel dans l'Ancien Testament et comme l'Apocalypse dans le Nouveau Testament. Ces textes représentent un genre bien connu dans le judaïsme de l'époque. Ils présentent des visions plutôt que des paroles, même si elles les transmettent sous forme de paroles. Ce qui est révélé, n'est pas seulement le caractère de Dieu, mais également le sens de l'histoire, qui nous est normalement caché, mais que Dieu révèle maintenant (voir p. ex. Ap 5).

Au sens plus général, nous pouvons considérer toute la Bible comme une révélation, y compris les parties non apocalyptiques. Toute la Bible nous révèle le caractère de Dieu, sa volonté pour nous, son plan pour l'histoire. Elle nous révèle également le mystère de l'homme et de l'histoire. Toutes ces choses nous seraient cachées sans cette révélation. En tant que révélation du sens de l'histoire, de sa réalité profonde, de sa dynamique intérieure et de son aboutissement, elle nous donne l'espérance. Parce que la Bible est révélation divine, elle nous parle toujours. Comme révélation, elle est une lumière (Ps 119.105) qui éclaire notre vie et nous donne un nouveau regard sur l'humanité, le monde et l'histoire.

Dans le troisième chapitre, nous avons déjà développé la nature de la révélation en tant que révélation historique, personnelle et propositionnelle, et la place de la Bible dans le mouvement de la révélation divine (§ 3.3). Il faut que nous portions encore ici une attention toute particulière à une caractéristique de la Bible qui est liée à sa nature et à sa fonction de révélation de Dieu : la clarté de son message.

Clarté de la Bible

Indications bibliographiques

Gerrit Cornelis Berkouwer, *Holy Scripture*, Studies in Dogmatics, Grand Rapids, Eerdmans, 1975, p. 267-298.

Martin Luther, *Du Serf arbitre* [1525], in Martin Luther, *Œuvres* V, Genève, Labor et Fides, 1958, p. 26-29.

Moisés Silva, *Has the Church Misread the Bible ? The History of Interpretation in the Light of Current Issues*, Foundations of contemporary Interpretation 1, Grand Rapids, Zondervan, 1987, p. 77-97.

Anthony C. Thiselton, *New Horizons in Hermeneutics. The Theory and Practice of Transforming Biblical Reading*, Grand Rapids, Zondervan, 1992, p. 80-141, 179-185, 516-555.

Le fait que la Bible nous révèle Dieu et sa volonté présuppose que ce message est suffisamment clair pour que ses lecteurs le comprennent - tout comme le fait que la Bible soit la parole de Dieu pour nous, et le témoignage de ses bienfaits. L'idée selon laquelle le contenu de la Bible nous communique clairement son message est néanmoins contestée. Nous devons prendre ces diverses contestations au sérieux afin de clarifier la façon de comprendre la notion de clarté de la Bible.

La clarté de l'Écriture fut, pour la première fois, le sujet d'un débat sérieux au temps de la Réforme, au XVIe siècle. Un nouvel intérêt porté à la lecture de la Bible avait montré à beaucoup de laïques et aux dirigeants de la Réforme la nécessité de revenir aux racines de l'Évangile du salut par la grâce. La Bible montrait aussi l'urgence de purifier l'Église de certaines pratiques déviantes qui s'étaient développées à travers les siècles. La hiérarchie de l'Église catholique répondit qu'on ne pouvait pas critiquer la théologie et la pratique officielle de l'Église sur la base d'une lecture individuelle de la Bible. Dans sa réponse, formulée au concile de Trente (1545-1563), elle déclara que l'interprétation normative de l'Écriture ne pouvait venir que de « notre sainte Mère l'Église » (Denzinger, 1996, § 1507), parce que son sens était trop obscur pour que le peuple commun puisse bien l'interpréter. C'est ici que se fait jour le premier enjeu du débat concernant la clarté de l'Écriture : les chrétiens peuvent-ils appeler à une réforme de l'Église en tant qu'institution sur la base d'une découverte du message critique des Écritures, ou bien le message de l'Écriture est-il plutôt lié par l'autorité de l'institution ?

La notion de la clarté de l'Écriture a été envisagée avec une acuité nouvelle avec le développement de l'étude historico-critique de la Bible à l'époque moderne. Les études historiques et linguistiques ont montré jusqu'à quel niveau la compréhension du sens des textes bibliques demandait une connaissance des langues bibliques et du contexte historique, religieux et culturel à l'origine de ces textes. Les théologiens évangéliques ont fortement résisté à l'étude historico-critique de la Bible, dans la mesure où elle était utilisée pour diminuer la fiabilité et l'autorité des Écritures. Néanmoins, dans le monde évangélique comme dans les cercles libéraux, il existe aujourd'hui un groupe de spécialistes bibliques pour lesquels une vraie compréhension de la Bible nécessite une connaissance approfondie de l'hébreu et du grec, ainsi que du vaste domaine des recherches historiques dans le monde contemporain à la Bible. Dans ce contexte, les exégètes et les spécialistes de l'Ancien et du Nouveau Testament sont effectivement devenus une sorte de « magistère » protestant qui déterminent le sens de la Bible pour les laïcs (cf. Oden, 1990, p. 129). Tel est le deuxième enjeu du débat sur la clarté de l'Écriture : chaque chrétien peut-il recevoir la Parole de Dieu en lisant la Bible personnellement ou bien dépend-il de l'autorité des exégètes à laquelle il peut accéder à travers la vaste littérature des commentaires spécialisés qui ne cessent de se contredire et de proposer de nouvelles lectures ? La Bible peut-elle réellement être traduite dans d'autres langues pour que tout le monde y ait accès ou bien un accès trop facile ne servirait-il pas à masquer la difficulté d'interpréter la Bible à cause de la distance historique qui existe entre elle et nous ?

La notion de la clarté de l'Écriture s'est aussi vue critiquée par certains mouvements intellectuels que nous pouvons regrouper sous l'appellation générale du postmodernisme. Le postmodernisme a remis en cause l'idée fondamentale selon laquelle nous pouvons, à travers des textes anciens, connaître les idées des auteurs originels. Certains critiques littéraires, suivis par des commentateurs bibliques, ont affirmé que nous ne pouvons pas découvrir d'idées dans des textes anciens que nous n'y mettions pas nous-mêmes. Le sens qu'un texte biblique a pour nous n'est pas une réalité objective qui nous vient du passé, il n'est que le sens donné par les lecteurs contemporains selon leurs propres structures conceptuelles et par rapport à leurs propres intérêts (cf. Thiselton, 1992, p. 537). Cet accent mis sur le lecteur ou la communauté interprétatrice est renforcé par une conviction plus générale selon laquelle nous ne connaissons jamais la réalité telle qu'elle est. Nous ne la connaissons que sous la forme sous laquelle elle nous apparaît par rapport à nos propres structures conceptuelles déterminées par nos langues, par nos cultures et par les intérêts de nos communautés. Cette épistémologie rejoint en fait certains traits du bouddhisme selon lequel la réalité – et Dieu – est en principe en dehors de ce que nous pouvons connaître (Thiselton, 1992, p. 119). Le troisième enjeu du débat concernant la clarté de la Bible est donc de savoir si nous pouvons réellement rencontrer des perspectives et des messages qui nous viennent d'ailleurs. Ou bien, ce que nous y lisons n'est-il qu'un simple reflet de ce que nous pensons déjà, consciemment ou inconsciemment ? L'idée même d'une révélation qui nous donne une connaissance réelle de Dieu n'est-elle donc pas une chimère ?

Nous le voyons, les enjeux sont énormes : l'idée qu'il y a un Dieu qui nous parle et dont nous recevons un message qui nous vient d'ailleurs a-t-elle un sens ? Pouvons-nous donc continuer à parler d'un salut par la grâce, qui ne vient pas de nous-mêmes ? Le chrétien laïc peut-il continuer à lire sa Bible pour y trouver des directions pour sa vie ? L'Église en tant qu'institution est-elle au-delà de toute critique, malgré toutes ses faiblesses ? La Bible elle-même affirme la clarté de la Parole de Dieu et celle de sa révélation (Ps 19.9 ; 119.105, 130 ; Mt 11.25-26 ; 2 P 1.19 ; 1 Jn 2.27) et particulièrement de sa révélation en Christ (Jn 8.12). Dans la même voie, le Nouveau Testament encourage l'attitude des Juifs de Bérée, qui « examinaient chaque jour les Écritures, pour voir si ce qu'on leur disait était exact » (Ac 17.11, *BC*). Néanmoins, il nous semble qu'accorder notre confiance à ces textes est un cercle vicieux, parce qu'une telle confiance présuppose que nous pouvons comprendre le message biblique et que ces textes peuvent réellement nous dire quelque chose. Heureusement, dans ce cercle, nous ne sommes pas coupés de toute réalité. La pratique de la vie de l'Église avec la Bible nous montre plutôt que ce texte nous met en contact avec un message et une réalité qui ne sont pas un simple miroir de nos propres besoins et de nos propres préjugés. Nous y sommes confrontés avec un message qui nous met en contact avec un monde inattendu qui nous convainc par sa clarté et sa solidité.

Un facteur principal à l'origine de la Réforme fut la découverte du fait que la Bible nous parle avec autorité en jugeant les pratiques erronées de l'Église. La contre-réforme redoutait cette force de la Parole et essayait de la contenir en affirmant la normativité de son interprétation par la hiérarchie ecclésiastique. Cependant, cette doctrine de l'Église, ne pouvait pas annuler la simple expérience selon laquelle la Bible nous parle et parle clairement sur certaines de ces pratiques (Berkouwer, 1975, p. 272).

De même, toute la distance historique qu'il y a entre nous et les auteurs bibliques ne peut pas annuler le fait que le lecteur moderne se sente souvent profondément interpellé par son message. Malgré la distance, il peut partager d'une manière profonde la même problématique de l'existence humaine qui fait que ce message d'un passé lointain puisse lui parler. Cette expérience montre que nous ne rencontrons pas seulement nos propres idées dans les textes que nous lisons. Nous pouvons percevoir les aspects de ces textes qui nous sont très étranges, mais, dans le même mouvement, nous y découvrons un message nouveau qui nous parle. La communication à travers les grandes distances historiques et culturelles est une simple réalité (cf. Netland, 2001, p. 287-289). La critique littéraire et l'herméneutique bibliques doivent prendre en compte ces accomplissements réels du langage. Elles ne doivent pas couler tous les textes dans un seul moule – selon le modèle de certains textes qui mettent plus l'accent sur la créativité du lecteur contemporain. Il existe aussi des textes qui envisagent de communiquer à travers de longues distances historiques et culturelles et, en dépit des difficultés, une telle communication est une réalité (cf. Thiselton, 1992, p. 540ss).

Finalement, la réalité divine que nous rencontrons dans la Bible et en Jésus-Christ n'est pas une réalité ineffable, même si elle dépasse de loin notre entendement. Nous y rencontrons un Dieu qui nous parle et nous révèle son caractère, son cœur et ses projets pour l'humanité. Sur ce point, nous percevons une opposition radicale entre la théologie négative de certains postmodernes et du bouddhisme d'une part, et la vision biblique de Dieu et du monde de l'autre. Nous devons reconnaître que l'opposition est ici beaucoup plus profonde qu'une simple différence d'opinions concernant l'herméneutique ou l'épistémologie. Elle concerne la base de notre existence même (cf. Thiselton, 1992, p. 94ss). La réalité la plus profonde est-elle par principe ineffable ou est-elle le Dieu qui nous rencontre en Christ ?

La pertinence et la viabilité de la doctrine de la clarté de l'Écriture ne peuvent être maintenues, si nous ne prenons pas le soin d'éviter en même temps certaines déformations irréalistes de la notion. Nous devons en particulier éviter les quatre déformations suivantes, parce qu'elles ne correspondent ni avec la nature de la Bible, ni avec son fonctionnement dans la communauté chrétienne (cf. Silva, 1985, p. 84-97).

1. L'*interprétation individualiste*. Les anabaptistes de l'époque de la Réforme comprenaient la doctrine de sorte que chacun puisse interpréter la Bible de façon tout à fait individuelle. Dans cette vision, il suffit au chrétien d'être guidé par « la lumière intérieure » de l'Esprit-Saint et il n'a pas besoin

d'un contrôle ou d'une correction venant de la communauté chrétienne élargie. En s'opposant à eux, les réformateurs ont souligné très justement que cette approche négligeait l'importance de l'Église, corps du Christ à travers les âges, et de sa tradition. Dans la Bible nous voyons déjà que les décisions importantes devaient être prises par la communauté (Ac 6.1-7 ; 15.1-29 ; cf. Ep 3.18) et cette pratique ecclésiologique est en accord avec l'anthropologie biblique qui voit toujours l'homme comme partie d'une communauté plus large (Grenz, 2001). Nous avons besoin de la correction de la communauté et de la tradition, sinon nous nous privons de sa richesse et nous risquons de répéter ses fautes. Tout seul, je cours plus de risque de choisir seulement les passages qui me plaisent et mon interprétation de la Bible risque d'être orientée par mon expérience culturelle limitée et par mes propres intérêts pêcheurs (cf. § 5.2).

2. L'*interprétation atomiste*. Dans l'histoire de la théologie, des doctrines entières ont été construites sur des textes isolés et obscurs. Nous en trouvons un exemple dans la doctrine du règne de mille ans basée sur quelques versets difficiles en Apocalypse 20. Une telle pratique n'est pas justifiée par la doctrine de la clarté de l'Écriture – doctrine précisément radicalisée par les dispensationalistes (Hoyt, 1977, p. 65ss). La révélation biblique est progressive et doit être comprise par rapport à son propre développement. De plus, la Bible nous est donnée comme un tout et les différentes parties doivent être comprises dans leurs interrelations mutuelles et en relation avec son centre qui est la révélation suprême en Christ (cf. § 4.6).

3. L'*interprétation antiacadémique*. Dans certains cercles piétistes et évangéliques, on interprète la doctrine de la clarté de la Bible comme si la recherche académique de la Bible n'apportait aucune contribution à sa compréhension et comme si elle ne pouvait qu'obscurcir son contenu. La doctrine de la clarté n'implique pas que toutes les parties de la Bible doivent être également claires (cf. 2 P 3.16). Elle implique cependant que le rôle de la science doit rester limité, pour que la Bible reste entre les mains du peuple de Dieu et pour que les exégètes académiques ne deviennent pas un nouveau magistère. L'exégète doit réaliser que, pour la compréhension des notions bibliques centrales, l'exégèse académique a apporté plutôt des approfondissements qu'une critique de ce que l'Église a compris de la Bible. Il doit envisager d'utiliser ses connaissances pour familiariser les chrétiens laïcs avec l'Écriture au lieu de les aliéner.

4. L'*interprétation rationaliste*. La tendance rationaliste comprend la notion de clarté comme si tout homme pouvait comprendre le sens de la

Bible, quels que soient son état spirituel et son attitude envers elle. Elle sépare donc l'exégèse de la vie spirituelle. Cependant, l'étude de la Bible nécessite un enracinement de l'exégèse dans la vie de l'Église et une ouverture personnelle au message biblique. Notre compréhension peut être obscurcie, non pas à cause d'un manque de clarté de la Bible, mais à cause de la dureté de notre cœur due à un manque d'ouverture de notre part à son message parfois bouleversant (Jn 7.17 ; 1 Co 2.6-14 ; 2 Co 3.15 ; 4.3-4).

La doctrine de la clarté de la Bible a donc besoin de ces précisions importantes qui correspondent – à nouveau – à sa nature particulière. Nous trouvons un exemple d'une formulation équilibrée de la doctrine dans *La Confession de foi de Westminster* (1647), article I.7 (Pelikan & Hotchkiss, 2003, t. 2, p. 607 ; cf. *Quel est le but principal de la vie ?*, 1988, p. 5) :

> Tout, dans l'Écriture, n'est pas évident de la même façon, ni clair pour tous. Cependant, ce qu'il faut nécessairement connaître, croire et observer en vue du salut est si clairement exposé et révélé dans tel ou tel autre passage de l'Écriture que la personne éduquée, tout comme celle qui ne l'est pas, peut, en utilisant des moyens ordinaires, en acquérir une compréhension suffisante.

4.6. La Bible comme canon des textes avec l'autorité suprême pour l'Église

Indications bibliographiques

H. von Campenhausen, *La formation de la Bible chrétienne*, Neuchâtel, Delachaux et Niestlé, 1971.

Brevard S. Childs, *The New Testament as Canon. An Introduction*, Philadelphie, Fortress Press, 1985.

Brevard S. Childs, *Introduction to the Old Testament as Scripture*, Londres, SCM, 1979.

David G. Dunbar, « The Biblical Canon », in D.A. Carson & John D. Woodbridge (sous dir.), *Hermeneutics, Authority and Canon*, Leicester, IVP, 1986, p. 299-360, 424-446.

John Goldingay, *Models for Scripture*, Grand Rapids/Carlisle, Eerdmans/Paternoster, 1994, p. 83-197.

Herman Ridderbos, « The Canon of the New Testament », in Carl F. Henry (sous dir.), *Revelation and the Bible. Contemporary Evangelical Thought*, Grand Rapids, Baker, 1959, p. 187-201.

Nature du canon

La reconnaissance de la Bible comme Parole de Dieu et comme révélation divine explique la raison pour laquelle l'Église reçoit son message comme ayant autorité sur sa vie et sa foi. Elle n'explique pas encore pourquoi elle l'accepte comme l'autorité suprême pour juger toute autre autorité, pour évaluer tout qui se présente comme parole de Dieu et comme révélation. Dans notre monde multireligieux, il n'y a pas trop d'opposition à l'idée que la Bible contient un message religieux profond, ni à l'idée qu'elle est, dans un certain sens, révélation des mystères divins. La conception chrétienne selon laquelle la Bible a l'autorité suprême par rapport à toute autre écriture religieuse est en revanche beaucoup plus contestée. Comment justifier cette exclusivité face aux prophètes et aux mystiques qui, aujourd'hui encore, se lèvent en dehors de l'Église, mais aussi en son sein, pour partager avec nous leurs nouvelles révélations ? Comment comprendre la relation entre la révélation biblique et les messages du Bouddha et de Mohammed ou des « prophètes chrétiens » comme Wade Harris de Côte d'Ivoire et Simon Kimbangu du Congo ? Pour répondre à ces questions, nous avons besoin de considérer la Bible comme *canon*.

Le terme « canon » est dérivé du grec *kanôn* qui signifie « règle ». Depuis le IVe siècle, le mot est utilisé au sens technique pour désigner la collection des livres de l'Ancien et de Nouveau Testament, qui, dans leur ensemble, forment la Bible. Même si cette utilisation du terme est tardive, la notion du canon est plus ancienne. Déjà avant le temps du Nouveau Testament, les Juifs acceptaient une certaine collection de textes comme tradition normative à la lumière de laquelle toute écriture postérieure et toute la vie religieuse devaient être jugées. De même, la communauté chrétienne a, dès sa naissance, accordé une autorité particulière à certaines traditions orales, surtout celles concernant Jésus-Christ, ainsi qu'à certains textes écrits, surtout ceux des apôtres.

La notion du canon n'est donc pas un concept étranger à la Bible, comme certains théologiens le suggèrent. Leur idée est que les livres bibliques faisaient, dès leur début, partie d'une tradition qui englobait un large amalgame de traditions orales et écrites de différentes origines reflétant des points de vue religieux très divers et même contradictoires. Ce n'est que plus tard que les autorités des communautés juives et chrétiennes auraient été obligées d'uniformiser les traditions et de supprimer les voix déviantes. Dans notre culture pluraliste, une telle compréhension de l'histoire de la canonisation comporte presque automatiquement un jugement défavorable : la pluralité et la liberté religieuses originelles auraient été supprimées par une autorité religieuse écrasant la déviation et étouffant la créativité religieuse et le respect pour le mystère ineffable.

Une étude plus attentive des deux testaments montre néanmoins que l'idée de production et de transmission des textes normatifs pour la communauté a, dès le début, accompagné et influencé leur écriture et leur transmission (Childs, 1979, p. 77-79 ; 1985, p. 21s.). Ceci est tout d'abord vrai pour les textes législatifs. Ces textes forment une bonne partie des textes bibliques, surtout dans l'Ancien Testament. C'est sur de tels textes que la notion du canon s'applique en tout premier lieu : chaque communauté a des collections de traditions et de textes législatifs qui structurent la vie de la communauté (cf. Goldingay, 1994b, p. 86ss). La conscience de transmettre des traditions décisives pour l'identité de la communauté pour les générations à venir accompagnait également certaines traditions historiques (Ex 12.24ss). Ceux qui transmettaient les paroles prophétiques, le faisaient parfois en obscurcissant le contexte original dans lequel elles avaient été prononcées afin d'en montrer l'importance perpétuelle pour les générations suivantes (Childs, 1979, p. 325ss). Les auteurs des évangiles dans le Nouveau Testament étaient conscients de transmettre des paroles et des traditions concernant Jésus dotées d'une autorité fondamentale pour l'identité et la vie de toute la communauté chrétienne (cf. Lc 1.1-3 ; Jn 20.30). Certaines lettres de Paul étaient écrites avec l'intention même de les faire lire au-delà de la première Église pour laquelle elles étaient conçues (Col 4.16). Paul leur accordait donc une autorité qui allait au-delà de l'occasion spécifique pour laquelle elles avaient été rédigées.

Très tôt dans l'histoire de l'Église primitive des collections des évangiles et des épîtres de Paul commencèrent à circuler (cf. 2 P 3.16), précisément pour leur autorité. Quand la confrontation avec les hérésies gnostiques au IIe siècle a forcé l'Église à se prononcer plus précisément sur les livres faisant autorité, ceci ne conférait pas un nouveau statut à ces livres canoniques, mais cela explicitait plutôt ce qui était déjà implicitement reconnu. Le rejet de l'Ancien Testament par Marcion au milieu du IIe siècle força l'Église à s'exprimer explicitement sur son autorité tandis que la circulation des évangiles d'origine gnostiques exigeait qu'elle se prononce sur la question de savoir quels évangiles contenaient les traditions fiables sur Jésus-Christ (Dunbar, 1986, p. 357 ; Goldingay, 1994b, p. 155-158). La canonicité et l'autorité n'étaient donc pas des qualités que l'Église *conférait* à ces écritures. Leur autorité était plutôt *reconnue*. Elle était liée à leur contenu en tant que documents transmettant fidèlement la tradition apostolique sur la vie, les paroles et la signification de Jésus-Christ.

L'autorité des écritures est confirmée par le fait que, dans les courants principaux de l'Église, les débats sur la canonicité des livres concernaient un nombre limité de livres en « marges » du canon. On débattait la canonicité d'Hébreux, de Jacques et de l'Apocalypse, mais celle des quatre évangiles et des épîtres de Paul n'était pas abordée. Un peu de recul historique nous amène à la conclusion que le débat sur l'autorité de certains livres n'est pas le point le plus remarquable. Jusqu'au temps de l'empereur Constantin au IVe siècle, l'Église n'avait ni la structure ni les moyens de faire reconnaître une collection fixe de livres canoniques. Tous les textes pouvaient librement circuler. Dans ce contexte-là, il est étonnant que les traditions des évangiles et des épîtres qui forment le cœur de notre canon aient été si peu sujet de débats (Ridderbos, 1959, p. 199s.). Dans le débat avec les gnostiques, par exemple, l'Église orthodoxe a su reconnaître la valeur des quatre évangiles canoniques. Les recherches historiques récentes confirment que leur fiabilité historique dépasse de loin celles des évangiles non canoniques comme « l'évangile de Thomas » et « l'évangile de Pierre » (Blomberg, 1987, p. 208-219 ; Goldingay, 1994b, p. 176).

Le débat contemporain le plus important sur les limites exactes de la Bible ne concerne pas le Nouveau Testament, mais l'Ancien. Les Églises protestantes suivent le canon de la Bible hébraïque. Le seul changement concerne l'ordre des livres. Les Bibles protestantes mettent les livres prophétiques en dernier lieu, comme pont principal entre l'Ancien Testament et le Nouveau, considéré comme accomplissement des prophéties données sous l'ancienne Alliance. Les Églises catholique et orthodoxe suivent le canon de l'Ancien Testament grec de la Septante développé à Alexandrie. Elles ajoutent donc un nombre de livres que les protestants considèrent comme « deutérocanoniques », tels que 1 et 2 Maccabées, Tobit, etc. La *Bible de Jérusalem* les place selon l'ordre traditionnel des éditions catholiques des Écritures, tandis que la *Traduction Œcuménique de la Bible* les fait figurer à la fin de l'Ancien Testament. Pour faire avancer le dialogue œcuménique, il est important d'accentuer le fait que, à nouveau, ce débat ne touche pas le centre, mais plutôt les marges du canon. Néanmoins, il me semble qu'il y a au moins cinq raisons pour s'en tenir à un canon protestant plus restreint : (1) ce canon hébreu était en toute probabilité le canon de Jésus et de ses apôtres ; (2) ce canon respecte plus l'origine juive de la tradition chrétienne ; (3) les livres deutérocanoniques sont plus hellénistiques et moins juifs que les livres canoniques ; (4) une part non négligeable des Pères de l'Église n'a accepté que ce canon plus restreint ; (5) l'Église catholique n'a formulé de manière explicite ce canon plus élaboré qu'au concile de Trente en opposition avec le protestantisme (cf. Wenham, 1994, p. 146-153 ; Goldingay, 1994b, p. 149s.).

Clôture du canon

À notre époque, nous sommes confrontés à de nouveaux prophètes autoproclamés à l'extérieur et à l'intérieur de l'Église. Dans ce contexte, il ne s'agit pas seulement de savoir pourquoi les textes bibliques ont une autorité. On nous demande également pourquoi d'autres textes et d'autres paroles ne peuvent pas s'y ajouter pour compléter leur message et leur point de vue historiquement limités. La position réformée conservatrice répond que toute la prophétie et l'inspiration par l'Esprit-Saint ont cessé après la fermeture du canon (cf. Gaffin, 1979, p. 99-101). Cette réponse me semble discutable, tout d'abord par ce que ces dons de l'Esprit sont caractéristiques de la nouvelle dispensation inaugurée avec la Pentecôte et pas seulement pour une partie de cet âge (Jl 2.28-32 ; Ac 2.14-39). De plus, il n'y a aucune indication positive dans le Nouveau Testament du fait que ces dons devraient cesser (Turner, 1996, p. 286-302). Deuxièmement, il est difficile d'indiquer une différence essentielle entre le phénomène concret de la direction par l'Esprit d'un prophète biblique, et celle d'un prophète contemporain, comme entre l'inspiration de l'auteur de l'épître aux Hébreux et celle d'un prédicateur contemporain. Bien que nous puissions peut-être parler d'une différence graduelle entre l'inspiration et la providence divine qui guident les prophètes et les prédicateurs dans la Bible et ceux d'aujourd'hui, il s'agit de l'œuvre du même Esprit (cf. Goldingay, 1994b, p. 260).

L'inspiration de la Bible est une *condition nécessaire*, mais pas une *condition suffisante* pour accepter la Bible comme canon ayant autorité (Goldingay, 1994b, p. 258). Le canon de la Bible doit être plutôt considéré comme fermé et comme ayant l'autorité suprême, parce qu'il nous transmet le témoignage des bienfaits de Dieu dans l'histoire, bienfaits qui ont un caractère définitif et impossible à dépasser. L'Ancien et le Nouveau Testament sont uniques et impossible à dépasser parce qu'ils se basent sur l'histoire de salut et sur Jésus-Christ qui est le point culminant de cette histoire (Barth, *Dogmatique* I/1*, p. 103ss ; Ridderbos, 1959, p. 192ss). Parce que Jésus de Nazareth est le Fils de Dieu incarné et l'Inaugurateur des derniers jours, la révélation en Lui ne peut pas être surmontée (Hé 1.1-3), sinon par la *parousia*, le retour du Christ. C'est alors que nous connaîtrons Dieu « face à face » et que nous Le connaîtrons comme nous sommes connus de Lui (1 Co 13.12). Avant ce temps donc, toute notre recherche de Dieu et toute notre connaissance de Dieu doivent s'orienter vers les témoignages de Jésus-Christ dans les évangiles, et vers les premières réflexions sur son importance dans les épîtres. Nous ne pouvons pas nous passer de ces témoignages pour trouver une connaissance d'un Jésus historique pur, ni passer au delà de ces témoignages à cause d'une révélation ultérieure plus complète de Dieu (Goldingay, 1994b, p. 259). Ceci explique l'importance de l'apostolicité des livres pour leur admission dans le canon du Nouveau Testament. Ceci n'implique pas que leurs auteurs doivent être des apôtres, ce que, souvent, ils ne sont pas. Les livres sont considérés comme apostoliques si leur témoignage est directement enraciné dans le témoignage des apôtres. Les livres doivent donc avoir leur origine dans le temps et les cercles des apôtres, et refléter le contenu du reste du message déjà reçu comme apostolique (Goldingay, 1994b, p. 171ss).

L'incarnation, l'inauguration de l'ère eschatologique et la réconciliation du monde avec Dieu en Christ sont la révélation insurpassable de Dieu et de son plan pour le monde. Ces événements déterminent les limites du Nouveau Testament. Si l'Ancien Testament a une autorité canonique pour l'Église chrétienne, il l'a également par sa relation avec Christ. Il témoigne de l'histoire des patriarches et d'Israël que Dieu avait élu pour préparer un peuple à recevoir son Messie et pour bénir tous les peuples à travers eux (Gn 12). Au niveau de l'histoire de la pensée, l'Ancien Testament est la source de structures conceptuelles uniques qui permettent de comprendre la révélation du Nouveau (cf. § 3.3, p. 158). D'autres traditions religieuses peuvent fonctionner comme une certaine « préparation pour l'Évangile », mais ne peuvent jamais avoir la même autorité que l'Ancien Testament contrairement à ce qu'affirment les théologiens qui voudraient faire des traditions africaines l'Ancien Testament de l'Afrique, et des traditions hindouistes celui de l'Inde, ainsi de suite. Israël était choisi par Dieu pour préparer l'avenir du Christ. Les autres traditions doivent plutôt être appréciées de manière critique à la lumière de la révélation canonique pour voir : dans quelles mesures elles amènent à Christ, et dans quelle mesure elles peuvent également être un obstacle pour le reconnaître (cf. Bediako, 2000, p. 165s.). L'histoire d'Israël est normative pour nous tous, et devenir chrétien implique être adopté dans ce peuple et faire de son histoire et de ses Écritures saintes les nôtres (cf. Rm 11.16ss ; Bediako, 2000, p. 63ss).

La place centrale des Écritures saintes comme témoignage de l'histoire du salut et de son point culminant, implique alors que les prophètes, les révélations et les prédications ultérieurs et contemporains ne peuvent ni contredire ni ajouter quoi que ce soit à la révélation qu'on trouve dans le canon. Ils peuvent seulement (1) donner une direction particulière à l'Église ou aux individus contemporains et (2) expliciter des nouvelles implications de ce message par rapport aux nouvelles questions et aux nouveaux contextes. Le canon donne donc des directions claires pour « juger les prophéties » (1 Th 5.20-21) et ceux qui se disent prophètes.

Cette restriction sur des nouvelles révélations exclut en principe un livre tel que *Le livre de Mormon* de l'« Église de Jésus-Christ des saints des derniers jours ». Ceci nous aide aussi à expliquer aux musulmans pourquoi nous ne pouvons pas accepter Mohammed comme un autre, dernier et suprême prophète : après que Dieu ait envoyé son propre Fils, un simple humain ne peut rien ajouter. Après l'inauguration du temps eschatologique il n'y a rien à annoncer avant que la dernière trompette ne retentisse (Manaranche, 1985, p. 16s., 124).

Unité et diversité du message biblique

Indications bibliographiques

James D.G. Dunn, *Unity and Diversity in the New Testament. An inquiry into the Character of Earliest Christianity*, Londres, SCM, 1990².

David Wendham, « Appendice : Unité et diversité dans le Nouveau Testament », in G.E. Ladd, *Théologie du Nouveau Testament*, collection OR, Charols, Excelsis, 2010³, p. 655-693.

D.A. Carson, « Unity and Diversity in the New Testament : The Possibility of Systematic Theology », in D.A. Carson & John D. Woodbridge (sous dir.), *Scripture and Truth*, Grand Rapids, Academie Books (Zondervan), 1983, p. 65-95, 368-375.

La lecture de la Bible en tant que canon faisant autorité nécessite que la Bible soit une unité. Comment cette collection de textes pourrait-elle nous parler avec autorité si son contenu se contredisait ? Une réflexion sur la Bible comme canon demande donc la considération de son unité fondamentale, et de sa diversité clairement contenue dans cette unité. En effet, ces deux caractéristiques de la Bible et du contenu du canon, l'unité et la diversité, et la façon dont ces deux sont liées, ont des implications importantes sur la formulation de la doctrine chrétienne. Leur combinaison donne à la doctrine la possibilité d'une systématisation unifiée et celle d'une contextualisation par rapport aux défis toujours différents de la vie.

Dans la mesure où l'Église a lu la Bible comme la Parole de Dieu, son unité était le point de départ. Quand elle y percevait des contrastes ou même des contradictions, elle supposait qu'ils devaient êtres apparents, parce que Dieu ne peut pas se contredire. Les théologiens s'investissaient donc automatiquement dans des efforts d'harmonisation, souvent en négligeant la diversité réelle englobée par le canon. Dès le début, néanmoins, les lecteurs étaient conscients des tensions qui existaient entre les différents textes et les différents auteurs bibliques. Les tensions entre l'image de Dieu de l'Ancien Testament et celui du Nouveau avaient même amené l'hérétique Marcion à opposer les deux testaments et leurs dieux, et à proposer un canon limité à l'évangile de Luc et aux dix épîtres de Paul dont il pouvait plus facilement reconnaître l'uniformité du message. L'Église orthodoxe a néanmoins fortement contesté qu'il y ait une telle opposition et qu'on puisse enfermer Dieu dans les termes simplistes de Marcion.

La problématique de la diversité au sein du canon biblique est devenue un problème majeur pour la réflexion théologique avec la naissance de la recherche historico-critique au cours de l'âge moderne. Quand les chercheurs ont commencé à étudier les textes bibliques comme toute autre collection de textes humains, ils y ont distingué plusieurs voix venant d'époques différentes et donnant des messages parfois opposés. Au sein même d'un seul testament, ils relevaient différentes perspectives et différents intérêts. Dans le Pentateuque (les cinq livres de Moïse), les chercheurs ont cru pouvoir distinguer au moins quatre auteurs ayant quatre perspectives théologiques différentes : le Jahviste (J), l'Élohiste (E), le Deutéronomiste (D) et le Code Sacerdotal (P) (Childs, 1979, p. 112ss ; Archer, 1991, p. 84ss). Ces auteurs reflètent différentes perspectives théologiques développées à travers les siècles, et que l'on trouve aussi ailleurs dans l'Ancien Testament. De plus, on peut y rencontrer différents cercles théologiques qui, entre eux, avaient des intérêts bien distincts, comme les cercles prophétiques, les cercles monarchiques, les sages et les cercles sacerdotaux.

Les spécialistes du Nouveau Testament ont creusé à leur niveau un abîme profond entre le Jésus historique et les apôtres, notamment Paul. La prédication du Royaume de Dieu par Jésus de Nazareth est contrastée avec la prédication de Paul pour qui Jésus Lui-même devient le contenu du message en tant que Messie et Fils de Dieu. Selon certains Paul a profondément hellénisé le message palestinien de Jésus et l'a ainsi coupé de son origine. Dans cette optique Paul n'est plus un disciple de Jésus, mais plutôt le fondateur du christianisme qui a peu à voir avec le Jésus historique (cf. Wenham, 1995).

Dans la même ligne, les différences théologiques entre les quatre évangiles, Matthieu, Marc, Luc et Jean, sont accentuées ainsi que les contrastes entre les autres auteurs du Nouveau Testament. La communauté chrétienne primitive n'est plus considérée comme une communauté unie, mais plutôt comme une agglomération des différents groupes et mouvements. Il s'agit notamment du christianisme juif, du christianisme hellénistique, du christianisme apocalyptique et du mouvement où se trouvent les racines de l'orthodoxie postérieure et qui est souvent nommé « catholicisme primitif » (Dunn, 1990, p. 235ss).

Cette diversité au sein de la Bible représente pour le théologien un problème énorme : dans quel sens pouvons-nous encore parler d'une théologie au singulier, si la Bible elle-même présente plutôt une collection de différentes théologies ? Pouvons-nous encore parler d'une théologie orthodoxe distincte des théologies hérétiques, si la communauté chrétienne primitive se présente sous plusieurs formes dont aucune ne peut être considérée comme normative (Dunn, 1990, p. 372ss) ? Pouvons-nous encore parler d'un seul Évangile pour le monde (cf. Ga 1.6-9) ? Pour répondre à ces questions, il est bon de considérer certaines caractéristiques de la Bible qui expliquent pourquoi la large diversité de points de vue sur Dieu et sur son histoire avec nous dans la Bible n'exclut pas que nous y détections une unité profonde.

(1) Nous devons tout d'abord prendre en compte la progression de l'histoire du salut et la progression de la révélation qui y correspond. Le Dieu d'Abraham et d'Israël ne s'est pas révélé une fois pour toutes. Il s'est engagé dans une histoire pour la rédemption de son peuple et de l'humanité (cf. § 3.3, § 4.4). À travers cette histoire, nous découvrons progressivement le caractère de Dieu et sa volonté pour nous. Dès le début, Dieu a eu un projet pour le salut de l'humanité qui dépassait de loin ses débuts modestes (Gn 12.1-3) et dont la nature et l'envergure n'étaient pas clairement révélées d'avance (cf. 1 P 1.10-12). Ce n'est que rétrospectivement, que nous pouvons voir que le Dieu qui s'est révélé en Jésus-Christ avait commencé à préparer cette œuvre et cette révélation de longs siècles auparavant (Hé 1.1-3). Nous comprenons donc que l'unité de l'Ancien et du Nouveau Testaments réside dans le fait qu'ils parlent du même Dieu et qu'ils représentent des stades successifs dans une seule histoire du salut. La même progression dans l'histoire du salut explique le contraste entre Jésus et Paul. Jésus a proclamé le Royaume de Dieu, mais Il était déjà conscient du fait que le Royaume était arrivé de manière décisive en sa propre personne et que sa mort et sa résurrection avaient une place cruciale dans l'inauguration de ce Royaume (p. ex. Lc 17.21, *BJ* ; 22.19-20). De plus, Il appelait ses disciples à une relation particulière avec

Lui (p. ex. Mc 1.17). Paul et les autres apôtres proclament ensuite que l'ère eschatologique est inaugurée par Jésus-Christ et, qu'en croyant en Lui, nous recevons l'EspritSaint comme prémices de l'ère eschatologique (cf. Goppelt, 1982, p. 46, *passim* ; cf. Goppelt, 1981).

(2) La progression de l'histoire du salut s'accompagne d'une progression dans la *compréhension* de ce que Dieu fait. Dans les Actes, nous notons bien la difficulté de l'Église de Jérusalem à reconnaître que Dieu voulait inclure les païens non circoncis dans la communauté chrétienne sans exiger la circoncision et l'observation de toute la loi de Moïse. De même, il est clair dès le début que Jésus a une relation très particulière avec Dieu, mais l'idée d'une incarnation divine est tellement stupéfiante, que même les disciples les plus proches de Lui n'en perçoivent pas immédiatement toute la profondeur. La profondeur de la notion est déjà à l'avant-scène dans l'évangile de Jean, mais ses implications ne seront comprises qu'au cours des siècles suivants la clôture du canon, mais en tant que découverte progressive d'une réalité qui était déjà présente pour les premiers disciples.

(3) La raison d'être d'une bonne partie de la diversité au sein de la Bible se fait également jour lorsque nous saisissons que les auteurs bibliques devaient s'adresser à des besoins, des problématiques et des contextes différents (Carson, 1983, p. 86-89). La différence entre Paul (Ep 2.8-9) et Jacques (Jc 2.24) concernant la foi, les œuvres et leur rôle dans le salut se comprend quand nous prenons tout d'abord en compte le fait qu'ils parlent de la foi dans un sens différent : la foi comme attachement à Christ sauve – la foi comme simple acceptation d'une vérité ne sauve pas. Ces différences sont nécessaires pour répondre aux questions pastorales différentes. D'un côté Paul répond à ceux qui pensent que l'observation de la loi de Moise est essentielle pour le salut – de l'autre côté, Jacques contrecarre le laxisme de ceux qui pensent que la foi suffit et que la qualité de la vie n'importe plus (cf. Wenham, 2010^3, p. 663s.). De même, les besoins pour la direction des Églises sont bien différents aux divers stades de leur développement. Ceci explique certaines différences entre les épîtres pastorales et les premières épîtres de Paul (cf. Wenham, 2010^3, p. 673ss).

(4) La diversité dans la Bible n'est pas illimitée. Ses limites sont déterminées par les limites du canon. L'Ancien et le Nouveau Testaments nous font comprendre qu'en Israël et dans l'Église primitive, les formes de croyances représentaient une variété plus large que celle qui était admise dans le canon. Nous rencontrons dans le canon le point de vue plutôt juif de l'évangile de Matthieu, mais le point de vue des judaïsants qui demandaient la circoncision

de tous les chrétiens en est exclu. L'évangile et les épîtres de Jean utilisent un langage plus hellénistique, mais dans les mêmes textes, les hérétiques proto-gnostiques qui niaient que Jésus était un vrai homme sont condamnés (1 Jn 4.2-3 ; 2 Jn 7 ; cf. Dunn, 1990, p. 378s.). Par la même incorporation dans le canon, tous les livres bibliques ont reçu un contexte qui est décisif pour leur interprétation. Dans une lecture théologique de la Bible, nous ne recherchons pas quel serait le sens des livres comme Ecclésiaste, Proverbes, Esther, l'épître de Jacques et l'Apocalypse de Jean, si nous les rencontrions de manière isolée. Ces livres ne sont plus isolés. Leur formation était même influencée par leur reconnaissance comme canonique, comme ayant une autorité pour une communauté étendue, et comme faisant partie d'une collection canonique plus large. Vu séparément, leur message peut parfois se concentrer sur un thème qui, dans le reste du canon, est marginal. Dans le contexte canonique, ces thématiques et ces perspectives doivent être interprétées comme faisant partie de cette collection entière (cf. Goldingay, 1994b, p. 334 ; Childs, 1979 ; 1985).

(5) La dernière considération concernant l'unité du contenu de la Bible porte sur le niveau où nous devons chercher cette unité. Une compréhension réaliste de la théologie (cf. § 1.3 ; § 1.4) suppose que cette unité ne doit pas être cherchée en premier lieu au niveau des *textes* bibliques. La Bible se présente comme parole et révélation de Dieu et également comme témoignage de l'histoire du salut. L'unité se trouve donc en premier lieu dans l'unité du caractère et de la volonté de Dieu et dans la réalité de l'histoire du salut. L'unité de la Bible a son origine dans la réalité vers laquelle la Bible nous renvoie (Childs, 1992, p. 85ss ; Pannenberg, 1991, p. 14ss). Nous devons ajouter que l'unité du Nouveau Testament se trouve en Jésus-Christ. Cette unité ne s'y trouve pas au sens d'une *notion* très ouverte et générale concernant cette personne (*contra* Dunn, 1990, p. 370s.). Elle se trouve en Jésus-Christ en tant que *réalité* d'une révélation historique concrète et d'une Personne qui vit et agit parmi nous. En considérant les différences entre les quatre évangiles, nous pouvons dire, en empruntant une image à Stott, qu'elles sont comme quatre portraits de Jésus-Christ. Les différents portraits reflètent les différentes personnalités de leurs auteurs et également la manière particulière dont ils sont frappés par la personne de Jésus-Christ. Nous ne pouvons jamais les reprendre pour en tirer une image plus détaillée – une harmonie des évangiles – sans perdre des perspectives que chacun d'eux nous donne. La question est plutôt de savoir si ces portraits nous renvoient tous à la même *réalité*, à la même personne, en nous en donnant, dans leur complémentarité, une image plus riche que si nous n'en avions qu'un seul. Nous pouvons élargir l'application de cette

image en considérant que les différents auteurs bibliques nous donnent tous différentes images de Dieu et de son œuvre de rédemption parmi nous, et que leur unité doit être trouvée dans l'unité de Dieu et de son plan. Si l'unité est réelle, elle trouve son origine plutôt *derrière* les textes que dans les textes. Ceci a évidemment des conséquences pour la cohérence des textes. Pour comprendre la nature de cette cohérence nous devons cependant savoir localiser la source de leur unité.

Cette dernière question méthodologique de savoir à quel niveau nous cherchons l'unité de la Bible touche à un préjugé souvent inexprimé, mais partagé par les défenseurs de l'unité de la Bible et ceux qui y voient plutôt une pluralité qu'on ne peut pas harmoniser. Souvent les tenants des deux points de vue du débat supposent que l'unité, s'il y en a une, doit être trouvée au niveau du *texte*. Néanmoins, il est évident que les œuvres des différents auteurs ne disent pas la même chose. Les différents auteurs bibliques donnent des images parfois bien différentes de Dieu, du salut et de l'homme. Quant aux différents évangiles et à d'autres livres néotestamentaires, ils donnent des images différentes de Jésus.

L'unité biblique ne peut pas être trouvée directement au niveau des textes, c'est pourquoi les chercheurs concluent souvent sur la base des textes qu'il est impossible de trouver une théologie biblique cohérente. Certains préfèrent ensuite une des voix bibliques et la considèrent supérieure aux autres, comme Ernst Käsemann le fait avec la voix de Paul (Käsemann, 1984). Cette approche revient à délimiter « un canon dans le canon » à la lumière duquel la valeur des autres textes bibliques est évaluée. La question critique à poser est « qu'est-ce qui justifie le choix d'une telle section biblique comme plus canonique que le reste ? ». D'autres théologiens reflètent des sentiments plus postmodernes quand ils perçoivent dans la Bible une pluralité des voix parfois contradictoires en un dialogue qui donne au théologien contemporain une large liberté de s'aligner sur ce qu'il veut (p. ex. Dunn, 1990).

Les théologiens de tendance plus conservatrice qui cherchent l'unité de la même manière au niveau du texte l'abandonnent moins facilement. Cependant, pour la conserver, ils sont forcés de chercher des harmonisations parfois forcées pour que les textes ne se contredisent pas (cf. Carson, 1983, p. 90s.). Ils n'exigent pas nécessairement que tous les auteurs bibliques donnent à peu près les mêmes images, mais il faut au moins supposer qu'ils doivent former les pièces d'un puzzle, qui peuvent être jointes dans une image maîtresse. Même si l'image finale peut laisser beaucoup de lacunes – la Bible ne nous dit pas tout sur Dieu et le salut – les pièces doivent pouvoir être liées entre elles sans aucune contradiction (l'image est de Carson, 1983, p. 81s.).

Ces différentes approches plutôt libérales ou plutôt évangéliques ont en commun le fait qu'elles cherchent l'unité de la Bible au niveau des textes. Le problème de cette approche est qu'elle ne lit pas la Bible telle qu'elle se présente elle-même. Comme nous l'avons dit, la Bible se présente comme Parole de Dieu et, dans ce sens, l'unité doit être cherchée dans le fait que les différents textes peuvent être lus comme l'expression d'un seul Dieu avec un caractère et une volonté cohérents. La Bible se présente comme témoignage de l'histoire de salut et, dans ce sens, son unité ne doit pas être cherchée au niveau des témoignages, mais au niveau de l'histoire du salut qui est l'objet de ces témoignages. Elle se présente comme révélation et c'est pourquoi l'unité doit être cherchée plutôt dans la réalité révélée que dans les révélations mêmes.

Nous finissons cette section avec deux implications pratiques de cette unité dans la diversité, la première liée à l'étude de la Bible et la deuxième à la contextualisation de la théologie.

L'unité du message biblique est un apriori pour une lecture théologique de la Bible en tant que Parole et révélation de Dieu, parce que cette lecture envisage de comprendre la réalité dont la Bible parle (cf. § 1.3). La diversité du contenu de la Bible implique que nous devons prendre la totalité de la Bible en compte si nous voulons comprendre la richesse de la révélation de Dieu par rapport à une thématique particulière. Le principe protestant du *Sola Scriptura* doit être élargi avec la notion du *Tota Scriptura* : « seulement l'Écriture » mais en considérant « toute l'Écriture ». Dans le cas contraire, nous risquons d'utiliser seulement les sections de la Bible qui reflètent la lecture habituelle de notre communauté ou quelques aspects de son message qui répondent bien à nos besoins ou qui nous donnent d'avance raison. Si nous voulons être réellement enrichis par le message biblique, et si nous sommes prêts à nous faire juger et évaluer par ce message, nous devons le prendre en compte dans son ensemble, dans sa diversité, en considérant les perspectives qui diffèrent des notions bibliques auxquelles nous sommes déjà habitués.

Quant à la diversité de l'Écriture, sa lecture confirme à posteriori son unité. Ceci est mon expérience personnelle et celle de beaucoup de lecteurs de la Bible avec moi. Si nous cherchons à esquisser le caractère de Dieu et son plan pour nous tel que nous les percevons à travers ces fenêtres très diverses, nous y percevons une cohérence inattendue. Il revient au systématicien de retracer cette cohérence, par exemple entre Dieu comme créateur et Dieu comme rédempteur, entre son amour et sa colère, entre la dignité de l'homme et son caractère déchu, entre la réalité de la souffrance et la reconnaissance de la providence de Dieu. Montrer cette unité dépasse évidemment les limites de cette introduction, car cela demande de développer toute une théologie biblique et systématique. Il existe beaucoup de passages bibliques qui nous paraissent à première vue très étranges et dont nous ne comprenons pas la place dans l'ensemble du message biblique. Ces passages demeurent un rappel du fait que le travail théologique n'est jamais fini et que nous devons toujours soumettre toutes nos réflexions théologiques à une réalité qui est plus grande que nous et que nous ne maîtrisons pas.

La considération de l'unité et de la diversité du contenu du canon biblique a, en second lieu, des implications pour la contextualisation de la prédication de l'Évangile et de la théologie. Comme nous l'avons déjà vu, la diversité que nous rencontrons dans la Bible est elle-même une invitation à la contextualisation, et elle en est un modèle. Les auteurs bibliques ont exprimé le même Évangile avec des vocabulaires toujours renouvelés, en utilisant des images tirées de nouveaux contextes culturels. Ils ont montré la valeur, la vérité et la particularité de l'Évangile par rapport aux visions du monde alternatives venant d'horizons nouveaux (cf. Bevans, 2002, p. 7s. ; § 2.6).

L'unité de la Bible détermine en même temps les limites d'une contextualisation valable. Ces limitations ne viennent pas du fait que le nombre d'exemples des contextualisations dans le canon est limité. Dans de nouveaux contextes, d'autres expressions contextuelles peuvent être développées qui dépassent les confins du canon. Ces limitations viennent du fait que déjà, dans le canon, nous rencontrons une distinction entre une contextualisation légitime (le christianisme juif de Matthieu et les formulations hellénisées de Jean) et illégitime (les chrétiens judaïsants et le proto-gnosticisme chrétien). Cette légitimité est déterminée par rapport au centre du message qui trouve son point unifiant dans la réalité de la révélation suprême de Dieu en Christ. Si une contextualisation sert à rendre l'Évangile de Christ compréhensible et présent dans un nouveau contexte culturel, elle est réussie et légitime. Si une contextualisation perd de vue cette réalité libératrice, et si elle enferme son auditoire dans son contexte, elle perd son sens et sa légitimité. Malgré toute la diversité de la communauté chrétienne primitive, et malgré toute la diversité légitime dans l'Église contemporaine, nous pouvons et nous devons continuer à faire la distinction entre orthodoxie et hérésie au sein du christianisme primitif (*contra* Dunn, 1990, p. 374) de même que dans l'Église actuelle. À côté des formulations théologiques et christologiques qui, dans toute leur variété, éclaircissent la même réalité de la révélation de Dieu en Christ, nous devons savoir reconnaître les formulations qui perdent de vue ce qui est essentiel et qui doivent être rejetées, car elles bradent l'Évangile.

4.7. La Bible comme réflexion sur l'expérience à la lumière de la révélation

Expérience, sagesse et réflexion humaines dans la Bible

Indications bibliographiques
Gerhard von Rad, *Israël et la sagesse*, Genève, Labor et Fides, 1971.
Roland E. Murphy, *The Tree of Life. An Exploration of Biblical Wisdom*, Grand Rapids, Eerdmans, 1996².
Jacques Trublet (sous dir.), *La sagesse biblique. De l'Ancien au Nouveau Testament*, Paris, Cerf, 1995.

Jusqu'ici nous avons utilisé quatre formulations empruntées à Goldingay pour décrire la fonction et la nature de la Bible : parole de Dieu, témoignage de l'histoire du salut, révélation et canon. Ces catégories ne recouvrent pas encore tous les genres principaux de la Bible. Or, nous avons besoin de recourir à d'autres catégories, notamment pour les prières, surtout dans les Psaumes, pour les livres sapientiaux et pour les épîtres du Nouveau Testament. Ces genres peuvent, de manière secondaire, être inclus dans une compréhension élargie de « parole de Dieu inspirée », « témoignage des actions de Dieu », « révélation » et « canon », mais ces termes ne semblent pas indiqués pour rendre compte de leur nature particulière. Le choix de Goldingay de parler des Psaumes, de la littérature sapientiale et des épîtres dans son chapitre sur la révélation et l'expérience que nous en avons me paraît contestable (1994b, p. 287, 351ss, 365-366).

Les prières, surtout dans les Psaumes, mais également celles que l'on trouve éparpillées dans les autres genres bibliques, se présentent comme la réponse humaine à Dieu (cf. von Rad, 1971a, p. 306ss ; Westermann, 1985, p. 195ss). Cette réponse peut prendre la forme d'action de grâce et de louange (Ps 23 ; Ph 1.3-11), mais également de supplication et de lamentation (Ps 22 ; Jr 15.10-18). À nouveau, nous pouvons, plus généralement, considérer toute la Bible comme une réponse à la Parole, à la révélation et aux actions de Dieu. Nous y voyons comment les auteurs de la Bible ont entendu cette Parole et comment ces actions les ont touchés (Goldingay, 1994b, p. 351). Les prières, néanmoins, constituent la réponse humaine au premier sens du terme. Elles sont formulées tout d'abord comme expressions des sentiments et des idées humaines adressées à Dieu. Elles donnent un réalisme et un caractère humain très profonds à la Bible, et elles montrent comment la Bible prend la réalité humaine au sérieux jusque dans l'expérience d'une désolation complète (Ps 88 ; Lm). Par leur incorporation dans le canon, ces prières deviennent en même temps, et à leur tour, Parole de Dieu et révélation. Dans les Psaumes et les prières bibliques, Dieu nous parle et se révèle. Ces prières deviennent révélation parce qu'elles nous montrent comment nous pouvons comprendre nos propres sentiments envers Dieu à la lumière de sa Parole. Elles deviennent des modèles pour formuler nos propres réponses à Dieu.

Les deux autres genres mentionnés, la littérature sapientiale et les épîtres du Nouveau Testament, sont encore plus importants pour la théologie systématique. Ces genres nous présentent de façon différente une réponse à la révélation. Ils justifient la réflexion humaine sur la création et sur la révélation en Jésus-Christ, et la façon dont cette réflexion peut devenir une partie de la révélation de Dieu et de la Parole qu'Il adresse à l'humanité.

Trois livres du canon protestant de l'Ancien Testament sont généralement appelés « livres sapientiaux » ou « livres de Sagesse ». Il s'agit de Proverbes, Job et Ecclésiaste. Malgré la difficulté à définir de manière exacte ce qui caractérise cette littérature sapientiale, nous pouvons trouver des textes de ce genre dans d'autres parties de l'Ancien Testament, comme dans certains Psaumes (p. ex. Ps 1 ; 112 ; 127 ; Trublet, 1995, p. 139-174). Selon Blocher, les récits de la création en Genèse présentent aussi certains traits de réflexion sapientielle sur la création (1988, p. 27). La thématique de la sagesse et de la folie revient également dans le Nouveau Testament, où le Christ est appelé la Sagesse de Dieu, bien qu'il soit une folie pour les Juifs et un scandale pour les Grecs (1 Co 1.23-24). Ce n'est pas seulement la notion, mais le style même de présentation des textes sapientiaux qui revient dans certaines paroles de Jésus et particulièrement dans l'épître de Jacques (Mt 6.25-34 ; 7.24-27 ; Jc 3 ; Trublet, 1995, p. 265-319, 413-419).

La littérature sapientiale renvoie constamment le lecteur à une considération sage et soutenue de la création. Elle nous montre l'ordre qui lui est propre, pour que nous sachions nous y conformer. Le sage est la personne qui agit de façon réfléchie, qui respecte les conseils des autres, qui n'est pas prompt à exprimer sa colère, qui travaille diligemment pour subvenir à ses besoins, etc. (Pr 9-31). La vie d'une personne qui sait se comporter selon cette sagesse pratique sera bénie. Elle est bénie, parce que c'est une vie dans laquelle nous pouvons nous épanouir dans ce monde et dans notre communauté. C'est à une telle vie que l'ordre de la création nous invite et c'est pour une telle vie que nous sommes placés dans cette création par notre Créateur (Murphy, 1996, p. 115ss). Il n'est donc pas étrange de découvrir des parallèles entre la sagesse en Israël et certaines traditions du monde environnant (Murphy, 1996, p. 151-179). Les peuples voisins pouvaient parfois découvrir le même ordre dans la même création.

De nombreux théologiens perçoivent une opposition entre la littérature sapientiale et les parties plus historiques de la Bible. La réflexion sur la création qui liait les sages bibliques aux sages païens du monde environnant les opposait aux prophètes. Ces prophètes discernaient la main de Dieu dans l'histoire du salut et évaluaient de façon négative la sagesse humaine (Es 29.14 ; Jr 8.9 ; cf. 1 Co 1.19). Il n'est pas impossible que, dans la société d'Israël, il y ait eu de fait des expressions de la sagesse en opposition avec la parole prophétique. Cependant, les expressions de la sagesse qui sont réunies dans les canons juif et chrétien ne présentent pas d'opposition de ce genre. La différence avec la littérature historique et prophétique est plutôt une différence d'accent et d'orientation que de fond. Les prophètes reconnaissent la sagesse et l'intelligence que Dieu a données aux hommes afin de percevoir l'ordre qui est propre à la création (Es 28.23-29). À leur tour, les sages savent que le début de la vraie sagesse est la crainte de l'Éternel (Pr 1.7 ; Jb 28.28 ; von Rad, 1971b, p. 81ss). De même, de nombreux proverbes reconnaissent les limites de la compréhension humaine et les limites de la maîtrise que l'homme a de sa propre vie. L'homme doit reconnaître la souveraineté de Dieu qui dirige ses pas (Pr 16.9 ; 20.24 ; von Rad, 1971b, p. 117ss ; Murphy, 1996, p. 11ss). Le livre de Proverbes met déjà le doigt sur le problème de l'orgueil humain qui peut transformer la sagesse humaine en folie, si l'homme ne reconnaît pas ses propres limites (Pr 26.12 ; 28.26). Il s'agit d'un prélude plutôt qu'une opposition à la critique néotestamentaire de la sagesse humaine qui s'oppose à la sagesse et à l'humilité que Dieu a montrées dans le Christ crucifié. Les auteurs de Job et de l'Ecclésiaste soulignent la vanité de l'intelligence humaine laissée à elle-même. Tous ces textes se trouvent réunis dans le canon où ils contribuent à une compréhension nuancée du don comme des limites de la sagesse humaine (Childs, 1979, p. 526-559, 580-589).

La réflexion humaine est mise en avant dans un deuxième genre biblique formé par les épîtres du Nouveau Testament. Ces épîtres ne se présentent pas comme Parole de Dieu, témoignage, révélation ou canon bien qu'elles en soient aussi. Ces lettres se présentent comme des écrits d'auteurs qui utilisent toute l'intelligence que Dieu leur a donnée pour comprendre les messages bibliques, ce que Dieu a fait, ce qu'Il est en train de faire dans l'histoire et les défis de la vie des communautés chrétiennes auxquelles ils s'adressent.

Ces auteurs s'adressent certainement aux chrétiens avec autorité, mais cette autorité vient rarement d'une révélation particulière. Elle leur vient de l'appel apostolique du Christ pour transmettre le message qu'ils ont reçu de sa part et de la part de ses apôtres (cf. 1 Co 1.1 ; 15.1). L'autorité de l'enseignement et des exhortations des auteurs de ces épîtres vient de la Parole de Dieu contenue dans les livres de l'Ancien Testament auxquels ils font constamment référence, et de ce qu'ils ont reçu de Jésus-Christ comme révélation de Dieu. Ces deux sources qui leur confèrent leur autorité sont étroitement liées. C'est la révélation en Christ, qui les guide dans leur lecture de l'Ancien Testament (p. ex. Rm 4 ; Ga 4.21-31) et c'est à la lumière de l'Ancien Testament qu'ils comprennent la révélation de Dieu en Christ (p. ex. 1 Co 3). À la lumière du Christ et de l'Écriture, ils réfléchissent sur les grandes problématiques des communautés chrétiennes, telles que les questions concernant la circoncision (Ga 2 ; 5-6), les divisions autour des différents apôtres (1 Co 1-4), la relation entre les chrétiens venant du judaïsme et ceux venant du paganisme (Ep 2) et le rejet de l'Évangile par la majorité des Juifs (Rm 9-11).

Si le message apostolique tire son autorité de l'Ancien Testament et de la révélation en Jésus-Christ, cela montre que, selon la Bible la raison humaine n'a pas d'autorité indépendante ou autonome. Néanmoins, bien que la raison humaine soit secondaire, elle ne peut pas être négligée. Le caractère des épîtres et des livres de la sagesse est même particulièrement déterminé par le fait qu'en eux, le croyant réfléchit sur ce qu'il perçoit de la création et de la révélation de Dieu en Christ. Cette sagesse vient de Dieu, mais elle n'en est pas moins une sagesse que l'homme s'est appropriée.

Même si la réflexion humaine est moins accentuée dans d'autres parties de la Bible, il n'y a aucun genre biblique dans lequel la réflexion humaine n'est pas prise en considération. Les auteurs des textes historiques veulent présenter une interprétation cohérente de l'histoire qui montre la main de Dieu dans cette histoire et qui explique pourquoi l'action de Dieu est en accord avec son caractère et le comportement d'Israël. Les prophètes dialoguent avec leur auditoire, et ils essayent de le convaincre de la validité de la revendication de Dieu envers Israël (p. ex. Es 44.6-20 ; 46.1-7). Ceux qui transmettent les commandements de Dieu soulignent la bonté de ces commandements (Dt 30.11-20). Les évangélistes font appel à la fiabilité de leur témoignage (Lc 1.1-4 ; Jn 19.35) et les révélations apocalyptiques sont incompréhensibles si nous ne pouvons pas percevoir leur sens par rapport à l'histoire et par rapport à notre vie personnelle.

Modèle de réflexion

En tant que réflexion sur l'expérience de la révélation, la Bible nous donne un modèle et une mise en garde par rapport à la réflexion théologique, et même par rapport à toute utilisation critique de l'intelligence que Dieu nous a donnée.

Les livres de Sagesse légitiment la réflexion humaine sur la vie de l'homme et sur la création. Dieu a donné à la vie humaine et à la création un certain ordre que l'homme peut percevoir et qui lui permettent d'organiser sa vie sur cette terre. Ces livres donnent donc une légitimité de principe aux projets des sciences naturelles et des sciences sociales. Le monde dans lequel nous vivons n'est pas un chaos dans lequel nous sommes perdus, et il n'est pas entièrement sous le contrôle de forces mystiques que nous ne maîtrisons pas. Il est donné à l'humanité pour qu'elle en prenne soin et le développe (cf. Gn 1.26-30 ; Ps 115.16 ; Es 45.18). Les livres de Sagesse délivrent également une mise en garde cruciale : les structures de cette création et l'être humain ont une certaine autonomie, mais il s'agit d'une autonomie *relative*. L'homme dépend toujours de Dieu (von Rad, 1971b, p. 73s.). Les limites de son existence et de sa connaissance sont déterminées par le fait qu'il n'est qu'une créature et qu'il n'est pas Dieu. S'il en fait une autonomie absolue, s'il veut déterminer lui-même le bien et le mal, il transgresse les limites de son propre être et cela ne peut être que destructif et ne peut que finir avec la mort (cf. Gn 3.17 ; Blocher 1988, p. 127s.). La crainte de l'Éternel demeure donc le commencement de toute vraie sagesse et une sagesse qui ne respecte pas ces limites est pervertie jusqu'à la folie.

La croyance judéo-chrétienne dans la création a joué un rôle central dans le développement de la science moderne. Celle-ci s'est développée dans une société chrétienne, même si, bien avant, dans d'autres contextes comme dans l'Égypte et dans la Chine anciennes, les conditions sociales et économiques nécessaires étaient présentes. Ce qui y manquait était une vision du monde qui invitait au développement systématique de la science. Cette vision a été donnée par la foi chrétienne. Le monde étant une création du *logos*, de la parole ou de la raison divines, on pouvait s'attendre à y découvrir un ordre intelligible. Par ailleurs, en tant que création libre de Dieu, le monde était considéré comme contingent, puisque Dieu aurait pu le créer de façon bien différente, et c'est seulement à travers la perception et l'expérience que nous pouvons connaître le monde tel qu'il est. De plus, l'homme étant vu comme l'image de Dieu chargée d'assujettir le monde, la compréhension de celui-ci était un pas indispensable de ce projet (Torrance, 2001, p. 52ss ; Kaiser, 1991 ; Jaeger, 1999, p.

187-205). Si la science empirique moderne a ses racines dans la foi judéo-chrétienne, nous constatons qu'elle est aujourd'hui coupée de ces racines. Une bonne partie des problèmes de la science et de la technique modernes, la façon dont elles s'opposent souvent à la révélation divine et dont elles épuisent la terre ou déshumanisent l'homme peut être liée au fait qu'elles ne reconnaissent plus les limites dont les sages bibliques étaient conscients.

La littérature sapientiale apporte aussi un modèle biblique pour comprendre la révélation divine sous une autre forme que la révélation historique et verbale. Si les sages perçoivent la création, ils la perçoivent comme théâtre de l'activité divine. Pour eux, il n'y a pas de réalité qui ne soit pas contrôlée par le Dieu d'Israël et qui ne révèle pas sa présence (Murphy, 1996, p. 119, 125). Ils nous invitent donc à réfléchir sur la façon dont le même Créateur s'est fait connaître en dehors d'Israël et sur le rapport de cette foi avec d'autres expériences religieuses (cf. § 3.4).

Si la sagesse nous donne une légitimation et un modèle pour un développement sain de la science, les épîtres nous donnent une légitimation pour la réflexion théologique. Dieu s'est révélé de façon inégalable en Jésus-Christ, mais cela ne veut pas dire que tout ce que nous pouvons en comprendre est systématiquement clair. La progression dans la compréhension de cette révélation est perceptible au sein même du Nouveau Testament. Les Actes des Apôtres et les épîtres aux Galates et aux Romains montrent la compréhension progressive de la place des Juifs et des non-Juifs dans le plan de Dieu. Les épîtres montrent comment de nouvelles implications de la foi en Christ se révèlent constamment quand des nouvelles situations de la vie sont vues à la lumière de l'Évangile. Le Nouveau Testament donne donc un modèle pour que nous puissions mener, aujourd'hui, une telle réflexion théologique. Cette réflexion montre comment la révélation de Christ crucifié jette une lumière sur l'Ancien Testament et sur sa valeur perpétuelle pour nous. Elle montre aussi comment tous les aspects de l'expérience individuelle et communautaire des chrétiens peuvent être compris à la lumière de la croix et de la résurrection de Jésus-Christ.

En tant que modèle, cette réflexion théologique dans la Bible a un caractère particulier. Il s'agit des réflexions des apôtres ayant reçu de Jésus-Christ la vocation particulière d'établir le fondement de l'Église (Ep 2.20). Il s'agit des réflexions que l'Église a reconnues ensuite comme canoniques et donc comme normatives pour les chrétiens en tous lieux et de tous les temps. Dans chaque période historique et dans chaque nouveau contexte culturel, l'Église doit reprendre ses réflexions théologiques sur la signification de ce que Dieu a fait en Christ. Dans ce processus, elle peut découvrir des richesses que les premiers témoins de Jésus-Christ n'avaient pas vues ou qu'ils. Cependant, l'Église ne peut jamais donner un autre Évangile que celui qu'elle a reçu de ces apôtres, et leurs réflexions formeront donc toujours le point de départ et les limites de ce que l'Église peut percevoir comme étant le sens de ce que Dieu a fait pour nous en Christ.

Reconnaissance de la vérité et de l'autorité du message biblique

Indications bibliographiques
Jean Calvin, *Institution de la religion chrétienne*, I, Genève, Labor et Fides, 1955, chap. VII-VIII, p. 37-53.
Avery Dulles, *Models of Revelation*, Maryknoll, Orbis, 1992, p. 246-264.
John Goldingay, *Models for Scripture*, Grand Rapids/Carlisle, Eerdmans/Paternoster, 1994, p. 117-125, 311-313.
Paul Helm, « Faith, Evidence, and the Scriptures », in D.A. Carson & John D. Woodbridge (sous dir.), *Scripture and Truth*, Grand Rapids, Academie Books (Zondervan), 1983, p. 303-320, 411.

Dans toutes les considérations que nous avons développées jusqu'ici sur la nature de la Bible, nous avons présupposé que la Bible était réellement ce qu'elle dit d'elle-même et ce que l'Église a reconnu en elle : Parole de Dieu, témoignage des actions de Dieu, révélation des mystères divins, canon revêtu d'autorité, sagesse divine. Dans le cadre de cette section sur le rôle de l'intelligence humaine par rapport à la révélation, il est juste de considérer cette présupposition de manière critique. Comment l'homme peut-il reconnaître la Bible comme Parole de Dieu et comme révélation divine ? Quelle preuve peut nous permettre de soutenir une telle affirmation ? Pouvons-nous d'ailleurs fournir des preuves ? Savoir si la Bible est réellement ce qu'elle dit d'elle-même est une question qui se pose avec insistance, parce que, comme nous l'avons constaté, ces auteurs sont humains. Il est donc possible que certains lecteurs ne reconnaissent pas son origine divine, tout comme beaucoup de personnes ne voyaient et ne voient encore en Jésus-Christ rien de plus qu'un homme peut-être plus doué que les autres, mais non le Fils de Dieu. Le fait que Dieu se révèle en Christ en tant qu'homme et dans la Bible dans une collection de textes d'auteurs humains implique que sa présence soit, d'une certaine manière, cachée. Y a-t-il, néanmoins, une possibilité de voir, à travers cette forme humaine, la Bible comme Parole de Dieu, révélation, témoignage fidèle de ses actions et comme un texte possédant une autorité particulière ?

Nous ne pouvons bien entendu pas répondre à cette question à priori. Une réponse à priori suppose qu'avant que nous considérions la forme concrète de la révélation de Dieu dans la Bible, nous pouvons déjà savoir comment elle devra faire ses preuves. L'argument suivant est un parfait exemple de ce genre de raisonnement à priori : « Si Dieu veut révéler sa volonté par des prophètes, Il les certifiera certainement au-delà de tout doute raisonnable. [...] Il leur donnera des qualités qui confirment son identité que seul Lui-même pourra donner. » (Sproul, *et al.*, 1984, p. 144). Une telle argumentation à priori méconnaît, néanmoins, que l'autorévélation du Créateur est un événement ou une série d'événements entièrement uniques par rapport aux autres événements qui constituent notre histoire et notre réalité. Nous n'avons pas de cadre connu pour décider de quelle manière une autorévélation de Dieu doit se présenter (Helm, 1983, p. 306). À ce problème d'épistémologie générale s'ajoute une objection théologique : si Dieu est tel que la Bible nous Le révèle, Il est absolument souverain et libre, et c'est donc à Lui de décider comment Il se révélera à nous. Si nous voulons le décider à priori pour Lui, nous transgressons les limites de notre existence en tant que ses créatures (Barth, *Dogmatique* I/2**, p. 86s.).

Nous devons donc tout d'abord chercher à comprendre la nature de l'autorévélation de Dieu dans la Bible pour pouvoir nous demander ensuite, à posteriori, de quelle manière rendre compte de cette réalité particulière. Ce choix de commencer avec la réalité même ne nous renvoie pas nécessairement à une position fidéiste (position qui fait appel à la foi sans aucune considération rationnelle). Notre intelligence peut y trouver sa place, mais uniquement la place qui lui convient. Elle ne peut pas décider comment Dieu doit être et comment Il doit se faire connaître, mais elle doit essayer de suivre les traces de Dieu dans ce monde. Elle doit demander à ceux qui affirment parler au nom de Dieu de fournir des lettres de créance qui puissent être examinées de manière critique. Dans la même ligne, un théologien chrétien peut donner une apologie de sa foi en Dieu et dans la Bible en tant que Parole divine en rendant compte du bien-fondé de cette foi. Ceci n'est pas contraire à une réflexion épistémologique critique. Il s'agit plutôt de la conséquence d'une prise de conscience. En effet, une conception réaliste de la science, y compris la théologie, exige que notre épistémologie respecte la nature de la réalité recherchée (Torrance, 1990, p. 27-28). De même, il ne s'agit pas d'une limitation de la liberté de recherche, mais d'une recherche qui est libre pour l'objet particulier de la théologie. La recherche théologique doit se débarrasser de tout emprisonnement des pensées qui la retiennent dans sa compréhension de ce Dieu qui se révèle en Christ à travers la Bible (Barth, *Dogmatique* I/2**, p. 82, 84 ; cf. § 1.4).

La Bible ne se présente pas à nous d'une façon qui s'impose de manière autoritaire en nous demandant de faire abstraction de nos facultés critiques. L'Écriture tente constamment de persuader ses lecteurs du bien-fondé de son message (Goldingay, 1994b, p. 121 ; cf. 1 Co 10.15 ; 14.20 ; Hé 5.14). La place de la sagesse dans le canon montre déjà le rôle de l'intelligence humaine dans la formation et dans la compréhension de la Bible. Les autres genres bibliques ne font également pas abstraction des facultés critiques humaines. Considérons particulièrement ici la façon dont l'Écriture invite l'attestation de la part de l'intelligence humaine en tant que Parole de Dieu et en tant que témoignage de l'histoire du salut.

La Bible, en tant que témoignage des actions de Dieu dans l'histoire du salut pour le salut de son peuple, tire son autorité de ses propres actions. Ces actions ont une place centrale dans tout le message biblique. L'Ancien Testament continue à se référer aux événements liés à l'Exode qui ont constitué Israël comme peuple de l'alliance de Sinaï (Es 46.3 ; Os 11.1 ; Mi 3.11). Le message de Jésus de Nazareth est confirmé de façon décisive avec la résurrection de Jésus-Christ par laquelle Dieu a montré qu'Il était le Messie, le Seigneur, le Fils de Dieu (Ac 2.36 ; Rm 1.4). La proclamation de ce que Dieu a fait trouve son autorité dans les actions de Dieu. C'est pourquoi le Nouveau Testament souligne la fiabilité du témoignage de la résurrection, parfois de façon explicite (1 Co 15.1-8), parfois implicitement par les détails inclus dans les témoignages (Mt 28 ; Lc 24). La Bible nous invite à l'interroger sur sa fiabilité. Cependant, pour l'interroger, nous devons poser nos questions d'une façon qui s'accorde avec sa nature de témoignage des hauts faits de Dieu (cf. Coady, 1992 ; Plantinga, 1993, p. 77-88). Est-ce que les témoins sont fiables et est-ce qu'ils sont bien placés pour nous témoigner de ce dont ils parlent ? La réponse à cette question dépasse les confins de cette introduction, mais des recherches historiques qui comptent avec la nature particulière du témoignage biblique et de la particularité de son contenu nous montrent la fiabilité de ce message (p. ex. Blomberg, 1987).

Dans le troisième chapitre, nous avons vu que les événements historiques n'ont pas de valeur révélatrice car ils peuvent être sujets à de nombreuses interprétations. Il faut que leur signification soit éclairée par la parole prophétique (§ 3.3). La fiabilité de la parole prophétique qui explique les événements est à son tour confirmée par les événements que les envoyés de Dieu ont annoncés. La Bible elle-même relève cette relation : l'accomplissement effectif d'une prophétie valorise un prophète (Dt 18.22) et le fait que les prophètes ont depuis longtemps annoncé l'exil, montre que Dieu n'y a pas abandonné son peuple, mais qu'Il demeure le maître de l'histoire (Es 43.10 ; 44.7-8). L'action de Dieu donne donc effectivement sa valeur à tout un ministère. Le législateur Moïse tirait son autorité entre autre du fait que Dieu l'avait utilisé pour libérer Israël de l'Égypte. De même, les ministères de Jérémie et celui de Jésus étaient de façon décisive affirmés par Dieu, respectivement par l'exil et par la résurrection.

Dans l'autorité de la parole prophétique et donc dans la Bible qui est Parole de Dieu, il y a nécessairement des aspects qui échappent à la perception de ceux qui reçoivent le message des prophètes. Comme Jérémie le dit dans sa critique des faux prophètes, la valeur de la prophétie est déterminée par la question suivante : le prophète était-il réellement « dans le conseil de Dieu » (Jr 23.18). Ces paroles, les a-t-il reçues de Dieu ou bien trouvent-elles leur origine dans sa propre imagination (Jr 23.16 ; cf. Goldingay, 1994a, p. 43-57) ? Personne d'autre que le prophète lui-même ne peut le savoir de manière directe. Ses auditeurs peuvent quand même avoir des indications indirectes sur la fiabilité de ses messages : l'accomplissement des prophéties concernant l'avenir (Dt 18.11 ; Jr 28.9 ; cf. Es 41.21-42), la vie des prophètes (Jr 23.14), le manque d'un intérêt propre dans le message (Jr 6.13-14 ; Mi 3.5, 11), le refus de parler selon les désirs de leur auditoire (Jr 8.11 ; 23.17 ; Mi 2.11) et leur fidélité aux messages antérieurs de Dieu (Jr 23.13 ; cf. Dt 18.20 ; Ga 1.9).

La place centrale des témoins, des messagers et de la fiabilité de leur témoignage a des implications sur la place que nous donnons à la défense apologétique de la fiabilité de la Bible. Nous ne pouvons pas à l'avance répondre à toutes les objections qu'un public pourrait soulever par rapport à un témoignage particulier. Ces objections vont même varier d'un public à un autre, parce qu'elles dépendent dans une large mesure de ce que les auditeurs considèrent comme plausible par rapport à leurs propres expériences et par rapport à leur vision de la réalité. L'approche normale est de présenter tout le témoignage biblique comme étant fiable en espérant que ceux qui écoutent notre message peuvent reconnaître cette fiabilité, tout comme ils ont dans leur vie l'habitude de faire la distinction entre des témoignages et des messages plus ou moins fiables. C'est uniquement quand des objections concrètes sont formulées que le témoin doit devenir apologète et qu'il doit être prêt à y répondre. Autrement dit, les témoignages doivent être présentés comme à *prima facie* valables, jusqu'au moment où des objections sont soulevées quant à leur fiabilité, à cause de la fiabilité des témoins, à cause de leur contenu peu plausible, ou encore à cause d'une combinaison de ces deux facteurs. Les deux types d'objections sont courants par rapport à la Bible. L'apologétique a sa place pour y répondre, mais sa place est de suivre plutôt que de devancer le témoignage de ce que Dieu a fait (cf. Plantinga, 1993, p. 40-42).

Nous constatons donc que la fiabilité et l'autorité de la Bible reposent sur la fiabilité et l'autorité de Dieu, sur le caractère décisif des hauts faits de Dieu dont la Bible témoigne et sur l'autorité avec laquelle Dieu a investi ses messagers. Parce qu'il n'y a pas d'autorité au-dessus de Dieu, nous ne pouvons pas fonder l'autorité de la Bible sur une réalité située en dehors de Lui, que ce soit la raison, la science moderne ou même l'Église. Toute apologétique qui cherche à fonder l'autorité de la Bible en tant que parole de Dieu sur les données de la science historique ou naturelle ou sur une philosophie quelconque est en train d'échanger la fondation qui est propre à la théologie pour une fondation secondaire. La science et la philosophie naturelles ne peuvent pas porter le poids de nos convictions concernant Dieu et le sens de notre vie. Les meilleures réflexions philosophiques et les meilleurs résultats des sciences historiques, naturelles et humaines ne peuvent que confirmer la foi ou corroborer l'autorité de Dieu, mais elles ne peuvent pas les fonder.

Or, dans l'histoire de l'Église, c'est avec des arguments de ce genre que les apologètes essaient d'attester l'autorité de la Bible, en montrant sa confirmation par les données de la science et par des notions philosophiques courantes. Les apologètes ont comparé des notions bibliques fondamentales avec les notions philosophiques et religieuses non chrétiennes qu'ils considèrent comme les plus prometteuses. Ils ont mis en lumière les correspondances entre la Bible et les découvertes de l'archéologie du Moyen Orient ainsi que les correspondances avec les découvertes de la science moderne (cf. Dulles, 1971).

Tous les arguments de ce genre ne peuvent fournir que des confirmations secondaires de l'autorité de la Bible et de la foi chrétienne. Une apologétique qui fait de ces arguments la base de la foi oublie que la fondation de l'autorité de la Bible se trouve en Dieu et en ce qu'Il a fait pour nous. Ces confirmations secondaires ont néanmoins une fonction apologétique importante. Il est difficile de croire à un message qui semble être contredit par nos autres convictions et par les idées qui semblent indubitables dans la communauté environnante. De même, il est plus facile de croire en un message qui correspond de manière positive à certaines de nos convictions fondamentales antérieures ainsi qu'aux convictions des savants de notre communauté. Montrer la correspondance entre la foi chrétienne et ce qu'une culture considère comme évident, et contredire les résultats d'une philosophie et une science qui exclut l'autorévélation de Dieu demeurent donc des entreprises apologétiques cruciales (cf. § 2.2 ; § 5.3).

Bien que nous devions faire la distinction entre le bien-fondé de l'Évangile dans le témoignage biblique et les données externes qui le confirment, il est difficile de distinguer nettement ce qui est interne et ce qui est externe à ce témoignage. Bien que le salut ait son origine en Dieu, la réalité qui est l'objet de ce salut biblique, celle que la Bible nous révèle, est la même réalité que celle dans laquelle nous vivons tous les jours. L'autorité et la vérité du message biblique sont, en troisième lieu, confirmées par le fait que ce que la Bible nous révèle de notre nature humaine, de sa misère et de sa grandeur, correspond aux profondeurs de notre être, comme certains grands apologètes l'ont relevé (Pascal, *Pensées* ; Brunner, 1939 ; Niebuhr, 1941-1943). En outre, la fiabilité du message biblique est confirmée par le fait que nous pouvons expérimenter aujourd'hui même l'impact de cette œuvre rédemptrice dans notre vie. Nous l'expérimentons, quand les liens des forces du mal sont brisés (Mt 11.4-5) et quand nous recevons l'Esprit de Dieu comme gage de notre rédemption qui fait de nous des enfants de Dieu et qui nous fait dire : « *Abba*, Père » (Ep 1.14 ; 1 Co 1.22 ; Rm 8.16 ; Ga 4.6). Quand nous nous référons à la réalité de la grandeur et de la misère humaines et à l'expérience de l'activité rédemptrice de Dieu jusqu'à aujourd'hui, il ne s'agit pas de fonder la foi sur autre chose que l'action de Dieu dans la croix et la résurrection de Jésus-Christ, ni de la faire dépendre d'une connaissance antérieure, plus fondamentale et plus sûre que la foi. Il s'agit plutôt de relever de quelle façon la vérité et la pertinence de ce message sont confirmées par la manière dont il nous touche au plus profond de notre être et par les actions libératrices que nous pouvons expérimenter.

Dans le cadre de cette introduction, nous ne pouvons qu'indiquer les différents types d'arguments qui montrent le bien-fondé de la confiance dans la Bible en tant que Parole de Dieu et témoignage de ses bienfaits pour l'humanité. Toutefois, notre survol montre déjà une grande variété de raisons qui se confirment les unes les autres et qui nous suggèrent la conclusion que le cardinal John Henry Newman (1801-1890) a tirée par rapport à la Bible et par rapport à la foi chrétienne en général :

> À de tels esprits, il [le christianisme] s'adresse par l'intellect ainsi que par l'imagination ; en créant une certitude de sa vérité par des arguments trop variés pour être directement énumérés, trop personnels et profonds pour être capturés en paroles, trop forts et trop concordants pour les réfuter (Newman, 1985 [1889], p. 316).

Il est important de préciser que ces arguments apologétiques ne peuvent pas avoir pour but de montrer que la Bible est fiable jusque dans les moindres détails. Certains apologètes veulent démontrer l'autorité de la Bible dans son ensemble, sans aucune considération de son contenu. Après que cette autorité ait été établie, ils continuent d'élaborer son contenu dont la vérité est déjà mise hors de doute (p. ex. Geisler, 1976). Toutefois, il me semble impossible de confirmer la vérité de la Bible indépendamment de son message sur ce que Dieu a fait en Christ. La Bible doit son autorité à Dieu et au Christ et non l'inverse. Les réflexions ci-dessus se réfèrent à des arguments en faveur de la fiabilité générale de ce que la Bible témoigne de Dieu et de Jésus-Christ. Cependant, si nous acceptons la fiabilité de la Bible dans son ensemble, nous ne le faisons pas sur la base de ces arguments, mais plutôt par le fait que nous y avons découvert la fidélité de Dieu et que nous avons confiance en sa Parole à cause de son caractère. Cet ordre – commencer avec une fiabilité générale du témoignage biblique concernant Dieu et Jésus-Christ et ensuite fonder la fiabilité de la Bible dans son ensemble dans le caractère de Dieu le Père, le Fils et le Saint-Esprit – est aussi plus fécond dans le dialogue apologétique (Kreeft & Tacelli, 1994, p. 204).

Certains théologiens considèrent avec méfiance les raisons que nous avons données ici pour reconnaître l'autorité de la Bible, parce qu'ils considèrent qu'elles méconnaissent l'importance de l'œuvre du SaintEsprit dans l'acceptation de la Parole de Dieu. Ils font appel au dit « témoignage interne du Saint-Esprit » qu'ils considèrent comme une voie particulière vers l'acceptation de l'origine divine de la Bible, une voie qui dépasse les modes de raisonnement dans d'autres domaines de la vie (Calvin, *Institution* I, vii, 4 ; Plantinga, 2000, p. 241ss). Il est vrai que la Bible accentue particulièrement le caractère indispensable de l'œuvre du Saint-Esprit pour accepter la Bible en tant que Parole de Dieu. Cependant, la Bible fait fréquemment appel à l'intelligence humaine et, de ce fait, il me paraît improbable d'en conclure qu'il y a deux sources de connaissance séparées. C'est l'Esprit de Dieu qui inspire les apôtres pour qu'ils soient des témoins fiables de Christ, et c'est à travers ces hommes que l'Esprit témoigne (cf. Jn 15.27 ; Ac 5.32 ; Berkouwer, 1975, p. 50). La relation entre les deux pôles – intelligence et esprit – devient plus claire quand nous réalisons que l'œuvre du Saint-Esprit dans la connaissance de Dieu est particulièrement liée à deux caractéristiques du message de l'Évangile. Tout d'abord, dans l'Évangile, nous trouvons une révélation personnelle de Dieu. Le SaintEsprit représente la présence personnelle du Dieu trinitaire dans notre cœur. Comme nous l'avons vu, la présence de l'Esprit dans notre cœur nous confirme notre statut en tant que fils et des filles de Dieu, parce que c'est Lui qui nous fait appeler Dieu « *Abba*, Père » (Rm 8.16 ; Ga 4.6). Deuxièmement, l'œuvre de l'Esprit dans notre cœur est liée au grand blocage dû au péché que la dureté du cœur humain constitue pour l'acceptation de l'Évangile. Cette résistance pécheresse de notre cœur à la révélation générale (Rm 1.18ss) et à Christ (Jn 1.5) fait que nous vivons dans l'obscurité (Ep 5.8). Ce n'est que l'œuvre renouvelante de l'Esprit-Saint qui peut nous donner un cœur nouveau (Ez 36.26-27) et qui peut lever le voile du cœur humain (2 Co 3.12-18). Ceux qui ne veulent pas écouter n'écouteront pas, même le témoignage et les preuves les plus fiables, comme nous le voyons dans l'attitude de certains opposants à Jésus (Mt 11.20-24 ; 12.22-24 ; 28.11-15).

Ces deux aspects de l'œuvre du Saint-Esprit ne s'opposent pas à une bonne utilisation de la raison telle que Dieu l'a prévue. Cette œuvre de l'Esprit est tout de même nécessaire. En son absence, la raison reste fermée à la révélation et à l'amour de Dieu. L'œuvre de l'Esprit ne contredit pas et ne contourne pas la raison humaine. Elle la libère plutôt pour sa bonne utilisation et pour la reconnaissance de la vérité biblique (Goldingay, 1994b, p. 123s., 180). Ces deux aspects de l'œuvre du Saint-Esprit s'accordent simplement avec l'objet spécifique de la connaissance de la foi. Une bonne utilisation de la raison exige que nous respections le caractère propre de la réalité que nous cherchons à connaître (cf. § 1.4). Cette réalité de la révélation de Dieu dans la Bible peut être reconnue par l'intelligence humaine, mais pas par la raison cartésienne ou rationaliste. Nous avons énuméré au moins quatre caractéristiques de la nature du message biblique que la raison doit respecter (cf. § 1.4) :

- il s'agit d'un message concernant une réalité divine qui dépasse les confins du monde créé, même si elle s'inscrit dans ces cadres ;
- il s'agit d'une réalité que nous recevons à travers un témoignage et qui nous fait dépendre d'autres personnes auxquelles nous devons accorder notre confiance ;
- il s'agit d'une réalité que nous ne pouvons recevoir que si nous sommes ouverts à elle, et si nous sommes prêts à nous convertir comme elle nous le demande ;
- enfin, il s'agit d'une réalité qui ne nous demeure pas étrangère, mais qui correspond à un changement dans notre propre vie si l'EspritSaint, le même qui a inspiré les prophètes et les apôtres, habite en nous et nous transforme de l'intérieur.

5

Méthode et sources de la dogmatique

Indications bibliographiques
Richard A. Muller, *The Study of Theology. From Biblical Interpretation to Contemporary Formulation*, Foundations of Contemporary Interpretation 7, Grand Rapids, Eerdmans, 1991.
John D. Woodbridge & Thomas Edward McChomskey (éd.), *Doing Theology in Today's World. Essays in Honor of Kenneth S. Kantzer*, Grand Rapids, Zondervan, 1991.
Donald M. Lewis & Alister E. McGrath, *Doing Theology for the People of God. Studies in Honour of J.I. Packer*, Downers Grove, IVP, 1996.
Millard J. Erickson, *Christian Theology*, Grand Rapids, Baker, 1983-1985, p. 66-80.
Stanley J. Grenz, *Revisioning Evangelical Theology. A Fresh Agenda for the 21st Century*, Downers Grove, IVP, 1993.

Après la discussion sur la nature, la pertinence et la source principale de la dogmatique, venons-en maintenant à la méthode qui est la voie à utiliser pour arriver au but de la dogmatique. Il s'agit de la méthode qui permet d'arriver à une connaissance bien-fondée de Dieu dans sa relation avec nous, et à une formulation pertinente et équilibrée de l'enseignement de l'Église chrétienne le concernant. En tant que dogmatique évangélique, la méthode doit être déterminée par l'Évangile, par la réalité de la Bonne Nouvelle que la Bible nous révèle. Nous avons déjà vu que ceci est vrai pour toute science : une méthode scientifique doit s'accorder avec la nature de la réalité qu'elle étudie. Nous avons, de plus, découvert que cette priorité de la réalité recherchée par rapport à la méthode était particulièrement exigée pour la théologie et la dogmatique, parce que l'objet de la théologie n'est accessible que grâce au choix libre de Dieu de se faire connaître, de se révéler à sa guise (cf. § 1.4). Le choix des sources de la dogmatique, la détermination de la relation entre ses sources et la manière de les utiliser et de les approcher dans la délibération doctrinale, doivent donc être déterminés et justifiés par le caractère de la réalité divine. Le choix des sources de la dogmatique et leur utilisation doivent être déterminés par la nature de la révélation de Dieu en Christ que nous rencontrons dans la Bible. La méthode dogmatique qui sera développée dans ce chapitre est donc une conséquence du caractère de la révélation divine et de la Bible comme source principale de sa connaissance, comme nous les avons établis dans les deux derniers chapitres.

Dans cette discussion de la méthode théologique, nous aurons également la possibilité de parler des autres sources de la théologie, comme la tradition de l'Église, la raison humaine, le contexte culturel, etc., qui s'ajoutent à la source principale : l'Écriture. Elles s'ajoutent à la Bible, non comme des sources indépendantes, mais comme des sources dont la valeur se révèle à la lumière de l'Écriture, et dont la normativité doit être valorisée par la norme principale qui est l'Écriture.

Les réflexions méthodologiques demeurent donc provisoires par rapport aux résultats des recherches dogmatiques. Elles le sont tout d'abord parce que la pertinence de chaque méthode se révèlera par son aptitude à nous amener au but prévu. La valeur de la méthode proposée se mesurera donc par rapport à la lumière qu'elle apportera sur les différents aspects de la doctrine chrétienne. Deuxièmement, si la méthode se justifie par rapport à la réalité recherchée, elle dépend du contenu de la dogmatique chrétienne. Elle doit nous proposer une voie adéquate par rapport à la réalité dans laquelle elle propose de nous introduire. La méthode doit donc être cohérente avec la théologie propre qui parlera plus profondément du caractère de Dieu. Elle doit être aussi cohérente avec la christologie qui apportera plus d'éclairage sur la manière dont Dieu se révèle en Christ. Elle doit aussi correspondre avec la pneumatologie qui expliquera comment le SaintEsprit guide le croyant et l'Église en toute vérité. La méthode de la dogmatique doit finalement être cohérente avec l'anthropologie théologique qui analyse la réceptivité de l'homme pour la révélation.

5.1. Les Écritures Saintes comme norme principale de la dogmatique

Indications bibliographiques
Grant R. Osborne, *The Hermeneutical Spiral. A Comprehensive Introduction to Biblical Interpretation*, Downers Grove, IVP, 1991.
Anthony C. Thiselton, *The Two Horizons. New Testament Hermeneutics and Philosophical Description with Special Reference to Heidegger, Bultmann, Gadamer and Wittgenstein*, Exeter, Paternoster, 1980.
Alfred Kuen, *Comment interpréter la Bible ?*, Saint-Légier, Emmaüs, 1991.
Gordon Fee & Douglas Stuart, *Un nouveau regard sur la Bible. Un guide pour comprendre la Bible*, Deerfield, Vida, 1990.

Méthode d'utilisation de l'Écriture dans la dogmatique

Nous avons déjà constaté que la Bible était la source principale de notre connaissance de Dieu. C'est à travers elle que nous parvient la révélation de Dieu dans l'histoire du salut et sa révélation insurpassable en Christ. La Bible est donc l'autorité suprême pour la formulation de la doctrine chrétienne (§ 4.6). Comment devons-nous l'utiliser dans la dogmatique ? Tout document doit être interprété conformément à son propre caractère.

Nous interprétons un poème différemment d'un texte législatif et un rapport scientifique différemment d'un roman de science-fiction. L'utilisation de la Bible comme source de notre connaissance de Dieu doit donc se faire en accord avec les règles d'interprétation générales, mais également en accord avec le caractère particulier de ce document (Kuen, 1991). La Bible doit être lue comme document historique qui, sous cette forme, est parole de Dieu. Elle nous parle de la révélation de Dieu dans l'histoire, de manière propositionnelle, de manière personnelle et suprêmement en Christ. C'est pourquoi, il ne suffit pas de chercher simplement des textes bibliques tirés des différents livres, genres et périodes pour les mettre ensemble afin de soutenir une certaine doctrine (comme le fait p. ex. Thiessen, 1987). Nous appelons cette méthode celle des *loca probantia* ou « textes de preuve », parce que c'est pour prouver une certaine doctrine que sont choisis certains textes extraits de la Bible. Cependant un bon nombre de raisons nous démontrent que cette procédure ne convient pas au caractère spécifique de la révélation divine.

En premier lieu, dans cette procédure de recherche de texte de preuve, nous avons tendance à lire tous les textes comme des propositions dogmatiques et à négliger, voire même à déformer la compréhension des autres genres (narration, loi, psaume, proverbe, etc.) dont la Bible est composée. Une telle approche néglige surtout le fait que Dieu se révèle dans l'histoire dont les sections historiques de la Bible nous témoignent. Les sections non doctrinales de la Bible doivent également être la source d'une réflexion doctrinale, mais elles doivent être interprétées selon leur propre genre.

Deuxièmement, nous devons reconnaître que tous les textes bibliques peuvent être compris uniquement par rapport à leur contexte littéraire et aux situations historiques et culturelles auxquels ils s'adressent.

Troisièmement, nous devons respecter la progression de la révélation que nous rencontrons à l'intérieur de la révélation biblique. L'épître aux Hébreux explique que Christ accomplit les sacrifices de l'Ancien Testament, qui ne sont plus nécessaires. Nous constatons que certaines vérités ne sont révélées qu'au cours de l'histoire de Dieu avec son peuple. Il s'agit par exemple de la notion de la résurrection des morts dont on ne commence à parler que dans les livres les plus récents de l'Ancien Testament et plus encore dans le Nouveau Testament.

Finalement, il y a, dans la Bible, un centre par rapport auquel d'autres aspects du message doivent être compris. En certains endroits, nous trouvons des formulations qui indiquent ce centre, comme en Matthieu 4.17, Matthieu 22.36-40 et Romains 1.1-4. Tous les textes ne peuvent donc pas être compris comme s'ils nous révélaient l'Évangile de façon également claire.

Heureusement, en pratique, les théologiens classiques et contemporains qui utilisent la Bible comme une source de *loca probantia* pour soutenir la doctrine, n'ont pas une aussi mauvaise pratique que leur théorie l'indique. Ils ne donnent pas à tous les textes le même poids et ils les interprètent généralement dans leur contexte. Néanmoins, il vaut mieux utiliser la Bible dans la réflexion doctrinale en étant conscient de la complexité du processus que laisser passer les difficultés herméneutiques sous silence.

Interpréter chaque texte biblique par rapport à son genre et son contexte littéraire, par rapport à sa localisation historique particulière, et, de plus, en relation avec le centre du message biblique, rend l'interprétation beaucoup plus complexe que l'approche qui considère les textes de façon isolée. Considérer les textes de façon isolée, ce qui est caractéristique de l'approche de *loca probantia*, revient à voir en la relation entre l'Écriture et la doctrine une influence unidirectionnelle. C'est comme si la Bible était le support de la doctrine, mais que la doctrine n'avait jamais d'influence sur la compréhension de la Bible. Selon ce modèle, chaque texte est appréhendé comme s'il était clair en lui-même.

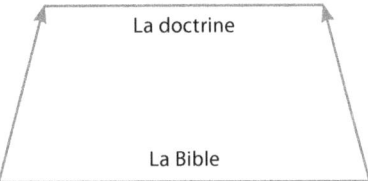

Figure 5.1 : La relation entre la Bible et la doctrine comme unidirectionnelle

Cette façon d'utiliser la Bible dans la dogmatique reflète un modèle épistémologique que nous avons déjà qualifié de « fondationnaliste » (§ 3.2, p. 149s.). Comme nous l'avons vu, cette épistémologie cherche à fonder toutes les connaissances sur des notions fondatrices. Ces idées sont à la base de toute autre connaissance qui doit être construite sur elles et qui doit en être dérivée. Les épistémologies de l'âge moderne ont cherché une fondation qui serait également acceptable et accessible pour tout homme rationnel. De telle manière, chaque homme peut arriver à une connaissance sûre de manière autonome, sans dépendre d'aucune tradition ou autorité religieuse.

Les théologiens évangéliques ont adapté ce modèle de façon hétéronome. Selon eux, la fondation de notre connaissance ne peut pas être déterminée de manière autonome, comme selon la philosophie moderne, mais de manière hétéronome : nous devons bâtir sur ce que Dieu nous a révélé dans sa Parole (Topping, 1991). La variété évangélique du fondationnalisme garde néanmoins la structure fondationnaliste de base, qui conçoit la connaissance selon la métaphore d'un bâtiment avec une fondation sur laquelle on construit le reste de la connaissance. Ce modèle suppose que les propositions bibliques doivent être claires et indubitables. De plus, elles doivent être égales en importance et en autorité, parce que leur interprétation ne peut pas dépendre du bâtiment qui est la dogmatique et la doctrine.

Pour de nombreuses raisons, ce modèle épistémologique du fondationnalisme, bien qu'attirant, doit être rejeté aussi bien en général que dans le domaine particulier de la théologie (cf. encore § 3.2., p. 149s). Il nous semble plus prometteur de concevoir la connaissance humaine selon un modèle herméneutique. Toute pensée humaine se développe dans des cadres culturels qui influent sur notre interprétation de la réalité et aussi sur notre interprétation de la Bible. Dans le processus de la « lecture » de la réalité et de lecture de la Bible, nos cadres culturels et traditionnels peuvent s'adapter de plus en plus aux structures de la réalité et au contenu de la Bible (Van den Toren, 1993, p. 55-57).

Si l'interprétation des textes particuliers dépend de notre compréhension de la nature et du message de la Bible, la relation entre la lecture de la Bible et la doctrine doit être considérée comme une relation mutuelle. La doctrine se forme sur la base de notre lecture de la Bible, mais, dans le sens inverse, notre doctrine influence également notre lecture de la Bible. Les deux sont liés dans « un cercle herméneutique » (Thiselton, 1980, p. 104). Néanmoins, dans ce cercle, la doctrine doit se conformer à notre compréhension de la réalité biblique, et non l'inverse. Il est vrai que, très souvent, nous essayons d'enfermer la Bible dans le carcan de nos préjugés doctrinaux pour lui faire dire à tout prix ce que nous voulons qu'elle dise. Cependant, si nous considérons la Bible comme l'autorité suprême et la source de la doctrine, nous devons, en la lisant, chercher consciemment à rapprocher la doctrine de la réalité qu'elle nous révèle. Par la primauté de la Bible et de ce rapprochement, le cercle herméneutique devient donc une spirale, dans laquelle notre doctrine correspond de plus en plus fidèlement à la réalité biblique (voir figure 5.2 ; Osborne, 1991).

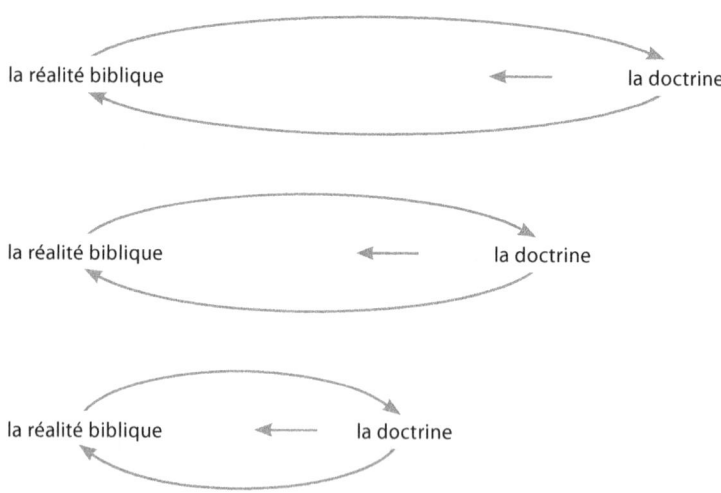

Figure 5.2 : La relation mutuelle entre la réalité biblique et la doctrine dans une spirale herméneutique

L'importance d'une bonne interprétation des différentes données bibliques par rapport à leur contexte littéraire, historique et culturel, ainsi que par rapport à leur genre montre l'importance de l'*exégèse biblique* pour la dogmatique. L'exégèse envisage précisément la compréhension des textes bibliques dans le cadre de leur contexte littéraire et historique. L'importance de la compréhension du développement et de la variation du message biblique par rapport à son unité montre également l'importance de *la théologie biblique* pour la dogmatique. La théologie biblique cherche à découvrir le message des plus grandes sections de la Bible comme des livres (« la théologie de Deutéronome »), des œuvres d'un auteur (« la théologie de Paul ») ou d'un des deux Testaments. L'exégèse des passages particuliers doit toujours se faire, non seulement dans le contexte historique et littéraire, mais dans son *contexte canonique*, parce que c'est en tant que canon que la Bible a l'autorité suprême (Childs, 1992, p. 70-79 ; cf. § 4.6). Il s'agit ici à nouveau du principe herméneutique des réformateurs selon lequel « L'Écriture est son propre interprète » (§ 2.5, p. 106).

Pour que l'exégèse nous serve de point de départ de la réflexion dogmatique, nous ne pouvons pas nous limiter au sens que ses passages ont eu pour leur auteur et pour leurs premiers lecteurs en leur temps. Nous ne pouvons pas nous passer, de ce message historique parce que c'est à travers lui que Dieu se révèle. Cependant, nous lisons ces passages précisément en tant que révélation d'une réalité qui n'est pas identique au *texte* biblique, mais qui se révèle dans la Bible. Pour cela nous envisageons une *exégèse théologique*, une exégèse qui veut découvrir les implications théologiques du texte (Childs, 1992, p. 80-90 ; Torrance, 1999, p. 52-83 ; Placher, 1989, p. 215, 219). Prenons par exemple l'hymne sur Christ en Philippiens 2.5-11. Le dogmaticien ne se demande pas seulement ce que Paul a voulu dire avec ce passage, il se demande aussi ce que ce passage implique concernant la nature de Jésus-Christ, même si certaines de ces implications dépassent les notions dont Paul ou ces lecteurs pouvaient être conscient.

Dans ce processus, *tous les genres* de la révélation biblique doivent donc être pris en compte. Dans le développement de la christologie, par exemple, nous ne pouvons pas nous limiter aux quelques textes bibliques qui ont un caractère doctrinal. Nous devons également utiliser l'image de Jésus-Christ telle qu'elle ressort des témoignages historiques dans les Évangiles qui donnent déjà des interprétations de sa personnalité et de son œuvre. Notre compréhension de Christ ne sera jamais complète. Elle peut toutefois être approfondie sur la base des lectures toujours renouvelées sur sa personne. Nous faisons toujours ces lectures sur la base d'une certaine compréhension de Christ, une compréhension qui, en fait, est une sorte de doctrine, que nous en soyons conscients ou non. Mais, si nous y sommes ouverts, notre compréhension de Christ sera toujours enrichie et corrigée par le Christ que nous rencontrons dans les Évangiles et dans toute la Bible. Parfois, nous partagerons l'étonnement de ses premiers disciples à travers les questions : « qui est donc Celui-là, à qui même les vents et la mer obéissent ? » (cf. Mc 4.41), « Qui est Celui qui peut pardonner les péchés ? » (cf. Mc 2.7), « Qui est Celui qui a autorité sur les démons ? » (cf. Mc 1.27), « Qui est Celui qui était affamé et ne voulait pas utiliser ses forces pour Lui-même ? » (cf. Mt 4.1-4), « Qui est Celui qui a connu une telle angoisse par rapport à la mort ? » (cf. Lc 22.42-44).

Usage des métaphores et des modèles

Dans la formulation des doctrines à partir des données bibliques, les métaphores clés jouent un rôle crucial. Dans le langage courant, les métaphores et les comparaisons sont un moyen commun et indispensable dans la communication : « mon patron est un tyran », « ma chérie, tu es mon plus grand trésor », « il faut traiter ces jeunes plantes comme s'il s'agissait de tes propres enfants ». La Bible est remplie de métaphores pour parler de Dieu et de sa relation avec nous : il est notre Bouclier, notre Rocher, notre Roi et notre Père. De même, la Bible nous décrit l'Église comme un corps, un temple et une famille.

Parmi les métaphores bibliques, certaines sont plus adaptées au développement doctrinal que d'autres. L'image du père nous semble plus proche de la réalité de Dieu que l'image du bouclier. De même, nous avons utilisé certaines métaphores pour parler de la nature et de la fonction de la Bible comme « témoignage » et « révélation » (§ 4.4 & § 4.5). Si nous utilisons certaines images comme des métaphores clés pour comprendre une certaine réalité théologique, elles deviennent des modèles qui peuvent nous aider à analyser cette réalité de façon plus précise (cf. Goldingay, 1994b, p. 7-11).

Prenons un exemple plus en détails. Pour décrire l'œuvre de Jésus-Christ, le Nouveau Testament utilise différentes images comme celle de la victoire dans la bataille, de la justification devant un tribunal, de la libération de la prison ou de l'esclavage, de la guérison, et de la réconciliation entre deux parties aliénées (Gunton, 1988 ; McGrath, 1992, p. 45-85). Toutes ces images contribuent à une compréhension complète et équilibrée de l'œuvre de Christ. Si nous nous limitons à une seule image, nous risquons d'en tirer des conclusions injustifiées. Cela s'est produit quand, dans l'histoire de la théologie, se posait la question de savoir à qui Jésus devait payer la rançon pour libérer l'humanité de l'esclavage du péché. La conclusion fut que cette rançon devrait revenir au diable. Cependant, le diable n'a aucun droit légitime sur l'humanité ! De la même manière, la doctrine évangélique de l'œuvre de

Christ est appauvrie si nous utilisons l'image de la justification comme seule image sans élargir ou contrebalancer notre compréhension à l'aide d'autres images. Nous risquons même d'oublier que « justification » est une image qui se réfère à une réalité plus vaste et que l'image n'est pas la réalité. La force et les limitations des différents modèles et images se révèlent quand nous les considérons en relation avec les images complémentaires et en relation avec la vérité théologique.

L'identification des images bibliques principales qui peuvent nous servir de modèles théologiques peut donc nous servir de pont pour relier l'exégèse et la dogmatique. Le travail théologique consiste à identifier des images principales pour parler d'une certaine réalité – comme l'œuvre de Christ ou la nature de la Bible ou de l'Église – afin de pouvoir analyser leur force et leurs faiblesses respectives. Nous pouvons même ajouter d'autres métaphores qui sont développées dans la tradition de l'Église ou qui se retrouvent dans notre contexte culturel. Ces nouvelles métaphores peuvent également permettre une analyse critique. Nous pouvons nous demander comment elles nous aident à éclairer la réalité que nous rencontrons dans la Bible. Quelle valeur pouvons-nous accorder ou quel risque courrons-nous à parler de l'Église comme d'une « société » dans le sens économique (comme dans certains modèles pour la croissance de l'Église) ou comme une contre-culture ? Dans l'analyse de différentes positions théologiques, nous pouvons nous demander quelles images bibliques ou extrabibliques les auteurs utilisent, consciemment ou inconsciemment, dans leurs analyses. La réponse s'avérera très profitable pour découvrir les caractéristiques d'une position théologique ainsi que ses points forts et ses points faibles.

Une dernière raison nous pousse encore à mentionner l'importance des modèles ou des images clés. En effet, leur importance n'est pas seulement de constituer un pont entre la Bible et la doctrine, mais de constituer également un pont entre la doctrine et la prédication – ou directement entre la Bible et la prédication. De nombreux prédicateurs trouvent la doctrine trop aride et trop abstraite pour être utile à leur prédication. Ceci est parfois vrai quand il s'agit d'une doctrine qui s'est éloignée du langage biblique concret et riche en images. La doctrine, par exemple celle de la justification, devient une formule abstraite éloignée de la vie et il faut un tour de force pour en montrer le sens et l'importance dans notre vie de tous les jours. Néanmoins, quand nous nous voyons à nouveau devant le tribunal de Dieu – le sens original de l'image –, l'expression retrouve tout son sens. De plus, quand nous considérons aussi les autres images qui parlent de la victoire, de la guérison et de la libération de l'esclavage, nous avons soudainement beaucoup d'images pour montrer le sens et l'importance de l'œuvre de Christ. La prédication peut exploiter ces différentes images, mais la réflexion dogmatique est nécessaire pour bien marquer la force et les limitations des différentes images. Il n'est pas question de conclure que le diable avait droit à la mort de Christ ou que l'œuvre de Christ comme divin médecin implique qu'un vrai chrétien ne puisse plus tomber malade. Les images rendent la prédication captivante, et la doctrine l'aide à être équilibrée et profonde.

L'importance des métaphores et des modèles est une chose que la théologie et la dogmatique ont en commun avec la science (Barbour, 1974; Brümmer, 1989 ; Poythress, 1988, p. 91-120). Nous nous rappelons comment, à l'école secondaire, le professeur de physique nous proposait de comprendre le comportement du gaz comme des boules de billard et comment le mouvement du son à travers l'atmosphère se décrit comme des ondes. Certaines découvertes scientifiques décisives se comprennent comme un changement du modèle clé pour analyser cette réalité : le modèle d'analyse des mouvements planétaires doit-il mettre la terre ou le soleil au centre des mouvements (cf. Kuhn, 1970)?

Le rôle crucial des modèles et des métaphores dans la science physique et dans la théologie n'implique pas que ces modèles ne soient que des inventions humaines et des images qui ne correspondent pas à la réalité. Bien sûr, il s'agit d'analogies, mais, si elles sont mûrement réfléchies, elles fonctionnent comme des fenêtres ouvertes sur la réalité. Puisque la réalité refuse d'être simplement enfermée dans le carcan de nos modèles. Elle peut aussi nous montrer les limites de nos modèles. Les métaphores du Rocher, du Roi, du Père, de l'Époux, du Créateur, du Potier que nous utilisons pour décrire la réalité de Dieu nous éclairent sur la réalité que la Bible nous révèle. Dans leurs interrelations et surtout en interaction avec la réalité qu'elles sont censées dévoiler, leurs forces et leurs faiblesses sont mises à jour et s'offrent à nos analyses.

L'Écriture et les autres sources de la dogmatique

Une des caractéristiques principale de la théologie évangélique est d'accentuer l'autorité suprême de l'Écriture dans la formulation de la doctrine. Cette doctrine est l'héritage que cette théologie a reçu de la Réforme marquée par la découverte du *Sola Scriptura*. La place de la Bible dans le mouvement de l'autorévélation de Dieu justifie cette accentuation (§ 3.3). Néanmoins, il ne serait pas juste pour autant, de supposer que l'Écriture est l'unique source de la théologie, et que toutes les questions doctrinales peuvent être résolues par une bonne exégèse (*contra* Carson, 1996a, p. 19). Pour une formulation adéquate de la doctrine, d'autres sources secondaires s'ajoutent à celle de la Bible. Elles prennent toute leur importance par rapport aux deux pôles entre lesquels l'interprétation doctrinale de la Bible se fait : d'un côté par rapport à notre compréhension de la Bible et, de l'autre, par rapport à notre contexte dans lequel nous devons enseigner la doctrine biblique. Considérons ces deux pôles.

En ce qui concerne le premier pôle : notre compréhension du message biblique, nous devons reconnaître le fait que nous n'approchons jamais la Bible d'un point de vue neutre. Des facteurs différents tels que notre tradition, notre culture, nos expériences personnelles et notre façon d'utiliser la raison influent toujours profondément sur notre interprétation du texte biblique. Si je lis, par exemple, les textes bibliques qui parlent d'un baptême dans le Saint-Esprit, ma tradition dénominationnelle influe en toute probabilité sur ma lecture. Est-ce que j'y vois un don pour tous les chrétiens ou une deuxième bénédiction ? Si j'y perçois une deuxième bénédiction, doit-elle à son tour être interprétée comme une entrée dans la vie de sanctification, comme un appel à la mission, ou bien comme la réception d'une puissance qui se manifestera particulièrement à travers le langage et la guérison ? Cette influence de la tradition chrétienne et des facteurs personnels et culturels n'est pas nécessairement négative. Elle peut nous disposer à la découverte de vérités auxquelles d'autres ont difficilement accès. Qu'il s'agisse d'une influence négative ou positive, il vaut mieux dans les deux cas en être conscients. Nous devons analyser ces prédispositions, nous devons comprendre nos traditions, nos présuppositions et nos cultures pour percevoir leur influence, pour qu'elles aident au lieu de troubler notre compréhension de la Bible.

En ce qui concerne le deuxième pôle, nous devons considérer le contexte dans lequel nous lisons la Bible et dans lequel nous communiquons son enseignement. Pour que la doctrine soit comprise et pour qu'elle puisse effectivement guider la vie chrétienne, elle doit être contextualisée (§ 2.6). Cela nécessite une bonne compréhension non seulement de la Bible, mais également de notre propre situation et des manières dont l'Évangile a été contextualisé dans d'autres situations comparables dans l'histoire de l'Église et dans l'Église mondiale. Certaines questions doctrinales que nous rencontrons aujourd'hui ne sont même pas posées dans la Bible. D'autres questions se posent aujourd'hui dans des situations bien différentes de celles de la Bible. Nous risquons de ne pas bien appliquer le message biblique, si nous nous limitons à l'exégèse. Les questions ne se posent pas seulement au niveau de l'exégèse mais aussi et peut-être plus au niveau de l'herméneutique : comment jeter un pont entre le temps de la Bible et le nôtre ? Prenons par exemple la relation entre Église et État. Cette question doit aujourd'hui être développée selon des paramètres tout autres qu'aux temps bibliques. Si l'on se limite à l'exégèse et à la théologie biblique on risque de prendre le royaume d'Israël ou la relation avec l'Empire romain comme norme pour aujourd'hui. Or, la situation est tout à fait différente si nous vivons dans une démocratie et dans une nation en majorité chrétienne. Il nous faut une analyse de la correspondance ainsi que de la différence entre les contextes bibliques et les nôtres pour pouvoir développer une doctrine valable dans d'autres contextes que ceux de l'Écriture.

Par rapport au pôle de l'interprétation biblique, nous devons également considérer une problématique donnée dans le cadre du projet de systématisation. La dogmatique envisage la systématisation de notre connaissance de Dieu pour pouvoir la présenter dans une structure cohérente et pour mieux comprendre la nature, le plan et l'activité de Dieu (§ 1.3). Ce projet exige de savoir distinguer une bonne systématisation d'une mauvaise. Une bonne systématisation cherche à découvrir la structure réelle qui se présente à nous. Une mauvaise systématisation force les données bibliques dans une structure qui ne leur convient pas. Faire la distinction entre les deux n'est pas facile, mais la façon dont nous la faisons influe sur la manière dont nous répondons à des questions dogmatiques importantes. Par exemple : peut-on affirmer que Dieu a prédestiné les élus et les damnés avant le début de la création, et en même temps dire que les damnés seront malgré cela responsables de leur damnation ? Ou bien, est-ce que cette contradiction oblige à revoir la compréhension théologique des passages bibliques concernés ? Même si l'on désire que la Bible reste l'autorité suprême en réfléchissant sur la bonne et sur la mauvaise systématisation, cette question « comment systématiser ? » sort du cadre de l'exégèse et de la théologie biblique. Elle fait plutôt partie de la philosophie chrétienne, une philosophie placée sous l'autorité de la Bible mais qui dépasse le cadre de l'exégèse.

Pour enrichir, approfondir et contextualiser la réflexion dogmatique, d'autres sources s'ajoutent aux Écritures saintes. Néanmoins, parce que Dieu s'est révélé tout d'abord et le plus clairement à travers Israël et en Jésus-Christ, les Écritures demeurent la norme principale et l'autorité suprême (§ 4.5). Elle est la *norma normans* : la norme qui normalise les autres normes comme la tradition chrétienne, l'expérience humaine, les autres sciences, la raison, le contexte etc. Les autres sources sont donc des *norma normata*, des normes dont la normativité est déterminée par la Bible. C'est la lumière de l'Écriture qui doit nous guider dans notre utilisation de la tradition de l'Église, de la raison, de l'expérience et de la culture et non l'inverse (§ 2.6, p. 122). En analysant les autres sources, nous allons voir comment elles peuvent toutes apporter des contributions importantes à la dogmatique. Nous verrons également pour chaque cas comment les utiliser pour qu'elles aident à mieux comprendre les Écritures et à vivre selon elles, tout en évitant qu'elles obscurcissent l'autorité suprême de la Bible.

5.2. Dogmatique et tradition de l'Église

Indications bibliographiques
Richard A. Muller, « The Role of Church History in the Study of Systematic Theology », in John D. Woodbridge & Thomas Edward McChomskey (éd.), *Doing Theology in Today's World. Essays in Honor of Kenneth S. Kantzer*, Grand Rapids, Zondervan, 1991, p. 39-76.
Alister E. McGrath, « The Importance of Tradition for Modern Evangelicalism », in Donald M. Lewis & Alister E. McGrath, *Doing Theology for the People of God. Studies in Honour of J.I. Packer*, Downers Grove, IVP, 1996, p. 159-173.
Stanley J. Grenz & John R. Franke, *Beyond Foundationalism. Shaping Theology in a Postmodern Context*, Louisville, Westminster John Knox Press, 2001, p. 93-129.

Importance de la tradition et de l'histoire de l'Église pour la dogmatique

La foi chrétienne est une foi profondément historique, parce qu'elle se fonde sur l'action de Dieu dans l'histoire (§ 3.3). La Bible en tant que document au caractère historique reflète cette caractéristique de l'agir divin (§ 4.4). La foi n'est pas seulement historique par rapport à ses origines, elle l'est également par rapport à son présent et à son avenir. Dans le présent, elle n'envisage pas une fuite du monde, comme le gnosticisme, elle nous demande de vivre notre foi de manière contextualisée dans l'histoire où Dieu nous a placés (§ 2.6) et d'inscrire notre vie dans le cadre de l'histoire du salut. Tout cela aboutira dans le projet divin pour l'avenir qui est le point culminant de l'histoire (cf. Muller, 1991b, p. 77).

Cet enracinement historique de la foi correspond à l'importance cruciale de l'histoire de la théologie et de l'histoire de l'Église pour la dogmatique. La réflexion dogmatique doit profiter d'elles, et ceci pour quatre raisons fondamentales.

Tout d'abord, même si la révélation dans l'histoire a trouvé son point culminant dans l'incarnation, la croix et la résurrection de Jésus-Christ, toutes *les implications doctrinales et éthiques* ne sont pas claires dès le début. Elles ont été découvertes à travers les âges, toujours en répondant aux nouveaux défis de la vie chrétienne et en répondant aux nouvelles hérésies. Cette évolution de la connaissance ne doit pas être considérée comme l'ajout progressif de connaissances entièrement neuves au contenu de la Bible. Il s'agit plutôt du *développement* de ce qui était *enveloppé* ou comme la floraison de ce qui était contenu dans la révélation historique à l'état de germes (McGrath, 1990a, p. 150). Nous pouvons, par exemple, dire que la doctrine de la Trinité est implicite dans le témoignage de la révélation de Dieu en Jésus-Christ, même si cette doctrine n'est pas explicitement enseignée dans la Bible.

Pour comprendre ces doctrines reçues par ceux qui nous ont devancés dans l'histoire de l'Église, nous devons *en connaître l'origine* ainsi que celle de leur terminologie, les débats au cours desquels elles ont évolué et les positions qu'elles critiquent. Si nous ne connaissons pas le sens, la fonction et le poids original de la doctrine selon laquelle le Dieu trinitaire est « trois personnes en une substance », nous risquons de mal l'interpréter sur la base d'une conception moderne du terme de « personne » (Muller, 1991b, p. 82ss). Si nous utilisons la doctrine du temps de la Réforme selon laquelle « l'homme pécheur est entièrement corrompu » pour dire qu'il ne demeure aucune trace du bien dans l'homme pécheur, nous l'interprétons mal par rapport à son sens et à sa fonction originale. Nous risquons, dans ce processus, de développer une anthropologie qui ridiculise tout le bien que nous trouvons même dans l'homme pécheur (Muller, 1991b, p. 86ss).

Cette recherche des raisons et des causes de l'acception de certaines doctrines ou de certaines pratiques est particulièrement importante si l'on considère que certaines questions doctrinales et éthiques ne sont pas traitées dans la Bible de manière claire et adéquate pour notre contexte. Parfois les questions ne sont pas abordées de manière explicite ; parfois notre contexte apporte des complications qui ne sont pas directement abordées dans la Bible. Dans l'histoire de l'Église et dans la période contemporaine, nous pouvons trouver des exemples de réactions différentes d'autres chrétiens face à des questions ou des situations analogues. Nous pouvons découvrir leurs réflexions bibliques et leurs arguments théologiques et philosophiques. Leurs approches, leurs arguments et leur analyse de leur situation peuvent nous servir d'exemples.

Deuxièmement, si nous essayons de comprendre le développement et les significations précises de certaines positions doctrinales en relation avec leurs présupposés théologiques, philosophiques, exégétiques et culturels, cela ne nous aide pas seulement à mieux comprendre les autres, mais également à mieux nous comprendre nous-mêmes. En regardant dans ce miroir historique, nous devenons *conscients de nos propres aprioris* qui guident notre interprétation de la Bible (cf. § 1.1). Ces présuppositions sont souvent cachées mais, dès lors que nous en devenons conscients et que nous réalisons qu'il y a des alternatives, nous pouvons commencer à les évaluer de manière critique en fonction de leur pertinence face à la réalité de la révélation divine et à notre contexte. Il nous est impossible de considérer des positions différentes des nôtres, sur le baptême par exemple, comme des hypothèses alternatives dans l'interprétation des données bibliques, si nous n'en comprenons pas la base, la force et la logique théologiques. À cet égard, la plupart des adeptes d'une certaine ecclésiologie, d'une certaine eschatologie ou d'une certaine doctrine du baptême n'ont jamais mené de réflexions sérieuses sur des positions alternatives. Ils les considèrent simplement comme ridicules ou comme des produits de l'ignorance. La recherche des positions historiques peut surtout aider les théologiens à réfléchir sur le bien-fondé d'autres positions que les leurs.

Troisièmement, l'histoire de l'Église nous montre également les conséquences ou les dangers pratiques de certaines positions doctrinales. Le choix d'une doctrine de la place de l'Église par rapport à l'État, par exemple, ne se justifie pas seulement par rapport à son aptitude à intégrer la variété des données bibliques éparpillées sur ce sujet. Ce choix se justifie également par rapport aux conséquences ou aux dangers d'une certaine doctrine pour la vie chrétienne. L'histoire montre le danger d'un lien trop étroit entre l'Église et État, le risque pour l'Église de compromettre ses principes évangéliques pour garder sa position dans la société. Nous en trouvons des exemples dans l'attitude de l'Église orthodoxe en Russie envers l'État communiste et dans l'attitude de l'Église du Christ au Zaïre envers le gouvernement de Mobutu. L'histoire montre également le risque d'une séparation entre les deux domaines de l'Église et de l'État, le risque pour l'Église de laisser l'État entièrement libre dans des projets diaboliques, comme nous l'avons vu avec le courant des « chrétiens allemands » sous le gouvernement d'Hitler. À travers l'histoire de l'Église, le dogmaticien peut profiter de l'*expérience cumulative* de l'Église dans ses défaites comme dans ses réussites.

En quatrième lieu, cet apprentissage chez nos pères et nos mères de la foi peut nous libérer de l'*individualisme* qui est une faiblesse récurrente chez les évangéliques (McGrath, 1996, p. 166ss). La force des évangéliques qui accentuent la relation personnelle avec Dieu et la lecture personnelle de la Bible est souvent accompagnée de la faiblesse que représente une lecture individualiste des Écritures. Le lecteur évangélique lit parfois la Bible comme s'il était le premier à le faire, sans profiter de la richesse de l'histoire de l'interprétation de la Bible et de la vie avec la Bible (cf. Hé 11 ; 12.1). Si nous prions pour que l'Esprit nous guide dans nos réflexions doctrinales sur la foi des promesses de Jésus-Christ (Jn 16.13 ; 14.26), ce serait un signe d'orgueil insupportable que de négliger la recherche de la direction du Saint-Esprit dans l'histoire de la réflexion doctrinale de l'Église. Si nous considérons humblement la limitation de notre connaissance de l'amour de Dieu, que seuls tous les saints dans leur ensemble peuvent sonder (Ep 3.18), alors la négligence de la tradition nous appauvrit et nous affaiblit.

L'individualisme va donc de pair avec un manque de conscience historique. La compréhension de la richesse de l'histoire de la doctrine et de l'Église pour la formulation doctrinale contemporaine est particulièrement importante pour les évangéliques qui se trouvent dans des communautés chrétiennes jeunes sans racines profondes. Si le déracinement et le manque de conscience historique caractérisent des pans entiers de sociétés occidentales, évangéliques compris (McGrath, 1996, p. 166), ceci est d'autant plus vrai pour les jeunes Églises évangéliques en Afrique (Tiénou, 1980, p. 35ss). Ces communautés n'ont pas une grande conscience historique, en raison de leur jeune âge, de leur difficulté à s'approprier l'histoire des Églises mères occidentales et d'un manque de compréhension de l'importance de l'histoire dans une grande partie du mouvement missionnaire évangélique. Ce manque de conscience historique est encore renforcé par l'individualisme qui caractérise un bon nombre de missionnaires. En effet, ce sont souvent les personnes qui ont un penchant pour l'individualisme qui quittent leurs communautés d'origine pour partir en mission. Ce manque est une des raisons de la faiblesse de la résistance de certaines Églises africaines face à des doctrines malsaines, voire hérétiques. Leurs erreurs seraient plus facilement reconnus et montrés si on connaissait l'histoire (Tiénou, 1990, p. 39 ; cf. McGrath, 1996, p. 167s.).

En effet, en termes d'hérésie et de fausse doctrine, il reste peu de positions qui n'aient pas encore été rencontrées ou évaluées par l'Église auparavant. Ce manque de connaissance de l'histoire chrétienne est donc un défi à relever, pour que les Églises et les théologiens puisent dans la richesse de l'histoire de la tradition. Ceci leur permettra de ne pas répéter les fautes et les faiblesses du passé. Il est dit avec raison : « Celui qui ne veut pas retenir les erreurs de l'histoire sera condamné à les répéter. » En termes de conscience historique, la réflexion théologique dans le mouvement évangélique peut tirer profit des groupes évangéliques qui ont des racines plus lointaines. Il s'agit entre autres des traditions qui remontent jusqu'à la Réforme et des anglicans évangéliques qui font partie d'une tradition théologique dont l'origine remonte à travers le Moyen Âge jusqu'à l'Église ancienne.

Tradition de l'Église et Écriture

Indications bibliographiques
Alister E. McGrath, *Christian Theology. An Introduction*, Oxford, Blackwell, 1994, p. 188-192.
Avery Dulles, *The Craft of Theology. From Symbol to System*, Dublin, Gill & Macmillan, 1992, p. 82-104.
John Goldingay, *Models for Scripture*, Grand Rapids/Carlisle, Eerdmans/Paternoster 1994, p. 183-187.

Nous avons montré que l'histoire de l'Église et de la doctrine constituait une mine d'or pour la dogmatique. Nous croyons que Christ est le Seigneur de l'Église depuis presque deux mille ans, qu'Il a été avec elle (Mt 28.18-20) et que, par son Esprit, Il guide son Église également dans sa réflexion doctrinale. C'est pourquoi l'histoire de l'Église n'est pas seulement une source d'hypothèses pour mieux interpréter la Bible comme seule autorité (*contra* Lewis & Demarest, 1996, p. 7-12). Si nous croyons que Christ guide l'Église par son Esprit, la tradition de l'Église reçoit, malgré toutes ses faiblesses, une certaine autorité vis-à-vis du théologien et de l'Église de nos jours. Cette tradition est l'héritage de la communauté chrétienne à travers les âges. Dieu a déjà œuvré au sein de son peuple, et la multitude de témoins est un atout pour notre lecture individuelle de la Bible. La longue histoire du christianisme est un atout énorme par rapport à notre vision contemporaine trop limitée. Nous devons donc toujours examiner nos doctrines dans le miroir de la tradition de l'Église. Il nous faut donc aussi déterminer quel est le rapport entre cette autorité de la tradition de l'Église et l'autorité suprême de l'Écriture.

Cette question du rapport entre l'autorité de la tradition de l'Église et celle de l'Écriture se fait plus pressante encore si nous considérons l'importance des *dogmes* dans la vie de l'Église. Nous avons déjà montré que les dogmes sont d'une importance capitale pour la formulation de vérités essentielles, pour maintenir l'unité de l'Église et pour garder l'identité des croyants (§ 2.3). Cependant, la plupart des dogmes – comme celui de la Trinité – ne se trouvent pas de manière explicite dans la Bible qui est la première source pour notre compréhension de Dieu. Et si certaines doctrines importantes se trouvent explicitement dans la Bible, elles ne sont pas assorties d'une étiquette qui dirait « attention : dogme ». Les dogmes sont, par définition, formulés par l'Église au cours de l'histoire. Comment comprendre la relation qui existe entre la Bible et les dogmes et celle qui existe entre la Bible et la tradition de l'Église ?

Au cours de l'histoire de l'Église, on rencontre quatre réponses principales à cette question. À l'extrême, il y a eu des mouvements chrétiens qui rejetaient complètement l'autorité de toute tradition en dehors des Écritures. Cette position caractérise les anabaptistes de la Réforme radicale et certaines positions théologiques développées plus tard sous l'influence du rationalisme de l'âge de la raison. Ces deux mouvements ont rejeté toute autorité d'une communauté chrétienne qui serait au-dessus de l'individu. Le chrétien se trouve seul face à la parole de Dieu contenue dans les Écritures. La Réforme radicale dans la tradition anabaptiste a donc radicalisé le principe de *Sola Scriptura* ou l'Écriture seule d'une manière individualiste (cf. § 4.5, p. 204).

La deuxième position est celle de la Réforme magistérielle – les luthériens, les réformés et les anglicans, mais elle a des racines plus anciennes, par exemple dans la pensée d'Irénée de Lyon, Père de l'Église du IIe siècle (cf. § 2.5, p. 100). Dans cette optique, le principe de « l'Écriture seule » n'exclut pas que la communauté chrétienne historique et contemporaine ait un rôle très important à jouer dans l'interprétation des Écritures. L'Écriture sainte et la tradition de l'Église forment une seule source indivisible de l'autorité théologique. L'autorité de l'Écriture seule est suprême, mais la tradition de l'Église que nous trouvons entre autres dans les confessions de foi, nous apprend à interpréter l'Écriture selon son propre but.

Le « *Sola Scriptura* » de la Réforme était formulé en opposition à la théologie catholique de l'époque selon laquelle il existe deux sources relativement indépendantes d'autorité théologique qui remontent jusqu'aux apôtres : les Écritures et la tradition orale de l'enseignement des apôtres. Cette tradition orale est gardée par l'Église et elle est la seule clé pour interpréter correctement les Écritures. Au cours des derniers siècles du Moyen Âge, cette position a gagné en popularité. Dans l'Église catholique romaine elle est devenue encore plus importante dans la lutte de la Contre-Réforme.

Contre le *Sola Scriptura* de la Réforme, les contre-réformateurs ont affirmé que l'Écriture n'était pas claire en soi, mais qu'elle avait besoin de la tradition de l'Église qui seule permet une interprétation juste (cf. § 4.5, p. 201). Cette position demeure toujours normative pour les secteurs conservateurs de l'Église catholique romaine.

À l'autre extrême de la position anabaptiste, il y a une position qui ressemble à la troisième, mais qui ajouté que le Saint-Esprit peut aussi apprendre à l'Église de nouvelles vérités qui ne sont pas enseignées par la Bible ni par la tradition apostolique extrabiblique. Cette position existe également dans l'Église catholique romaine. Ce n'est qu'en 1950 que l'Église catholique romaine a accepté la doctrine de l'assomption de Marie, tout en étant consciente qu'elle était dénuée d'une base scripturaire (Denzinger, 1996, § 3900-3904). Il est à noter que, de l'autre côté du spectre des traditions chrétiennes, certains courants dans le mouvement pentecôtiste se rapprochent de cette position. À leur manière, ils croient également que le Saint-Esprit peut donner à l'Église contemporaine des révélations qui dépassent ce que Dieu a révélé dans les temps bibliques. Pour certaines Églises africaines indépendantes la croyance aux prophètes postbibliques, comme Simon Kimbangu ou comme Wade Harris, est encore plus importante (cf. § 4.6).

Comment devons-nous maintenant évaluer ces quatre conceptions de la relation entre l'Écriture et la tradition de l'Église ? Au regard de nos considérations antérieures sur l'Écriture, nous devons dire que la troisième et la quatrième position ne respectent pas suffisamment la clarté de la Bible (cf. § 4.5) ni son autorité suprême (§ 4.4). La révélation de Dieu par l'envoi de son Fils unique est insurpassable. Nous ne pouvons pas y ajouter des connaissances plus profondes de Dieu et de son plan qui, de manière implicite et séminale, ne seraient pas déjà révélées dans la Bible.

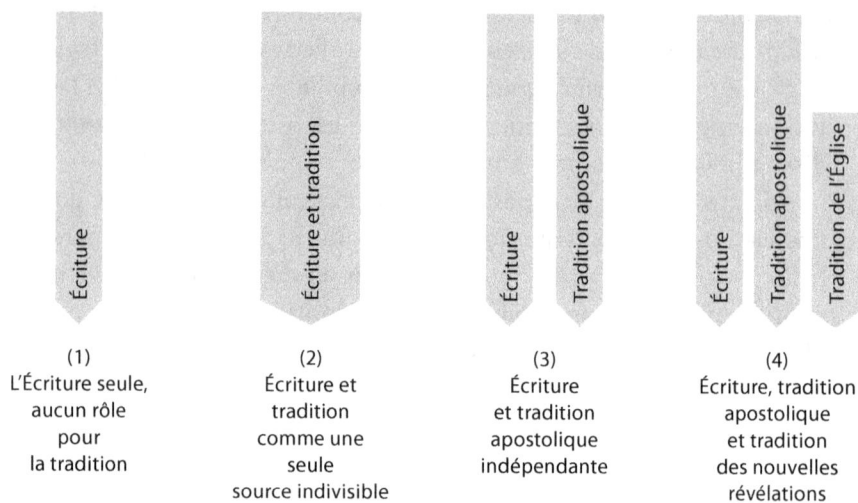

Figure 5.3 : La relation entre l'autorité de l'Écriture et de la tradition de l'Église

Une question subsiste, qui consiste à savoir si la tradition est importante pour l'interprétation de la Bible ou si nous devons l'exclure entièrement de nos réflexions théologiques. Les chrétiens protestants et les évangéliques d'aujourd'hui sont les descendants des deux courants de la Réforme (d'un côté le luthérianisme, le calvinisme et l'anglicanisme, de l'autre des anabaptistes) et nous rencontrons chez eux les deux positions (1 et 2). Il y a deux raisons importantes pour préférer la deuxième position qui reconnaît l'importance de la tradition dans l'interprétation de l'Écriture, bien que cette tradition ne puisse jamais devenir une source indépendante à côté de la Bible. La première raison est anthropologique. Le rejet radical de toute autorité de la communauté historique et contemporaine est le fruit d'un individualisme non biblique et provenant plutôt de la modernité occidentale. Selon l'anthropologie chrétienne, l'être humain existe toujours dans une communauté et dans une tradition et, s'il s'écarte d'elles, il s'appauvrit. La deuxième raison est pneumatologique. Nous croyons que le Saint-Esprit n'est pas donné à nous seuls, ni à nous de manière individuelle, encore moins à nous plus qu'aux autres. Le Saint-Esprit est donné à l'Église comme corps de Christ. Si nous croyons que cet Esprit est également donné à l'Église avant nous et autour de nous, nous devons prendre son interprétation de l'Écriture au sérieux et l'utiliser négativement comme garde-fou contre nos interprétations excentriques, et positivement comme un riche héritage.

La tradition de l'Église et l'histoire des dogmes ont donc une autorité, mais cette autorité n'est pas indépendante de l'Écriture. La tradition dépend plutôt de l'Écriture et elle doit toujours être valorisée par rapport à elle. La tradition ne se valorise pas sur sa propre autorité, mais elle dépend de la mesure dont elle nous donne un accès fiable à l'Écriture et à la réalité divine qu'elle nous communique. La tradition n'est donc pas au-dessus de tout examen, elle doit être évaluée de manière critique à la lumière des Écritures qu'elle doit nous permettre d'appréhender. Dans cette considération critique de la tradition, nous devons demeurer conscients du fait que nous avons plus de raisons de questionner nos propres lectures individuelles et récentes, que celles faites par la communauté chrétienne à travers les âges.

> Accepter la façon d'interpréter et d'appliquer l'Écriture à laquelle l'Église est arrivée à travers les siècles peut être plus sage qu'avoir confiance dans le jugement privé d'un individu ou même d'une génération (Goldingay, 1994b, p. 186).

Utilisation de la tradition et de l'histoire de l'Église dans la dogmatique

La possibilité d'apprendre des succès et des échecs, de la force et de la faiblesse du peuple de Dieu qui nous a précédés, nous montre l'importance de l'histoire de l'Église pour la dogmatique. De même, l'importance de connaître et de comprendre comment la communauté chrétienne au fil des âges a lu la Bible nous montre également l'importance de l'*histoire des dogmes* (Sesboüé, 1994-1996), l'*histoire de la doctrine* (Pelikan, 1994) et l'*histoire de la théologie* (Blaser, 1995a) pour la dogmatique. Comprendre les conditions de la formulation de la doctrine dans l'histoire de l'Église, le sens des termes employés, les raisons exégétiques, théologiques et philosophiques qui ont été déployées, est tout à fait pertinent et profitable pour nos propres réflexions dogmatiques.

Si nous reconnaissons pouvoir apprendre beaucoup de la manière dont la doctrine est formulée dans d'autres traditions chrétiennes, au sein et en dehors du mouvement évangélique, nous devons également reconnaître la richesse d'une approche *œcuménique* de la doctrine et de la réflexion dogmatique. Une bonne approche œcuménique envisage de profiter de la richesse des différentes traditions chrétiennes, mais pas dans l'optique d'effacer les différences et les contradictions doctrinales. Elle utilise ces variétés d'interprétations bibliques, pour y trouver l'unité, pour y découvrir de nouveaux points de vue et pour découvrir les forces et les faiblesses d'interprétations contrastées ou même contradictoires.

Le développement de la doctrine se laisse donc décrire comme une histoire avec des thématiques constantes qui lui donnent une certaine unité, mais qui connaissent en même temps beaucoup de variantes et de déviations. C'est pourquoi nous ne pouvons pas accepter tout ce qui nous arrive à travers la tradition et les traditions chrétiennes sans évaluation critique. Il nous faut comprendre les raisons d'être de ces différentes options doctrinales. Cette compréhension nous permet de les évaluer ensuite par rapport à leur référence biblique, mais aussi par rapport à leur positionnement vis-à-vis de la tradition, leur cohérence systématique, et leur aptitude à guider la vie chrétienne dans notre contexte culturel. Si l'histoire de la doctrine est le développement de ce que nous trouvons en germe dans la révélation biblique, la recherche de la tradition exige un vrai travail d'élagage. On trouve en effet toute une prolifération doctrinale dans la tradition de l'Église universelle et dans la tradition dont nous faisons nous-mêmes partie (McGrath, 1990a, p. 150).

Dans l'utilisation de la tradition chrétienne au cours de nos réflexions dogmatiques, nous allons vite rencontrer deux obstacles majeurs. Le premier est l'ampleur et la diversité du matériel. Il sera nécessaire de faire un choix parmi les périodes, les penseurs, les questions, les contextes, et les idées particulièrement pertinentes pour les questions doctrinales. Nous ne pouvons pas justifier ce choix par des critères précis. Il s'agit plus ici d'une question de discernement et de sensibilité. Dans le choix des sources utiles pour nos réflexions contemporaines, nous devons trouver l'équilibre entre deux intérêts inverses. D'un côté, nous devons chercher des contextes et des débats suffisamment proches des nôtres pour pouvoir en apprendre quelque chose qui nous aide dans notre situation. De l'autre côté, nous devons chercher des débats venants de contextes suffisamment différents du nôtre pour y jeter une lumière réellement nouvelle. La recherche du théologien Kwame Bediako nous donne un exemple de ce genre. Il a effectué ses recherches sur l'attitude des Pères de l'Église du IIe et IIIe siècles face à la culture helléniste environnante, pour en tirer des leçons pour le positionnement des théologiens africains contemporains face à la culture africaine traditionnelle (Bediako, 1992).

Il existe un deuxième obstacle à l'utilisation de la tradition chrétienne dans la réflexion dogmatique. Il s'agit du caractère aliénant de beaucoup de matériaux doctrinaux et théologiques. De nombreuses idées, que nous rencontrons dans l'histoire de l'Église, nous semblent simplement incompréhensibles, non bibliques, irréalistes et dénuées de sens. Comment comprendre, par exemple, l'ascétisme extrême des Pères du désert ou la recherche du martyre par de nombreux chrétiens de l'Église ancienne ? Si nous expérimentons une telle aliénation par rapport aux chrétiens d'autres époques et d'autres lieux, nous devons être humbles, et réaliser que beaucoup de personnes qui se trouvent dans d'autres situations historiques et culturelles et d'autres traditions chrétiennes auront exactement la même impression par rapport à nos idées. Il vaut mieux, comme point de départ, supposer toujours que les idées que nous rencontrons ne sont pas incompréhensibles et dénuées de sens. Leurs adeptes y ont souscrit précisément parce qu'ils les trouvaient riches de sens et de signification, et tout à fait réalistes. Nous ne pouvons bien évaluer une position théologique et doctrinale que si nous avons compris pourquoi cette position était vue par ses adeptes comme une position chrétienne et sensée. Nous aimerions bien que les autres ne nous jugent pas sans comprendre les raisons pour lesquelles nous croyons ce que nous croyons. Comme Jésus nous le dit : « Ainsi, tout ce que vous voulez que les hommes fassent pour vous, faites-le vous-mêmes pour eux » (Mt 7.12, BJ).

Le souhait de comprendre les différentes positions théologiques par rapport à leur propre logique, leur propre arrière-plan culturel et philosophique, leur propre compréhension de la Bible et les exigences de leur propre contexte, n'implique pas nécessairement une position relativiste par rapport à leur vérité. Ce n'est pas comme si chaque position avait sa propre vérité dans son propre contexte. Il est vrai qu'une telle tendance relativiste était caractéristique du début de la discipline de l'histoire des dogmes au Siècle des lumières, lorsqu'on voulait surtout montrer l'irrationalité de vouloir retenir certains articles centraux de la foi historique (McGrath, 1990a, p. 138, 146). Cependant, la découverte de la genèse des doctrines spécifiques dans un contexte historique spécifique n'implique pas que la vérité doctrinale soit historique et non universelle. Il est bien possible qu'il s'agisse de vérités universelles, mais découvertes à travers un processus historique (Muller, 1991b, p. 91ss). Le fait que la formulation de la doctrine de la Trinité ait été favorisée par certaines conditions sociales et culturelles entre le IIIe et le Ve siècle ne signifie pas qu'elle ne peut pas être la découverte d'une vérité éternelle de la nature de Dieu. De la même manière, le fait qu'Albert Einstein se soit trouvé en un endroit de l'histoire de la recherche physique qui était mûre pour la découverte de la théorie de la relativité, n'implique pas que cette théorie de la physique n'était pas vraie avant ou après cette constellation historique favorable. La compréhension des présupposées et du conditionnement historique du développement de la doctrine nous aide à être conscients du conditionnement historique de ces découvertes, ainsi que du nôtre. Cette conscience peut nous aider à trouver la vérité divine pour tous les temps et pour notre temps (McGrath, 1990a, p. 82, 86-90).

5.3. Dogmatique et raison humaine

Indications bibliographiques
Lydia Jaeger, *Pour une philosophie chrétienne des sciences*, Terre Nouvelle, Cléon d'Andran, Excelsis, 2000.
Lesslie Newbigin, *The Gospel in a Pluralist Society*, Grand Rapids, Eerdmans, 1989, p. 27-65.
John Stott, *Plaidoyer pour une foi intelligente*, Lausanne, PBU, 1979.

Foi et raison

Les temps modernes ont été caractérisés depuis le Siècle des lumières par une croyance forte en une raison cherchant sa certitude en elle-même. Cette raison devait donc rejeter toutes les croyances qu'elle ne pouvait pas justifier avec certitude et de façon autonome. Pour que la raison soit autonome et sûre, elle devait renier toute dépendance d'une révélation divine, qui limiterait son autonomie. Souvent cette raison moderne se séparait aussi de la réalité historique, jugée trop fluctuante et contingente, pour se concentrer sur les vérités éternelles de la raison. Cette croyance en l'autonomie de la raison a provoqué une opposition entre « foi » et « raison », considérées comme des facultés distinctes de la connaissance. De même, les expressions foi et raison étaient utilisées comme référence à deux domaines d'idées bien distincts. Ceci a également engendré une séparation entre théologie et philosophie et entre la théologie et les autres sciences, une séparation due au caractère prétendument non scientifique de la théologie. Les partisans de la raison se comportaient de temps en temps de façon tellement hostile envers la foi chrétienne que les chrétiens ont parfois accepté cette séparation entre foi et raison. D'un côté, dans un tel contexte culturel, cette séparation semblait plausible et même inévitable. De l'autre côté, cette séparation pouvait être utilisée pour mettre la foi à l'ombre de la critique de la raison, arguant que la foi était une connaissance d'un tout autre ordre que la raison ne pouvait ni atteindre ni critiquer.

Ce retrait de la sphère de la raison a néanmoins eu des conséquences néfastes pour la foi et la théologie. La foi et la théologie étaient désormais considérées comme irrationnelles, et ceci à une époque où la raison avait un prestige énorme. La théologie devait se retirer du débat public guidé par la raison. La foi chrétienne n'avait plus beaucoup d'arguments pour se recommander aux non-chrétiens hormis cette recommandation de la foi comme une faculté séparée de la raison. Une des faiblesses encore plus sérieuse de cette séparation était qu'elle n'était pas en accord avec la conception biblique de la raison, ni avec la manière dont la Bible s'adresse à nous. De plus, cette séparation ne correspond pas avec la réalité du fonctionnement de la raison dans la vie de tous les jours.

Pour les chrétiens, la raison est une faculté que l'homme a reçu de Dieu, une faculté précieuse, parce qu'elle est parmi les propriétés qui caractérisent l'homme à l'image de Dieu et comme couronne de la création. C'est parce que l'homme est doué de la raison et de certaines autres facultés, qu'il peut entrer dans la relation d'alliance avec Dieu, relation dans laquelle il est appelé en tant qu'image de Dieu (cf. Barth, *Dogmatique* III/2**, p. 101, 105s.). C'est pourquoi l'exhortation biblique d'aimer Dieu et de le servir avec tout notre être englobe également l'amour de Dieu avec la raison (Mt 22.37 ; cf. Wolff, 1974, p. 48-51). Si la Bible nous appelle à une conversion radicale de notre pensée (*metanoia*), à mépriser la sagesse du monde et à fuir son obscurité causée par le péché (Col 2.8 ; 1 Co 1.19-20), elle ne le fait pas à cause d'un problème inhérent à la raison. La Bible nous exhorte plutôt à l'utiliser d'une meilleure manière, en harmonie avec son vrai caractère et en la renouvelant sous l'influence de l'Évangile (Rm 12.2 ; 2 Co 10.5), en basant notre sagesse sur la crainte de l'Éternel (Pr 1.5 ; 9.10 ; Ps 111.10).

La manière dont la Bible s'adresse à nous est en accord avec sa vision de la raison humaine. Le fait que Dieu nous parle en paroles montre qu'Il ne veut pas contourner la raison qu'Il nous a donnée pour pouvoir l'écouter. La Bible nous exhorte toujours à bien considérer ce que nous devons et pouvons savoir (Rm 6.3 ; 16.1 etc. ; cf. Stott, 1979, p. 35). Elle nous lance un appel constant pour bien réfléchir sur son message (cf. § 4.7).

Cette nécessité de bien coordonner et de bien équilibrer l'utilisation de la foi et de la raison n'est pas seulement impliquée dans l'enseignement de la Bible. Elle découle également d'une observation du fonctionnement de la raison. Contrairement à ce que les partisans de l'idée de l'autonomie de la raison défendent, la raison humaine ne peut jamais fonctionner sans recours à la foi. Lorsque la foi chrétienne fait défaut, d'autres croyances prennent sa place. Ce rôle de la foi, de la confiance ou de la croyance dans le fonctionnement propre de la raison se révèle sous quatre aspects.

Premièrement, l'utilisation de la raison suppose une confiance de base en la raison, une confiance que la raison peut nous conduire vers la vérité (Newbigin, 1989, p. 33) et que la réalité a une structure qui est ouverte à nos interrogations (Polanyi, 1946, p. 30s.). Cette confiance ne peut pas être basée sur la raison même, elle la dépasse et elle précède son utilisation. Selon les chrétiens, cette confiance est justifiée, parce que la raison est un don de Dieu dont le rôle est de nous aider à connaître le Créateur et le monde. En même temps, la foi chrétienne nous demande de rester réalistes et de ne pas accorder trop de confiance à la raison parce qu'elle ne peut pas fonctionner de manière autonome, et parce que nous devons reconnaître l'influence obscurcissante du péché qu'elle subit (cf. § 3.2).

Pour les non-chrétiens, il est souvent beaucoup plus difficile de justifier cette confiance dans la raison. Si on a, par exemple, une vision évolutionniste du monde, le fonctionnement de la raison – ou du cerveau – est le résultat du processus d'évolution qui fait survivre toutes les structures plus aptes à la survie que les autres. Cela suppose que la raison est là parce qu'elle est apte à la survie, mais l'aptitude de la raison à la survie ne permet pas de supposer qu'elle est apte à connaître la vérité. En fait, ceux qui ne veulent pas voir la vérité sont parfois plus aptes à survivre ! Les évolutionnistes n'ont donc pas raison d'avoir confiance en leur raison qui, selon eux, est la base de leur position évolutionniste ! En fait, notre confiance en la raison, confirmée par les résultats immenses de son utilisation, nous permet d'élaborer un argument pour l'existence d'un Créateur de l'homme et de sa raison, comme Plantinga l'a fait de manière très sophistiquée (1993, p. 194-237).

Le deuxième aspect de la dépendance de la raison vis-à-vis de la foi est visible dans le fait que l'homme ne peut pas commencer à réfléchir de manière critique, s'il ne commence pas avec une confiance dans ses parents et dans ses professeurs. Même pour une introduction de base dans le domaine scientifique, nous avons besoin d'avoir confiance en ce que nos professeurs nous disent, en leur témoignage avant d'être en mesure de commencer nous-mêmes des recherches et des expérimentations. Même ceux qui font eux-mêmes des recherches de haut niveau dépendent toujours d'une confiance envers les autres membres de la communauté de chercheurs antérieurs et contemporains (Polanyi, 1946, p. 31ss ; Newbigin, 1989, p. 39ss).

Troisièmement, la raison n'est pas une source indépendante de connaissance. S'il existe peut-être quelques données que nous pouvons trouver à l'aide de « la raison seule » comme certaines conclusions mathématiques ou certaines règles logiques de base, ces données sont de loin trop limitées pour nous aider dans notre vie. La raison est plutôt un instrument pour travailler avec ce qu'elle reçoit d'autres sources comme la tradition et l'expérience (Newbigin, 1989, p. 52-65).

En quatrième lieu, nous devons réaliser que la raison ne fonctionne jamais de façon neutre et autonome. En effet, toute réflexion et toute recherche sont influencées par des présupposés et des préjugés que nous recevons de manière consciente ou inconsciente de la tradition culturelle qui nous a nourris. Ces présupposés jouent profondément sur nos perceptions et sur les conclusions de nos réflexions. Est-ce que je considère ce que je perçois par mon observation du monde empirique comme accès le plus sûr à la vérité, comme dans l'empirisme scientifique moderne ? Ou bien, est-ce que je considère ses impressions comme venant plutôt d'un monde d'apparence qui me séduit et m'écarte du vrai but de mon existence, comme dans le bouddhisme ? De tels préjugés ne jouent pas seulement au niveau des grandes questions de la vie auxquelles les visions du monde répondent (Walsh & Middleton, 1988). Elles influent également sur les différentes sciences comme la sociologie, la psychologie et même les sciences plus exactes comme la physique et les mathématiques (Clouser, 1991).

Ce rôle important d'une certaine confiance de base et des croyances et convictions de départ n'implique pas nécessairement une position relativiste ou fidéiste. Ce n'est pas comme si l'on ne pouvait jamais arriver à des conclusions raisonnables et fiables. En fait, c'est la crainte du fidéisme et du relativisme qui a amené les philosophes de l'âge des lumières à désirer une fondation absolument sûre de la connaissance sans aucun recours à des convictions non assurées dès le départ (Newbigin, 1995, p. 16-28). Après plus de deux siècles de recherche pour une telle connaissance absolument sûre, neutre et indépendante de toute tradition, nous devons constater que ce projet a échoué (MacIntyre, 1988, p. 334s.). Néanmoins, commencer avec des présupposés et cette confiance de base reflète simplement le caractère du fonctionnement de la raison humaine et n'implique pas nécessairement le fidéisme ou le relativisme. Dans le processus de réflexion et de recherche, cette confiance et les présupposés peuvent en effet être confirmés, mais ils peuvent aussi être corrigés ou abandonnés (Polanyi, 1962 ; Van den Toren, 1993, p. 55-57). La confiance de base dans la foi chrétienne, et la confiance dans la raison peuvent donc être justifiées si elles sont confirmées par la réalité que nous rencontrons à travers elles.

Théologie et philosophie

Bien déterminer la relation entre foi et raison a des conséquences directes sur la détermination de la relation entre théologie et philosophie, et sur une bonne utilisation de la philosophie dans la théologie et la réflexion dogmatique. Cette relation est d'une importance particulière car, durant le Ier millénaire et demi de l'histoire de la théologie, la philosophie a été considérée comme l'interlocutrice principale de la théologie. Elle est toujours une des interlocutrices principales, mais, plus tard la science naturelle, la science historique, la linguistique et les sciences sociales se sont respectivement ajoutées à la philosophie selon l'importance que la société occidentale accordait à ces sciences.

La question de la relation entre théologie et philosophie se complique du fait des différents sens que l'on donne au terme « philosophie ». Selon son sens étymologique la *philo-sophia* est l'amour de la sagesse. Si Dieu nous a donné la raison, cet amour est justifié et recommandé. C'est pourquoi la Bible, surtout dans le livre des Proverbes, chante la louange de la sagesse et en recommande la recherche. Néanmoins, la recherche de la sagesse sans Dieu peut déraper et aboutir à la folie. La recherche philosophique doit donc être basée sur la crainte de Dieu et la foi. Elle aura donc la forme du *fides quaerens intellectum* (la foi qui cherche à comprendre), comme dans la tradition augustinienne (Anselme, *Proslogion*, Prooemium ; cf. § 4.7).

Cette position augustinienne met la foi en avant par rapport à la raison pour que la raison confirme, en deuxième lieu, la validité de la foi et de la raison. Cette position peut être distinguée de trois autres façons fondamentales de comprendre la relation entre foi et raison. Ces positions, mêlées à d'innombrables formes mixtes, ont déterminé le champ de réflexion sur cette question dans l'histoire de la philosophie.

À l'opposé de la position augustinienne, nous trouvons celle qui met plutôt la raison en avant. La raison est la faculté principale – ou même unique – pour connaître la vérité. La foi ne peut avoir de place légitime que si elle peut se baser sur la raison autonome, ou si la raison autonome peut lui accorder une place. Il s'agit du déisme de l'âge des lumières pour la première position, et du kantisme pour la seconde. Même si certaines variétés du kantisme peuvent donner l'impression d'accorder un espace assez large à la foi, c'est toujours la raison autonome qui accorde cette place à partir de sa position supérieure et qui ne laisse en rien limiter sa liberté et son autonomie.

Le représentant le plus important de la troisième façon de coordonner la foi et la raison est Thomas d'Aquin (± 1225-1274). Sa position sera développée par le néo-thomisme et sera considérée comme la philosophie dominante dans l'Église catholique romaine à partir du concile de Trente (1545-1563) jusqu'au concile de Vatican II (1962-1965). Le thomisme considère la relation entre raison et foi comme une relation entre deux niveaux de connaissance. La raison peut développer une philosophie sur la base de la raison seule, sans aide de la révélation spéciale ou de la foi. La foi et la révélation spéciale sont à la base de la théologie, un deuxième niveau qui représente une connaissance surnaturelle. Ce deuxième niveau ne peut pas contredire la philosophie naturelle - si elle est bien développée -, mais il la dépasse et l'accomplit.

Finalement, certains théologiens et philosophes séparent la raison et la foi, la philosophie et la théologie, ce qui fait que les deux facultés peuvent arriver à des conclusions différentes et même contraires. Le chrétien préférera, dans ce cas, les données de la foi, mais sans critiquer les résultats auxquels la raison est arrivée selon ses propres critères. Ici, foi et raison sont donc séparées et vivent en opposition et parfois même dans une contradiction inévitable. Cette séparation se trouve dans l'idée de la double vérité – les vérités parfois contradictoires de la philosophie et de la théologie – de certains philosophes chrétiens du XIIIe siècle, comme Siger de Brabant (Copleston, 1950, p. 436s.). Plus tard, Luther et certains théologiens luthériens tendent vers cette solution (Niebuhr, 1975, p. 170ss). Cette dernière position est peut-être encore plus importante au niveau pratique qu'au niveau théorique. Beaucoup de chrétiens connaissent dans leur existence de grandes tensions intérieures entre leur vie dans le monde de la science et de la philosophie d'un côté et leur foi de l'autre. Parce qu'ils se sentent intellectuellement limités et socialement isolés, ils ne se sentent pas en mesure de critiquer les présupposés philosophiques du monde dans lequel ils vivent, et travaillent. Leur foi leur étant trop chère pour l'abandonner, ils acceptent la tension qui en découle comme inévitable.

En guise d'évaluation, nous devons critiquer les deux positions qui laissent une place à la raison autonome et neutre, la considérant soit, comme une partie, soit pour la totalité du champ de la connaissance humaine. La raison humaine n'est jamais ni neutre ni autonome. Son utilisation est toujours déterminée par le cadre culturel dans lequel elle est utilisée et – ce qui est encore plus important pour la théologie – par son attitude envers Dieu et l'Évangile. Néanmoins, Nous ne pouvons pas simplement considérer que cette contradiction et cette séparation entre foi et raison est inévitable. La raison est donnée par Dieu et, plutôt que de la laisser à elle-même, nous devons l'amener à obéir à l'Évangile et au renouvellement pour qu'elle soit utilisée en accord avec son intention originelle.

Le terme « philosophie » n'est pas utilisé seulement pour désigner l'amour de la sagesse ou la recherche de la sagesse en général. Il est aussi employé pour qualifier des courants philosophiques concrets dont beaucoup ont été développés hors de l'influence de la foi. Ces philosophies développées dans l'histoire de la pensée, seront donc nécessairement constituées d'un mélange de vérité et d'erreur, comme la Bible le montre (Ac 17 ; § 3.4), et les premiers théologiens le constatent (Justin ; cf. § 2.2). Elles contiennent toutes des traces de la vérité en tant que résultat de la recherche de la raison que l'homme a reçue de son Créateur. Elles contiennent également l'erreur et même le mensonge, en raison des présupposés incompatibles avec la foi et avec la réalité que nous vivons, mais aussi à cause de la volonté pécheresse de l'homme fait supprimer la vérité par son injustice (Rm 1.18).

Les conceptions philosophiques humaines ne peuvent donc pas être utilisées pour fournir une base neutre ou indépendante à la théologie, comme dans le néo-thomisme et chez Rudolf Bultmann (1968 ; Gibellini, 1994, p. 33-48). Ces conceptions philosophiques doivent toujours être jugées par rapport à la foi, pour demander si les concepts et les structures de pensées auxquelles elles contribuent illuminent ou bien obscurcissent la réalité divine que nous rencontrons à travers les Écritures (Barth, *Dogmatique I/2****, p. 273-281). Si les Pères de l'Église ancienne ont, par exemple, utilisé des conceptions tirées de la philosophie grecque pour développer leur théologie et leur christologie, nous ne pouvons pas simplement condamner cette procédure à l'instar de ceux qui critiquent l'hellénisation de la théologie. Cependant, nous ne pouvons pas non plus accepter sans distinction une telle utilisation des conceptions philosophiques. La question décisive consiste à savoir si ces concepts, comme *ousia* et *hypostasis* pour parler de la Trinité, peuvent aider à comprendre et à éclaircir la structure interne du témoignage et de la réalité biblique. Les Pères ont-ils suffisamment adapté la compréhension de ces concepts à la réalité de l'Évangile, pour qu'ils éclaircissent cette réalité au lieu de l'obscurcir ? De cette façon, la foi demeurera prioritaire sur la raison. La réalité recherchée déterminera également les structures conceptuelles que nous utilisons pour la décrire. C'est cette priorité de la réalité qui est la marque décisive de toute science objective (§ 1.4).

Le projet de la philosophie en tant que recherche de la sagesse est louable. Pourtant, si les réflexions philosophiques d'origine non chrétienne donnent nécessairement des résultats mixtes avec une forte probabilité d'erreur, il y a lieu de développer une philosophie chrétienne qui parte de la foi et qui respecte la capacité et les limitations de la raison humaine. Des philosophes chrétiens ont effectivement développé différentes conceptions philosophiques qui, selon leurs auteurs, suivent la théologie chrétienne ou au moins ne contredisent pas la foi chrétienne. Les théologiens peuvent profiter des outils de réflexion développés dans cette tradition chrétienne, mais pas sans évaluation critique à la lumière de l'Évangile. Comme toute activité humaine, la philosophie chrétienne partage la faiblesse humaine. Comme toute réflexion humaine, elle est parfois trop influencée par la culture dans laquelle elle est développée.

Dogmatique comme théologie systématique

La dogmatique est souvent conçue comme une des branches de la théologie systématique, à côté de l'éthique, de l'apologétique, et la philosophie de la religion. Dans la grande division que nous avons faite entre la théologie biblique, la théologie historique et la théologie pratique, la théologie systématique se distingue précisément par la systématisation qu'elle envisage (§ 1.3). Si nous considérons que la dogmatique doit se baser sur l'Écriture (§

5.1), se développer dans la tradition de l'Église (§ 5.2) et en interaction avec la pratique de la vie chrétienne dans le contexte où elle se trouve (§ 5.4), elle se développe alors en relation étroite avec respectivement : la théologie biblique, la théologie historique et la théologie pratique. Nous pouvons considérer la systématisation comme la contribution la plus propre à la dogmatique, car elle ne dépend pas d'un des trois autres domaines de la théologie. La systématisation est une activité propre à la raison humaine dans son activité synthétique, c'est-à-dire dans sa recherche des interrelations et de l'unité dans tout ce qu'elle découvre.

La systématisation est plus que la simple mise en ordre des différentes propositions bibliques sous des chapitres comme Dieu, création, homme, etc. En fait, la systématisation cherche à dévoiler la structure interne du message biblique et de la réalité de Dieu. Cette recherche n'exige pas seulement que nous mettions l'ordre dans le désordre. Elle cherche aussi à identifier les éléments décisifs et centraux, afin d'organiser autour d'eux les autres aspects du témoignage biblique, et afin d'éclaircir les relations entre les différentes idées.

Si c'est avec la raison que le dogmaticien envisage de systématiser les données bibliques, la question épineuse reste de savoir comment parvenir à une telle systématisation sans que la raison ne limite la liberté de Dieu et la souveraineté de sa parole en les forçant à entrer dans un cadre qui ne leur convient pas (Stott, 1996, p. 9). Ce désir de garantir la liberté et la souveraineté de Dieu et de sa parole explique en partie la résistance contre une systématisation trop rigoureuse. La réalité de Dieu ne répond pas nécessairement aux règles de la logique humaine et à la compréhension humaine de ce qui est cohérent ou non. Il y a malheureusement des exemples de positions théologiques qui justifient cette résistance. Il s'agit par exemple des systèmes où l'on déduit toutes les doctrines à partir d'un élément central, comme dans le calvinisme rigoureux de Cornelius Van Til (p. ex. Van Til, 1967, p. 115s.).

Néanmoins, il n'y a pas de raison de conclure, sur la base de la souveraineté et la liberté de Dieu, qu'il faut éviter toute logique et toute recherche d'une compréhension cohérente dans notre tentative de mieux comprendre la foi chrétienne. Tout d'abord, sans recours à certaines règles de la logique de base, la réflexion humaine devient impossible, parce qu'on pourrait toujours affirmer et nier une proposition en même temps. Vous dites : « Dieu existe ! » et je réponds : « Je suis complètement d'accord, mais je crois également qu'Il n'existe pas ». Voici simplement un non-sens, si je n'arrive pas à clarifier les choses en expliquant que peut-être dans un sens Il existe, mais que dans un autre sens Il n'existe pas. Deuxièmement, cette logique de base est constamment supposée dans les Écritures, quand une certaine idée est critiquée en lui opposant une autre. L'idée de la cohérence interne de la foi est également reconnue de manière implicite par le fait que les auteurs de la Bible s'efforcent constamment de démontrer qu'une certaine réalité en implique une autre. Nous le voyons, par exemple, quand Paul souligne les implications du fait que Dieu s'est révélé par la croix (1 Co 1-3) et la résurrection de Jésus-Christ (1 Co 15). En troisième lieu, cette cohérence et cette logique reflètent même le caractère de Dieu qui ne ressemble pas à la divinité du mysticisme oriental dans lequel toutes les contradictions – la lumière et l'obscurité, le bien et le mal – s'unissent et se réconcilient. Il est, par contre, le Dieu créateur distinct de la création ; Il est le juste qui ne peut pas voir l'injustice ; Il est lumière et en Lui il n'y a point de ténèbres ; Il est un Dieu d'ordre qui s'oppose au chaos. De plus, Il est un Dieu fidèle et juste qui ne peut pas se contredire Lui-même.

N'y a-t-il donc jamais de réalités théologiques que nous ne comprenons pas et qui nous semblent contradictoires ? Ne risquons-nous pas ici de vouloir harmoniser la réalité avec ses tensions, ses conflits, et ses paradoxes ? Trois considérations nous aident à voir la portée de cette objection contre la recherche de la cohérence et l'utilisation de la logique dans la théologie systématique. Tout d'abord, la réalité peut être exempte de contradiction logique, et décrite de manière cohérente, sans être harmonieuse. Même si l'idée du péché n'est pas une contradiction logique, le péché est une contradiction envers Dieu et une perturbation profonde de l'harmonie. Nous ne devons pas chercher à harmoniser cela, par exemple à travers une certaine doctrine de la providence divine qui donne au mal une place harmonieuse dans le plan de Dieu. Deuxièmement, si la réalité divine ne contredit pas la logique, cela n'implique pas qu'elle ne contredise *aucune* logique. Idéalement une seule logique est vraie, mais dans la pratique il y a plusieurs logiques, chacune avec ses faiblesses. Si le message biblique semble contraire à la bonne logique, ce n'est pas lui, mais la logique qui doit être critiquée (cf. Torrance, 1999, p. 32ss ; 48-51). Le problème est à nouveau de vouloir forcer la réalité théologique dans un carcan qui ne lui convient pas. Ainsi, on a longtemps pensé que l'idée d'une volonté libre de l'homme contredisait l'idée de la prescience divine, jusqu'à ce qu'au Moyen Âge certains penseurs chrétiens développent de nouveaux outils de la logique pour montrer que ces conceptions n'étaient pas incompatibles (Anselme, *Accord*). De la même manière, les critiques de la foi ont trop facilement affirmé que l'idée selon laquelle Jésus-Christ était complètement Dieu et complètement homme était une idée contradictoire. Une analyse plus attentive des notions de la nature divine, de la nature humaine et de la personne montre qu'il n'est pas à priori impossible de combiner ces deux natures en une seule personne (Morris, 1986).

Quelle est donc la tâche du systématicien, s'il rencontre des contradictions théologiques apparentes ? Il doit tout d'abord retourner aux données bibliques pour voir s'il les a bien interprétées par rapport à leur genre, leur style, et leur contexte. Le texte de l'épître aux Corinthiens, selon lequel « tout m'est permis », par exemple, n'est pas une expression que l'apôtre Paul favorise, mais une expression qu'il reprend de ses opposants à Corinthe et qu'il réfute par la suite avec son « mais tout n'est pas utile » et « je ne me laisserai pas asservir par quoi que ce soit » (1 Co 6.12, *BC*). Quand Jésus dit dans l'Évangile selon Jean « Ce n'est pas vous qui m'avez choisi, mais moi, je vous ai choisi » (Jn 15.16, *BC*), cette expression n'enseigne pas la prédestination d'une façon qui exclut la responsabilité de l'homme. La Bible en parle clairement ailleurs. L'expression doit plutôt être comprise comme une hyperbole – comme nous en trouvons plusieurs dans l'enseignement de Jésus (cf. Lc 14.26) – qui, en termes absolus, veut parler de la priorité du choix divin par rapport à notre choix. Le systématicien doit, en second lieu, reconsidérer ses outils logiques pour se demander s'ils sont aptes à décrire la réalité divine. En dernier lieu, s'il reste néanmoins au systématicien des lignes bibliques principales qui, selon sa compréhension logique semblent se contredire, il doit avoir l'humilité de suspendre son jugement et d'attendre d'autres exégètes ou d'autres systématiciens plus éclairés que lui. Une suspension de jugement n'est pas nécessairement une fuite des problèmes et un signe de faiblesse. Elle peut être l'expression d'un réalisme par rapport aux limites de notre connaissance et de notre compréhension. La théologie systématique partage ce réalisme avec les autres sciences.

L'effort pour montrer la cohérence interne de la foi et de la réalité de Dieu visible en Christ contribue à la confirmation de la fiabilité de la foi chrétienne. Comme nous l'avons vu, cette fiabilité est supposée au début de la recherche du *fides quaerens intellectum*. Nous supposons que la foi est fiable sur la base de la confiance que nous avons en ceux qui en ont été les témoins, et sur la base de nos expériences personnelles. Dans le processus de la recherche de la compréhension de cette foi, la fiabilité est confirmée par la possibilité de donner une formulation cohérente de cette foi. La cohérence est, en effet, une des caractéristiques principales de la vérité, car, comme Dieu dont elle tire son origine, elle ne peut jamais se contredire (Pannenberg, 1991, p. 52s.).

La recherche de cohérence ne se limite pas à la sphère religieuse de notre vie. Le chrétien cherchera, en effet, une formulation cohérente de sa foi qui englobe également toutes les autres expériences de la vie, et toutes ses autres convictions de base. Nous croyons que notre Dieu est le Créateur de tout l'univers et de toute notre vie. Notre vie chrétienne ne peut donc pas se dérouler hors du reste de notre existence. Quant à nos convictions de la foi, elles ne peuvent pas être séparées de nos autres croyances et de nos autres convictions. La foi chrétienne permet de comprendre toute la vie de façon cohérente, elle peut, en quelque sorte « assimiler » toute la réalité (Lindbeck, 2002, p. 175 ; cf. Marshall, 1990). Ceci confirme à nouveau et de façon très importante la fiabilité et la vérité de cette foi. De même, dans la science, une hypothèse montre sa viabilité au travers de sa capacité à englober et à expliquer différents phénomènes, ainsi que des aspects d'autres domaines de la réalité (Polanyi, 1962, p. 147s.). De façon analogue, la fiabilité de la foi chrétienne se confirme si la foi parvient à décrire de façon adéquate, et si elle parvient à expliquer de larges pans de la réalité, en particulier là où d'autres manières d'approcher cette réalité, d'autres visions du monde, ont échoué (cf. MacIntyre, 1988, p. 349ss). Ceci nous amène également à la question de la place des autres sciences dans la réflexion dogmatique.

La théologie et les autres sciences

Nous avons déjà constaté que le chrétien ne peut pas séparer sa foi du reste de sa vie et du reste de ses convictions. Ceci est lié à la croyance en un Dieu qui est « le Tout-puissant, le Créateur des cieux et de la terre ». Il est, donc, le Créateur du monde sur lequel portent nos convictions dites « non religieuses ». La foi chrétienne touche nécessairement toute la vie, parce que le Rédempteur que nous rencontrons en Jésus-Christ est également le Créateur de tout ce qui existe.

C'est la raison pour laquelle les chrétiens peuvent également profiter des résultats des autres sciences, si cela peut contribuer à une meilleure compréhension de certaines doctrines. Toute vérité qui se trouve dans le monde doit avoir son origine en Dieu (Jc 1.17). La réflexion scientifique portant sur le caractère distinct de l'être humain face aux autres créatures, peut ainsi nous aider à mieux comprendre le fait que l'homme soit « image de Dieu » (cf. Pannenberg, 1983). La Bible dit en effet que ce même être humain, celui qui est au cœur de ces investigations scientifiques, est l'image de Dieu. De même, la réflexion scientifique sur l'origine du monde peut enrichir notre compréhension de la création. La psychologie de la religion peut nous aider à mieux comprendre les réalités de la conversion, de la régénération et de la sanctification (Erickson, 1983-1985, p. 72). Pour justifier l'utilisation de ces autres sciences, il n'est pas nécessaire d'avoir recours à la conception de la révélation générale, comme Erickson le fait en disant qu'on peut également connaître Dieu à partir de la nature (*ibid.*). Nous ne parlons pas nécessairement d'une connaissance de Dieu dans ces autres sciences. Elles connaissent simplement un aspect de la réalité créée et, si la théologie voit cette même réalité sous l'angle de sa relation avec Dieu, nous essayons de concevoir la relation entre la connaissance de l'aspect théologique de la réalité et les autres aspects de la même réalité.

Le constat que toute la vérité nous vient de Dieu n'implique naturellement pas qu'on puisse introduire des idées émanant d'autres sciences sans les évaluer de manière critique. Il n'y a pas d'idées neutres. Comme nous l'avons constaté, toute recherche scientifique est abordée avec certains présupposés qui influent sur ses résultats. Ses présupposés sont de caractère philosophique et même religieux et nous devons toujours nous demander s'ils sont en accord avec la réalité dont la Bible nous montre la vraie nature. Par exemple, les recherches biologiques sur l'espèce humaine, les idées scientifiques sur l'origine de l'univers, et les recherches psychologiques sur les phénomènes religieux sont souvent profondément influencées par des conceptions naturalistes de l'univers. Celles-ci excluent dès le départ la possibilité d'une création et d'une providence divines. Les résultats de la recherche scientifique doivent donc être pris au sérieux, mais de manière clairement critique.

5.4. Dogmatique, expérience et contexte culturel

Expérience humaine

Comme pour la raison, la nécessité de prendre l'expérience humaine au sérieux ne naît pas d'un désir de réconcilier deux réalités contraires (foi et raison ou foi et expérience). Cette nécessité provient de la réalité même que la Bible nous décrit, et à laquelle nous sommes invités. Tout d'abord, comme nous l'avons vu, la théologie chrétienne qui prend son point de départ dans les actes du Dieu de la création et de la rédemption touche nécessairement toute la réalité dans laquelle nous vivons. Toute cette réalité est l'objet de ces deux actes divins. La nécessité de prendre l'expérience au sérieux vient aussi du fait que l'enseignement de l'Église est une bonne nouvelle. L'enseignement est Évangile, bonne nouvelle, parce qu'il nous touche dans notre vie marquée par le péché. Il nous libère, nous réconcilie et nous donne l'espérance. Pour être bonne nouvelle cet enseignement doit donc être formulé de manière à ce qu'il touche nos expériences, nos joies, nos défaites, nos victoires réelles ou imaginées et tous les autres aspects de notre vie qui ont besoin de cette bonne nouvelle (cf. § 2.6). Sa pertinence pour la vie que nous vivons doit être démontrée.

Il est nécessaire de clarifier la place de l'expérience humaine dans la théologie, afin d'éviter qu'elle ne soit mal comprise ou mal utilisée. Une mauvaise utilisation de l'expérience humaine dans la théologie risque d'écarter la théologie de son véritable objet et de voir l'expérience régner sur notre interprétation de l'Évangile. Tout d'abord, l'expérience n'est pas une source de réflexion théologique du même ordre que la révélation biblique. Comme la tradition et la raison humaine, pour être bien utilisée, l'expérience dans la théologie doit être soumise à la révélation divine et donc à l'autorité de la Bible. Elle est une autre source secondaire.

Deuxièmement, on ne peut pas traiter l'expérience humaine comme si elle était une contribution neutre à la formulation dogmatique, parce que l'expérience n'est pas une source indépendante de la culture. Des théologiens dans la tradition de Schleiermacher (1830) et après lui Paul Tillich (1970, p. 131-134), ou aujourd'hui encore David Tracy, aimeraient fonder leur théologie sur des expériences religieuses ou existentielles universelles, ou au moins montrer une corrélation entre la théologie chrétienne et des expériences universelles. Ainsi, ils pensent pouvoir défendre le caractère universel de la vérité chrétienne (Tracy, 1975, p. 32-34, 45s.). Néanmoins, leur effort est vain, parce que, comme les anthropologues et psychologues l'ont montré, il n'y a pas d'expérience existentielle et religieuse neutre et universelle. Notre expérience du monde et notre expérience religieuse sont profondément façonnées dès le début par notre perspective et notre contexte culturels (Lindbeck, 2002, p. 36, 49 ; Griffiths, 1988, p. 407).

Troisièmement, on ne peut pas interpréter le message biblique à partir de l'expérience humaine, comme par exemple chez Bultmann, qui envisage une interprétation à partir d'une analyse existentielle de la situation humaine (Bultmann, 1968). Si l'on suit cette voie, le résultat est une interprétation de la Bible dans une perspective culturelle et une vision du monde qui lui sont étrangères. On l'interprète dès lors dans la perspective de la culture et la vision du monde qui ont fait germer cette expérience et cette analyse existentielle. Nous devons plutôt interpréter l'expérience à la nouvelle lumière de l'Évangile (cf. McGrath, 1990a, p. 66-72). Par exemple, c'est l'Évangile qui doit déterminer si nos expériences d'échec dans la vie sont des expériences qui nous mettent sur une mauvaise voie, ou si elles sont en accord avec la réalité la plus profonde de notre existence. Cependant, il n'y a pas une seule direction d'influence : nos expériences ne sont pas seulement (ré-)interprétées à la lumière de la Bible, mais elles peuvent également jeter une nouvelle lumière sur la Bible. Elles peuvent nous faire comprendre des passages qui évoquaient peu de choses pour nous auparavant. Recevoir de telles perspectives nouvelles est une expérience que beaucoup de chrétiens connaissent dans leur vie personnelle. Parfois, c'est l'expérience de toute une communauté. Ainsi, l'expérience de la futilité et de la vanité de la vie au milieu du XXe siècle a donné à l'Église un nouveau regard sur le livre de l'Ecclésiaste, livre souvent négligé auparavant. Cependant, dans ce processus d'interprétation mutuelle de la Bible et de l'expérience, la priorité revient toujours à la Bible comme autorité suprême et *norma normans*. L'expérience que nous apportons ne peut pas ajouter quelque chose qui n'y était pas auparavant. Elle nous fait plutôt découvrir des richesses qui s'y trouvaient déjà, mais qui étaient hors de notre vue. Par ailleurs, notre expérience reçoit son vrai sens quand elle est interprétée à la lumière de l'Évangile.

Contexte culturel contemporain

Si nous expérimentons le monde à travers le spectre de notre culture, l'expérience est aussi pertinente pour la dogmatique parce qu'elle ne peut pas se passer du contexte culturel et social. C'est dans ce contexte particulier que le caractère de l'Évangile comme bonne nouvelle doit être visible. Nous avons déjà souligné les différentes raisons qui nous permettent de considérer le contexte dans lequel nous vivons comme une source de la dogmatique. De plus, nous avons également vu comment prendre ce contexte au sérieux, sans qu'il ne devienne une autorité indépendante, sans qu'il ne commence à régner sur notre interprétation de l'Écriture et sans qu'il ne nous entraîne dans le syncrétisme (§ 2.6). La question qui nous reste à poser est celle de savoir comment utiliser ce contexte comme source de la dogmatique. Commençons avec trois spécifications du contexte dont nous parlons.

Si la dogmatique doit prendre aux sérieux le contexte, nous devons tout d'abord dire que *tout le contexte* compte. Comme nous l'avons vu, nous ne pouvons pas nous limiter aux aspects explicitement religieux de la réalité, comme si la réalité socio-économique ne nous concernait pas. De même que nous ne pouvons pas nous limiter aux réalités socio-économiques, comme dans certaines formes de la théologie de la libération. La dogmatique concerne la réalité entière en tant que création et objet de la rédemption (§ 2.6, p. 111).

En deuxième lieu, nous ne devons pas limiter cette contextualisation de la doctrine à l'effort pour la formuler de manière à toucher des pratiques ancestrales. Cette tendance existe dans les études missiologiques qui se concentrent sur des cultures traditionnelles relativement homogènes et stables et, à cause de cela, plus faciles à analyser. La contextualisation est nécessaire parce que la bonne nouvelle doit nous toucher ici et maintenant. En Afrique, par exemple, les traditions ancestrales font certainement partie de la condition contemporaine dont elles constituent même une partie décisive. Mais la situation contemporaine est un composé d'influences différentes. À côté de la tradition des ancêtres, nous devons compter avec l'influence de la culture moderne occidentale, l'influence de la mission chrétienne, et les effets profonds de la décolonisation, de la pauvreté et d'autres aspects de la problématique sociale. C'est au monde d'aujourd'hui qu'une théologie contextuelle doit s'adresser, en Afrique, en Europe et ailleurs (Messi Metogo, 1997, p. 179-194 ; Van den Toren, 2003, p. 25) !

Nous devons, troisièmement, considérer le contexte dans sa propre intégrité. L'analyse contextuelle n'est pas toujours nécessairement faite de façon complète. Elle peut se limiter aux éléments qui touchent aux doctrines dont il est question. Néanmoins, une analyse de ce genre ne peut pas se faire de manière atomistique, comme on le suggère parfois. La thèse est que l'on puisse isoler différentes idées et différentes pratiques et les évaluer en disant que certaines sont totalement incompatibles avec la foi, d'autres tout à fait compatibles, d'autres neutres et d'autres encore incompatibles à long terme, mais acceptables dans l'immédiat (cf. « Willowbank Report », § 9, p. 337). Cette approche est limitée parce qu'elle ne prend pas suffisamment au sérieux le fait que la culture forme un tissu dont tous les éléments sont étroitement mêlés. Les différentes idées et pratiques ne peuvent pas être isolées et comprises à part. Elles reçoivent leur sens plein à partir de cette totalité (cf. Geertz, 1993). Considérons deux exemples : la nouvelle ouverture à l'expérience religieuse que nous constatons dans certains cercles en Europe occidentale, d'ailleurs fortement sécularisée, ne peut être comprise et évaluée que dans un contexte élargi. Ce contexte est déterminé, d'un côté, par un désenchantement vis-à-vis de la science et, de l'autre, par une forte croyance dans l'autonomie et la liberté de l'homme, même dans ses préférences religieuses. De même, dans le contexte africain subsaharien, un certain sacrifice à un ancêtre pour demander la guérison reçoit son sens dans une structure où figurent la compréhension de la maladie, de la souffrance, des ancêtres, du sacrifice, de Dieu, du but de la vie humaine, etc.

Du fait des multiples aspects contextuels qui donnent sens à une idée ou à une pratique, nous ne pouvons pas dire qu'elle est simplement positive, négative ou neutre, parce qu'elle comporte toujours des aspects différents.

Prenons une idée qui est souvent conçue de manière positive : la croyance de beaucoup de religions africaines traditionnelles en un Dieu créateur. Le fait qu'on reconnaisse un Créateur s'accorde avec la vérité, mais le fait qu'on le considère comme étant éloigné de l'être humain et sans vrai intérêt, ni dans ses besoins, ni dans ses péchés ni dans son amour, déforme cette image du Créateur (Manaranche, 1985, p. 57s.). À l'extrême inverse, même une pratique tout à fait répréhensible, comme les sacrifices humains pratiqués dans certaines communautés (Touré & Konaté, 1990, p. 109-120), comporte toujours des traces de vérité. La pratique montre, par exemple, la conscience que certaines ruptures, certains péchés ou désastres, sont tellement graves, que le sang des animaux ne suffit pas pour rétablir l'harmonie.

La contextualisation de l'Évangile est un projet qui dépasse les confins de la dogmatique. Pour qu'une contextualisation soit possible, il nous faut comprendre les réalités sociales et culturelles dans leur ensemble. Il nous faut les évaluer à la lumière de l'Évangile par rapport à leurs forces et leurs faiblesses internes, par rapport à l'erreur et à la vérité qu'elles comportent. De cette façon, les forces de l'erreur et même de tromperie et de mensonge qui s'y trouvent peuvent être révélées selon leur vrai caractère. Une théologie contextuelle envisage de montrer comment les vérités partielles, le désir pour le bien, mais aussi les craintes, les déceptions, qui s'y trouvent, peuvent être libérés par l'Évangile. L'Évangile propose une conversion radicale, une réorientation totale de la vie et un renouvellement de la pensée. Cependant, dans la nouvelle vie et la nouvelle vision qui en sont le résultat, tout ce qui était bien auparavant peut être intégré, non pas comme éléments neutres, mais comme des éléments qui trouvent un sens plus riche et plus véritable dans cette nouvelle structure qui les réoriente.

Considérons encore un exemple africain. Si nous appelons Jésus-Christ le vrai sacrifice, on peut généralement utiliser des mots des langues africaines traditionnellement connus. Cela implique que le sentiment selon lequel l'homme a besoin de sacrifices pour bien traiter avec le monde invisible est un sentiment qui reflète une vérité partielle. Nous disons en même temps que la pratique de diriger les sacrifices envers les ancêtres ou esprits était mal conçue et que ces sacrifices étaient même sans efficacité. La vérité du sentiment et le vrai besoin que la pratique traditionnelle du sacrifice exprime peuvent trouver leur propre place et reçoivent un sens nouveau dans la reconnaissance de Jésus-Christ en tant que vrai Sacrifice et vrai Sacrificateur (cf. Hé 7-10 ; Bediako, 2000, p. 73s.).

Prenons un exemple de l'islam, religion qui est devenue un défi missionnaire au cœur de l'Europe. L'islam reconnaît la sainteté de Dieu avec une radicalité qui peut fonctionner comme un rappel aux chrétiens occidentaux qui risquent parfois de devenir tellement familiers avec Dieu qu'ils oublient la réalité biblique de la « crainte de l'Éternel ». Néanmoins, les musulmans ne peuvent jamais voir la sainteté de Dieu dans toute sa majesté, ni la profondeur du péché à sa lumière. S'ils voyaient et la sainteté de Dieu et le péché de l'homme en toute clarté, ils ne pourraient plus exister devant Lui. C'est pour cela qu'ils ne peuvent pas arriver à une compréhension de l'exigence divine de la radicalité du Sermon sur la montagne (Mt 5-7). Seul Christ peut nous montrer cette exigence radicale, parce qu'Il nous montre nos péchés sans que la sainteté de Dieu ne nous anéantisse, car Lui-même a porté les conséquences de notre nature pécheresse et de nos péchés. La vérité profonde de la reconnaissance de la sainteté de Dieu dans l'islam ne peut trouver sa juste place et son aboutissement que dans le contexte de la foi chrétienne.

Pour finir cette section, il est important de nous rappeler que la contextualisation n'est pas seulement une affaire pour « les Églises issues de la mission » (§ 2.6). La culture occidentale moderne et postmoderne forme également un défi missionnaire. Elle doit également pouvoir écouter l'Évangile comme bonne nouvelle (Newbigin, 1986, p. 1ss). L'Évangile doit s'adresser à cette culture qui a sa soif de plénitude de la vie et d'expériences intenses mais superficielles, à cette culture qui croit fortement à la dignité de l'homme mais qui côtoie des pratiques déshumanisantes. La prédication de l'Évangile doit y être contextualisée pour pouvoir toucher les demi-vérités de cette culture. La dogmatique doit guider cette prédication pour que la profondeur de sa connaissance du plan de Dieu et de son plan avec le monde soit égale à sa sensibilité pour cette culture.

Communauté des saints

Indications bibliographiques
Richard J. Mouw, *Consulting the Faithful. What Christian Intellectuals Can Learn from Popular Religion*, Grand Rapids, Eerdmans, 1994.
Dale C. Schreiber, « Pratique de la théologie en Afrique : gratter là où ça démange », *Chantiers* 1, 1998, p. 23-63.
Kwame Bediako, *Jésus en Afrique. L'Évangile chrétien dans l'histoire et l'expérience africaines*, Réflexions théologiques du Sud, Yaoundé, CLÉ, 2000, p. 25-54.

Si la dogmatique doit être contextuelle, il y a de bonnes raisons pour qu'elle s'intéresse suffisamment au « peuple de Dieu » qui cherche à vivre la parole de Dieu dans la vie de tous les jours dans ce contexte spécifique. Nous devons prêter l'oreille à tout ce peuple de Dieu, y compris à ceux qui n'ont pas fait d'études théologiques et à ceux qui n'ont pas de place dans la direction des Églises (Mouw, 1994). La première raison pour prendre la vie chrétienne de toute la communauté chrétienne aux sérieux est une raison théologique : nous croyons au « sacerdoce universel » (1 P 2.5). Il est vrai que, pour faire de la théologie systématique, les théologiens professionnels ont un avantage dans certains domaines, surtout en ce qui concerne l'exégèse et l'histoire de la dogmatique. Cela n'implique cependant pas automatiquement qu'ils aient une connaissance et une expérience personnelles de Dieu et un savoir vivre plus profond que les autres chrétiens.

La deuxième raison pour laquelle la dogmatique doit prendre toute la communauté chrétienne au sérieux vient du fait que la doctrine chrétienne doit répondre aux questions, aux besoins et aux défis de toute la communauté chrétienne. La communauté chrétienne qui vit sa foi dans un certain contexte est le pont naturel entre cette foi et ce contexte. La vie de la communauté nous sert d'exemple de contextualisation. Cette vie peut être un exemple positif, qui peut enrichir la théologie (Bediako, 2000, p. 25-54), mais également négatif pour montrer comment certaines doctrines sont restées étrangères à la culture qui les reçoit (Mbiti, 1971). Communément, une plainte s'élève par rapport au christianisme africain, affirmant qu'il peut être large, mais qu'il a un manque sérieux de profondeur et d'enracinement dans la vie quotidienne (Tiénou, 1990, p. 48ss). Dans ce cas, la vie concrète du peuple de Dieu nous montrera les points cruciaux où la contextualisation est nécessaire pour pouvoir changer la vie de la communauté de manière plus profonde (cf. Dye, 1996).

L'un des grands problèmes de la théologie académique occidentale est qu'elle a trop souvent perdu ce lien avec la communauté chrétienne. Elle peut se perdre dans des débats internes qui n'intéressent que les spécialistes et qui, trop souvent, intéressent même un nombre limité de théologiens en dehors du petit cercle concerné par une question spécifique. Nous devons réaliser que le même risque guette la théologie sur d'autres continents quand elle se fait dans une tour d'ivoire et qu'elle répond plus aux questions posées dans les débats académiques occidentaux sur l'africanité, sur les religions asiatiques etc., qu'aux questions des chrétiens africains et asiatiques réels (Schreiber, 1998). L'inutilité guette toute théologie œcuménique ou évangélique qui s'enferme dans des institutions universitaires ou dans les conférences des fonctionnaires ecclésiastiques (Tiénou, 1980, p. 33-35).

Théologie pratique, missiologie et dogmatique

Si l'expérience de la vie de la communauté chrétienne dans son contexte culturel spécifique est tellement importante pour la bonne formulation de la doctrine, la relation entre la dogmatique et les disciplines théologiques pratiques doit se faire dans les deux sens. Trop souvent on suggère que cette relation est unidirectionnelle, comme si la théologie pratique et la missiologie essayaient seulement d'appliquer et de communiquer la doctrine, sans influencer la réflexion dogmatique.

Certes, l'influence la plus importante est celle de la doctrine sur la pratique. La dogmatique nourrit la théologie pratique et la missiologie avec son message à proclamer et son idéal pour la vie chrétienne, pour la vie de l'Église et la société à promouvoir. L'influence dans cette direction est même plus profonde. Il ne s'agit pas seulement d'un message que les disciplines pratiques envisagent ensuite de communiquer et d'appliquer avec des méthodes neutres qu'elles tirent de la psychologie, de la rhétorique et du management. Ces méthodes ne sont pas neutres. Les méthodes que l'accompagnement pastoral utilise doivent s'accorder avec la vision biblique de l'homme, avec sa justification et avec sa sanctification. Les méthodes de la prédication ne sont pas neutres et ne peuvent pas être mesurées uniquement par rapport à leur efficacité. Elles doivent s'accorder avec la nature et le contenu du message. Par exemple, des méthodes manipulatrices de communication ne s'accordent pas avec le message qui considère l'homme comme responsable de ses convictions et de sa conduite et qui envisage de conférer à l'homme une nouvelle liberté. Les méthodes de la mission et de l'administration de l'Église doivent également refléter la nature de la mission et de l'Église. Nous pouvons apprendre beaucoup des nouvelles méthodes de communication et du management, mais comme tout élément de notre culture, ces méthodes doivent être évaluées et réorientées à la lumière de la réalité propre de l'Évangile. Le dogmaticien aide donc le praticien non seulement dans la formulation de son message, mais également dans la réflexion critique sur les méthodes utilisées.

À l'inverse, les disciplines pratiques exercent également une influence sur la réflexion doctrinale. En effet, si les propositions doctrinales semblent plutôt gêner que promouvoir l'expérience de la grâce, la vie de sanctification et le style de vie libérateur tel que nous les rencontrons dans le Nouveau Testament, la dogmatique doit reconsidérer de façon critique sa compréhension du message de l'Évangile. Dans la tradition chrétienne calviniste, dans laquelle j'ai grandi, la doctrine de la double prédestination joue un rôle central. Cette doctrine dit que Dieu a déterminé de toute éternité que certaines personnes recevront le salut et qu'Il en a choisi d'autres pour la damnation éternelle. Tout homme qui vit aujourd'hui tombe nécessairement dans une de ces deux catégories. Dans la réflexion dogmatique, les calvinistes disent que cette doctrine de la prédestination de l'éternité est la consolation la plus profonde pour les chrétiens, parce que par elle que nous pouvons être assurés de notre salut. La doctrine enseigne en effet qu'aucune faiblesse ou infidélité de ma part ne peut m'ôter le salut, parce qu'il repose seulement sur mon élection par Dieu. La pratique de la vie chrétienne de ceux qui adhèrent à cette doctrine est néanmoins trop souvent bien différente. Trop fréquemment, la doctrine de la double prédestination conduit à une anxiété profonde – « est-ce que je suis réellement élu ou non » – ou même à un fatalisme – « moi je ne peux rien faire pour mon salut, donc j'attends simplement ce que Dieu a prévu pour moi. » La vie chrétienne sous l'influence de cette doctrine de la double prédestination est donc bien différente de la théorie dogmatique. De plus, ces problèmes sont tellement persistants que nous devons nous demander s'il n'est pas nécessaire de revoir notre doctrine. S'agit-il seulement d'un problème pratique qui nous appelle à encore mieux prêcher et à mieux faire l'accompagnement pastoral ? Ou bien la persistance de ces problèmes montre-t-elle que notre compréhension de cette doctrine de la prédestination ne s'accorde peut-être pas avec la réalité joyeuse de l'élection éternelle de l'Église ?

Théologie systématique et autres disciplines théologiques

Dès le début de ce chapitre, nous avons passé en revue la relation entre la dogmatique et les autres disciplines théologiques, comme les sciences bibliques, l'histoire de l'Église et la théologie ainsi qu'avec la philosophie et les autres sciences. Souvent, nous traitons ces disciplines et surtout les sous-disciplines de la théologie comme si elles étaient liées par des relations à sens unique : les sciences bibliques sont à la base de la théologie systématique qui est enrichie par l'histoire de la théologie et par les réflexions philosophiques ; cette théologie systématique fonde à son tour la théologie pratique et la missiologie. Néanmoins, l'analyse du rôle des autres sources dans la théologie systématique en général et plus particulièrement dans la dogmatique, nous a montré qu'en réalité les relations sont beaucoup plus complexes. Bien que la Bible reste la norme suprême pour la théologie, la pratique de l'Église, les défis du contexte particulier et les questions pratiques nous font reconsidérer les questions dogmatiques. Ces questions dogmatiques nous font à leur tour reconsidérer notre compréhension des textes et des thèmes bibliques.

5.5. Structure de la dogmatique

Indications bibliographiques
Stanley J. Grenz & John R. Franke, *Beyond Foundationalism. Shaping Theology in a Postmodern Context*, Louisville, Westminster John Knox Press, 2001, p. 167-273.

« Communion » comme motif intégrant de la dogmatique

Pour bien organiser la doctrine et la dogmatique chrétienne, il nous faut un motif intégrant. Ce motif leur confère une unité dans toute leur étendue et dans la variété des thèmes dogmatiques à traiter. Nous avons besoin d'un motif intégrant pour des raisons pédagogiques : parce qu'il est impossible de dire tout en même temps, et parce qu'il faut montrer les liens entre les différentes parties de la dogmatique. Nous avons aussi des raisons théologiques de chercher un thème intégrant. Nous pouvons en effet le chercher parce que notre Dieu est un, et parce qu'il n'y a pas de contradiction en Lui. De plus, Il a un seul but pour toute l'humanité auquel Il demeure fidèle.

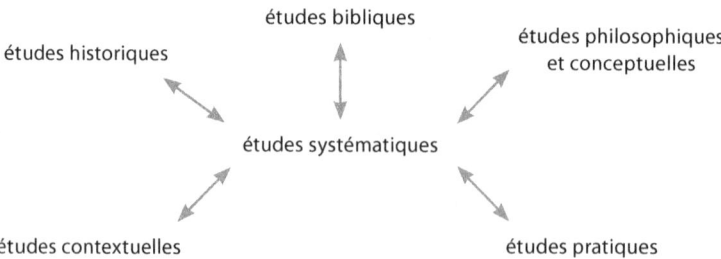

Figure 5.4 : **La relation entre les disciplines théologiques**

Dans des systèmes doctrinaux donnés, nous pouvons détecter différents motifs centraux. Parfois, il s'agit d'un aspect de la foi chrétienne qui a particulièrement touché un théologien. De telle façon, le motif intégrant ou *Leitmotiv* de la théologie d'Augustin était l'a*mor Dei* – l'amour de Dieu pour nous, et l'amour que nous Lui portons en retour (Burnaby, 1938). Dans la théologie scolastique du Moyen Âge, la *visio Dei*, la vision de Dieu comme aboutissement de la vie, était souvent le motif central (Pelikan, 1994, t. 3, p. 317-320). Chez les réformateurs Luther et Calvin, nous trouvons respectivement les thèmes de la justification par la grâce et le thème de la souveraineté de Dieu, comme motifs récurrents dans le traitement de presque toutes les doctrines. Dans les théologies évangéliques contemporaines, nous rencontrons aussi une variété de thèmes centraux, comme l'histoire du salut dans le dispensationalisme, la grandeur de Dieu chez le baptiste Millard Erickson (1983-1985, p. 77s.) et la communauté chez Stanley Grenz (1993, p. 137-162 ; 1994).

Il n'y a pas une seule réponse unique valable pour tous les temps et dans tous les contextes pour savoir quel motif intégrant est le meilleur pour la théologie. Néanmoins, nous pouvons évaluer les différentes propositions à la lumière de deux critères. Le premier critère est que le motif intégrant de notre théologie reflète un des motifs intégrants de la révélation biblique. La révélation biblique ne connaît pas un seul motif intégrant, mais il est clair que certains motifs sont plus proches du centre de l'intérêt des Écritures que d'autres, et qu'ils forment une liaison entre les différents sous-thèmes. Un deuxième critère permet d'évaluer les thèmes intégrants proposés : leur aptitude à nous diriger vers la richesse et la particularité du message biblique dans le cadre de notre contexte culturel, car c'est là que nous sommes appelés à mener notre réflexion théologique et à proclamer l'Évangile. À la lumière de ces deux critères, nous proposons la communion comme motif intégrant pour une théologie chrétienne dans notre monde multiculturel.

La communion est d'abord un motif central dans la révélation biblique. Si nous nous demandons pourquoi Dieu est devenu le Dieu créateur au lieu de rester seul, la réponse est qu'Il envisageait d'entrer en communion avec l'humanité. C'est pour cela qu'Il a créé l'être humain à son image, pour former une alliance avec lui, pour vivre en communion avec lui et pour que nous vivions en communion les uns avec les autres (Grenz, 1994, p. 218-233). S'il y a un motif central dans l'Ancien Testament, c'est que nous y rencontrons un Dieu saint qui cherche la communion avec les hommes (Vriezen, 1958). Dans le Nouveau Testament, l'histoire entre Dieu et l'homme dans l'Ancien Testament aboutit en Jésus-Christ, qui ne rétablit pas seulement la relation entre Dieu et les hommes, mais également entre les hommes qui peuvent désormais vivre comme le nouveau peuple de Dieu. La réconciliation, le rétablissement de la communion entre Dieu et les hommes, me semble être le moteur qui se trouve derrière toute l'œuvre du salut : derrière la justification du péché et la rédemption des forces aliénantes. Partout, il y a ce désir profond de Dieu d'entrer en communion avec les hommes comme Il l'a envisagé dès le début et malgré tous les obstacles que la rupture de cette relation a produits à cause du péché. Ce projet aboutira quand Dieu habitera parmi les hommes et quand une nouvelle communauté de tous les peuples se réjouira de sa présence. La doctrine de la Trinité nous révèle l'origine la plus profonde de cet amour de Dieu qui L'anime dans sa recherche de la communion entre Lui et l'humanité, et dans sa recherche d'une vraie communion dans la famille humaine. Cette origine se trouve dans la nature de Dieu qui est communion dès l'éternité, une communion d'amour entre Père, Fils et Saint-Esprit que Dieu désire partager avec ces créatures.

Deuxièmement, le motif de la communion nous semble particulièrement apte à la communication de la richesse et de la particularité de l'Évangile dans notre contexte contemporain multiculturel et multireligieux. Cette thématique a une aptitude particulière par rapport aux forces culturelles les plus influentes qui mettent en mouvement notre village planétaire et qui sont les interlocuteurs principaux de la foi chrétienne.

La modernité occidentale prouve que l'être humain a profondément besoin d'une réelle communion humaine. En effet, même des générations d'individualisme et de matérialisme n'ont pas pu étancher cette soif. En même temps, la vision matérialiste et évolutionniste ne peut pas étancher la soif de communion avec Dieu, ni en montrer le vrai sens et l'aboutissement. L'avènement de la postmodernité signale un renouveau de l'intérêt pour la nature communautaire de l'existence humaine. En même temps, elle est caractérisée par une fragmentation de l'identité. L'homme appartient simultanément à de multiples communautés qui le laissent dans une solitude profonde et sans « chez lui » (cf. Iyer, 2000).

L'islam reconnaît un seul Dieu créateur du monde, mais il conçoit sa relation avec le monde principalement en termes de relation entre maître et esclave dans laquelle l'amour ne peut pas avoir de place. Il manque à cette compréhension l'aspect le plus profond de cette relation relevé dans la Bible : Dieu veut être le Père, l'Ami et même l'Époux de son peuple. De surcroît, l'islam a des difficultés à relever la nature la plus profonde des relations interhumaines.

Les religions traditionnelles africaines et d'autres religions tribales sont peut-être inférieures par le nombre d'adeptes qu'elles comptent, mais elles demeurent influentes comme sous-couches des communautés chrétiennes et islamiques qui se sont développées sur ce sol. Bon nombre de ces religions reconnaissent un Dieu créateur, mais sans imaginer qu'Il a un intérêt réel dans l'homme et qu'Il veut même être le but de la vie humaine en offrant son amour et sa communion. Le communalisme ou même le collectivisme reste un trait fort des communautés africaines, mais comme les religions africaines ne mettent pas les membres de ces communautés en relation avec Dieu Lui-même, la communauté clanique peut vite devenir une valeur absolue qui peut étouffer l'individu. En mettant tout individu personnellement devant son Dieu de communion, la foi chrétienne peut libérer les individus des réclamations absolues des communautés anciennes. Cette nouvelle communion en Dieu peut jeter les bases de nouvelles communautés post-claniques qui peuvent faire face à l'individualisme croissant qui risque d'étouffer les meilleures valeurs traditionnelles africaines.

La religion orientale qui a le plus d'attrait dans le monde francophone est probablement le bouddhisme. Le bouddhisme a bien vu toute la souffrance que nos relations humaines nous apportent. Mais en proposant de se libérer de tous les liens qu'il qualifie d'abord d'apparence, il nous coupe de ce qui est le plus riche et le plus fondamental de notre nature humaine. Le bouddhisme nous propose une libération à un prix trop élevé qui n'est d'ailleurs pas nécessaire : le sacrifice de notre vie communautaire, de notre individualité et de l'amour humain et divin.

Par rapport à ces alternatives principales de la foi chrétienne, une théologie qui relève l'origine de la communion en Dieu et la valeur éternelle de cette communion avec Lui – dans laquelle la communion humaine trouve aussi son sens –, nous semble particulièrement riche. La thématique de la communion est finalement d'une importance cruciale par rapport à la réalité de la multi-culturalité et de la multi-religiosité de notre village planétaire. La vie en paix et dans une vraie communion fraternelle y sera impossible en ayant recours uniquement aux ressources dont les peuples et les communautés de notre planète peuvent disposer. Notre espérance est en Dieu qui Lui-même cherche et établit la communion.

Structure trinitaire de la doctrine

Pour structurer la doctrine, nous n'avons pas uniquement besoin d'un motif intégrant, nous avons également besoin d'une structure de base dans laquelle peuvent s'inscrire les différentes parties. Toutes les données de la doctrine chrétienne doivent être organisées.

L'organisation classique de la théologie est trinitaire. Elle divise les grandes doctrines par rapport à leur relation avec une des personnes de la

Trinité : le Père, le Fils et le Saint-Esprit. Sous forme séminale, nous rencontrons déjà des formulations trinitaires de ce que Dieu a fait pour nous dans la Bible, surtout dans les épîtres du Nouveau Testament (Ga 4.4-6 ; Ep 4.4-6 ; 1 P 1.2). Cette structure est devenue fondamentale dans les confessions de foi de l'Église des premiers siècles, comme dans le Symbole de Nicée-Constantinople de 381 (Denzinger, 1996, § 150). Elle est à la base de certaines dogmatiques classiques, comme l'*Institution de la religion chrétienne* (1559) de Jean Calvin. À l'époque moderne, la doctrine de la Trinité a été considérée comme secondaire ou même comme une doctrine embarrassante pour l'Église. On lui préférait l'idée de la doctrine de l'unité de Dieu, plus rationnelle. Heureusement, le XXᵉ siècle s'est à nouveau intéressé à cette doctrine, considérée comme l'expression la plus profonde de la confession chrétienne de la nature de Dieu, et comme indispensable pour comprendre sa relation avec nous. Dans cette ligne, Karl Barth, un des artisans principaux de ce changement, a choisi à nouveau de diviser les volumes de son *magnum opus*, la *Dogmatique*, selon les trois personnes de la Trinité.

Pour des raisons qui demandent plus d'analyse que nous ne pouvons en donner ici, nous sommes d'accord sur le fait que la doctrine de la Trinité reflète la structure de la révélation biblique et la réalité la plus profonde de notre Dieu (Wainwright, 1962 ; Gunton, 1997 ; Salomoni, 1999). Elle permet particulièrement de développer toute la richesse de la théologie et de ne pas négliger l'œuvre d'une des personnes de la Trinité pour nous et en nous. La doctrine de la Trinité nous montre aussi l'importance de la communion comme thème central de la dogmatique. Elle nous aide à parler du Dieu trinitaire qui, en Lui-même, est communion, du Père qui nous a créés pour la communion, du Fils qui est « Emmanuel », le « Dieu-avec-nous », et de l'Esprit de la communion qui habite en nous comme en son temple, et en qui nous avons été baptisés dans une nouvelle communauté. Mettre l'accent sur le Dieu trinitaire nous aide à étayer la notion générale de la communion. « Communion » peut facilement devenir une simple expression pour une vie humaine accomplie si son origine n'est pas cherchée en Dieu, et si la propre nature et le propre plan du Dieu souverain et saint ne peuvent pas déterminer le caractère de cette communion que Dieu a prévue.

Le développement trinitaire de la doctrine nous aide aussi à structurer l'œuvre du salut selon les grands moments de la création, de la rédemption, et du renouvellement de notre vie. Si nous utilisons cette structuration, nous devons néanmoins être conscients du fait qu'une concentration de la théologie sur la structure trinitaire peut obscurcir d'autres éléments théologiques cruciaux. Dans une structuration trinitaire, l'accent est mis sur la nature de Dieu et sur les relations qu'ont les différentes personnes avec nous, relations qui sont valables en tout temps. C'est pourquoi l'aspect historique de la révélation divine et son engagement progressif dans l'histoire humaine peuvent facilement rester en arrière-plan. Dans un cadre trinitaire l'eschatologie est normalement – et parfois de façon un peu forcée – traitée dans la grande section pneumatologique, tandis que d'autres aspects de l'histoire de la révélation sont communément négligés. Il s'agit d'aspects tels que le rôle particulier d'Israël et de l'Ancien Testament et la signification théologique de la période que nous vivons maintenant entre la Pentecôte et le Jugement dernier. De même, dans la structure trinitaire, certains aspects de la vie chrétienne comme la prière et la mission sont souvent négligés. Nous devons faire un effort pour remédier à cette négligence et pour donner une place convenable au traitement de ces thèmes cruciaux pour la compréhension de l'œuvre de Dieu et de la vie chrétienne.

5.6. Différentes approches de recherche dogmatique

Choisir une approche particulière

Dans ce dernier chapitre, nous venons d'aborder les différentes sources de la dogmatique. Cette variété des sources n'est pas seulement une richesse. Elle pourrait également être décourageante car il n'est pas aisé d'aborder la réflexion dogmatique d'une matière aux facettes si nombreuses et si variées. La tâche est encore plus écrasante si nous considérons la multitude des ressources dans chaque domaine. Les ressources historiques et philosophiques sont illimitées et les aspects du contexte et de la vie de l'Église que nous pouvons prendre en considération sont multiples. Je pense que ces deux obstacles – la variété d'approches et la multitude de ressources – sont parmi les raisons principales pour lesquelles un bon nombre d'étudiants en théologie et de théologiens hésitent à aborder la théologie systématique. D'un côté, la tâche nous semble trop grande ; de l'autre, il semble que chaque systématicien choisit l'approche et les matériaux qui lui conviennent, ce qui ne donne pas l'impression de travailler selon des méthodes scientifiques rigoureuses, mais plutôt avec des approches applicables au goût de chacun. Nous considérons les deux aspects de la problématique : la multitude d'approches et de ressources et la rigueur de la méthode.

Pour la plupart des questions dogmatiques à traiter, toutes ces approches et toutes les ressources n'ont pas la même importance. Le dogmaticien choisira une, deux ou trois approches qui sont les plus porteuses par rapport à la problématique qu'il prend en considération (cf. Pannenberg, 1991, p. xii). Nous pouvons distinguer entre autres la « voie » (approche, méthode) biblique, la voie historique, la voie systématique, la voie pratique et la voie contextuelle. Cette variété de voies d'entrées dans un certain domaine dogmatique fait que certains livres dogmatiques ont plutôt le caractère d'études de la théologie biblique, d'autres d'études historiques ou pratiques, etc. Cela ne veut pas dire qu'il ne reste rien pour la dogmatique proprement dite, car les bonnes études dogmatiques se distinguent par le fait qu'elles veulent toujours dépasser le simple survol biblique, historique etc. Elles envisagent d'éclaircir à travers ces survols la structure interne de la réalité de Dieu et de ses actions. Si le dogmaticien a choisi une de ces approches, il choisira ensuite dans ce domaine spécifique les ressources – bibliques, historiques, conceptuelles, contextuelles, etc. – qui lui semblent particulièrement prometteuses pour éclaircir sa thématique. Dans le vaste domaine des ressources bibliques, il pourra par exemple se concentrer sur Paul et plus spécialement sur la missiologie de Paul, si celle-ci lui semble particulièrement adaptée.

La possibilité de choisir une voie d'entrée et cette abondance de ressources ne donnent pas l'impression d'une rigueur méthodologique, surtout à ceux qui préfèrent que la science leur prescrive précisément le chemin à suivre. Ce choix de l'approche et des domaines de recherche n'est en réalité jamais à décider de manière formelle. D'autres sciences requièrent aussi le même « esprit de finesse » pour juger comment faire progresser la recherche sur une certaine thématique (Polanyi, 1962) ! Cela ne veut pas dire que la recherche dogmatique devient une affaire arbitraire, parce que les approches doivent être testées pour savoir si elles sont réellement adéquates par rapport aux questions concernées. Le choix de la voie ou de la méthode appliquée à la recherche doit toujours se justifier à posteriori. La question est de savoir si la méthode nous a vraiment mis sous l'autorité de la réalité recherchée, la réalité de la révélation de Dieu (cf. § 1.4). Il nous faut rappeler aussi que les différentes approches ont une fonction critique. Leur fonction n'est pas en premier lieu de pouvoir confirmer ce que nous croyons déjà, mais elles doivent, de manière critique, nous mettre en garde afin qu'en toutes nos recherches, la réalité que la Bible nous révèle reste l'autorité suprême sur ce que nous pensons avoir déjà compris de Dieu. Heureusement, le dogmaticien peut aussi invoquer la direction de l'Esprit-Saint, afin qu'Il lui donne le discernement dont le chercheur a besoin et qu'Il impose la réalité de Dieu sur nos esprits.

Dans ce qui suit, nous considérerons respectivement la voie biblique, la voie historique, la voie systématique, la voie pratique et la voie contextuelle. Dans chaque cas nous expliquerons ce en quoi cette méthode consiste, et par rapport à quels types de questions doctrinales elle est particulièrement conseillée. Nous signalerons aussi les risques que chaque méthode comporte et dont nous devons être conscients quand nous l'utilisons.

La voie biblique

La réflexion dogmatique ne peut jamais se passer de la Bible qui est la révélation de Dieu et l'autorité suprême. La Bible est la voie d'accès principale pour connaître Dieu. Réaliser cela est une des particularités du mouvement évangélique, au point que, dans ce courant de pensée, les réflexions dogmatiques accordent une grande attention explicite au contenu de la Bible. Les meilleures études dogmatiques venant de ce mouvement montrent une connaissance large et profonde du message biblique dans son unité et dans toute sa variété.

Le dogmaticien chrétien ne peut pas se passer de la Bible et, dans certaines problématiques, il est particulièrement conseillé d'accorder une attention toute particulière à l'exégèse et à la théologie biblique.

(1) Cette voie est particulièrement indiquée quand nous nous trouvons dans un domaine où l'enseignement biblique est assez direct et clair. C'est ainsi que nous avons fait une étude ci-dessus sur la place de l'enseignement ou de la *didachè* dans le Nouveau Testament (§ 2.1).

(2) Cette voie biblique est également indiquée si nous réfléchissons sur une problématique à propos de laquelle les données bibliques ont fait l'objet, jusqu'ici, de peu d'attention. Les Églises contemporaines en Afrique se trouvent, par exemple, devant le grand défi du tribalisme et de l'ethnicisme. L'enseignement de la Bible par rapport à la place de notre appartenance ethnique dans le plan de Dieu est riche de sens. Cependant, à ma connaissance, ces notions sont peu analysées et systématisées, probablement à cause d'un manque d'intérêt pour cette problématique dans d'autres contextes. Si nous voulons donner une réponse chrétienne et théologique au défi du tribalisme, il nous faut nécessairement passer par cette phase d'étude biblique.

(3) L'exégèse doit également faire l'objet d'une attention particulière dans la considération des problèmes doctrinaux par rapport auxquels un seul passage ou un nombre très limité de passages sont considérés comme

justificatifs d'une doctrine. Nous ne pouvons par exemple pas évaluer le prémillénarisme sans considérer les versets en Apocalypse 20 qui en sont la base exégétique principale.

(4) La voie biblique a finalement une importance particulière, quand nous traitons des questions doctrinales sur lesquelles des recherches exégétiques récentes nous montrent qu'il faut peut-être revoir la compréhension de la Bible à laquelle nous nous sommes habitués. Un bon exemple est le débat exégétique des dernières décennies sur la compréhension de la loi de l'Ancien Testament par Jésus et par Paul (Sanders, 1983 ; Wright, 1992).

Il n'est pas sage, pour un dogmaticien chrétien, de trop s'investir dans les autres voies sans une connaissance et une compréhension générales des Écritures. Notre tradition confessionnelle, nos présupposés philosophiques, les évidences de notre culture, les convictions de notre communauté, et les exigences de la vie telles que nous les ressentons règnent trop facilement sur l'Écriture et sur son interprétation. Néanmoins, nous avons vu que, dans la réflexion sur de nombreuses questions, un recours direct à la Bible ne peut pas nous être d'un grand secours. Dans certaines situations, nous risquons de simplement reprendre les lectures des textes auxquels nous sommes habitués ; nous risquons de ne pas voir les questions herméneutiques décisives que nous négligeons dans nos interprétations et nos applications ; et nous nous appauvrissons inutilement en ne nous demandant pas ce que nous pouvons apprendre de ceux qui ont lu la Bible avant nous (cf. § 5.1, p. 245ss).

La voie historique

Nous avons vu que la foi chrétienne était une religion essentiellement historique, et que la réflexion ne peut pas se passer de l'histoire de l'Église et de la théologie qui lui permettent d'apprendre de ses découvertes, et à ne pas répéter ses erreurs (§ 5.2). Toute notre réflexion a toujours un aspect historique important, parce que nous réfléchissons tous en tant qu'êtres historiques. Nous appréhendons toujours nos questions doctrinales avec les concepts théologiques conscients et inconscients que notre communauté a développés à travers son histoire. Nous devons prendre conscience de ce bagage. La voie historique est la recherche des instances, dans l'histoire de l'Église et de la théologie, qui peuvent nous aider à trouver des réponses adéquates à nos questions actuelles et à comprendre l'origine des réponses que nous donnons habituellement à ces questions.

Il y a trois types de questions doctrinales dans lesquelles cette voie historique est particulièrement indiquée.

(1) Elle est tout d'abord indiquée dans les cas où la Bible ne donne pas un enseignement direct sur un certain sujet. Nous analysons les réponses données avant nous pour les évaluer de manière plutôt indirecte par rapport à la révélation biblique. Par exemple, la Bible ne nous dit pas clairement quel est le but de la réflexion dogmatique. C'est pourquoi, dans le deuxième chapitre, nous avons analysé les fonctions de la dogmatique à travers l'histoire de l'Église pour ensuite tester leur bien-fondé par rapport à la révélation biblique.

(2) La voie historique est également indiquée quand des débats entre certaines positions théologiques opposées reviennent régulièrement dans l'histoire de l'Église. Il s'agit, par exemple, du débat sur la relation entre l'Église et l'État ou du débat sur la relation entre foi et raison. Dans ces cas-là, une analyse directe des données bibliques risque de ne pas nous aider suffisamment. Le fait que les oppositions persistent, est souvent le signe d'une telle variété dans les données bibliques sur la question débattue que chacun peut trouver dans l'Écriture un soutien pour sa position. C'est seulement lorsque nous avons compris pourquoi, et sur quelle base d'autres chrétiens et d'autres théologiens ont soutenu ces différentes positions, que nous sommes en mesure de bien les évaluer à la lumière de la Bible.

(3) La voie historique est également bien indiquée si nous rencontrons dans notre contexte des questions doctrinales sur lesquelles l'Église universelle, dans d'autres temps et d'autres lieux, a déjà réfléchi de manière approfondie. Il vaut mieux profiter de sa sagesse et éviter de répéter ses fautes.

Le grand risque de la voie historique est naturellement que les données historiques peuvent devenir un écran entre nous et la Bible au lieu d'être une fenêtre. Dans ce cas, elles compliquent plus qu'elles n'éclaircissent, comme le prouvent ces études dogmatiques qui ne sont que des analyses des positions historiques, et qui ne nous aident pas nécessairement à trouver une meilleure compréhension du Dieu qui nous rencontre en Christ.

La voie confessionnelle et la voie œcuménique sont deux variantes de la voie historique. Sur *la voie confessionnelle* nous faisons des recherches dans l'histoire de notre propre tradition confessionnelle (orthodoxe, catholique, luthérienne, réformée, anglicane, méthodiste, baptiste, pentecôtiste etc.) pour puiser dans ses richesses et dans les confessions qui ont déjà nourri depuis longtemps notre communauté. Cette voie confessionnelle ne peut néanmoins jamais reposer sur elle-même, parce que les confessions n'ont pas d'autorité indépendante. Elles ne font autorité que dans la mesure où elles sont des expressions fidèles des Saintes Écritures. Nous devons donc toujours apprécier les raisons pour lesquelles une tradition a jugé sa confession comme fidèle à la révélation biblique. Une telle appréciation demandera souvent une comparaison avec d'autres traditions confessionnelles.

La comparaison des différentes traditions confessionnelles par rapport à une certaine problématique doctrinale est le point de départ de *la voie œcuménique*. Elle est valable, parce que les divisions doctrinales entre les différentes traditions ne sont pas seulement un signe d'erreur ; elles peuvent également devenir les signes indicateurs d'une vérité plus profonde. En effet, ces divisions continuent parfois à cause des limitations des différentes positions qui se maintiennent en équilibre. Dans d'autres cas, la persistance de ces divisions peut indiquer des incompréhensions mutuelles entre différentes positions. La tâche dogmatique dans de telles situations est la recherche d'une position théologique qui évite ces incompréhensions et englobe les vérités partielles des différentes traditions confessionnelles. Cependant, cette voie œcuménique est sans issue, si elle valorise la réconciliation des traditions à tout prix. Une vraie appréciation des divergences doctrinales et une vraie réconciliation œcuménique ne sont possibles que si, à travers elle, nous cherchons plutôt à obéir à la vérité divine qui est au-dessus de toutes traditions.

La voie systématique

Nous avons vu que la systématisation, en tant que recherche des structures internes du caractère de Dieu et de son plan de salut, ainsi qu'en tant que recherche des structures conceptuelles pour décrire cette réalité, est le domaine propre de la théologie systématique. D'un côté, l'analyse systématique recherche quels sont les modèles et quelles sont les structures conceptuelles les plus indiqués pour analyser et décrire certaines réalités théologiques, telles que la Trinité ou la rédemption en Christ. D'autre part, cette systématisation envisage d'analyser les interrelations entre les différents thèmes de la dogmatique, comme la relation entre la Trinité et la rédemption en Christ. Qu'est-ce qui est impliqué dans le fait que le Dieu qui nous sauve en Christ est un seul Dieu en trois personnes ? Dans ce manuel de prolégomènes, nous avons, dans cette optique, continuellement cherché à décrire les relations systématiques et internes des thèmes discutés, qu'il s'agisse de la nature et du but de la théologie, de la nature de la révélation et de la Bible, ou des méthodes de la théologie.

La voie systématique est particulièrement prometteuse pour nos recherches dogmatiques dans deux types de problèmes doctrinaux.

(1) Tout d'abord, si nous traitons des questions doctrinales dont la Bible ne parle pas beaucoup directement, mais qui sont étroitement liées à d'autres

thèmes dogmatiques. En pareils cas, nous pouvons chercher à comprendre les implications de ces thèmes voisins pour la thématique dont la révélation biblique ne nous parle pas beaucoup de manière directe. Un exemple qui va dans ce sens est la manière dont nous avons éclairci la problématique de la contextualisation dont la Bible ne parle pas souvent de manière explicite. Nous avons analysé le bien-fondé de la contextualisation en développant les implications systématiques des thèmes que la Bible évoque plus abondamment : la création, la rédemption, la seigneurie de Christ, la conversion (§ 2.6).

(2) Cette voie systématique est, en deuxième lieu, bien indiquée dans les situations multiples où nos structures conceptuelles ou nos modes de pensées se heurtent à la réalité de Dieu que nous rencontrons à travers sa révélation. Ceci apparaît dans les cas où nos analyses de cette réalité, à l'aide de structures conceptuelles bien connues, aboutissent toujours à des non-sens et à des solutions insatisfaisantes. La tâche de la dogmatique, dans de tels cas, est de développer de nouvelles structures conceptuelles et de nouveaux outils logiques pour décrire de façon adéquate la réalité de Dieu. Nous le voyons dans l'histoire de la dogmatique où l'Église a dû développer de nouveaux concepts métaphysiques de la nature, de la personne, de la divinité etc. pour formuler de manière adéquate la doctrine de la Trinité et de la nature de Jésus-Christ. Nous avons, dans ce livre, rencontré cette problématique lorsque nous avons constaté que les conceptions courantes de la foi et de la raison ne permettaient pas de comprendre leur relation dans notre rapport avec Dieu. Ce n'est qu'en développant d'autres conceptions plus adéquates de la foi et de la raison que nous pouvons répondre aux questions critiques qui nous sont posées (§ 5.3, p. 258ss).

Nous avons déjà évoqué le fait que la systématisation risquait d'enfermer la révélation divine dans un carcan systématique et conceptuel qui ne convient pas à la personne de Dieu (§ 5.3, p. 265ss). Le défi continuel consiste à soumettre nos structures conceptuelles à la réalité divine plutôt qu'à faire l'inverse.

La voie pratique

L'Évangile nous est donné comme la puissance de Dieu pour notre salut (Rm 1.16). Il est donc impossible que la réflexion dogmatique soit un exercice purement théorique qui ne prenne pas en considération ses relations avec la vie chrétienne. L'expression « voie pratique » est utilisée ici pour désigner la tentative de faire progresser l'analyse dogmatique en recherchant particulièrement ces relations entre doctrine et vie. Ces relations sont à double sens.

D'un côté, nous devons nous demander quelles sont les implications de certaines doctrines pour la vie chrétienne ; de l'autre, nous pouvons commencer du côté de la vie et demander, par rapport à certains domaines de la vie, ce que l'Évangile apporte. L'entrée pratique dans la réflexion dogmatique est particulièrement indiquée si nous devinons qu'il y a un problème fondamental dans cette interrelation entre le message et la vie pratique.

(1) La voie pratique est particulièrement indiquée si nous découvrons des débats doctrinaux qui, pour les premiers chrétiens et pour ceux d'autres époques, avaient des implications pratiques profondes, mais qui restent pour nous des débats théoriques. Dans certaines traditions, par exemple, la croix du Christ a un sens par rapport à la rémission de nos péchés, mais elle a peu de signification pour la compréhension de la vie chrétienne de tous les jours et pour l'organisation de la communauté chrétienne. Nous notons ici une déviation considérable par rapport à la compréhension de Paul et les évangélistes, pour qui la croix de Christ devrait profondément marquer la vie chrétienne individuelle et communautaire (1 Co 1.17ss ; Ph 2.1-11 ; Mc 10.41-45 ; Mt 16.21-28, etc.). Nous avons donc besoin d'une analyse sérieuse des implications de la doctrine de la souffrance de Christ pour la vie chrétienne.

(2) Il se peut également que nous découvrions des domaines de la vie qui semblent insuffisamment, ou pas du tout, touchés par l'Évangile. Si nous croyons que Dieu est le Créateur de toutes choses et qu'il n'y a pas un centimètre carré de la vie dont Jésus ne veut et ne peut pas être le Seigneur et le Sauveur, il faut alors que nous analysions la relation entre la doctrine et ce secteur de la vie. Si notre communauté chrétienne est aussi matérialiste ou tribaliste que le monde environnant, il nous faut mener une réflexion sérieuse sur la question de la doctrine chrétienne et de ses implications pour ces domaines de la vie.

(3) Cette voie pratique est aussi particulièrement indiquée s'il y a des domaines de la vie chrétienne où nous désirons vivre selon l'Évangile, alors que la pratique semble plutôt en contradiction avec. Nous pensons par exemple au cas où la discipline dans l'Église a tendance à provoquer l'hypocrisie plutôt que la sainteté. Nous pensons au cas où le ministère de la guérison dans l'Église décourage les malades qui ne trouvent pas de guérison au lieu de les encourager. Dans ces cas et dans tant d'autres, la pratique de notre vie chrétienne est loin d'être saine. Cela peut nous indiquer que nous n'avons probablement pas encore bien compris la « saine » doctrine sur ce point. Il nous faut, sur ces points, une analyse de la relation entre la doctrine et la vie dans la Bible, et entre la doctrine et la vie chrétienne contemporaine.

Nous pouvons peut-être également profiter d'une étude de certaines périodes historiques qui peuvent nous aider à éclaircir notre situation. Cette analyse doit nous amener à une doctrine plus biblique, plus évangélique (plus l'expression d'une « bonne nouvelle »), plus libératrice et porteuse de guérison.

Le risque de recourir à la voie pratique dans la réflexion dogmatique est de rabaisser la doctrine chrétienne à la réalité défective de notre vie chrétienne, plutôt que de développer la vie chrétienne selon les dimensions de l'Évangile. Cependant, pour contrecarrer cette attitude de faux « réalisme », nous devons mieux analyser la relation qui existe entre doctrine et vie, et ne pas négliger cette voie pratique.

La voie contextuelle

Toute formulation de la doctrine doit être contextuelle, parce qu'elle doit s'adresser à nous de la part de Dieu, là où nous nous trouvons. De façon implicite ou explicite, le contexte culturel, social et religieux doit donc toujours jouer un rôle dans nos réflexions dogmatiques. Cependant, dans certains cas, l'analyse du contexte à la lumière de l'Évangile et l'analyse de l'Évangile par rapport au contexte sont, à nouveau, d'une importance particulière pour la réflexion dogmatique. Nous devons en noter particulièrement trois cas.

(1) L'analyse contextuelle est tout d'abord indiquée si on trouve dans le contexte culturel et religieux des conceptions qui peuvent être à l'origine d'une mauvaise compréhension de l'Évangile. Ainsi, des chrétiens vivant dans un contexte fortement islamique peuvent inconsciemment ou consciemment concevoir la Bible en analogie avec le Coran qui est un livre éternel envoyé du ciel. Dans ce cas, le côté humain de la Bible est négligé. En conséquence, la Bible est défavorisée par rapport au Coran, parce qu'elle est lue dans un cadre qui ne lui convient pas (§ 4.3, p. 189). Dans un tel contexte, il faut analyser la particularité des doctrines chrétiennes par rapport aux conceptions islamiques ou des conceptions qui ont leur origine dans d'autres visions du monde. Ainsi, la particularité de la doctrine chrétienne de la Bible, sa richesse, son bien-fondé et ceux d'autres doctrines seront mieux compris. De ce fait, le chrétien sera édifié et plus apte à défendre sa foi face à ceux qui lui demandent de justifier son espérance (1 P 3.15).

(2) L'analyse contextuelle est, en deuxième lieu, recommandée dans toutes les situations où la question principale est de comprendre et de faire comprendre le sens de certaines doctrines par rapport à un contexte spécifique. Par exemple, que signifie la seigneurie de Christ face à la perception de la réalité par les religions traditionnelles africaines, remplies de forces

mystiques pesant sur la vie humaine ? Qu'estce que cette seigneurie veut dire par rapport à la problématique de la globalisation du commerce ?

(3) La voie contextuelle est finalement indiquée comme voie d'accès dans une problématique, quand on découvre que de larges secteurs de la vie dans une certaine culture sont vécus sans que la foi en Dieu, en la seigneurie de Christ et en son œuvre rédemptrice ne semble les toucher de leur jugement et de leur grâce. C'est le cas de l'expérience de la maladie en Afrique moderne, où l'influence de la religion traditionnelle est forte, même parmi les chrétiens. Il nous faut une analyse et une appréciation de cette réalité à la lumière de l'Évangile pour que cet Évangile puisse être une force libératrice plutôt qu'une parole si peu pertinente que les malades et leurs familles continuent de recourir aux devins, aux féticheurs et aux guérisseurs traditionnels (cf. § 2.6, p. 121s).

Nous avons déjà considéré les risques de la contextualisation qui sont la fragmentation de la théologie en théologies locales et le syncrétisme. Nous avons également évoqué les moyens de surmonter cette fragmentation et ce syncrétisme (§ 2.6, p. 121ss).

5.7. Conclusion : Christ le Seigneur de la vérité

En différents endroits, dans le développement de cette introduction à la doctrine, nous avons utilisé ces différentes voies d'accès à la réalité, révélées par la Bible. Pouvons-nous éviter que ces différentes approches ne nous donnent que l'opportunité de défendre ce que nous voulons ? Le théologien ne pourrait-il pas simplement choisir l'approche qui lui permet de justifier ses idées et de défendre ses intérêts et ceux de sa communauté ? C'est un fait que nous observons tous les jours dans les Églises, parmi les chrétiens et dans les institutions de théologie. Souvent, tous les outils de la recherche dogmatique ne sont utilisés que pour justifier ce que l'on veut justifier d'avance. Le débat sur la valeur des religions non-chrétiennes est un débat parmi tant d'autres. Les partisans des différentes positions utilisent simplement, le plus souvent, les approches, les sources et les arguments qui soutiennent le mieux leur avis au lieu de s'ouvrir à la vérité. Il est plus facile de déceler ce manque d'ouverture réelle à l'écoute de Dieu chez les autres que chez nous-mêmes, mais un peu d'introspection honnête montre qu'elle peut nous affecter nous-mêmes.

Utiliser l'argumentation dogmatique pour notre autojustification est toujours possible car nous ne pouvons pas formuler de règles formelles pour guider nos recherches dogmatiques de façon exacte. Cependant, deux réflexions nous permettent de voir que cette tendance à s'engager dans la réflexion doctrinale pour son autojustification n'est pas un obstacle insurmontable qui nous empêcherait de nous engager dans cette réflexion. Ces réflexions sont liées à des éléments centraux d'une bonne compréhension de la réflexion doctrinale que nous avons déjà évoqués dans ce manuel.

La possibilité d'abuser des outils de réflexion doctrinale pour nos propres intérêts nous montre tout d'abord que la réflexion doctrinale est *un exercice spirituel* qui ne peut aboutir que si notre cœur est renouvelé Nous devons être motivés par un désir profond de connaître Dieu et sa vérité, même si elle nous est à première vue désagréable. Cette motivation nécessite que la dogmatique soit élaborée dans une attitude de prière pour l'Esprit, en reconnaissant nos faiblesses et la force parfois cachée du péché dans notre vie. Elle réclame que nous redécouvrions sans cesse que nous devons valoriser et aimer Dieu au-dessus de toute autre chose. Dieu est au-dessus du désir de vouloir avoir raison, au-dessus de mon poste de pasteur ou de professeur, au-dessus de mes autres intérêts propres. Nous devons être convaincus et toujours prêts à redécouvrir que c'est sa vérité qui nous libère plutôt que notre propre conception de la vérité (Jn 8.32). Il faut que nous reconnaissions la Seigneurie de Christ dans tous les domaines de notre vie, et surtout dans notre recherche de la vérité. S'il est Seigneur, cela implique que nous Le suivions même lorsque cela nous coûte et nous fait mal, parce que c'est dans une telle attitude que la grâce, la liberté, et la vie en abondance seront trouvées.

La possibilité d'abus et, par conséquent, de la vanité et du non-aboutissement de nos réflexions théologiques nous ramène *à la source et à la possibilité de la vérité*. Si nous pouvons connaître la vérité de Dieu, ce n'est pas grâce à nous-mêmes, mais grâce à l'amour de Dieu qui a voulu que nous Le connaissions, Lui et son salut. Grâce à cet amour, Il s'est révélé à travers sa création, dans l'histoire d'Israël et suprêmement en Christ. La Bible est notre source suprême pour la connaissance de cette révélation et elle doit donc rester notre autorité suprême parmi tous les outils que Dieu a mis au service de la réflexion dogmatique. Mais il ne faut pas utiliser la Bible uniquement de manière formelle, comme si l'appel seul à l'Écriture suffisait. Maints débats théologiques et la pratique de l'accompagnement pastoral montrent que la Bible peut devenir une arme pour se défendre, y compris contre la vérité. Elle peut être aussi une arme offensive. Il faut l'utiliser correctement, en tant que Parole de Dieu pour y découvrir et rencontrer le Dieu qui se révèle en Christ, afin que nos recherches dogmatiques aboutissent toujours à l'adoration.

Bibliographie

Façon de référer aux livres

Pour faciliter les références aux sources utilisées, les informations bibliographiques sont mises entre parenthèses dans le texte principal de ce livre, directement après la référence. Habituellement, les références se limitent au nom de l'auteur, à l'année de la publication, et, si nécessaire, aux pages concernées (p. ex. Grenz & Olson, 1996, p. 12-21). Les autres informations bibliographiques pourront être retrouvées dans la bibliographie. Dans le cas des œuvres collectives, le texte principal se réfère au titre de l'œuvre (p. ex. Déclaration de Lausanne § 2). Si plusieurs publications d'un même auteur et d'une même année sont utilisées, nous spécifions la référence avec une lettre en petit caractère (p. ex. Goldingay, 1994a, Goldingay, 1994b). Quand il s'agit d'œuvres comptant plusieurs volumes, nous donnons le titre et le numéro du volume (p. ex. Barth, *Dogmatique* I/1*).

Si nous nous référons aux œuvres classiques, comme *Contre les hérésies* d'Irénée de Lyon ou l'*Institution de la religion chrétienne* de Jean Calvin, nous utilisons le titre raccourci et une indication du lieu de la référence avec la notation classique (par exemple *Institution* II, III, 3 pour le troisième paragraphe du troisième chapitre du deuxième livre de l'*Institution*). Ainsi la référence peut être retrouvée dans différentes éditions de l'œuvre.

Toutes les traductions des sources en d'autres langues que le français sont de l'auteur de ce manuel.

Abréviations et références bibliques

BJ *La Bible de Jérusalem*, traduite en français sous la direction de l'École biblique de Jérusalem, nouvelle édition entièrement revue et augmentée, Paris, Cerf, 1991.

BC *La Sainte Bible*, traduite d'après les textes originaux hébreu et grec, nouvelle version Segond révisée dite *Bible à la Colombe*, Paris, Société Biblique Française, 1978.

Les abréviations des livres bibliques suivent cette nouvelle version Segond révisée.

Bibliographie

Achtemeier, Paul J., *The Inspiration of Scripture. Problems and Proposals*, Philadelphie, The Westminster Press, 1980.

Ahui, W.H. Paul William, *Église du Christ Mission Harriste. Éléments théologiques du harrisme paulinien*, Paris, L'Harmattan, 1997.

Allen, Diogenes, *Christian Belief in a Postmodern World. The Full Wealth of Conviction*, Louisville et Westminster, John Knox, 1989.

Althaus, Paul, *Die Theologie Martin Luthers*, 5. Auflage; Gütersloh, Gütersloher Verlaghaus Gert Mohn, 1980.

Andria, Solomon, *Introduction à la théologie. Cours de Prolégomènes dispensé à la Faculté de théologie évangélique de l'Alliance chrétienne*, Abidjan, FATEAC, 1998.

Anselme de Cantorbéry, *L'accord de la prescience, de la prédestination et de la grâce de Dieu avec le libre choix*, dans *L'Œuvre de S. Anselme de Cantorbery*, tome 5, Paris, Cerf 1988, p. 149-234.

Anselme de Cantorbéry, *Cur Deus homo*, dans *L'Œuvre de S. Anselme de Cantorbéry*, tome 3, Paris, Cerf, 1988, p. 277-473.

Anselme de Cantorbéry, *Proslogion*, dans *L'Œuvre de S. Anselme de Cantorbery*, tome I, Paris, Cerf 1986, p. 207-318.

Archer, Gleason L., *Introduction à l'Ancien Testament*, réimpression corrigée, Saint-Légier, Emmaüs, 1991.

Aristote, *La métaphysique*, Introduction, notes et index par J. Tricot, nouvelle édition, 2 tomes, Paris, Vrin, 1974.

Asch, Susan, *L'Église du prophète Kimbangu. De ses origines à son rôle actuel au Zaïre*, Paris, Karthala, 1983.

Athanase d'Alexandrie, *Sur l'incarnation du Verbe*, Introduction, texte critique, traduction, note et index par Charles Kannengiesser, Sources chrétiennes, Paris, Cerf, 2000.

Augustin, Saint, *Confessions*, traduit du latin par Louis de Mondadon, Paris, Pierre Horay, 1982.

Barbour, Ian G., *Myths, Models and Paradigms*, Londres, SCM, 1974.

Barth, Karl, *Dogmatique*, 4 vol., 13 tomes, Genève, Labor et Fides, 1953-1966.

Barth, Karl, *Saint Anselme. La preuve de l'existence de Dieu*, Genève, Labor et Fides, 1985.

Bediako, Kwame, *Theology and Identity. The Impact of Culture upon Christian Thought in the Second Century and in Modern Africa*, Oxford, Regnum Books, 1992.

Bediako, Kwame, *Christianity in Africa. The Renewal of a Non-Western Religion*, Édimbourg/Maryknoll, Edinburgh University Press/Orbis, 1995.

Bediako, Kwame, « Understanding African Theology in the 20th Century », *Bulletin for Contextual Theology* 3/2, juin 1996, p. 1-11.

Bediako, Kwame, *Jésus en Afrique. L'Évangile chrétien dans l'histoire et l'expérience africaines*, Réflexions théologiques du Sud, Yaoundé, CLÉ, 2000.

Berkhof, Hendrikus, *Introduction to the Study of Dogmatics*, Grand Rapids, Eerdmans, 1985.

Berkhof, Hendrikus, *Two Hundred Years of Theology. Report of a Personal Journey*, Grand Rapids, Eerdmans, 1993.

Berkhof, Hendrikus, *Christian Faith. An Introduction to the Study of the Faith*, Grand Rapids, Eerdmans, 1990$^{\text{rév.}}$.

Berkouwer, Gerrit Cornelis, *General Revelation*, Studies in Dogmatics, Grand Rapids, Eerdmans, 1955.

Berkouwer, Gerrit Cornelis, *Holy Scripture*, Studies in Dogmatics, Grand Rapids, Eerdmans, 1975.

Bevans, Stephen B., *Models of Contextual Theology*, rév. et augm., Maryknoll, Orbis, 2002.

Blaser, Klauspeter, *La théologie au vingtième siècle. Histoire – Défis – Enjeux*, Lausanne, L'Âge d'Homme, 1995 (1995a).

Blaser, Klauspeter, *Les théologies nord-américaines*, Genève, Labor et Fides, 1995 (1995b).

Blaser, Klauspeter (sous dir.), *Repères pour la mission chrétienne. Cinq siècles de tradition missionnaire. Perspectives œcuméniques*, Paris/Genève, Cerf/Labor et Fides, 2000.

Blocher, Henri, *Introduction à la théologie évangélique*, notes du cours professé en 1976, Vaux-sur-Seine, FLTE, 1976.

Blocher, Henri, *Révélation des origines. Le début de la Genèse*, 2e éd. revue et augmentée, Lausanne, PBU, 1988.

Bloesch, Donald G., *Holy Scripture. Revelation, Inspiration and Interpretation*, Christian Foundations, Downers Grove, IVP, 1994.

Blomberg, Craig L., *The Historical Reliability of the Gospels*, Leicester, IVP, 1987.

Bosch, David J., *Dynamique de la mission chrétienne*, Paris, Karthala, 1995.

Bourdanné, Daniel, *Ces évangéliques d'Afrique, qui sont-ils?*, Abidjan, Presses Bibliques Africaines, 1998.

Bruce, F.F., *The Defense of the Gospel in the New Testament*, Leicester, IVP, 1977$^{\text{rév.}}$.

Breman, Christina Maria, *The Association of Evangelicals in Africa. Its History, Organization, Members, Projects, External Relations and Message*, Zoetermeer, Boekencentrum, 1996.

Brümmer, Vincent, « Metaphorical Thinking and Systematic Theology », *Nederlands Theologisch Tijdschrift* 43, 1989, p. 213-228.

Brunner, Emil, *Man in Revolt. A Christian Anthropology*, Londres, Lutterworth Press, 1939.

Bultmann, Rudolf, *Interprétation du Nouveau Testament*, Paris, Aubier-Montaigne, 1955.

Bultmann, Rudolf, *Jésus. Mythologie et démythologisation*, Paris, Seuil, 1968.

Burnaby, John, *Amor Dei. A Study of the Religion of St. Augustine*, Londres, Hodder & Stoughton, 1938.

Calvin, Jean, *Catéchisme de Genève*, Pretoria, GKEF, 1991 [1545].

Calvin, Jean, *Institution de la religion chrétienne*, 4 tomes, Genève, Labor et Fides, 1955-1958 [1559].

Campenhausen, H. von, *La formation de la Bible chrétienne*, Neuchâtel, Delachaux et Niestlé, 1971.

Carson, D.A., « Unity and Diversity in the New Testament : The Possibility of Systematic Theology », in D.A. Carson & John D. Woodbridge (sous dir.), *Scripture and Truth*, Grand Rapids, Academie Books, Zondervan, 1983, p. 65-95, 368-375.

Carson, D.A., « Recent Developments in the Doctrine of Scripture », in D.A. Carson & John D. Woodbridge (éd.), *Hermeneutics, Authority and Canon*, Leicester, IVP, 1986, p. 1-48, 363-374.

Carson, D.A., *Exegetical Fallacies*, Grand Rapids, Baker, 1996^2 (1996a).

Carson, *The Gagging of God. Christianity Confronts Pluralism*, Grand Rapids, Zondervan, 1996 (1996b).

Chan, Simon, *Spiritual Theology. A Systematic Study of the Christian Life*, Downers Grove, IVP, 1998.

Chanson, Philippe, « Inculturation », dans Ion Bria, Philippe Chanson, *et al.*, *Dictionnaire œcuménique de missiologie. Cents mots pour la mission*, Paris/Genève/Yaoundé, Cerf/Labor et Fides/CLÉ, 2001, p. 165-170.

Chapman, Colin, *Cross and Crescent. Responding to the Challenge of Islam*, Leicester, IVP, 1995.

Charry, Ellen, *By the Renewing of Your Minds. The Pastoral Function of Christian Theology*, New York et Oxford, Oxford University Press, 1997.

Childs, Brevard S., *Introduction to the Old Testament as Scripture*, Londres, SCM, 1979.

Childs, Brevard S., *The New Testament as Canon. An Introduction*, Philadelphie, Fortress Press, 1985.

Childs, Brevard S., *Biblical Theology of the Old and New Testaments. Theological Reflection on the Christian Bible*, Minneapolis, Fortress Press, 1992.

Chipenda, Jose B., André Karamaga, et al., *The Church of Africa. Towards a Theology of Reconstruction*, African Challenge Book Series, Nairobi, All Africa Conference of Churches, 1991.

Clark, Kelly James, *Return to Reason. A Critique of Enlightenment Evidentialism and a Defense of Reason and Belief in God*, Grand Rapids, Eerdmans, 1990.

Clouser, Roy A., *The Myth of Religious Neutrality. An Essay on the Hidden Role of Religious Belief in Theories*, Notre Dame, Londres, Notre Dame University Press, 1991.

Coady, C.A.J., *Testimony. A Philosophical Study*, Oxford, Clarendon, 1992.

Copleston, Frederick, *A History of Philosophy, Volume II. Augustine to Scotus*, Westminster, The Newman Press, 1950.

Craig, William Lane, *The Son Rises. Historical Evidence for the Resurrection of Jesus*, Chicago, Moody Press, 1981.

Cullmann, Oscar, *Le salut dans l'histoire. L'existence chrétienne selon le Nouveau Testament*, Neuchâtel, Delachaux et Niestlé, 1966.

Cupitt, Don, *The Sea of Faith*, Londres, BBC, 1984.

Déclaration de Lausanne, dans Klauspeter Blaser (sous dir), *Repères pour la mission chrétienne. Cinq siècles de la tradition missionnaire. Perspectives œcuméniques*, Paris/Genève, Cerf/ Labor et Fides, 2000, p. 112-122.

Denzinger, Heinrich (sous dir.), *Symboles et définitions de la foi catholique*, 37e éd., Paris, Cerf, 1996.

Descartes, René, *Le discours de la méthode*, Présentation, notes, dossier, bibliographie et chronologie par Laurence Renault, Paris, Flammarion, 2000 [1637].

Dodd, Charles Haddon, *La prédication apostolique et ses développements*, Paris, Éditions Universitaires, 1964.

Dulles, Avery, *A History of Apologetics*, New York, Corpus, 1971. Dulles, Avery, *The Craft of Theology. From Symbol to System*, Dublin, Gill & Macmillan, 1992 (1992a).

Dulles, Avery, *Models of Revelation*, Maryknoll, Orbis, 1992 (1992b).

Dunbar, David G., « The Biblical Canon », dans D.A. Carson & John D. Woodbridge (sous dir.), *Hermeneutics, Authority and Canon*, Leicester, IVP, 1986, p. 299-360, 424-446.

Dunn, James D.G., *Unity and Diversity in the New Testament. An Inquiry into the Character of Earliest Christianity*, Londres, SCM, 1990².
Dye, Wayne, « Religious Worldview in an African Village : Anthropological Research Serving the Church », *Notes on Anthropology*, n° 22, 1996, p. 23-45.
Edwards, David L. & John Stott, *Essentials. A Liberal-Evangelical Dialogue*, Londres, Hodder & Stoughton, 1988.
Erickson, Millard J., *Christian Theology*, Grand Rapids, Baker, 1983-1985.
Erickson, Millard J., *The Evangelical Left. Encountering Postconservative Evangelical Theology*, Carlisle, Paternoster, 1998.
Farley, Edward, *Theologia. The Fragmentation and Unity of Theological Education*, Philadelphie, Fortress Press, 1983.
Fee, Gordon D., *1 and 2 Timothy, Titus*, New International Bible Commentary 13, Peabody/Carlisle, Hendrickson/Paternoster, 1995$^{rév.}$.
Fee, Gordon & Douglas Stuart, *Un nouveau regard sur la Bible. Un guide pour comprendre la Bible*, Deerfield, Vida, 1990.
Ferdinando, Keith, « Screwtape Revisited : Demonology Western, African, and Biblical », dans Anthony S. Lane (sous dir.), *The Unseen World. Christian Reflections on Angels, Demons and the Heavenly Realm*, Grand Rapids/Carlisle, Baker/Paternoster, 1996, p. 103-132.
France, R.T., *Le Dieu vivant*, Metz, Mission Prière et Réveil, 1992. Fuller, W. Harold, *People of the Mandate. The Story of the World Evangelical Fellowship*, Grand Rapids, Baker, 1996.
Gaffin, Richard B. Jr, *Perspectives on Pentecost. New Testament Teaching on the Gifts of the Holy Spirit*, Phillipsburg, Presbyterian & Reformed Publishing Company, 1979.
Gaussen, L., *La pleine inspiration des Saintes Écritures. Ou theopneustie*, Saint-Légier, Perle, 1985 [Paris, L.-R Delay et Londres, 1842].
Geertz, Clifford, *The Interpretation of Cultures. Selected Essays*, Londres, Fontana (HarperCollins), 1993 [1973].
Geisler, Norman, *Christian Apologetics*, Grand Rapids, Baker, 1976.
Gibellini, Rosino, *Panorama de la théologie au vingtième siècle*, Paris, Cerf, 1994.
Goldingay, John, *God's Prophet, God's Servant. A Study in Jeremiah and Isaiah 40-55*, nouvelle éd., Carlisle, Paternoster, 1994 (1994a).
Goldingay, John, *Models for Scripture*, Grand Rapids/Carlisle, Eerdmans/Paternoster, 1994 (1994b).
Goldsmith, Martin, *Et les religions non-chrétiennes?*, Saint-Légier, Emmaüs, 1999.
Goppelt, Leonhard, *Theology of the New Testament*, 2 vol., Grand Rapids, Eerdmans, 1981, 1982.

Grant, Robert M., *L'interprétation de la Bible des origines chrétiennes à nos jours*, Paris, Seuil, 1967.
Grebe, Karl & Wilfred Fon, *Religion traditionnelle africaine et relation d'aide*, Abidjan, CPE, 2000.
Green, Michael, *L'évangélisation dans l'Église primitive. Le développement de la mission chrétienne des origines au milieu du troisième siècle*, Saint-Légier/Annemasse, Emmaüs/Groupes Missionnaires, 1981.
Grenz, Stanley J., *Revisioning Evangelical Theology. A Fresh Agenda for the 21st Century*, Downers Grove, IVP, 1993.
Grenz, Stanley J., *Theology for the Community of God*, Carlisle, Paternoster, 1994.
Grenz, Stanley J., *Sexual Ethics. An Evangelical Perspective*, Louisville et Westminster, John Knox, 1997.
Grenz, Stanley J., *Created for Community. Connecting Christian Belief with Christian Living*, Grand Rapids, Baker, 1998².
Grenz, Stanley J., *The Social God and the Relational Self. A Trinitarian Theology of the* Imago Dei, The Matrix of Christian Theology, Louisville, Westminster - John Knox Press, 2001.
Grenz, Stanley J., & John R. Franke, *Beyond Foundationalism. Shaping Theology in a Postmodern Context*, Louisville, Westminster - John Knox Press, 2001.
Grenz, Stanley J, & Roger E. Olson, *Who Needs Theology? An Invitation to the Study of God*, Downers Grove, IVP, 1996.
Griffiths, Paul J., « An Apology for Apologetics », *Faith and Philosophy* 5, 1988, p. 399-420.
Guinness, Os, « La mission face à la modernité », *Hokhma* 46/47, 1991, p. 79-113.
Guinness, Os, *Fit Bodies Fat Minds. Why Evangelicals Don't Think and What to Do About It*, Londres, Hodder & Stoughton, 1995.
Gunton, Colin E., *The Actuality of the Atonement. A Study of Metaphor, Rationality and the Christian Tradition*, Édimbourg, T&T Clark, 1988.
Gunton, Colin E., *The Promise of Trinitarian Theology*, Édimbourg, T&T Clark, 1997².
Habermas, Gary & Anthony Flew, *Did Jesus Rise from the Dead? The Resurrection Debate*, San Francisco, Harper & Row, 1987.
Haddad, Rachid, *La Trinité divine chez les théologiens arabes (750-1050)*, Paris, Beauchesne, 1985.
Helm, Paul, « Faith, Evidence, and the Scriptures », in D.A. Carson & John D. Woodbridge (sous dir.), *Scripture and Truth*, Grand Rapids, Academie Books (Zondervan), 1983, p. 303-320, 411.

Hesselgrave, David J., *Communicating Christ Cross-Culturally. An Introduction to Missionary Communication*, Grand Rapids, Zondervan, 1991².

Hick, John, *God and the Universe of Faiths. Essays in the Philosophy of Religion*, Glasgow, Collins, 1977.

Hick, John, « The Non-Absoluteness of Christianity », in John Hick & Paul F. Knitter (éd.), *The Myth of Christian Uniqueness. Toward a Pluralistic Theology of Religions*, Maryknoll, Orbis, 1987, p. 16-36.

Hiebert, Paul G., *Missiological Implications of Epistemological Shifts. Affirming Truth in a Modern/Postmodern World*, Christian Mission and Modern Cultures, Harrisburg, Trinity Press International, 1999.

Hoyt, Herman A., « Dispensational Premillanialism », in Robert G. Clouse (sous dir.), *The Meaning of the Millenium. Four Views*, Downers Grove, IVP, 1977, p. 63-92.

Idowu, Bolaji, *Olódùmarè : God in Yoruba Belief*, Londres, Longman, 1962.

Imasogie, Osadolor, *Guidelines for Christian Theology in Africa*, Theological Perspectives in Africa, Achimoto (Ghana), African Christian Press, 1993².

Irénée de Lyon, *Contre les hérésies. Dénonciation et réfutation de la gnose au nom menteur*, trad. Adelin Rousseau, Paris, Cerf, 1991³.

Irénée de Lyon, *Démonstration de la prédication apostolique*, introduction, trad. et notes Adelin Rousseau, Sources chrétiennes 406, Paris, Cerf, 1995.

Iyer, Pico, *The Global Soul. Jet Lag, Shopping Malls, and the Search for Home*, New York, Alfred A. Knopf, 2000.

Jaeger, Lydia, *Croire et connaître. Einstein, Polanyi et les lois de la nature*, La foi en dialogue, Cléon d'Andran, Excelsis, 1999.

Jaeger, Lydia, *Pour une philosophie chrétienne des sciences*, Terre Nouvelle, Cléon d'Andran, Excelsis, 2000.

Jeffers, James F., *The Greco-Roman World of The New Testament Era. Exploring the Background of Early Christianity*, Downers Grove, IVP, 1999.

Justin Martyr, *Œuvres complètes*, Paris, Brépols, 1994.

« The Kairos Document » publié comme « Challenge to the Church : A Theological Comment on the Political Crisis in South Africa – The Kairos Document », in Anwar M. Barkat & James Mutambirwa, *Challenge to the Church. A Theological Comment on the Political Crisis in South Africa*, The Kairos Document and Commentaries, Geneva, World Council of Churches, 1985, p. 9-35.

Kaiser, Christopher B., *Creation and the History of Science*, Grand Rapids, Eerdmans, 1991.

Käsemann, Ernst, « Diversité et unité dans le Nouveau Testament », *Concilium* 191 (1984), p. 97-107.

Kataregga, Badru D. & David W. Shenk, *Islam et christianisme. Dialogue entre un musulman et un chrétien*, Lomé, Haho, 1987.

Kato, Byang H., *Biblical Christianity in Africa*, Theological Perspectives in Africa 2, Achimota (Ghana) : Africa Christian Press, 1985.

Kelly, John Norman D., *Initiation à la doctrine des Pères de l'Église*, Paris, Cerf, 1968.

Knowles, David, « The Middle Ages 604-1350 » dans Hubert Cunliffe-Jones (sous dir.), *A History of Christian Doctrine*, Édimbourg, T&T Clark, 1978, p. 227-286.

Kraft, Charles H., *Christianity in Culture. A Study in Dynamic Biblical Theologizing in Cross-Cultural Perspective*, Maryknoll, Orbis, 1979.

Kraft, Charles H., « Foreword », in Osadolor Imasogie, *Guidelines for Christian Theology in Africa*, Theological Perspectives in Africa, Achimoto, African Christian Press, 1993^2, p. 7-10.

Kreeft, Peter & Ronald Tacelli, *Handbook of Christian Apologetics*, Crowborough, Monarch, 1994.

Kuen, Alfred, *Comment interpréter la Bible?*, Saint-Légier, Emmaüs, 1991.

Kuen, Alfred, *Qui sont les évangéliques? Identité, unité et diversité du mouvement*, Saint-Légier, Emmaüs, 1998.

Kuhn, Thomas, *The Structure of Scientific Revolutions*, Chicago, University of Chicago Press, 1970^2.

Küng, Hans, *Dieu existe-t-il? Réponse à la question de Dieu dans les temps modernes*, Paris, Seuil, 1981.

Lampe, G.W.H., « Christian Theology in the Patristic Period », dans Hubert Cunliffe-Jones (sous dir.), *A History of Christian Doctrine*, Édimbourg, T&T Clark, 1978, p. 21-180.

Lewis, M. Donald & Alister E. McGrath, *Doing Theology for the People of God. Studies in Honour of J.I. Packer*, Downers Grove, IVP, 1996.

Lewis, C.S., « The Weight of Glory. A Sermon », in idem, *Screwtape Proposes a Toast. And Other Pieces*, Glasgow, Fount Paperbacks (Collins), 1977, p. 94-110.

Lewis, Gordon R. & Bruce A. Demarest, *Integrative Theology. Historical, Biblical, Systematic, Apologetic, Practical, Three Volumes in One*, Grand Rapids, Zondervan, 1996.

Lindbeck, George A., *La nature des doctrines. Religion et théologie à l'âge du postlibéralisme*, introduction de Marc Boss, Références théologiques, Paris, Van Dieren Éditeur, 2002.

Lubac, Henri DE, *Le mystère du surnaturel*, Paris, Cerf, 2000 [1965].

Luther, Martin, *Du Serf arbitre* [1525], in Martin Luther, *Œuvres* V, Genève, Labor et Fides, 1958, p. 7-236.

Lyotard, Jean-François, *La condition postmoderne. Rapport sur le savoir*, Paris, Minuit, 1979.
MacIntyre, Alasdair, *After Virtue. A Study in Moral Theory*, Londres, Duckworth, 1985².
MacIntyre, Alasdair, *Whose Justice? Which Rationality?*, Londres, Duckworth, 1988.
Maimela, Simon, « Black Theology », in Simon Maimela & Adrio König, *Initiation into Theology. The Rich Variety of Theology and Hermeneutics*, Pretoria, J.L. Van Schaik, 1998.
Manaranche, André, *Le monothéisme chrétien*, Paris, Cerf, 1985. Marshall, Bruce D., « Absorbing the World. Christianity and the Universe of Truths », in Bruce D. Marshall (sous dir.), *Theology in Dialogue. Essays in Conversation with George Lindbeck*, Notre Dame, University of Notre Dame Press, 1990, p. 69-102.
Marshall, Howard, *Biblical Inspiration*, Grand Rapids, Eerdmans, 1982.
Mbiti, John S., *Introduction to African Religion*, Nairobi, Kampala, East African Educational Publishers, 1991.
Mbiti, John S., *New Testament Eschatology in an African Background. A Study of the Encounter between New Testament Eschatology and African Traditional Concepts*, Oxford, Oxford University Press, 1971.
Mbiti, John S., *Religions et philosophie africaines*, Yaoundé, CLE, 1972.
McDermott, Gerald R., *Can Evangelicals Learn from World Religions? Jesus, Revelation and Religious Traditions*, Downers Grove, IVP, 2000.
McGrath, Alister E., *The Genesis of Doctrine. A Study in the Foundations of Doctrinal Criticism*, Oxford, Blackwell, 1990 (1990a).
McGrath, Alister E., *Understanding Doctrine. What it is – and Why it Matters*, Grand Rapids, Zondervan, 1990 (1990b).
McGrath, Alister E., *Making Sense of the Cross*, Leicester, IVP, 1992.
McGrath, Alister E., *Reformation Thought. An Introduction*, Oxford, Blackwell, 1993².
McGrath, Alister E., *Evangelicalism and the Future of Christianity*, Londres, Hodder & Stoughton, 1994 (1994a).
McGrath, Alister E., *Christian Theology. An Introduction*, Oxford, Blackwell, 1994 (1994b).
McGrath, Alister E., « The Importance of Tradition for Modern Evangelicalism », dans Donald M. Lewis & Alister E. McGrath (sous dir.), *Doing Theology for the People of God. Studies in Honour of J.I. Packer*, Downers Grove, IVP, 1996, p. 159-173.
McGrath, Alister E., *The Foundations of Dialogue in Science and Christianity*, Oxford, Blackwell, 1998.

McGrath, Alister, *Jeter des ponts. L'art de défendre la foi chrétienne*, Québec, La Clairière, 1999.

McGrath, Alister E., *La Vérité pour passion. Cohérence et force de la pensée évangélique*, Charols, Excelsis, 2008.

Messi Metogo, Éloi, *Dieu, peut-il mourir en Afrique? Essai sur l'indifférence religieuse et l'incroyance en Afrique noire*, Paris/ Yaoundé, Karthala/UCAC, 1997.

Morison, Frank, *La résurrection. Mythe ou réalité*, Guebwiller, Ligue pour la lecture de la Bible, 1974.

Morris, Thomas V., *The Logic of God Incarnate*, Ithaca, Londres, Cornell University Press, 1986.

Mouw, Richard J., *Consulting the Faithful. What Christian Intellectuals Can Learn from Popular Religion*, Grand Rapids, Eerdmans, 1994.

Mugambi, J.K.N., *From Liberation to Reconstruction. African Theology after the Cold War*, Nairobi, East African Educational Publishers, 1995.

Muller, Richard A., *Post-Reformation Reformed Dogmatics. Volume 1 Prolegomena to Theology*, Zondervan, Baker, 1987.

Muller, Richard A., « The Role of Church History in the Study of Systematic Theology », in John D. Woodbridge & Thomas Edward McChomskey (sous dir.), *Doing Theology in Today's World. Essays in Honor of Kenneth S. Kantzer*, Grand Rapids, Zondervan, 1991, p. 39-76 (1991a).

Muller, Richard A., *The Study of Theology. From Biblical Interpretation to Contemporary Formulation*, Foundations of contemporary Interpretation 7, Grand Rapids, Eerdmans, 1991 (1991b).

Murphy, Nancey, *Theology in the Age of Scientific Reasoning*, Cornell Studies in the Philosophy of Religion, Ithaca et Londres, Cornell University Press, 1990.

Murphy, Nancey & James W. McClendon, Jr, « Distinguishing Modern and Postmodern Theologies », *Modern Theology* 5, 1989, p. 191-214.

Murphy, Roland E., *The Tree of Life. An Exploration of Biblical Wisdom*, Grand Rapids, Eerdmans, 1996[2].

Naugle, David K., *Worldview. The History of a Concept*, Grand Rapids, Eerdmans, 2002.

Nazir Ali, Michael, *Frontiers in Muslim-Christian Encounter*, Oxford, Regnum Books, 1987.

Neill, Stephen, *A History of Christian Missions*, The Pelican History of the Church 6, Harmondsworth, Penguin Books, 1986[rév.].

Netland, Harold A., *Encountering Religious Pluralism. The Challenge to Christian Faith and Mission*, Downers Grove, IVP, 2001.

Newbigin, Lesslie, *L'universalisme de la foi chrétienne*, Collection Œcuménique, Genève, Labor et Fides, 1963.
Newbigin, Lesslie, *Foolishness to the Greeks. The Gospel and Western Culture*, Grand Rapids, Eerdmans, 1986.
Newbigin, Lesslie, *The Gospel in a Pluralist Society*, Grand Rapids, Eerdmans, 1989.
Newbigin, Lesslie, *Proper Confidence. Faith, Doubt and Certainty in Christian Discipleship*, Londres, SPCK, 1995.
Newman, John Henri, *An Essay in Aid of a Grammar of Assent*, éd. avec introduction et notes de I.T. Kerr, Oxford, Clarendon Press, 1985 [1889].
Nicole, J.-M., *Précis de la doctrine chrétienne*, Nogent-sur-Marne, Institut biblique, 1983.
Niebuhr, H. Richard, *The Meaning of Revelation*, New York, MacMillan, 1941.
Niebuhr, H. Richard, *Christ and Culture*, New York, Harper & Row, 1975 [1951].
Niebuhr, Reinhold, *The Nature and Destiny of Man. A Christian Interpretation*, 2 vol., Londres, Nisbet & Co., 1941-1943.
O'Donovan, Oliver, *Résurrection et expérience morale. Esquisse d'une éthique théologique*, Paris, Presses Universitaires de France, 1992.
Oden, Thomas C., *After Modernity... What? Agenda for Theology*, Grand Rapids, Zondervan, 1990.
Orr, James, *The Christian View of God and the World. As Centring in the Incarnation*, réimpr. de la 3e éd. [1897], Vancouver, Regent College Publishing, 2002.
Osborne, Grant R., *The Hermeneutical Spiral. A Comprehensive Introduction to Biblical Interpretation*, Downers Grove, IVP, 1991.
Owen, Huw Parri, *Christian Theism. A Study in its Basic Principles*, Édimbourg, T&T Clark, 1984.
Pache, René, *L'inspiration et l'autorité de la Bible*, Saint-Légier, Emmaüs, 1967.
Packer, James I., *Connaître Dieu*, Mulhouse, Grâce et Vérité, 1983. Packer, J.I., *« Fundamentalism » and the Word of God. Some Evangelical Principles*, Leicester, IVP, 1958.
Packer, J.I., « Révélation et inspiration », in D. Guthrie, *et al.* (sous dir.), *Nouveau commentaire biblique*, Saint-Légier, Emmaüs, 1978, p. 13-20.
Pannenberg, Wolfhart, *Anthropologie in theologischer Perspektive*, Göttingen, Vandenhoeck & Ruprecht, 1983.
Pannenberg, Wolfhart, *Systematic Theology*, 3 vol., Grand Rapids, Eerdmans, 1991-1998.
Pascal, Blaise, *Pensées*, in Blaise Pascal, *Œuvres Complètes*, Présentation et notes de Louis de Lafuma, Paris, Seuil, 1963, p. 493-649.

Pelikan, Jaroslav, *La tradition chrétienne. Histoire du développement de la doctrine*, 5 tomes, Paris, PUF, 1994.
Pelikan, Jaroslav & Valérie Hotchkiss (sous dir.), *Creeds and Confessions of Faith in the Christian Tradition*, 3 vol., New Haven, Yale University Press, 2003.
Penoukou, Efoué Julien, *Églises d'Afrique. Propositions pour l'avenir*, Paris, Karthala, 1984.
Phillips, Timothy R. & Dennis Okholm, *The Nature of Confession. Evangelicals and Postliberals in Conversation*, Downers Grove, IVP, 1996.
Placher, William C., *Unapologetic Theology. A Christian Voice in a Pluralist Conversation*, Louisville et Westminster, John Knox, 1989.
Plantinga, Alvin, *Does God Have a Nature? The Aquinas Lecture, 1980*, Milwaukee, Marquette University Press, 1980.
Plantinga, Alvin, « Reason and Belief in God », in Alvin Plantinga & Nicholas P. Wolterstorff (sous dir.), *Faith and Rationality. Reason and Belief in God*, Notre Dame, University of Notre Dame Press, 1983, p. 16-93.
Plantinga, Alvin, *Warrant and Proper Function*, New York et Oxford, Oxford University Press, 1993.
Plantinga, Alvin, *Warranted Christian Belief*, New York et Oxford, Oxford University Press, 2000.
Polanyi, Michael, *Science, Faith and Society*, Londres, Oxford University Press 1946.
Polanyi, Michael, *Personal Knowledge. Towards a Post-Critical Philosophy*, Chicago, University of Chicago Press, 1962.
Polkinghorne, John, *One World. The Interaction of Science and Theology*, Londres, SPCK, 1986.
Polkinghorne, John, *Reason and Reality. The Relationship between Science and Theology*, Londres, SPCK, 1991.
Polkinghorne, John, *Scientists as Theologians. A Comparison of the Writings of Ian Barbour, Arthur Peacocke and John Polkinghorne*, Londres, SPCK, 1996.
Poythress, Vern S., *Science and Hermeneutics*, Collection « Foundations of Contemporary Interpretation », vol. 6, Leicester : IVP, 1988.
Quel est le but principal de la vie? Les textes de Westminster, Aixen-Provence, Kerygma, 1988.
Ratzsch, Del, *Science and its Limits. The Natural Sciences in Christian Perspective*, Downers Grove, IVP, 2000.
Rausch, Thomas P. (sous dir.), *Catholics and Evangelicals. Do they Share the Same Future?*, Downers Grove, IVP, 2000.
Richardson, Don, *L'éternité dans leur cœur*, Lausanne, Jeunesse en Mission, 1982.

Ridderbos, Herman, *Paul. An Outline of His Theology*, Grand Rapids, Eerdmans, 1975

Ridderbos, Herman, « The Canon of the New Testament », dans Carl F. Henry (sous dir.), *Revelation and the Bible. Contemporary Evangelical Thought*, Grand Rapids, Baker, 1959, p. 187-201.

Rijk, L.M. de, *Middeleeuwse wijsbegeerte. Traditie en vernieuwing*, Assen, Van Gorcum, 1981.

Salomoni, Thomas, *La dynamique de Dieu. La joie de la communion avec le Père, le Fils, et le Saint-Esprit*, Dossier Vivre 14, Genève, Je Sème, 1999.

Sanders, E.P., *Paul, the Law and the Jewish People*, Philadelphie, Fortress Press, 1983.

Sanneh, Lamin, *Translating the Message. The Missionary Impact on Culture*, Maryknoll, Orbis, 1989.

Schaaf, Ype, *Il poursuivit sa route avec joie... L'histoire et le rôle de la Bible en Afrique*, Lavigny/Nairobi/Lomé/Yaoundé, Groupes Missionnaires/CETA/HAHO/CLE, 1994.

Schleiermacher, Friedrich, *The Christian Faith*, Édimbourg, T&T Clark, 1989 [trad. de la deuxième édition allemande, 1830].

Schreiber, Dale C., « Pratique de la théologie en Afrique. Gratter là où ça démange », *Chantiers* 1, 1998, p. 23-63.

Schweitzer, Louis (sous dir.), *Conviction et dialogue. Le dialogue interreligieux*, La foi en dialogue, Cléon d'Andran, Excelsis, 2000.

Sesboüé S.J., Bernard (sous dir.), *Histoire des dogmes*, 4 vol., Paris, Desclée, 1994-1996.

Silva, Moisés, *Has the Church Misread the Bible? The History of Interpretation in the Light of Current Issues*, Foundations of Contemporary Interpretation 1, Grand Rapids, Zondervan, 1987.

Smalley, Stephen S., « Redaction Criticism », in I. Howard Marshall (sous dir.), *New Testament Interpretation. Essays on Principles and Methods*, Exeter, Paternoster Press, 1985.

Sproul, R.C., John Gerstner & Arthur Lindsley, *Classical Apologetics. A Rational Defense of the Christian Faith and Critique of Presuppositional Apologetics*, Grand Rapids, Academie Books (Zondervan), 1984.

Storkey, Elaine, « Modernity and Anthropology », in Philip Sampson, Vinay Samuel, Chris Sugden, *Faith and Modernity*, Oxford, Regnum, 1994, p. 136-150.

Stott, John, *Plaidoyer pour une foi intelligente*, Lausanne, PBU, 1979.

Stott, John, « Theology : A Multidimensional Discipline », in Donald M. Lewis & Alister E. McGrath, *Doing Theology for the People of God. Studies in Honour of J.I. Packer*, Downers Grove, IVP, 1996.

Stott, John R.W. & Robert Coote (sous dir.), *Down to Earth. Studies in Christianity and Culture. The Papers of the Lausanne Consultation on Gospel and Culture*, Grand Rapids, Eerdmans, 1980.

Sundkler, Bengt & Christopher Steed, *A History of the Church in Africa*, Cambridge, Cambridge University Press, 2000.

Tanner, Kathryn, *Theories of Culture. A New Agenda for Theology*, Minneapolis, Fortress Press, 1997.

Thiemann, Ronald F., *Revelation and Theology. The Gospel as Narrated Promise*, Notre Dame, The University of Notre Dame Press, 1985.

Thiessen, Henri C., *Esquisse de théologie biblique*, révisé par Vervon D. Doerksen, trad. par Marc Routhier, Marne la Vallée/Lennoxville, Farel/Béthel, 1987.

Thiselton, Anthony C., *The Two Horizons. New Testament Hermeneutics and Philosophical Description with Special Reference to Heidegger, Bultmann, Gadamer and Wittgenstein*, Exeter, Paternoster, 1980.

Thiselton, Anthony C., *New Horizons in Hermeneutics. The Theory and Practice of Transforming Biblical Reading*, Grand Rapids, Zondervan, 1992.

Thomas d'Aquin, *Somme théologique*, 4 vol., Paris, Cerf, 1984-1986.

Tiénou, Tite, *Tâche théologique de l'Église en Afrique*, Abidjan, Centre de Publications Évangéliques, 1980.

Tiénou, Tite, *The Theological Task of the Church in Africa*, éd. rév. et augm., Theological Perspectives in Africa 1, Achimota (Ghana), African Christian Press, 1990².

Tilley, Terrence W., et al., *Postmodern Theologies. The Challenge of Religious Diversity*, Maryknoll, Orbis, 1995.

Tillich, Paul, *Theology of Culture*, Londres, Oxford et New York, Oxford University Press, 1959.

Tillich, Paul, *Théologie systématique I. Introduction, raison et révélation*, Paris, Planète, 1970.

Topping, Richard R., « The Anti-Foundationalist Challenge to Evangelical Apologetics », *The Evangelical Quarterly* 63, 1991, p. 45-60.

Torrance, Thomas F., *Reality and Scientific Theology*, Édimbourg, Scottish Academic Press, 1985.

Torrance, Thomas F., *Science théologique*, Paris, PUF, 1990. Torrance, Thomas F., *Reality and Evangelical Theology. The Realism of Christian Theology*, Downers Grove, 1999 [1982].

Torrance, Thomas. F., *The Ground and Grammar of Theology. Consonance between Theology and Science*, nouvelle éd., Édimbourg, T&T Clark, 2001 [1980].

Touré, Abdou & Yacouba Konaté, *Sacrifices dans la ville. Le citadin chez le devin en Côte d'Ivoire*, Abidjan, Éd. Douga, 1990.

Tracy, David, *Blessed Rage for Order. The New Pluralism in Theology*, New York, Seabury Press, 1975.

Trublet, Jacques (sous dir.), *La sagesse biblique. De l'Ancien au Nouveau Testament*, Paris, Cerf, 1995.

Turner, Max, *The Holy Spirit and Spiritual Gifts. Then and Now*, Carlisle, Paternoster Press, 1996.

van den Toren, Benno, « A New Direction in Christian Apologetics : An Exploration with Reference to Postmodernism », *European Journal of Theology* 2, 1993, p. 49-64.

van den Toren, Benno, « Kwame Bediako's Christology in its African Evangelical Context », *Exchange* 26, 1997, p. 218-232.

van den Toren, Benno, « Secularisation in Africa. A Challenge for the Churches », *Africa Journal of Evangelical Theology*, 22, 2003, p. 3-30.

van den Toren, Benno, « Une confession de foi contextualisée pour des chrétiens pygmées Aka. Former des disciples dans la forêt équatoriale », *Perspectives Missionnaires* 58, 2009/2, p. 18-32.

van den Toren, Benno, « Y a-t-il un noyau supraculturel de l'Évangile humainement accessible? », *Hokhma* 99, 2011 (2011a), p. 41-66.

van den Toren, Benno, *Christian Apologetics as Cross-Cultural Dialogue*, Londres, T&T Clark, 2011 (2011b).

van Eyk, Ryan, « Theology of Reconstruction. An Answer to Africa's Crisis? », in Ryan van Eijk & Jan van Lin (sous dir.), *Africans Reconstructing Africa*, Nijmegen et Heerlen, Theologische Faculteit KU-Nijmegen, 1997, p. 67-106.

van Til, Cornelius, *The Defense of the Faith*, Phillipsburg, Presbyterian and Reformed, 1967^3.

van Til, Cornelius, *An Introduction to Systematic Theology*, Phillipsburg, Presbyterian & Reformed, 1974.

Vanhoozer, Kevin J. (sous dir.), *The Cambridge Companion to Postmodern Theology*, Cambridge, Cambridge University Press, 2003.

Verkuyl, Johannes, *Contemporary Missiology. An Introduction*, Grand Rapids, Eerdmans, 1978.

von Rad, Gerhard, *Israël et la sagesse*, Genève, Labor et Fides, 1971 (1971a).

von Rad, Gerhard, *Théologie de l'Ancien Testament,* volume I : *Théologie des traditions historiques*, Genève, Labor et Fides, 1971^3 (1971b).

Vriezen, Th. C., *An Outline of Old Testament Theology*, Oxford, Blackwell, 1958.

Wainwright, Arthur W., *The Trinity in the New Testament*, Londres, SPCK, 1962.

Walls, Andrew F., « L'Évangile, prisonnier et libérateur de la culture », *Hokhma* 30, 1985, p. 66-81 (= Walls, 1996, p. 3-15).

Walls, Andrew F., *The Missionary Movement in Christian History. Studies in the Transmission of Faith*, Maryknoll/Édimbourg, Orbis/T&T Clark, 1996.

Walsh, Brian & Richard Middleton, *La vision chrétienne du monde*, Méry-sur-Oise, Sator, 1988.

Ward, Keith, *Religion and Revelation. A Theology of Revelation in the World's Religions*, Oxford, Clarendon Press, 1994.

Warfield, Benjamin Breckenridge, *The Inspiration and Authority of Scripture*, Philadelphie, Presbyterian & Reformed Publishing Company, 1948.

Webster, John B., « Revelation, Concept of », in Alister E, McGrath (sous dir.), *The Blackwell Encyclopedia of Modern Christian Thought*, Oxford, Blackwell, 1993, p. 557-561.

Wells, David F., *No Place for Truth. Or Whatever Happened to Evangelical Theology?*, Grand Rapids, Eerdmans, 1993.

Wendham, David, *Paul. Follower of Jesus or Founder of Christianity?*, Grand Rapids, Eerdmans, 1995.

Wendham, David, « Appendice. Unité et diversité dans le Nouveau Testament », in G.E. Ladd, *Théologie du Nouveau Testament*, collection OR, Charols, Excelsis, 2010^3, p. 655-693.

Wendham, John, *Christ and the Bible*, Grand Rapids, Baker, 1994^3. Westermann, Claus, *Théologie de l'Ancien Testament*, Genève, Labor et Fides, 1985.

Wilkinson, Loren E., « Immanuel and the Purpose of Creation », dans Donald M. Lewis & Alister E. McGrath (sous dir.), *Doing Theology for the People of God. Studies in Honour of J.I. Packer*, Leicester, Apollos (IVP), 1996, p. 245-261.

Williams, Stephen, *Revelation and Reconciliation. A Window on Modernity*, Cambridge, Cambridge University Press, 1995.

« Willowbank Report, The », in John R.W. Stott & Robert Coote (sous dir.), *Down to Earth. Studies in Christianity and Culture. The Papers of the Lausanne Consultation on Gospel and Culture*, Grand Rapids, Eerdmans, 1980, p. 308-339.

Wolff, Hans Walter, *Anthropologie de l'Ancien Testament*, Genève, Labor et Fides, 1974.

Woodbridge, John D. & Thomas Edward McChomskey (sous dir.), *Doing Theology in Today's World. Essays in Honor of Kenneth S. Kantzer*, Grand Rapids, Zondervan, 1991.

Wright, N.T., *The Climax of the Covenant. Christ and the Law in Pauline Theology*, Minneapolis, Fortress Press, 1992.

Young, Frances, *The Making of the Creeds*, Londres, SCM, 1991. Zorn, Jean-François, « La contextualisation. Un concept théologique? », *Revue d'Histoire et de Philosophie Religieuses* 77, 1997, p. 171-189.

Index des références bibliques

ANCIEN TESTAMENT

Genèse
1-3 *187*
1.26-28 *89*
1.26-30 *213*
2.15 *89*
3 *106*
3.8 *145*
3.17 *213*
12 *200*
12.1 *18*
12.1-3 *203*
12.3 *145*
14.18ss *138*
14.19 *138*

Exode
12.24ss *197*
14-15 *150*
15.1-2 *151*
20.1ss *186*
20.2 *16*
20.4 *183*

Deutéronome
4.1-2 *186*
6.1-9 *49*
6.4-5 *52*
9.5 *182*
18.11 *218*
18.20 *218*
18.22 *217*
26.5-9 *52*
26.5-10 *53*
30.11-20 *212*
32.8 *125, 132*

Josué
7 *9*

1 Samuel
9.20 *96*

1 Rois
12.25-33 *145*

2 Rois
2.23-25 *96*
4.38-44 *96*
6.1-7 *96*

Esdras
4.17-22 *177*
6.1-12 *177*

Job
28.28 *211*
38-41 *132*

Ésaïe
1.10-20 *159*
28.23-29 *211*
29.14 *211*
40.8 *182*
40.23 *132*
40.26 *132*
41.21-42 *218*
43.10 *218*
44.1-8 *152*
44.6-8 *152*
44.6-20 *212*
44.7-8 *218*
44.9-20 *136*
44.17 *137*
44.21ss *181*
45.15 *157*
45.18 *213*
46.1-7 *212*
46.3 *217*
48.5 *152*
52.7 *186*
55.7-9 *156*

Psaumes
1 *210*
7.18 *138*
19 *62*
19.1-6 *132*
19.2-4 *144*
19.4-5 *151*
19.8ss *151*
19.9 *192*
22 *209*
23 *209*
33 *182*
33.10-11 *156*
42 *87*
43 *87*
73.28 *87*
77.8 *182*
88 *210*
104 *132*
111.10 *247*
112 *210*
115.16 *213*
119 *49*
119.105 *189, 192*
127 *210*
130 *192*

Proverbes
1.5 *247*

1.7 *211*
9-31 *210*
9.10 *247*
16.9 *211*
20.24 *211*
26.12 *211*
28.26 *211*

Jérémie
1.9-10 *182*
6.13-14 *218*
7.1-15 *152*
8.9 *211*
8.11 *218*
10.10 *10*

15.10-18 *177, 209*
23.9-40 *180*
23.13 *218*
23.14 *218*
23.16 *218*
23.17 *218*
23.18 *218*
26-29 *177*
28.9 *218*
31.31 *16*

Ézéchiel
36.26-27 *222*
37.27 *150*

Osée
11.1 *217*

Joël
2.28-32 *199*

Amos
1.2 *182*
3.7 *152, 180*
9.7 *125, 132*

Michée
2.11 *218*
3.5 *218*
3.11 *217*

NOUVEAU TESTAMENT

Matthieu
4.1-4 *96, 230*
4.1-11 *173, 183*
4.5-6 *94*
4.17 *50, 186, 226*
4.23 *42, 186*
5-7 *262*
5.17 *182*
5.22 *49*
5.43-48 *96*
6.9 *15, 153*
6.19 *55*
6.19-24 *116*
6.25-34 *210*
6.25ss *55*
6.33-34 *116*
7.12 *245*
7.24-27 *210*
7.28-29 *19, 49*
11.4-5 *151, 220*
11.20-24 *222*
11.25 *124*
11.25-26 *192*
11.27 *153, 162*
12.22-24 *222*

12.28 *151*
13.1ss *187*
13.44ss *55*
16.12 *51*
16.19 *81*
16.21-28 *278*
17.19 *73*
19.1-9 *184*
22.1-14 *153*
22.33 *49*
22.36-40 *226*
22.37 *89, 247*
28 *217*
28.11-15 *222*
28.18 *111*
28.18-20 *239*
28.20 *49*

Marc
1.1 *42, 177, 186*
1.17 *204*
1.22 *49*
1.27 *230*
2.7 *230*

3.31-35 *18, 111*
4.41 *230*
10.41-45 *278*
11.18 *49*
14.9 *42*

Luc
1.1-3 *197*
1.1-4 *12, 175, 177, 179, 186, 212*
2.11 *111*
4.32 *49*
13.24 *74*
14.26 *255*
15.11-32 *64*
17.21 *203*
22.19-20 *152, 203*
22.42-44 *230*
24 *217*
24.26-27 *152*

Jean
1.1-3 *62, 110*
1.1-18 *149*
1.5 *222*
1.11 *110*

1.12 *153*
1.14 *153*
1.17-18 *10*
1.18 *166*
3.16 *9*
7.16 *49*
7.17 *26, 195*
8.12 *192*
8.31 *1*
8.32 *1, 91, 281*
9-10 *51*
10.35 *182*
13.1-17 *112*
14.6 *1, 89*
14.26 *182, 238*
15.14 *15*
15.15 *15, 153*
15.16 *255*
15.20 *55*
15.27 *221*
16.13 *54, 238*
17.3 *18, 51, 87, 146, 152*
17.7 *10*
17.25-26 *162*
19.35 *186, 212*
20.30 *197*
20.30-31 *187*
21.24 *186*

Actes
1.8 *163*
2.4 *182*
2.11 *102*
2.14-39 *199*
2.14ss *49*
2.16ss *76*
2.36 *151, 217*
2.42 *19, 49*
3 *101*
3.11-26 *60*
4.2 *19*

4.27-28 *181*
4.31 *155*
5.32 *221*
6.1-7 *194*
7.15 *67*
13.12 *49*
14.17 *115, 132*
15 *69, 76, 81*
15.1-29 *194*
15.7 *42*
15.8 *76*
15.9 *76*
15.28 *69*
16.4 *69*
17 *101, 142, 251*
17.11 *192*
17.19ss *49*
17.22-32 *60*
17.26 *132*
17.28 *138*
17.30 *136*
24.5 *67*

Romains
1 *135, 136*
1.1 *177*
1.1-4 *226*
1.2-4 *52*
1.4 *151, 217*
1.16 *42, 186, 277*
1.17 *73*
1.18 *133, 135, 145, 251*
1.18-23 *62, 129*
1.18ss *113, 222*
1.19 *133*
1.19-20 *124, 132*
1.20 *135*
1.21-23 *135*
2.15 *145*
4 *212*
5.8-10 *162*
5.10 *152*

6 *50*
6.2-14 *55*
6.3 *247*
6.3ss *68*
8.15-16 *148*
8.16 *220, 222*
9-11 *64, 212*
9.4-5 *16*
10.9 *12, 69, 74, 111*
11.16ss *200*
11.28-29 *16*
11.33-34 *156*
11.36 *145*
12.1 *186*
12.1-2 *50*
12.2 *1, 35, 56, 247*
12.7 *49*
15.4-5 *50*
16.1 *247*
16.17 *19, 49, 50*
16.25 *186*

1 Corinthiens
1-3 *254*
1-4 *212*
1.1 *212*
1.17-31 *179*
1.17ss *278*
1.18-25 *115*
1.19 *211*
1.19-20 *247*
1.22 *220*
1.23-24 *210*
2.6-14 *195*
2.23-24 *186*
3 *212*
6.12 *255*
6.16 *56*
7.12 *175*
7.19-23 *102*
7.22 *106*
7.40 *182*

8.5-6 *103, 106, 112*
10.15 *217*
12.3 *111*
13.8-13 *147*
13.12 *85, 153, 156-157, 200*
14.20 *217*
15 *254*
15.1 *212*
15.1-3 *49*
15.1-8 *12, 63, 179, 186, 217*
15.3-8 *52*
15.14 *11, 18*
15.28 *157*

2 Corinthiens
3.12-18 *222*
3.15 *195*
4.3-4 *195*
10.4 *56*
10.5 *56, 247*

Galates
1.6-9 *118, 203*
1.8-9 *69*
1.9 *218*
1.11 *50*
2 *212*
3.8 *177*
4.4-6 *270*
4.6 *148, 220, 222*
4.8 *136*
4.21-31 *212*
5-6 *212*
5.13 *56*

Éphésiens
1.14 *76, 220*
2 *212*
2.8-9 *184, 204*
2.12 *136*
2.20 *214*

3.18 *194, 238*
4.4-6 *270*
4.11 *49*
4.11-13 *49-50*
4.14 *51*
4.17-18 *129*
4.18 *5, 50, 136*
5.8 *222*

Philippiens
1.3-11 *209*
2.1-11 *278*
2.5-11 *55, 112*

Colossiens
1.15 *149*
1.16 *145*
1.20 *162*
2.8 *179, 247*
3.1-11 *55*
4.16 *197*

1 Thessaloniciens
1.9 *10*
5.20-21 *201*

1 Timothée
1.10 *51*
1.14 *30*
4.1-5 *55*
4.13-16 *51*
6.3 *13, 51*
6.3-6 *69*
6.4 *51*
6.16 *155*

2 Timothée
3.15-17 *182*
3.16 *171, 176-177, 178*
3.16-17 *182*
4.1-4 *69*

Tite
1.9 *13, 51*
1.9-10 *51*

2.1 *51*
3.10-11 *69*

Hébreux
1.1-3 *199, 203*
1.1-4 *112, 184*
3.7 *177*
4.12 *182*
5.6 *138*
5.14 *217*
6.20 *138*
7-10 *261*
7.1-4 *138*
7.17 *138*
11 *238*
12.1 *238*
12.4ss *152*

Jacques
1.17 *89, 256*
1.25 *56*
1.27 *159*
2.24 *184, 204*
3 *210*

1 Pierre
1.2 *270*
1.10-11 *163*
1.10-12 *203*
1.23-25 *182*
2.5 *94, 263*
2.16 *106*
3.15 *35, 60, 66, 279*

2 Pierre
1.16 *63*
1.19 *192*
1.20-21 *177*
3.16 *194, 197*

1 Jean
1.1-3 *179*
1.5 *155*
2.27 *192*

3.24 *182*
4.1 *54*
4.2-3 *205*
4.8 *96*
5.20 *155*

2 Jean
7 *205*
7-11 *69*
9-10 *51*

3 Jean
7-11 *74*

Apocalypse
1.1 *124, 177*
5 *189*
5.9 *157*
7.9 157
20 *274*
20.1-6 *194*
21 *117*
21.3 *150*
22.17 *15*

Index des noms

A
Abélard 85
Achtemeier, Paul J. 176, 181
Afua Kuma 108
Ahui, W.H. Paul William 80
Albert le Grand 84
Allen, Diogenes 34
Althaus, Paul 99
Andria, Solomon 43
Anselme de Cantorbéry 82-83, 87
Aratus 138
Archer, Gleason L. 202
Aristote 86, 88
Asch, Susan 80
Athanase 70, 74
Athénagore 59
Auguste (empereur) 113

B
Barbour, Ian G. 232
Barth, Karl 12, 21, 38-40, 63, 123, 129, 131, 140-141, 144-145, 148, 150, 161, 171, 199, 216, 247, 252, 270
Bediako, Kwame 75, 100-101, 103, 105-106, 108, 111-112, 115-116, 118-119, 138, 143, 166, 200, 244, 261-263
Berkhof, Hendrikus 38, 64, 91
Berkouwer, Gerrit Cornelis 131-132, 135, 146, 156, 167, 180, 190, 192, 221
Bevans, Stephen B. 100, 108-109, 208
Blaser, Klauspeter 42, 64, 76, 115, 183, 243
Blocher, Henri 123, 125, 139, 154-155, 184, 187, 210, 213
Bloesch, Donald G. 167

Blomberg, Craig L. 198, 217
Bonaventure 84
Bosch, David J. 100, 104-108, 114-115, 118
Bouddha 196
Bourdanné, Daniel 42
Breman, Christina Maria 80
Bruce, F.F. 67, 131
Brümmer, Vincent 232
Brunner, Emil 220
Bultmann, Rudolf 30, 225, 251, 258
Burnaby, John 267

C
Cajetan 139
Calvin, Jean 71, 87, 90, 92-95, 97, 131, 133-134, 136, 144-146, 148, 215, 221, 267, 270
Campenhausen, H. von 195
Carson, Donald A. 74, 181, 195, 201, 204, 206, 215, 233
Chan, Simon 26, 54-55
Chanson, Philippe 105
Chapman, Colin 15, 154, 179
Charlemagne 84
Charry, Ellen 50, 54-55
Childs, Brevard S. 21, 25, 64, 87, 92, 95, 186, 195, 197, 202, 205, 211, 229
Chipenda, Jose B. 105
Clark, Kelly James 38, 58, 82, 134
Clément de Rome 59
Clouser, Roy A. 249
Coady, C.A.J. 217
Coote, Robert 100, 112, 115
Copleston, Frederick 251
Craig, William Lane 187

Cullmann, Oscar 151, 187
Cunliffe-Jones, Hubert 58, 82
Cupitt, Don 10

D
Demarest, Bruce A. 131, 239
Denzinger, Heinrich 190, 241, 270
Descartes, René 133-134
Dodd, Charles Haddon 49
Dulles, Avery 126-128, 139, 143, 147, 150-151, 179-180, 215, 219, 239
Dunbar, David G. 195, 197
Dunn, James D. 201, 203, 205-206, 208
Duns Scot, Jean 84-85, 90
Dye, Wayne 263

E
Edwards, David L. 176, 185
Einstein, Albert 245
Erickson, Millard J. 20, 23, 43, 51, 153, 174, 223, 256-257, 267

F
Farley, Edward 23-24, 55
Fee, Gordon D. 51, 167, 225
Ferdinando, Keith 117
Flew, Anthony 187
Fon, Wilfred 57
France, R.T. 6, 33, 72, 131
Franke, John R. 141, 173, 235, 266
Frei, Hans W. 77
Fuller, W. Harold 42

G
Gaffin, Richard B. Jr 199
Gaussen, L. 172
Geertz, Clifford 260
Geisler, Norman 221
Gibellini, Rosino 30, 251
Goldingay, John 53, 102, 143, 150, 167, 171, 173, 175-176, 178, 180, 182, 184-187, 195, 197-200, 205, 209, 215, 217-218, 222, 230, 239, 243
Goldsmith, Martin 157
Goppelt, Leonhard 204
Grant, Robert M. 99, 225
Grebe, Karl 57
Green, Michael 88
Grenz, Stanley J. 7-8, 20, 30, 42-43, 51-52, 55-56, 141, 153, 173, 184, 194, 223, 235, 266-267
Griffiths, Paul J. 258
Guillaume d'Occam 84-85
Guinness, Os 75, 83, 91, 122
Gunton, Colin E. 230, 270
Gutenberg, Johannes 168

H
Habermas, Gary 187
Haddad, Rachid 84
Harris, Wade 196, 241
Helm, Paul 215-216
Hesselgrave, David J. 105
Hick, John 157-158, 166
Hiebert, Paul G. 117
Hitler, Adolf 164, 237
Hotchkiss, Valérie 80, 195
Hoyt, Herman A. 194
Hume, David 55
Hunsinger, George 77

I
Idowu, Bolaji 115
Ignace d'Antioche 59
Imasogie, Osadolor 112
Irénée de Lyon 11, 70, 99, 240
Iyer, Pico 268

J
Jaeger, Lydia 34, 37, 213, 246
Jaspers, Karl 127
Jeffers, James F. 13
Justin Martyr 58-59, 67, 88

K

Kaiser, Christopher B. 34, 213
Kant, Emmanuel 55, 127
Käsemann, Ernst 206
Kataregga, Badru D. 179
Kato, Byang H. 114
Kelly, John Norman D. 99
Kimbangu, Simon 196, 241
Knitter, Paul F. 157
Knowles, David 82, 84
Konaté, Yacouba 261
Kraft, Charles A. 81, 100, 105, 107, 117-118
Kreeft, Peter 221
Kuen, Alfred 42, 99, 167, 225
Kuhn, Thomas 34, 232
Küng, Hans 139, 146

L

Lampe, G.W.H. 58-59
Lewis, C.S. 131, 146, 223, 235, 239
Lewis, Donald M. 131, 146, 223, 235, 239
Lewis, Gordon R. 131, 146, 223, 235, 239
Lindbeck, George A. 30, 65, 73, 76-78, 141, 256, 258
Locke, John 55
Lombard, Pierre 85
Lubac, Henri de 139
Luther, Martin 71, 74, 92-94, 190, 251, 267
Lyotard, Jean-François 78

M

MacIntyre, Alasdair 16, 249, 256
Maimela, Simon 104
Manaranche, André 61, 76, 139, 154, 201, 261
Marcion 197, 202
Marshall, Bruce D. 176, 178, 180, 185, 256
Marshall, I. Howard 176, 178, 180, 185, 256
Mbiti, John S. 21, 115, 134, 142, 263
McChomskey, Thomas Edward 223, 235
McClendon, James W. Jr 77
McDermott, Gerald R. 153
McGrath, Alister E. 32, 38, 42, 47, 58, 65, 67, 74, 76, 85-86, 89, 92-93, 223, 230, 235-236, 238-239, 244-245, 258
Messi Metogo, Éloi 13, 260
Middleton, Richard 7, 105, 159, 249
Mobutu, Sese Seko 105, 237
Mohammed 154, 179, 196, 201
Morison, Frank 187
Morris, Thomas V. 255
Mouw, Richard J. 262-263
Mugambi, J.K.N. 105
Muller, Richard A. 74, 87, 99, 223, 235-236, 245
Murphy, Nancey 30, 77, 209-211, 214
Murphy, Roland E. 30, 77, 209-211, 214

N

Naugle, David K. 7
Nazir Ali, Michael 179
Neill, Stephen 84
Netland, Harold A. 157, 193
Newbigin, Lesslie 34, 75, 107, 117, 119, 130, 156-157, 162-164, 246-249, 262
Newman, John Henri 220
Nicole, Jules-Marcel 20, 27
Niebuhr, H. Richard 125, 220, 251
Niebuhr, Reinhold 125, 220, 251

O

Oden, Thomas C. 191
O'Donovan, Oliver 56, 160-161
Okholm, Dennis 76

Olson, Roger E. 7-8
Orr, James 147
Osborne, Grant R. 225, 228
Owen, Huw Parri 61

P
Pache, René 184
Packer, James I. 55, 167, 176-178, 180-181, 184, 223, 235
Pannenberg, Wolfhart 20, 24, 28, 31, 63, 89, 151, 205, 255-256, 272
Pascal, Blaise 118, 146, 220
Pelikan, Jaroslav 65, 80, 82, 84-87, 92, 195, 243, 267
Penoukou, Efoué Julien 13
Phillips, Timothy R. 43, 76
Placher, William C. 229
Plantinga, Alvin 130, 134, 141-142, 217, 219, 221, 248
Platon 60, 62
Polanyi, Michael 26, 32, 34, 37, 119, 247-249, 256, 272
Polkinhorne, John 32, 35-36
Polycarpe de Smyrne 59
Poythress, Vern S. 232

R
Rad, Gerhard von 209, 211, 213
Ratzsch, Del 32, 34, 38
Rausch, Thomas P. 43
Richardson, Don 138, 157, 163
Ridderbos, Herman 55, 195, 198-199
Rijk, L.M. de 85-86

S
Salomoni, Thomas 270
Sanders, E.P. 274
Sanneh, Lamin 103, 169
Schaaf, Ype 167, 169
Schleiermacher, Friedrich 38-39, 65, 74, 258
Schreiber, Dale C. 108, 262-263
Schweitzer, Louis 157

Sesboüé, Bernard 52, 59, 70, 243
Shenk, David W. 179
Silva, Moisès 190, 193
Smalley, Stephen S. 188
Socrate 60
Sproul, R.C. 216
Steed, Christopher 84
Storkey, Elaine 127
Stott, John 54, 100, 112, 115, 176, 185, 205, 246-247, 253
Stuart, Douglas 167, 225
Suarez, François 139
Sundkler, Bengt 84

T
Tacelli, Ronald 221
Tanner, Kathryn 109
Théophile d'Antioche 59
Thiemann, Ronald F. 18, 77, 123, 128-129
Thiessen, Henri C. 20, 171, 182, 225
Thiselton, Anthony C. 190-193, 225, 228
Thomas d'Aquin 83-86, 134, 143, 250
Tiénou, Tite 9, 100, 116, 238, 263-264
Tilley, Terrence W. 77
Tillich, Paul 91, 258
Tindal, Matthew 139
Toland, John 139
Topping, Richard R. 227
Torrance, Thomas F. 21, 30, 32, 34-36, 40, 113, 126, 143, 149-150, 213, 216, 229, 254
Touré, Abdou 261
Tracy, David 258
Trublet, Jacques 209-210
Turner, Max 199

V
Van den Toren, Benno vii, 67, 76, 78, 100, 111, 115, 119, 227, 249, 260
Van Eyk, Ryan 105

Vanhoozer, Kevin J. 77
Van Til, Cornelius 139, 171, 253
Verkuyl, Johannes 64, 101
Vriezen, Th. C. 267

W

Wainwright, Arthur W. 270
Walls, Andrew F. 111, 113, 117, 119
Walsh, Brian 7, 105, 159, 249
Ward, Keith 123, 127, 154
Warfield, Benjamin B. 172, 176
Webster, John B. 125
Wells, David F. 12, 17, 24, 83, 91
Wenham, David 102, 172, 177, 182, 199, 202, 204
Wenham, John 102, 172, 177, 182, 199, 202, 204
Westermann, Claus 209
Wilkinson, Loren E. 147
Williams, Stephen 10, 123, 127
Wolff, Hans Walter 247
Woodbridge, John D. 195, 201, 215, 223, 235
Wright, N.T. 274

Y

Young, Frances 67

Z

Zorn, Jean-François 100, 104, 107, 113, 115

Index des sujets

A

accommodation 104, 106-108, 114, 120
anglicanisme 242
anti-intellectualisme 122
apartheid 71, 75, 105
apologétique 23, 25-26, 35, 39, 58-61, 63-66, 78, 83, 91, 101, 122, 218-219, 221, 252
autonomie de l'homme 116

B

Bible 2-4, 8-12, 14-15, 19-22, 25, 29-32, 36, 40, 42-45, 47-48, 50-52, 54-55, 58, 61-62, 64, 66, 68, 87, 90, 92-99, 101-103, 110, 112-113, 116-122, 124, 126, 128-136, 138, 140, 144, 147-153, 156, 167-196, 198-199, 201-209, 211-243, 245, 247, 250-251, 254-259, 265, 268, 270, 272-281
    Ancien Testament 16, 49, 52, 63, 102, 152, 154, 172-173, 176-179, 182, 188-189, 197-198, 200, 202, 210, 212, 214, 217, 226, 267, 271, 274
    autorité 7, 27, 43-45, 49, 68, 85-86, 88, 90, 92-93, 98-99, 115, 139, 168-170, 172-174, 177, 182, 184, 191-192, 195-201, 205, 212, 215-221, 225, 227-230, 232, 234-235, 239-243, 258-259, 272-273, 275, 281
    canon 96, 100, 169-170, 173, 175, 184-186, 195-202, 204-206, 208-211, 215, 217, 229
    clarté 93-94, 144, 169, 190-195, 241, 262
    étude historico-critique 191
    exégèse théologique 229
    fiabilité 12, 155, 169, 172, 182-185, 191, 198, 212, 217-221, 255-256
    genres 19, 51, 96, 174-175, 177, 180, 184, 186-187, 209-210, 217, 225-226, 229
    inspiration 167, 170, 172, 176-182, 185, 199
    sola Scriptura 92, 207, 232, 240-241
    tota Scriptura 207
    traduction 94, 103, 119, 169, 198
    unité et diversité 42, 201
bouddhisme 13-14, 117, 127, 131, 160, 192-193, 249, 269

C

calvinisme 242, 253
catholicisme 203
chrétiens judaïsants 76, 81, 208
christologie 23, 38, 44, 61, 147, 174, 224, 229, 252
cohérence 42, 60-61, 64-65, 76, 86, 120, 206-207, 244, 254-256
    de la Bible 2, 8-9, 12, 15, 19, 21, 25, 32, 47, 51-52, 54, 61-62, 64, 90, 93-99, 101-103, 116-117, 119, 126, 128, 130, 136, 138, 144, 149, 153, 167-186, 188-196, 198-199, 201, 203-209, 211-212, 215, 217-219, 221, 224-239, 241-242, 245,

247, 254, 258-259, 273-276, 279
de la foi 11, 14-15, 17, 25, 30, 40, 51-54, 58, 61, 63-66, 68-70, 73-74, 78, 86-87, 90, 94, 115, 126, 142, 144, 147, 150, 154, 157, 159, 170, 184, 204, 214, 219, 222, 235, 238, 245-248, 250-252, 254-256, 262, 266, 268-269, 277
de la vie chrétienne viii, 26, 89, 101, 104, 122, 236, 253, 265, 271, 278
communion 7, 71, 87, 91, 118, 130, 145-147, 153, 168, 266-270
concile de Trente 190, 199, 250
confession de foi 71, 74, 80, 97, 100, 170, 195
conscience historique 125, 128, 238-239
contextualisation vii, 53, 83, 98, 100-102, 104-117, 119, 121, 188, 201, 207-208, 259-263, 277, 280
Coran 103, 136, 154, 179, 183, 279
corruption 90, 118, 160

D

dénomination 72
doctrine vii, viii, 2, 8-13, 15, 18-19, 21-23, 25-31, 47-55, 57-58, 60-61, 65, 67-69, 73-75, 79, 81-82, 90, 92-95, 97-101, 104, 106-107, 110, 114, 117, 121-123, 131, 144, 151-153, 167-175, 180, 182, 185, 192-195, 201, 224-234, 236-239, 241, 243-245, 254, 259, 263-266, 268-270, 274, 277-280
saine doctrine 12, 51, 79, 100
dogmatique 2, 7, 12, 19, 23-33, 36-42, 44, 47-48, 50, 53-54, 56, 58-60, 63-65, 67-71, 82, 93, 95-97, 100-101, 114, 119-124, 129, 131, 140-141, 144-145, 148, 150, 161, 167-171, 176, 185, 199, 216, 223-225, 227-229, 231-232, 234-235, 239, 243-244, 246-247, 249, 252-253, 256-259, 261-266, 270-273, 275-281
communauté chrétienne 1, 5, 14, 25, 27-30, 45, 49, 56, 59, 67-70, 72, 74-77, 79-81, 94, 98, 116, 126, 133, 142-143, 148, 156, 161-163, 181, 193-194, 196-197, 203-204, 208, 239-240, 243, 263-264, 278
et expérience 257
structure 25, 34, 52-53, 71, 97, 110, 113, 149, 198, 227, 234, 247, 252-253, 260-261, 266, 269-272
théorie dogmatique 170-171, 265
dogme 26-27, 67-69, 71-72, 74, 77-79, 81-82, 130, 240
histoire des 132, 148, 186, 188, 200, 238, 243, 245

E

Église et État 234, 237
églises indépendantes 80
éthique 16, 23, 25-26, 50, 56, 75, 101, 106, 169, 186, 188, 252
évangélisme 5
expérience religieuse 14, 17, 39, 65, 138, 140, 161, 179, 258, 260

F

fidéisme 249
fides quaerens intellectum 63, 88, 250, 255
filioque 81
foi et raison 36, 246, 249-251, 257, 275
fondationnalisme 141-142, 227
épistémologique 128, 140-141, 150, 216, 227

G

gnosticisme 70, 74, 102, 110, 235

H

hellénisation de la théologie 252
hellénisme 75, 102
hérésie 66-68, 70, 72, 75, 79-80, 82-83, 101, 208, 238
herméneutique 92, 94-96, 99, 193, 227-229, 234
Scriptura sui ipsius interpres 99
hindouisme 13, 117, 127
histoire de l'Église 25, 55, 60, 68-69, 79, 102-103, 121, 176, 182, 197, 219, 233, 235-237, 239-240, 243-244, 265, 274-275
histoire du salut 19, 29, 53, 63, 124, 147, 149, 154, 169, 185-188, 200, 203-205, 207, 209, 211, 217, 225, 235, 267
humanisme 92, 160, 188
humilité 45, 154-155, 157, 211, 255

I

identité chrétienne 67, 71, 73-77, 79-81, 111, 122
idolâtrie 61, 135, 137
incarnation 62, 74, 88, 112-113, 149-150, 159, 162-163, 200, 204, 236
incompréhensibilité de Dieu 154-155
inculturation 103, 105-106, 115
indigénisation 104, 106, 108
individualisme 168, 238, 242, 268-269
influence noétique du péché 111, 134
intelligence humaine 211, 215, 217, 221-222
islam 14-16, 28, 67, 84, 103, 122, 126-127, 136, 154, 179, 188, 262, 268

J

judaïsme 16, 49, 60, 127, 154, 189, 212

justification 25, 39, 64, 71, 92, 116, 166, 230-231, 264, 267-268

K

kantisme 250

L

laïcité 33
littérature sapientiale 175-176, 178-179, 209-211, 214
loca probantia 225-226
logique 33, 35, 37, 70, 86, 90, 134, 163, 237, 245, 253-255
luthérianisme 242

M

maladie 56-57, 116, 260, 280
métaphore 227
missiologie 27, 264-265, 272
modernité 16-17, 29, 33, 47, 77-79, 104, 121-122, 127, 141, 242, 268

O

œcuménisme 5
orthodoxie 66-68, 70, 72, 74-75, 79-83, 101, 203, 208

P

paganisme 12, 80, 136, 212
pasteur 17, 281
pélagianisme 71, 74
philosophie viii, 23, 25-26, 33-35, 38, 40, 59, 61-62, 67, 86, 89, 100, 125, 141-142, 219, 227, 234, 246, 249-252, 265
chrétienne vii, viii, 1-7, 9-16, 18-19, 21, 25-30, 33-34, 37, 39-43, 45, 47-52, 54-61, 63-82, 87, 89-92, 94-95, 98, 100-107, 110-111, 115-116, 118, 121-123, 126, 128, 130-131, 133-134, 139-140, 142-144, 148, 150, 152-164, 166-170, 176, 181, 183, 185, 188, 193-

198, 200-201, 203-204, 208, 213, 215, 219-220, 223-225, 233-240, 242-249, 252-253, 255-258, 260, 262-271, 273-274, 277-279
- de la religion 10, 23, 25-26, 51, 78, 92, 95, 131, 215, 252, 256, 270, 280

pluralisme 64-65, 126, 128, 130-132
- religieux 17, 24, 33, 50, 55, 64-65, 67, 77-78, 84, 87, 105, 109, 115, 122, 126, 128, 130-132, 136-137, 158-159, 162, 164, 169, 179, 186, 191, 196, 257, 259, 279

positivisme logique 33
postmodernité 16, 47, 79, 122, 127, 268
pragmatisme 17, 91
prédication 27, 49-50, 97-98, 100-102, 122, 129, 135, 138, 144, 148, 150, 152, 168, 202, 208, 231-232, 262, 264
présupposés 237, 248-249, 251, 257, 274
prolégomènes 19, 23, 31, 38-41, 71, 144, 276
providence 75, 96, 124-125, 128, 132-133, 143, 167, 181, 199, 207, 254, 257

R

rationalisme 71, 240
Réforme 31, 42, 55, 71-72, 84, 87, 89-90, 92-94, 99, 146, 168, 190, 192-193, 232, 236, 239-242
relativisme 67, 156, 249
religion 9-10, 12, 15-17, 23, 25-26, 28, 51, 65, 67, 70, 76-78, 92, 95, 123, 126-127, 131, 136-137, 141, 154, 158-159, 161-162, 165, 215, 252, 256, 262, 269-270, 274, 280
- théologie de la 21, 61, 104-106, 118, 259

religions traditionnelles 13, 62, 80, 115, 122, 136, 142, 268, 279
- africaines 13, 23, 42, 62, 75, 80, 100, 115, 122, 136, 142, 200, 238, 241, 261-262, 268-269, 279

révélation 2, 4, 9, 11-12, 14-15, 18, 20, 27, 29-32, 36-37, 40, 44-45, 54, 58, 62-64, 76, 78-79, 81, 86, 96-97, 99-100, 112-113, 115, 120-121, 123-164, 167-169, 173, 175-176, 178-180, 184-185, 189-190, 192, 194, 196, 199-201, 203, 205, 207-216, 221-222, 224-226, 229-230, 236-237, 241, 244, 246, 250, 257-258, 267, 270-273, 275-277, 281
- générale 29-30, 36, 39, 49, 62, 78, 89, 113, 124-125, 131-137, 139-147, 151, 154, 158-161, 163, 168, 172, 191, 205, 216, 221-222, 225, 257, 270
- historique 2-3, 14, 21, 25, 29, 36, 62-63, 69, 72, 83, 95-96, 109, 119, 125-126, 128, 130, 133, 147, 151-154, 156, 162, 169, 172-173, 179-180, 184, 186-189, 191, 193, 198, 200, 202, 205, 211, 214, 219, 225-226, 228-229, 235-240, 242, 245-246, 249, 252-253, 271-275
- particularité vii, 114, 162, 208, 217, 267-268, 279
- personnelle 9-10, 13-14, 17, 26-27, 33, 37, 41, 43, 74, 95, 98, 122, 125, 145, 147, 150, 152-154, 162, 168, 188-189, 195, 207, 212, 221, 225, 238, 259
- propositionnelle 150-154, 189, 225

Index des sujets 317

spéciale 14, 62, 113, 124-125, 131-133, 139, 143-148, 150-151, 153-155, 157-160, 163, 167-168, 250

S

sacerdoce universel 93, 263
sainteté de Dieu 262
science vii, 1, 3, 11, 20-22, 28-29, 32-41, 62-63, 89, 116, 119, 143, 169, 173, 184, 194, 213-214, 216, 219-220, 223, 232, 249, 251-252, 256, 260, 272
    philosophie viii, 23, 25-26, 33-35, 38, 40, 59, 61-62, 67, 86, 89, 100, 125, 141-142, 219, 227, 234, 246, 249-252, 265
    philosophie de la 23, 25-26, 33-35, 38, 40, 252
    réalisme 130, 209, 255, 279
    théologie et 4, 9, 29-30, 32, 35, 37, 40-42, 44, 48, 54, 65, 77, 92-93, 101, 107, 119, 124, 142, 190, 223, 232, 235, 246, 249, 252, 256, 265, 270-271
sexualité 56, 137
structure conceptuelle 113, 149
syncrétisme 107, 114-116, 259, 280

T

testimonium Spiritu Sancti 148
théologie vii, viii, 1-5, 7-9, 11-12, 17, 19-26, 28-45, 47-48, 50, 53-56, 59, 61, 64-66, 69-70, 76-78, 82-87, 89-93, 96, 101-102, 104-107, 109-110, 114-120, 122-125, 128, 132-133, 139-143, 146, 150-152, 154-155, 158, 164-165, 185, 190, 193-194, 201, 203, 205-208, 210, 216, 219, 223-224, 227, 229-230, 232, 234-235, 240, 243, 246, 249-267, 269-274, 276, 280

adoration 75, 122, 281
éducation 17, 93, 101
et philosophie 23, 246, 249
exercice spirituel 281
faculté de viii, 5, 23, 25, 33
science théologique 32, 37, 169
spirituelle 17, 24, 26, 79, 105, 170, 188, 195
systématisation 20, 25, 48, 52, 58, 201, 234, 252-253, 276-277
unité 23-24, 42, 63-64, 73, 79, 81, 120, 154-155, 164, 169, 201-203, 205-208, 229, 240, 243-244, 253, 266, 270, 273
théologie biblique 96, 105, 132, 206, 208, 229, 234, 252-253, 272-273
théologie de la libération 104-106, 118, 259
théologie de la reconstruction 104-105
théologie évangélique vii, viii, 3, 5, 42, 44-45, 123, 146, 154, 232
théologie libérale 3, 30, 39, 43, 64-66, 77-78, 104, 139
théologie naturelle 139-143
théologie négative 155, 193
théologie noire 104
théologie post-libérale 76-77
théologie postmoderne 142
théologie pratique 26, 252-253, 264-265
théologie scolastique 48, 83-87, 89-90, 101, 267
théologie systématique 23, 25, 29, 50, 59, 64, 70, 77, 110, 122, 210, 252, 254-255, 263, 265, 271, 276
thomisme 85, 146, 250
    néo-thomisme 141, 250-251
tradition 4, 12, 29-32, 34, 42-45, 53, 72, 77, 82, 84-85, 87, 89-90, 93, 98-99, 119, 143, 154, 168-169, 175-176, 194, 196, 198, 224, 227,

231, 233-235, 238-244, 248-250,
252-253, 258, 260, 265, 274-275
Trinité 21, 38, 61, 74, 84, 163-164,
236, 240, 245, 252, 268, 270,
276-277

V

vérité vii, 1-2, 4, 7, 9-14, 16-18, 20, 22,
29, 39-40, 42, 45, 47-48, 50-51,
54, 60-63, 65, 67-69, 72-73, 76-79,
81-83, 86-89, 91, 101, 104-105,
121, 128, 133, 137-139, 141-142,
148, 153, 162, 165-166, 171, 182,
188, 204, 208, 215, 220-222, 224,
231, 245, 247-251, 255-258, 261-
262, 276, 280-281

    cohérence 42, 60-61, 64-65, 76,
86, 120, 206-207, 244, 254-
256

    correspondance 10, 63, 219, 234

vie contemplative 85, 89

village planétaire vii, viii, 4, 48, 268-
269

vision du monde 2, 7-8, 10, 55, 101,
105, 134, 159-160, 213, 258

Langham Partnership est un organisme chrétien international et interdénominationnel qui poursuit la vision reçue de Dieu par son fondateur, John Stott -

promouvoir la croissance de l'église vers la maturité en Christ en relevant la qualité de la prédication et de l'enseignement de la Parole de Dieu.

Notre vision est de voir des églises équipées pour la mission, croissant en maturité en Christ, par le ministère de pasteurs et de responsables qui croient, qui enseignent et qui vivent la Parole de Dieu.

Notre mission est de renforcer le ministère de la Parole de Dieu de trois manières:

- par la mise en place de mouvements nationaux de formation à la prédication biblique
- par la rédaction et la distribution de livres évangéliques
- par la formation d'enseignants théologiques évangéliques qualifiés qui formeront ensuite des pasteurs et responsables d'églises dans leurs pays respectifs

Notre ministère

Langham Preaching collabore avec des responsables nationaux en vue de la création de mouvements de prédication biblique dirigés par les nationaux eux- mêmes. Ces mouvements, qui naissent progressivement un peu partout dans le monde, rassemblent non seulement des pasteurs mais aussi des laïcs. Nos équipes de formateurs venus de beaucoup de pays différents proposent une formation pratique qui comporte plusieurs niveaux, suivie d'une formation de facilitateurs locaux. La continuité est assurée par des groupes de prédicateurs locaux et par des réseaux régionaux et nationaux. Ainsi nous espérons bâtir des mouvements solides et dynamiques, constitués de prédicateurs entièrement consacrés à la prédication biblique.

Langham Literature fournit des livres évangéliques et des ressources électroniques à des leaders et futurs leaders dans le monde majoritaire. Des pasteurs mais aussi des étudiants en théologie et des bibliothèques reçoivent des bourses, peuvent acheter des livres à bas prix et bénéficient aussi de distributions gratuites. Nous encourageons aussi la rédaction de livres évangéliques originaux dans de nombreuses langues nationales. Dans ce but nous proposons des ateliers de formation pour de futurs écrivains et éditeurs, nous trouvons des sponsors pour de nouvelles initiatives d'écriture, nous encourageons la traduction, nous soutenons les maisons d'éditions évangéliques et nous investissons dans quelques projets majeurs comme le récent *Commentaire Biblique Contemporain* qui est un commentaire de la Bible en un volume rédigé par des auteurs africains pour l'Afrique.

Langham Scholars soutient financièrement des doctorants évangéliques du monde majoritaire dans le but de les voir retourner dans leurs pays d'origine pour former des pasteurs et d'autres chrétiens nationaux en leur proposant un enseignement biblique et théologique solide. Cette branche de Langham cherche donc à équiper ceux qui en équiperont d'autres. Langham Scholars travaille aussi en partenariat avec des séminaires dans le monde majoritaire afin de renforcer l'éducation théologique évangélique sur place. De ce fait, un nombre croissant de « Langham Scholars » (le nom « Scholars » signifie « boursiers ») peut aujourd'hui suivre des programmes doctoraux de haut niveau au cœur même du monde majoritaire. Une fois leurs études terminées, ces « Langham Scholars » vont non seulement former à leur tour une nouvelle génération de pasteurs mais exercer une grande influence par leurs écrits et par leur leadership.

Pour plus d'informations, consultez notre site: langham.org

www.ingramcontent.com/pod-product-compliance
Lightning Source LLC
Chambersburg PA
CBHW060942230426
43665CB00015B/2038